U0015875

西周史

增訂新版

目次

第二章

周的起源

第三章

克商與天命

圖目次

增訂新版序一

感謝李峰先生，在台北出版「西周史」著作新版後面，惠賜長跋，補充二、三十年來，新出現的考古資料。跋文原文就有大約四十多頁，再加上圖版七十多頁，工程不小。我深感他的厚意，也佩服他的功力。

我自從脊椎二度大手術以後，迄今再無體力查核許多考古資料。這些資料的重要性，經過李峰先生惠撰跋文提示，於西周發展的資訊，遂可有更深一步的理解：這一長跋，對於西周史讀者，大有幫助。他的博學卓識，點石成金，補充了許多該補的地方。感激佩服，謹此額手拜謝。

關於他的跋文部分，請大家自己看，我們讀了他的跋文以後，也有一些感想，同時，也對於西周在最近發現的考古遺存，看到一些資料，彼此配合，我也提出拙見，補缺、釋疑，也許對讀者諸君的理解、能有幫助。

第一點，我想說明的是，西周的封建，在東方的中原平原上，西周建立許多封國。這些封國，幫助維持西周秩序在華山以東，迄於渤海邊上，在這一大片中原的主要地區，控制整個舊日夏、商兩代的疆域。那兩代沒有完全充實的結合為一。經過西周的封建，才有綿密的網絡，使得這一疆域，終於籠罩在大的系統之內。在這一體制內，王室還居於領導地位。例如，有如李峰的提示：外藩已經分封，卻仍兼任王室的公務幹部。又如，較大規模的征伐，即使他姓諸族擔任重要角色，然而，仍由王室與姬姓諸侯，擔起主要部分的任務。這個龐大的體系，內尊外卑體制，就替中國後來的格局，打下中央主導的基礎。並在如此網絡的基礎上，更提示一個超越理念，將上帝和天命結合，天命和仁心結合，同為一體，文化高層，建構了超越觀念的啟示。

這一啟示，遂使如此廣土眾民上面的古代集合體，從那時以下，一直到今天，成為無法分割的文化體。文化體之堅實，是比政治體更重要，也當然比任何一代的政府的體制更為重要。文化體長久傳承，政府結構卻不妨除舊換新，與時俱進。從不同的統治方法，換成另外其他的方法，得到適當的調整，例如，從古代的封建，可以慢慢調節到皇權帝制；又可以從帝制調整到民主制度等等。

人類歷史的長程發展，乃是文化層面的演變：歷史的過程，在以文化基礎上，啟動重要調節。中國古代文化基礎，當時以西周開展的大格局，籠罩在中原之上，籠罩中國千年萬民之上，樹立中國這一塊人、地不能分割的長久局面。這個長久局面，對於東亞世界的穩定，有極大的意義。東亞之外，至今似乎還沒有其他地區，也出現同樣超越人種、超越地區的超越型的思想境界，也沒有長久使用共同語言、共同文字，如此廣大的一個訊息溝通網絡。出現於東亞的個例，對世界將來的歷史，是有極大的重要性。將來世界全球化之後，中國這個打不散的大局面，將是世界全球混亂很重要的一個安定力量！我們要感謝，從西周以下到今天，中國歷代文明的持守者，堅持如此原則，努力使其基礎越來越充實。

再回到西周本身，我願先補充一段西周本身的起源。從考古資料顯示：姬姓的周人，是和姜姓的羌人，以及西北邊上的戎人，戎、姜兩族幫助西周，構成了向東開發的大局面。這兩支力量在中國內陸的西北方出現，有三個缺口，正好是從前童恩正的意見：中國國內「高山、高地、高緯度」大弧型的西北角落上，從俄羅斯到河西走廊，經過祁連山、賀蘭山，今天寧夏曾經是水草豐美的屯墾地區，漢朝屯墾的居延，這個三角形的地帶，是中國本部在西北開口的一個邊緣，又有從此切入中國本部的通道，河西走廊：這一通道，旁邊有青海大草原，中間是祈連山。祁連山兩側，都是良好的牧地，是牧人和農耕民族之間交接的地方。黃河一曲，轉向東流，北面是蒙古，南面是今天陝北，然後南流。這個地方自古以來，氣候改變，一南一北在這裡拉鋸戰，有時候是牧地，有時變成農地。

西周本身追溯他們祖先發展過程，曾經自白，先人在這一帶曾經陷於戎狄，但又回於農耕，這意思就是，我們曾經做過牧人，也曾經做過農人。這整句話，頗符合考古學資料反映，古代氣候轉變的大關口：距離現在四千年以前，歐亞大陸東半邊，曾經有過一次很嚴重的酷寒，這酷寒大概維持了將近一千年之久。這一段的酷寒，使得牧人的地帶往南移，農耕地更往南移，作物才可以生長。但等到西周出現的時候，正好回暖的時候，回暖的季節，使得本來無法往北開展的地區，又變成農耕地，至少出現農耕地和牧地交界之處。

另外一方面，這一帶地方居住起來良好以後，歐亞交界處那條大的南北通道，烏拉爾泰山以南，開始的興都庫什山大的通道，許多畜馬的民族，將他們製造和駕馭馬車的技術，傳到了東方，更於後來，牧人知道騎馬，又將騎馬的技術也傳到東方。《詩經．大雅．緜》：「緜緜瓜瓞。民之初生，自土沮漆。古公亶父，陶復陶穴，未有家室。古公亶父，來朝走馬。率西水滸，至於岐下。爰及姜女，聿來胥宇。周原膴膴，堇荼如飴。」西周開拓，「來朝走馬」，到達滸下，顯然已經學會騎乘了。

在西周開始，大概正好是乘馬車的技術已經傳到東方廣大的草原上，使得這些駕馭馬車的民族，他們南向和東向的壓力，恰好壓在前述的三個接觸點上；構成了新發展牧地上的壓力，於生產結構、戰鬥能力、各個方面，影響到中國農地為主的新石器時代的文化區域。這些新來的族群，移動力大，人數眾多，他們牧養方式也因為氣候逐漸轉變，比以前可以得到更多的生活資源，因此，他們的組織也可以比以前更有效地適應，更有效地進入本來已經屬於農耕地帶的關隴一帶：這一西周的姬姓的族群，配合姜姓和戎氏之間，結合聯盟，姬、姜聯盟更是維持長久。姬姜聯盟打下了所謂「三分天下有其二」的局面，對於此後西周的發展有極大的用處，今天我們傳說中的「姜太公」，就是一個姜姓的酋長，和姬姓的酋長通力合作，打下了西周的天下。傅斯年先生研究課題「周東封」的主力部分。

西周的天下可能是姬姓的，姜姓是他聯盟的、也是通婚的親戚族群。我們從這兩「姓」的東向開展路線看：發展的過程，在牧野之戰，以及此後分封，我們可以看出來都是兩條管道：一條管道是黃河的北岸走，從陝北進入今天山西運城平原，進入山西的另外一端，那裡正好連接到古代夏族的族群的疆域。夏族族群大概從夏的部落聯盟以後、以「夏」秩序的後人自居，其分布地帶：從山西南部，一直延伸到過黃河，黃河的西岸，就是陝北這一帶。這一帶就變成由西向東，北路一線的通道——這一個通道是姬姓西周，向東開發的主力軍。主流的道路大概是從中央走，下了華山，直接進入中原，經過牧野，一直到殷商首都「大邑商」，最近的安陽這一帶。在這一主攻路線，姬周諸侯，韓、虞、虢、晉（唐）、衛、管、蔡，以至於東方大藩：周公長子受封的魯，以及由此北轉，分封召公兒子於燕山之下的燕。姬姓諸侯掌握了宗周和成周，兩大片中央地帶及其四周，號為中原。

中原南方還有一條線，東向開展，則是姜姓作為主力軍。姜姓的主力軍中，申、呂、謝、許，都從漢中河谷，這條坡道，進入漢水流域，連結淮河流域，再下去接到黃河向南開口的濟、泗一帶。這一條南方的路線，這一帶的主力發展是姜姓諸侯。姜姓主力最大的兵站，是在今天的齊國。也就是今天山東半島靠西邊的一帶，在這裡姜姓氏族領袖，姜太公長子，受封於齊，中原東端最富庶的山東半島。李峰先生最近研究歷城考古遺址，也證實了這一觀念。

周人向東開展的大基地，其中間一路，和北線一路，兩條路，如前所述，向北繼續發展的責任，都在姬姓族群的手上，所以從魯國更往東北、往北走，就走到邢國、走到燕國。燕國有一個姬姓的大兵站，燕國的受封，就在今天北京附近。邢國以及其他的姬姓諸國，順著太行山、以及順著燕山，都有姬姓的後人。這一支又和山西境內，運城平原的晉國，順著黃河邊，跨出去可以接合上。所以，姬性的兩條路，北線和中線結合在一起向北拐，一部分是追商人的後裔，追奔逐北，防堵殷商後裔再起於東北。另外一方面，在燕山底下，北邊牧地和東北森林之間，開拓了姬姓的土地。

顯然他們發展的任務，姜姓往南走，姬姓往北走。所以，齊國的姜姓，有不少地方是往南走的開展，進入江蘇北部，徐、舒一帶，遂成姜姓的開展空間。齊國後來是直接和南方巨強，吳、舒不斷糾結，反映周初東封，齊國獲得的空間，即是擔任南進的主力軍。

上述周人東封，這些在南線的開發上面，並不是只是為了姬姓族獨大；東南的金、銅，以及後世的金屬，鐵，不論姬、姜，都是重要資源。江、湖、山、澤豐富的材木、與東南沿海的魚、鹽，都是黃土中原生活只所依仗。如此格局，中原腹地北取草原的牲口皮毛，南取金屬、材木、魚鹽，當時中國的區間資源的供求轉輸，儼然已經建構為華夏生活圈的大格局。

這個宏大的格局，從今天的關隴一帶，往東開展，散為扇形，一翼從齊國開展南下，一翼從魯國開展北上。從陝西的北部，直到河北渤海、黃海、東海之濱，這一廣大地區，由傅斯年先生所稱的周東封與商移民，組織西周封建網絡的農業城市群。這些農業封邑向北推動，互相支援，同化了、也接納了北方牧人族群。這些族群包括，商代曾經很盛的鬼方，到了西周叫做槐氏，也就是「懷姓九宗」的懷，以及後來在晉國發展霸業歷史上很重要的各種戎氏，這些戎人，在「壩上」一溜山谷，正如林沄提示，兼顧農、牧，遂為農牧轉換混合型，發揮了彼此交流和互相共存的媒介。（林沄，〈夏至戰國中國北方長城地帶遊牧文化帶的形成過程〉，《燕京學報》14期，中國考古學會絲綢之路考古專業委員會官方網站）

先秦北方諸國開始築長城，秦一中國，連結為「萬里長城」：「長城線」能夠存在，是南方的農耕族群，以自己城市築牆的經驗，構成了一條連續布防線，從大同到太原，漁陽，至今的北京，這一條線連續不斷。這一防線界定了中國農地和牧地的緩衝地帶，既是南北的界劃，也是南北的交集：既有戰爭和衝突，也有貿易和交流，長期如此糾纏，終於由模糊，而逐漸融合。這個宏大的格局，終於界定了中國的北方文化的剛強堅毅。

南方的發展模式，可能是人群的移動：西周時代，姜姓基地在偏於巴蜀的一面，向南開展發乃是順路，由此南進漢水流域上游，逐步往南發展，很重要的原因是尋找銅礦。春秋時代的「吉金」，不外銅合金的鑄品及其有關礦石，湖北的銅礦相當開發，到了戰國的時候開發地更多。湖北的銅綠山礦，古人相當早就開採了。到今天，這一帶還是銅、煤、等銅合金成分的金屬都有的地區，古代沒有用到很多稀有金屬，但銅礦和錫礦是很重要的。這個向南尋找「南金」的動機，是他們繼續不斷試探，往南、往東，還西進入川，更深入中國的大西南，所謂「南中」，亦即由此打開了整個南方的南大門。

循此扇形展開一條線平行，往南走，又折華南與華東，終於，中國江河大平原的核心，和百越民族，吳越和湖南一帶，洞庭湖邊上古代山裡面的越人，以及在過了嶺南，廣東的越人，北方的民族和沿海的越人，無不逐漸融合於華夏大集團的共同體。如此長期、長線的接觸與融合，其面向之寬、廣，彼此影響之深、遠，遂能將整個南方，吸納收攬於中國的文化的族群混合集團之內。西周時代的開展，毋寧是此後三千餘年持續發展的發軔階段。其整個形勢：扇形開展、往東開、往北開、往南開，就構成了中國廣土眾民，天下秩序的總體形勢。

在如此基盤上面，西周又造構建了一個龐大的文化交流網。姬、姜兩文化團體，帶著作戰任務，可是也帶著豐沛的文化資源，交流溝通與逐漸融合，使得各處地方的文化，因為網絡寬、網絡密，籠罩在東方古代文明之上，終於，周東封與殷移民，古代和西周，結合為一體。夏、商作為基礎的東方局面。本來是夷夏東徙，一變而為宗周與成周。古老的夷在東方，當年從海河流域看來，夏是在山西；可是從陝西看來，夏在中原。「華夏」，整體大布局，不是一天能夠完成，乃是經過西周數代的分封，編織為彼此支援的共同體。西周的分封，與歷來外族進入中國，建立皇朝的歷史，互相比較，西周的局面更宏闊、更長久，他發展的功能更為留下不可磨滅的痕跡，使中國成為中國。「華夏」這兩個字，要從華、夏，相結合，我們才能理解是西周，從割據一方，打造出一個「宅茲中國」的氣魄。

我此篇序文，則補充李峰先生所說的意見。李跋提起過，西周本身的統治，不再是粗糙的部落統治，卻已經進展到相當程度地專業化及職務分工，凡此，我稱之為「統治機構分工合作」的機制，如此貫徹落實，即可使西周中央政權，指揮整個大的舞台，有效的統治整個中國東方大平原，以及其兩側，北方的平原，南方的河川、湖泊地帶。這一強大的中央指揮部，據說是周公根據殷商王子的勸導設計，西周宏規的確非同小可，不可忽視。

西元前七八〇年（周幽王二年）陝西岐山發生了中國史書記載較早的一次大地震。《毛詩正義注疏．小雅．十月之交》用了四句話、三十二個字，形象生動地描述了這次地震發生的全過程和地震引起的地貌變遷：「爗爗震電，不令不寧。百川沸騰，山塚萃崩。高岸為谷，深谷為陵。哀今之人，胡潛莫懲。」顧功敘主編的《中國地震目錄》將此次地震震級定為六至七級，震中位置岐山（北緯三四．五度，東經一〇七．八度）。

地震時，「西周三川皆震。是歲也，三川竭，岐山崩」（《國語．周語》）。三川即今陝西省的涇河、渭河、洛河。估計震級可達七級以上。引發山崩地裂，河川壅塞，接續是供水不良，亦即農作歉收的旱災。這次震區廣大，關隴周原，無不受災。不僅經濟損失嚴重。由於天災引發的不安，可謂人心惶惶。幽王十一年，犬戎侵犯宗周，西周覆亡。

這次大地震，西周毀損，西、北方，進入西周腹地的戎人族群，深入滲透，愈來愈多，犬戎滅了西周本部的宗周。這一變化，兩都體制，垮了一半。東封中原建「成周」為統治東土的中心。遂落實「東都」功能。當初，周公自己擔任首輔，率領中央幹部群，往返於西部宗周和東部成周之間。東西來回移動的中央政府，能夠兼顧西面基地和東方的封國。世界古代史上，有另一個晚於西周幾乎千年的個例：歐洲古代的羅馬帝國，分成東西兩部分，西羅馬是本部，新得領土東羅馬，另設「副王」，開府治理。不需很久，東羅馬形同獨立，羅馬帝國從此分裂。中國古代的帝國，假如不是周公採取兩都並重的安排，也有可能分成東西，很難統一於一個中央。後來，等到宗周無法抵抗新來的族群的侵犯時，周王政權，可以退而求其次，重點置於東土，開拓更大的空間。

我們必須了解：西周的封國，並不裂土封彊，使子孫分享榮華富貴。西周諸侯，幾百年來，分擔了開拓、同化、聯繫、合作，構成廣大親屬網絡，疊加於分封藩屬網絡。這一宗統和王統，族群的三統合：宗族、族群、及政治統序，三統疊合為一體，構成了綿密的巨網，牢不可破。

相對於中國後世歷史的征服王朝，西周建立的制度，最為牢固。五胡亂華後的胡人政權。

只有拓跋氏的北魏主動採取漢化，胡漢混合，終極創造了隋唐大帝國。其他征服王朝，或者在中國消失了，或者被漢人驅逐，遷回老家故居，例如蒙古被明王朝大軍驅趕漠北。另一方面，漢人持續在南部和西南部開拓，他們持續，而和緩的移民活動，經由通商和文化涵化過程，遠多於經由武力征服。如傳涵化的效果，終於將廣大的南部和西部，融合於華夏中國的一體。

從古代典籍留下的記載，西周分封諸侯的訓令「冊命」，通常吩咐封君：必須注意族群間諜和諧，必須尊重當地風俗習慣和信仰，必須促進本族與本地族群間不斷互通婚姻。封君率領進駐的人員，分封文書常常列舉派遣製作車輛、武器、鑄銅、刻玉，或相關構件，燒窯、製陶、紡織、縫紉、旗號、樂器，各種工藝技能的專業隊伍。由此可見，西周分封，也注重擴散當時屬於先進的生產文化項目。這些集體移民隊伍，竟可說也是介紹和轉輸工藝技能的任務，俾得在西周龐大文化體系內，擴散經濟文化，普遍提高生產水準。

在李峰先生列舉西周遺址，出土許多工藝品和工坊遺跡。例如陶器製作，包括瓦當、器用，遺址規模之多，儲藏數量之大，無不驚人：在這裡，等於是一個龐大的工藝製造基地，提供了當時工藝材料的資源，也足夠提供工藝人才的訓練基地。周原群的各種作坊，在古代而論，規模堪稱龐大。我認為，如此龐大的製造基地，其任務是培養分封制度中，上述擴散周人工藝實力的基地：如此猜測，不知李峰先生認可否？

我謝謝聯經的同仁，當然更也謝謝李峰先生，對我這本書很重要的補充，我今天是九十歲老人了，最近十餘年來，身體並不很好，尤其幾次大手術以後，我的手不能執筆，頭不能俯仰，讀書、寫字都已屬難事。撰寫著作，都是靠口述筆錄，請陳珮馨女士記錄，在這一階段，也感謝珮馨幫我們這個忙，謝謝。

許倬雲

增訂新版序二

這一本《西周史》是我的英文著作《西周史》的中文版，從其出版至今，已經有將近三十年了。但其英文版問世在八十年代，因此論其英文版到今天的時間，差不多有四十年之久。實際上這本書應該重新改寫。尤其是在近來二三十年內，西周的考古資料層出不窮，增加了許多可以討論的問題。只是我退休以後，先是往來於美國與台灣之間，事多繁雜，無緣定心著作。後來外科手術，又延宕十年之久，現在則精力不足，難以重新整修，容納新的考古資料，再寫一本《西周史》。台灣的出版者希望在舊版的中文《西周史》基礎上再發新版。我既然無法重新撰述，若對舊書稍加更動，僅能增加序文，將《西周史》問世到今天，種種需要重新考慮的問題，粗枝大葉，交代如下。

開章名義，必須要交代，我這幾年來重新思考中國歷史，乃經由世界史的視角，討論中國史在世界史中的地位。我這幾年來，常常感覺，法國發展的年鑑學派論述「大歷史」，實在有其重要的意義。在年鑑學派的心目之中，歷史有長程、短程。過去的歷史著作，主要內容不外個人傳記、政治變化，如朝代革命、典章制度等等，乃是最短的演變過程。更長的則是社會文化，這一歷史進程為時較長，可能持續數百年之久。而更長於此者，乃是自然的變化，即我們寄體安生的地球，提供的自然環境。在這一環境中發生的長程變化，對於人類的行為，有所衝擊，出現各地方族群的起伏分合，各種衍生的巨大影響。許靖華的《氣候創造歷史》就是從這一角度指出，自然條件和自然環境如果有所變化，將對於人類歷史的發展，引發大幅度和長程的變化。

最近二十多年來，我常常覺得，在中國歷史上，尤其是在新石器時代轉變到銅器時代的階段，亦即距今四千年前，乃是一個重要的轉折點。中國北方考古遺址出現的古代氣候變化的跡象，可以從植物的孢子、種類，確認氣候從溫暖轉變為寒冷。那一段寒冷的氣候，可能維持若干世紀的冰期，其涵蓋的面確實相當廣闊。歐亞舊大陸的北部，處處受到這一次由暖、寒氣候變化的影響。這一段考古遺址的資料，最具代表性的乃是朱開溝的孢子遺存。從朱開溝資料反映的現象，後來在高緯度的各地考古遺址之中，都可以得到相當程度的印證。

距今四千年在我自己的心目中，似乎可以幫助我們解決許多從新石器時代到青銅時代之間的巨變。當然這些變化是漸進的過程。從長程的演變來看。高緯度相當於蒙古高原邊緣的一條平行線，由東到西。就各處遺址中的孢子資料而言，如果有考古報告包含了對這些資料的分析，大概都可以看得出如此氣溫的變化的跡象。在中國考古學上看，有幾個重要的變化可以特別摘出，予以討論。

第一點，這一高緯度線上，各遺址都呈現從農耕或者農牧兼具，逐漸轉變為遊牧。但經過一兩百年的時期，又出現農耕的現象往北移動，而遊牧的現象則更往草原方向撤退。距今四千年左右的持續一兩百年的變化，似乎不僅造成了中國地區人類活動的大變化，歐亞交界處的中東，以及地中海世界的歐洲也出現了類似的變化。這三個地區的主要變化似乎都是平行的。

以中國地區而論，其最初呈現的現象，就是北方地區本來非常發達的地方文化，北面是紅山、南面是山東半島的大汶口，這兩個文化忽然由盛而衰。尤其是山東新石器時代的文化遺址，規模普遍萎縮，甚至於消失。其遺留的陶器也從精細的變成遠為粗糙的陶器。在中國史籍的記載上，有過「祝融八姓」移入中原的報導。祝融八姓本來就是山東半島以及鄰近地區的地方族群。這一移動說明了山東甚至延伸到江蘇，其居民必須遷移，他們的新石器文化，忽然不能延續。那些當地的村落遺址，都從大型變為小型，人數減少，規模變小。他們遷入「中原」地區，即從海河流域，由東往西延伸，到華山腳下，黃河流域。這個中原地區，本來就有一個相當穩定的新石器時代文明，也就是以廟底溝二期為主要標誌的一個寬長的文化帶。這一文化地帶並沒有山東薄如「蛋殼」的黑陶，但卻是穩定地、延續地成長，顯示這一文化帶是一個相當堅實的文化地帶。祝融八姓移入中原，對這一文化帶有其衝擊。而祝融八姓除了分散在中原以外，也有很多進入淮漢地區，後來的楚國、宋國地區，產生了極大的衝擊，以至於在江漢一帶，出現石家河文化遺址，有精緻的玉器雕刻，和複雜的大型聚落群。

祝融八姓這一山東族群的移動，我以為乃是因為距今四千年前，北方寒冷的氣候，構成了強大的高氣壓，使得南方季候風帶來的濕氣，不能再賜予山東地區本來的生活條件。當地的地方文化族群不能不遷入中原。中原地區承受季候風影響，原本就不如山東半島強大；這一地區的耕作帶，其氣候雖條件並不優厚，卻比較穩定。這一特色，反而促使居民彼此協合，成為一個具體的、堅實的人群組織基礎，逐漸整合了本來分散的地方文化，構成了後世所謂「夏」、「商」的複雜組織，演化為國家和城市的社會共同體。也是在這一特定視角，我們可以同樣觀察關中地區延伸到河套之間，是否出現了同樣的變化。

根據周人自己的記載，他們的先人曾經進出於農耕與遊牧之間。他們本來是農耕文明，陷入戎狄，然後又回復到農耕。這一往復過程，既可以是人群從甲地到乙地的移動，無妨稱之為大遷移（Exodus）。也可以解釋為，氣候變化使得同一地區的文明共同體，不能不因應氣候變化，有所調節，才呈現了周人自己的記憶中，從農耕陷入遊牧，又回復於農耕的往復過程。從朱開溝南北來看，從鄂爾多斯到陝北，也確實反映如此相當普遍的氣候變化。也在這個意義上，周人的集體記憶和考古遺址呈現的現象，乃是彼此印證的。

另一方面，舊大陸的人類歷史上，在距今四千年前，歐亞大陸交界處，出現了一波又一波騎馬戰鬥民族的移動。他們從高加索、阿爾泰高緯度的地方，向南移動。有的直往南沖，沖入印度，一波一波進入印度。也有一些，向西進展，一波一波進入歐洲。進入歐洲的途徑，可以直接往西，也可以在巴爾幹一帶折而向南，轉入地中海。後者的轉折方向，似乎比直接往西的大方向上，呈現其特色：經歷多次移動，時間略晚，構成在海灣谷底的城邦。這一變化最主要的後果是，地中海海東一帶，出現了希臘文明以前的族群移動，而希臘文明隨之開始呈現於世界歷史上。終於因為這一群海上戰鬥民族移動的特色，他們建構了歐洲文明的底盤。

上述兩撥從歐亞交界處移動的族群移動：地中海海東一條路，以及波斯灣口另一條路：這兩條途徑的中間就是今天的中東地區，那裡是世界古代文明中最重要的一環。兩河文明由此發展起來。從這一現象看來，歐亞交界處，從北往南，屢次不斷戰鬥民族的移動，對中東世界，以及後來的西方世界，都留下了重要的歷史軌跡。

以此作為比較，我以為，西周的出現，也是在同樣的條件下，構成了中國歷史的大的轉折。殷商的時代那個巨大的文明體，是在中原農耕文化的基礎上成長而成為一連串的農村，沒有後世歐洲和兩河地區城邦現象，而是一串串稍有防衛土壁的農耕群落。這種的結構，農村群內的主、從關係，也就是殷商集團，甚至傳統歷史，更早時期「夏代「的基礎，也就是從新石器時代轉變到青銅時代的早期文明，它從來沒有過城邦文明那樣的巨大的內部經濟差異。

上面說到，東亞地區、歐亞交界地區，以及兩河地區與左右兩條移動帶，這三個地區發生的變化，基本上都是距今四千年前。它與其後的族群移動，有重大的相關性。總結一句話，距今四千年前的氣候變化，在各地的衝擊，造成了不同的後果。然而其衝擊的出現，卻在各地都影響新的文明發展階段。由此看來，世界歷史無論在何處，都有「銅山西崩、洛鐘東應」效應。人類活動的世界性，竟可能早在此時，其訊息已有透露。

從歐亞大陸族群移動的現象看來，西周本身的建國就是一個族群遷移的過程。他們從今天陝西和甘肅交界處，也就是陝西省的東北角落上，涇水流域，逐漸遷向今天的西安。西周開始的時候，所謂豐鎬就是今天西安市附近的周原。在此以前，他們屢次遷徙，從古公亶父到文王的時間，至少三次落腳新家。至於古公亶父以前遷移了多少次，就更不知道了。從公劉開始就搬家。究竟是人群遷移，還是因為氣候改變，從牧到農，從農到牧往復的過程，哪個是比較完整的解釋，我們無法確定，可能兩者都是。氣候逐漸暖化，農耕地區就逐漸北移和西移。本來陷於戎狄之中的周人，從原來的地點，一步一步，更向東南擴張。

這本書原來的有關章節，我也曾經陳述凡此大遷移的現象。在中國北方，由阿爾泰山到今天的大興安嶺，這一條線上，寬廣的草原帶，在距今四千年的時候，這一帶非常繁忙。古代的典籍《史記》、《左傳》等等，都有相應的敘述，提到各地種族的衝突。王國維先生著名的鬼方、獫狁等等之考證，這些名號其實都是一個族群。今天回頭看來，靜安先生的話，有相當的成分是對的，但是也有頗可商榷之處。例如：這些族群的名稱，發音類似是一回事，但是其本身從哪一個小部落擴張到大部落，其過程一定相當複雜。至於鬼方這個名稱，在商人自己的記憶中，曾經與之有嚴重的衝突；武丁征伐鬼方三年，不分輸贏。可是在殷墟卜辭的記載之中，居然未見「鬼方」之役。殷墟卜辭記載的商人的屬方，各種「方」，有十幾處之多，也未見「鬼方」。鬼方的名稱，可能即是某一個大族群的或稱，也可能是其中的一部分。鬼方應是北方長時間存在的一個遊牧民族。

我們必須注意處，則是距今四千年的氣候大變化，從暖到寒，從寒又回到暖，考古學上孢子呈現的現象大概有兩三百年之久。西周的起源回溯到他們還沒有定居的時代，也就是西元前十六世紀上下。而等到西周正式開始，也就是差不多西元前十一世紀前後：凡此頗為符合這一段大遷移的時段。西周成立之後，北方並沒有安靜。西周銅器「小盂鼎」的原件已經不知所向。從小盂鼎的記載看，西周第四代君主，周康王時代，西周還與稱為「獫狁」的族群曾經有一次衝突。西周軍隊面對的敵人有八千多，俘虜的有一萬二千多。假如這是敵人的數目字，西周本身的軍隊也不會少於兩萬。兩邊數萬人的陣容對抗，作戰多日。其中有車、有馬、有步兵，這個規模，放在那個時代的世界，也是相當可觀。

從西周時代一直延伸到甚至春秋時代，遠到今天的陝北、寧夏、綏遠，近到山西的晉南，運城平原和汾河交界的地方，幾乎處處都有所謂戎狄的痕跡。春秋時代晉國的大擴張，主要就是從運城平原，即他們剛剛開始被封的地點，往北、往東、往西擴張，將各種戎狄收納到疆域之內。根據晉國祖先唐叔受封於晉，接奉的敕命，成王指示，在興建的晉侯封地之內，即汾河流入運城平原的交界處，必須接受容納夏人留下的風俗習慣，戎人留下的風俗習慣，還要注意到商文化的影響。這一個吩咐反映著，從西周早期開始到春秋中期，晉人擴張，建立霸權，以迄三家分晉：如此漫長的時期，這一今日山西地帶始終還在進行戎狄華夏互相交錯、互相融合的過程。

只有從如此背景上，我們才可以瞭解：中國地區族群移動延續的時間之長，族群之間融合過程的複雜，不是中東和地中海兩個大文化區同時代的變化可以並列的。中國這盤棋，其涵蓋的地區幅員之廣，比中東的兩河到埃及這一塊要大，當然也比從地中海沿岸的小亞細亞到義大利半島的範圍要大。這兩個文化地區的總面積也就和當時中國北部的總面積相差無幾。中國這盤棋的複雜性和涵蓋地區的廣大，本身就是一個特殊的現象，比西方的兩個地區更複雜。當然，如此現象，也比騎馬族群，屢次經由歐亞大陸相接處，「中路」，直接向南沖入印度河流域，然後轉到恆河流域，呈現的族群層疊現象，也遠為複雜。

從更廣義的局面來討論，自從西周進入中國的鬥爭以後，也就是西周和商人接觸以後，西周不斷爭取商人勢力範圍內若干「屬國」，終於成就「三分天下有其二」的局面。在西周的南方、西北方、東北方各地的許多小的族群單位，在周人的金文銘詞之中，這些小單位往往還帶有「王」號，也就是說它們不是西周能直接管轄的藩屬。比如常常出現的「折/仄國」，(「矢」字一撇翻轉形)，就是在周人疆域的邊緣上，並不受西周管轄。周人的歷史自稱，如此局面，乃是由於「西伯」能行「仁政」。

固然，任何霸權，大約必須持有相當的武力，才能統轄一方。周人對於歸順族群的包容接納，也的確有助於從霸權順利進展到共主的過程。西周王室姬姓，與西北緊鄰，姜姓族群，密切合作；後者的領袖姜尚，後世稱為「姜太公」，帶領本族，幫助姬姓打天下，姬、姜二姓，不僅時代婚姻，姜姓諸侯的封地，與姬姓王族子弟，分封於戰略地點，共同維持這一集團的霸權。西周未成氣候時，可謂殷商的從屬：號稱「西伯」，亦即殷商屬下各單位，在西方的一方主力。西方族群，包括今日關、隴、蜀、巴居住的族群，都是西周起兵東下時的盟國。殷商直屬的微氏，世代是殷商史官，也早就輸誠降周。姬、姜合體，以分封諸侯：幾乎當時所有族群的各單位，所謂「殷遺民」：包括殷商王室後裔，以及那些東土中原的土著族群，無不接受周室封號，隸屬西周體制。周王屬下的封建網絡，儼然開啟了古代東亞第一個想到統一於一尊的集合體。

西周本身，從有歷史記載，或者他們記憶記載，到今天我們能看到的考古報告看來，從周起始一直到文王時代，相當程度地反映其武裝化的特性。二〇一五年，涇陽發現的西周遺址，有兩個大的集體墓葬群，一群有三四百單位，一處有兩三百單位：其墓主都是單獨的男士，卻沒有家屬隨葬。殉葬的有馬、有牛、有狗。這個現象就很奇怪了。馬、牛能負重、駕車，還能耕田；狗，無論是遊牧，還是狩獵，都是必要的助手。這些個別男子的墓葬，反映了其既具有武士的身分，又是農耕的農夫，也許就是類似秦漢「屯田」的現象：軍隊駐守之處，兵員必須耕作，維持自己的生活，在必要的時候上馬就作戰。這種現象正反映了周人武裝化。我們也才能夠理解，為什麼豐鎬地區，即周原地區，能容納許多不同的專業，而且還有大片大片的武裝部隊的屯墾地區。

二〇一七年，寧夏彭陽姚河原遺址的發現，呈現周人開拓西北疆域的規劃。西周早期諸侯級墓葬區、鑄銅與製陶作坊、路網、壕溝、卜骨、卜甲等。凡此周王朝與西北戎狄族群的相處模式，應如李伯謙所說，姚河原遺址乃是「周人經略西北地區的前哨基地」。周人這一前哨基地應與周人獲取西北方的重要戰略資源——馬，正如周人往西南方向爭取淮漢銅料，同樣重要。

周人自己的根據地，周原地區有各種手工業、陶瓷業、青銅器製作等等。同時也有農夫和武士。也就是說，周原這一大基地，未必是後來所謂的都城，而是一個大型戰鬥團體駐守之處。周原宮室和商代的殷墟的宮殿比，占地較小，結構也並不如何複雜。這正是代表一個可以隨時準備遷徙的現象。無怪乎他們後來又一次遷徙到號稱「宗周」的根據地。

這一西周早期反映的特性，也正說明其本身就是武裝遷移大運動裡邊的一支。以此我們可以明白，西周在歷史上自誇，「西伯善養老」，所以大家願意接受他的領導，終於取得商人的三分天下有其二。這是從後世國家的觀念來討論。以那個時代的國家觀念來看，國家並不一定定居。國家內部也並不一定有郡縣等很充實的組織。商人的國家，似乎還沒有發展為具體完整的形態，只是以「大邑商」作為武裝基地。商人大軍，隨時向各處征伐。軍隊所到之處，向它投降的族群，就要送上貢禮。出征的部隊等於以武力勒索。殷墟卜辭，「征人方」大舉，行程累月，只見當地君主迎候，卻沒有戰事：可能即是殷商君主，宣揚武力，確立霸權的舉動。似乎商人並沒有裂土分封的封建制度，商人卻有不少駐屯的基地：在北方是槁城，在江漢是盤龍城，在今天長江流域的中下游是新干。甚至，在周人所在，華山以西地區，殷商文化遺存，處處可見。有些被認為是「殷遺民」的族群，何嘗不可能也是殷商霸權置放於西陲的駐軍？

由此看見，商人並沒有建立一個封國制度，而是一個巡遊掠奪的制度。周人的眾建親戚，以為諸侯，實際是從巡遊掠奪，轉變為駐屯的戍軍，占領那個地方。占領各地的駐防部隊之間必須有所聯繫，而聯繫的線索網絡，則是姬姓與異姓通婚，招撫不同姓族，於是同姓是親族，異姓稱為戚誼。皇親國戚，編織為綿密的網絡：就是我在本書的後面提到：「宗統」和「政統」的連結。宗統是親屬的網絡，政統是號令的網絡，這兩者乃是疊合的。這一現象正是說明了，在族群大遷移過程中，從動到靜的過渡期，還沒有達到完全規劃成行政單位的「郡縣」制度。而是在這以前，處於遊動的作戰和擄掠之間過渡的時期，則是分兵戍守的時代。

這一現象與羅馬共和國成為羅馬帝國的過程也很相像。羅馬帝國的疆域，都是各處投降的國家。羅馬大軍所至，各地紛紛服降。出征的部隊，就駐紮在征服的地方，負責鎮壓和戍守，不再回到宗主的都城。分出去駐紮的地點互相支援，以維持霸主的權力。

因此西周的封建制度，其實在我看來，原本也是殷商模式的擴大：各地有駐防單位，類似羅馬的軍隊分駐各國。西周以姬、姜二姓聯合的力量，完成於「天下」的控制。相對而言，羅馬始終沒有將之演化為西周的宗族封建，沒有建立一個長期的網絡。西周是宗邦的觀念，羅馬是本城的觀念，沒有中間其他可以聯繫的紐帶。中國是靠「眾建親屬」，以為藩邦的制度，即以血緣紐帶維繫的「親」和以婚姻關係結合的「戚」，這兩條線，建構了一個龐大的親屬網絡，重疊在戍軍的武裝控制之上——這是比羅馬帝國有更堅實基礎的統治機制。

往中東看，中東的大帝國，在巴比倫建立基地的和在尼尼微建立基地的，這兩大帝國都沒有網絡現象。他們都在各處征討之後，將各地的人民俘虜，遷入國內為奴隸，新征服的空地則移民種植放牧。猶太人在亡國後，整批被遷往尼尼微，就是如此現象。中東古代帝國，似乎並沒有嘗試，編織一個無形的網絡，組織各處征服土地的人民，使他們融入亞述，或巴比倫。

中東和歐洲呈現的現象，與中國呈現的現象對比，中國經過倫理結構和政治分封，更進一步進入戰國時代發展，而到秦漢落實的郡縣。中國的帝國體制，遂是建立於「編戶齊民」為基礎，憑藉察舉制度，選賢與能，以收攬地方人才，納入文官體系，擔任分工合作的公職人員，以此建構為帝國的管理制度。另一方面，「天命」以「人心」為依歸，朝代更替，乃成歷史發展的常態。這一人本主義的文化格局，內中國，而外夷狄，惟「文化」為尺度。卻又開放同化，如果夷狄入中國，則以中國待之。中國文化的內涵，則不斷吸納外來成分，隨時修改、擴大中國文化的內容：如此建立一個可久可大的複合社會體，可以不斷修改這一格局，庶幾適時更新。凡此特殊的彈性效應，維持了兩千多年的「天下格局」，迄於今天，還可以迎接正在逐漸展開的全球化。

相對而言，中東和地中海，他們的發展過程，主體永遠在移動，永遠在分分合合地變化。中東地區，直到波斯時代才有中心的團體。而他們真正地結合在一起，則是通過一個信仰系統，即伊斯蘭教出現以後，中東才定於一個統一於信仰系統內的文化團體。到中世紀，也就是相當於中國唐朝的時候，隨著伊斯蘭教崛起，才實現了宗教統一的「穆斯林天下」。可惜的是，代表舊波斯的遜尼派，和阿拉伯的什葉派，這兩大宗派之間，至今未能解除彼此之間的猜忌和衝突。

歐洲更別提了，希臘城邦林立，經過雅典霸權的泛希臘列邦體制，長期處於鬆散的組織狀態。小國以前是部族基地的分散，先來後到，各有城邦為其基地。部落分散的情況，成為各有主要族群為本體的列國。經過馬其頓為主體的亞歷山大帝國的短暫統一地中海東部和中東，不久再度分裂。羅馬崛起，以一個城邦統一地中海。開始這一歐洲統一局面，乃是鬆散的霸權，羅馬軍團，分別戍守各地，各有新的獨立的總督，羅馬並不能有效的統治。及至「蠻族入侵」，沖垮了「羅馬帝國」。各處「蠻族」接受基督教，族群列國接受基督教教權的統治之下，也就是基督教的擴張之下，依靠基督教的團結力量，籠罩於列國之上，才能合成超越列國的「公教天下」。

中國的宗教統一則是在天的信仰之上形成的。這一對天的信仰是西周發展出來的。這個

「天」替代了商人的「帝」。我在台灣大學的碩士論文的題目就是天和帝的演化。「天」超越族群，超越地區差異，甚至超越於人類之外，超越宇宙生命，都屬天的安排。所有的秩序，以及善惡的分界，都是從天而來。但是「天視自我民視，天聽自我民聽」。天的意志卻是從民眾集體意志反映呈現，天和人民的意志合二為一，是為「天命」。「天命」的現象要到西周建國以後，周人統治的廣大國家的中央點，周人本來的基地在西面，征服這一廣大平原後，將東方文明之地，視為「天下」的中央，於是「宅茲中國」，建立首都「成周」，「完成的周人天下」，將西面的基地，稱為「宗周」，亦即「周人的宗邦」。

這一大塊土地和這一大群人民的中心：人間秩序通天的點，人主經過高山，少室，通達於「天」，後來又分出幾個分點，東部的泰山和西部的華山。山西的霍山也在聖山之列。凡此高山都是人君通天的通道。泰山，聳立東方達平原，高峻入雲，主峰號稱「天門」，直達天際。在這裡，姜姓子弟許氏祖先，娶了姬姓長公主，以其特殊地位，主持泰山祀典，雖然自己的封邑在「許」，卻在泰山有一處「方邑」，作為祭祀儀式專用地。這位「姑爺」，大概本身具有巫師身分：「許」字古體，即是舞者袖舞，發音則是長噓之聲。

中華大地的地理疆域和天上的眾星是對照的。天涵蓋萬有，無所偏倚。天屬大家，也代表大家。它的意志是眾人的意志，它的使命是共同具有的使命。這一現象又與基督教和回教的獨神信仰有巨大的差別。獨神信仰必定是排外的。獨神信仰第一次出現在埃及，但比較短暫，即太陽神的信仰，由埃及法老阿肯那頓（Akhenaten）首創，太陽神是獨一的真神，對於眾生，授予生命，並不具有偏愛、獨占的含義。但是摩西借此延伸的「上帝」，則是排他的獨一真神了。這一真神只保佑信服他的人。他的另一個面貌是當年沙漠裡的風暴之神、懲罰之神、是殺伐之神。沙漠裡的焚風，所到之處，火焰四起。摩西的上帝，因此不僅排他，而且具有強制性的獨占，就不是普世愛人的神祇了。

中國的「天」則很像阿肯那頓原來的太陽神，是賜予生命之神，賜予存在之神，保證存在之神。於是中國的天下是信仰的天下，這種「天下」，可稱為 universal order。封建群體是 cosmopolitan order，帝國則是 universal order。中國從距今四千年走到今天，這一格局，自秦漢帝國成形之後，兩千年無法顛覆。基於如此特性，周人的「天」重視生命，王者受命於天，接受的使命乃是愛護人民。西周宣揚其能夠成功，就是以仁民愛物，獲得眾多部族的領導權。天命無常，王者不能執行如此任務，「天命」就可以轉移。尚書各篇，告誡周人：勤政愛民，甚至不許因酒誤事。從考古殉葬物品看，周人墓葬出現的酒器數量，相對於殷商墓葬的酒器，的確比例遠為稀少。更須注意者：殷商墓葬，人殉常見；王家陵墓，隨葬人殉，可以數以百計。從這些現象論，周人的確珍視生命，也保持樸實認真的生活態度。——這一現象，應是孔子經常推崇周代開國領袖文王與周公，甚至遙奉他們為儒家思想的源頭。從這一角度看，周人立國，毋寧一錘定音，為數千年來，中國文化系統的價值觀，確定了基調。於是，中國文化樞軸時代的開始就確定了天人之間的人本精神，為人之道的修業進德。

我也希望讀者注意，西周秩序發展了許多複雜的管理制度。西周從武裝政府的團體，轉化為一個龐大的封建統治網絡：這一「宗統」，亦即親屬關係網與「君統」，亦即分封諸侯的政權隸屬，建構了王權統治的管理系統，本書敘述西周「僚屬」的分工，則是從封建社會轉化成一個官僚管理系統，我在另一本《古代社會史論》上有所交代。在如此管理網絡上，又逐漸發展經濟交流網絡的功能。這一轉化過程，則在另一拙著《漢代農業》中也有所講述。在某種意義上，我的三部英文書原來在寫作的時候，《中國古代社會史論：春秋戰國時期的社會流動》最早，《漢代農業》跟下去，《西周史》來結尾。其實這個三部曲是倒過來，《西周史》第一部，《中國古代社會史論：春秋戰國時期的社會流動》第二部，《漢代農業》第三部。在《漢代農業》中，才拿帝國的結構，政治的管理，族群的聯繫，經濟上的交流，生產上的分工，綜合為對於建構如此大格局的綜合陳述。中國古代演化的三部曲，三部英文拙著的歷史邏輯，有彼此連貫的特色，遂合組成連貫的交代。我還有若干其他散篇的論文，各有其專題，或向前跨到新石器的時代，或向後到了後代，甚至到了當代：但整體一貫，仍不外乎此處連貫三部曲的補充與推演。

總結言之，從西周到秦漢，中國經歷長程演化，逐步融合各處文化群體，整合為一個亞洲東部大陸的共同體，在這一地區，遂出現了一個「華夏格局」的共同體。如此內部整合，又留下容納外在新成分的「普世秩序」，在人類歷史上，可謂僅見一次的個案。與世界其他文化系統的發展相比：中國地區，西周封建體系，比歐洲「蠻族入侵」後各地紛紛出現封建制度，早了一千餘年。春秋－戰國時代，封建社會蛻變為列國體制的格局，相對於歐洲近古時期轉化為西元十七世紀，西發利亞條約後的列國體制，也早了一個千年紀。秦漢帝國的天下秩序，其普世格局與整合的程度，在歐洲歷史上，不同於基督教教廷的宗教信仰秩序的普世性，卻只有在法國太陽王（路易十四）開啟，而在拿破崙帝國才有其普世秩序的氣魄，卻又為時不久，歐洲再度回歸於列國體制。中國漫長的「普世秩序」個例，則雖有興衰成敗，或分或合，其基調長久不變。

今日世界，一方面經過物產流通，導致經濟合；另一方面，經由科技發展，全體人類社會，共同擁有一個文化體系：於是人類共同建構全球化「普世秩序」共同體的願景，居然呼之欲出。此時此際，中國歷史呈現的特殊個案，應有其先驅的意義：於我人面對當今湧現的「全球化」大勢之際，應有可備參考之處。

回顧三部拙著的撰寫，每一部書到我手上，都是一個偶然。我的博士畢業論文，《中國古代社會史論》乃是討論春秋戰國時代的社會流動，完成不久，史丹佛大學聘請 Mary Wright 教授主編一套「東亞研究叢書」，經過劉子健教授介紹，遂將這一拙著收入該系列的首冊。《漢代農業》是西雅圖華盛頓大學的一群猶太學者，希望合撰一套關於漢代的專書。「漢代農業」

的題目，當時本是楊聯陞教授的工作；不幸他因病沒有動筆，遂將這一任務轉交給我，由我自撰成書。《西周史》則是老同學張光直想編一套耶魯大學古史系列，將其中西周部分，分派給我。

這三部書，動手的機緣不同，卻在撰寫後，不知不覺成了三部曲。大概是我思考每一部書的時候，都會前面後面附帶著一起想。在我看來，歷史的發展是連貫，不能切斷的。不知不覺，居然可以排列為「三部曲」。今日撰寫新序，也藉此紀念幾位故人：恩師李玄伯（宗侗）、李濟之（濟）、顧立雅（H.G. Creel）、前輩 Mary Wright、劉子健、楊聯陞、老友 Jack Dull 和同學好友張光直各位的指導、啟發和鼓勵。以上各位故舊，均已物故，回顧往日，能不愴然！

（由於脊椎神經損壞，我已不能執筆書寫，本文由我口述，有勞南京大學王波教授筆錄，謹此致謝。）

許倬雲
撰於美國匹茲堡
二〇一九年六月十九日

再版前言

本書出版迄今，已經逾年，去年並有幸獲得兩項金鼎獎。受獎時，念及先母，不但語不成聲，實因此書屬稿時，領取預付稿費，作為先母家用津貼，而款未用盡，先母棄養，稿費餘數，竟撥入治喪費用！今日俸給稍豐，而一絲一忽不能奉養。樹欲靜而風不止，子欲養而親不俟，人子之慟，昊天罔極。

這次修訂本書，主要為改正若干易滋誤解的詞句，添加一章屬稿時未見的考古資料，並且增列日常生活中的歲時及儀禮。另有數項考古發現，只得之新聞及友人通訊，考古報告出版後，當再陸續加添入書。其中最當注意者為：岐山地區古部國的發現，當可進一步判斷先周文化的成分；在陝北發現一座石堆城寨，其地點正在周人由晉西北遷，然後向涇渭地區南遷的路線上，有助於肯定本書已提出的假設。四川廣漢地區，出土大批青銅人像及動物像，人像大如真人，而且十分寫實，據說其年代在商周之際，是則不僅西周鑄銅技術的水平，已相當發達，川陝間的文化關係，亦當重予估計。凡此諸點，其詳細討論，只能等待正式報告問世之後矣。

許倬雲

於一九八七年元旦

前言

西周介於殷商和春秋之間。自從商代遺址遺存及大量卜辭出土後，商代文化、社會及歷史的研究頗有可以依據的材料。今人對殷商的知識，可說超邁太史公的時代。太史公可能見到今人無法再見的載籍，可是太史公見不著商代的居室、墓葬及遺物，也見不著商人自己書寫的龜甲卜骨刻辭。春秋之世的史事，有《左傳》、《國語》兩部大書，及諸子百家的記載，為史學工作者留下了極為豐富的史料。許多當時的事蹟、人物及風俗文化，都斑斑可考。夾在中間的西周，論文獻史料，只有《詩經》、《尚書》中的一部分，及春秋史料中追述西周的一些材料。在近代考古學發達以前，金文銘辭已有若干資料，足以補文獻之不足。但是相對的說，有關西周的史料，比之商代及春秋，都遠為貧乏。惟此之故，西周史在古史中是比較冷落的園地。

最近三十年來，中國考古資料大出。由舊石器文化以下，每一個時代都比以前有遠為豐富的史料供史家董理梳爬。西周史也因此添了不少新素材。大致說來，這些素材包括三類，一是西周的遺址，如岐下的周原、長安的豐鎬、洛陽的東都……以及數十處西周的墓葬和窖藏；一是遺址中出土的遺存，例如禮器、用器、工具、兵器、車馬……一是若干青銅器的銘辭，使金文資料的總數增加不啻倍蓰，其中有些銘文，透露了不少前所未知的消息。到今日，累積的考古報告及專題研究的專書與論文，也已有數百種。只是綜合性的西周文化史，尚未出現。本書作者不辭狂妄，竟嘗試整理這許多累積的原始資料及研究成果。作者的目的不在為西周文化提出終極的論斷，而毋寧是為了開一個端，譬如長途遠行的中途，稍作逗留，為過去的累積作一個小結，俾便自己及有同樣興趣的史學同行，由此小駐的尖站，作更進一步的探討。作者另一個目的則是為一般讀者提供稍微通論的讀物，俾知中國古代有這一段歷史及其發展模式與形態。為了後一目的，本書的格式盡力避免作史料考證細節的討論，也不加一個附注，只是交代了依據史料及前人論點的出處。作者本人只希望這樣的體例，占了學術專著與通俗作品的執中點。——也許，兩頭都落了空！凡事成敗，總由嘗試開始，後果如何，在開手時殊不易逆睹；是以也只能暫時不管後果了。

西周史的若干中心議題，為史學同行聚論焦點的，至少可以有下列幾項：西周的社會性質如何？封建的本質如何？商周文代嬗替的關係如何？周人以蕞爾小邦，開創了八百年的王業，這番業績是如何成就的？凡此問題，我人由今日擁有的史料，頗已可提出若干初步的假設，起碼不必再如三十年代作猜謎式的「論戰」了。本書的中心議題，集中在「華夏國家」在西周時代的形成過程，也就是由西周的發展，觀察中華民族及中華文化逐漸成形的過程。本書各章的討論，都圍繞這個議題，諸凡社會組織、經濟形態、文化擴散、華夷關係，無不在這個主題下論述。

西周年代學，已是周代歷史上的顯學。年代學本來也應是任何史學工作的基石。不幸，西周年代學有許多根本性的難題，這些難題至今仍難解決。西周年代學待決的問題，一是周代開始的確切日期，一是各王的統治年數，而這兩個問題又不可分割地糾纏在一起！自從嘉道以來，不少前輩學者提出了對西周積年與各王斷代的意見，也已有好幾家成體系的西周年曆譜，如吳其昌、董作賓、陳夢家、白川靜諸位先生的力作，都成一家之言。附表可代表主要各家的意見（圖1）（白川靜，一九七五：三二四；勞榦，一九七八；Nivison，一九八〇，一九八〇A；周法高，一九七一；屈萬里，一九七一：七八七）。

圖1　各家的西周年代

各家說	武王	周公攝政	成王	康王	昭王	穆王	共王	懿王	孝王	夷王	厲王	受命至穆王	武王至共和	克殷年
古本紀年	—	—	—	—	—	—	—	—	—	—	—	100（穆元）	—	1111
史記	3	—	—	—	—	55	—	—	—	—	37	—	—	—
御覽引史記	—	—	—	—	—	55	—	25	15	—	37	—	—	—

各家說	帝王世紀	通鑑外紀	通志	皇極經世	通考	通鑑前編	今本紀年	新城新藏	吳其昌
武王	7	7	7	7	7	7	6	3	7
周公攝政	7	7	7	7	7	7	7	7	7
成王	30	30	30	30	30	30	30	30	30
康王	26	26	26	26	26	26	26	26	26
昭王	51	51	51	51	51	51	19	24	51
穆王	55	55	55	55	55	55	55	55	55
共王	20	10	10	12	12	12	12	12	20
懿王	20	25	25	25	25	25	25	25	17
孝王	—	15	15	15	15	15	9	15	15
夷王	16	15	15	16	12	12	8	12	16
厲王	—	40	40	37	37	37	12	16	37
受命至穆王	133（穆元）	133	133	133	133	133	100（+11）	100（+10）	121
武王至共和	—	281	281	281	281	281	209	225	281
克殷年	1122	1122	1122	1122	1122	1122	1050	1066	1122

各家說	武王	周公攝政	成王	康王	昭王	穆王	共王	懿王	孝王	夷王	厲王	受命至穆王	武王至共和	克殷年
丁山	3	7	12	26	19	37	18	20	7	3	37	104（101）	189	1030
陳夢家	3	｜	20	20	19	38	20	10	10	30	16	100（穆元）	186	1027
董作賓	7	7	30	26	18	41	16	12	30	46	37	100（穆元）	270	1111
章鴻釗	3	｜	37	26	23	55	16	17	15	7	15	89（穆元）	214	1055
Yetts	3	｜	30	25	19	55	15	3	7	32	20	132（穆元）	209	1050
周法高	2	｜	24	25	19	23	15	2	15	34	18	103（穆元）	177	1018
白川靜	｜	｜	25	35	26	31	17	14	19	39	37	｜	｜	1087
勞榦	3	7				50	15	7			12		185	1025
雷海宗														1027
Karlgren														1027

這十幾家不同的意見的歧異，主要由於依據的古史說法不同，也由於對金文資料中月相名詞的瞭解不同。茲先說古史說法的不同。西周共和以後，年代可據，但共和以前諸王年代有待推定。單以武王伐紂年來說，劉歆根據《武成篇》的資料，以三統曆推定武王伐紂年相當於西元前一一二二年。但是裴駰《史記集解》、僧一行在《新唐書》「曆志」大衍曆議訂的武王伐紂年，董作賓先生推定相當於西元前一一一一年。其他的說法還有西周諸王中若干王的年代，分別見於《帝王世紀》等處。又《史記》〈魯世家〉的魯國諸公年代，可用來補共和以前諸王年代的空白。但是今本〈魯世家〉和劉歆《世經》所引〈魯世家〉，其年代又頗多不同。依據這些不同史料，各家各有選擇，也各有其拼合遷就處，所得結果難免有歧異了。屈萬里先生僅以共和以後諸王年代的若干異說及共和以前魯公年代的兩種說法合排，即可得到九種不同的西周積年（屈萬里，一九七一：七八九—七九〇）。

再說月相解釋的問題。根據金文資料中年月日期推算時，對月相的不同瞭解，可以把同一月相名詞放在完全不同的日期。金文中常見記錄月相的名詞，共有四個：初吉，既生霸，既望，既死霸。這四個名詞指哪幾天？王國維先生創為四分月相說，以為四詞各指一個月由月初到月尾的四分之一（王國維，一九五九：一九—二六）。董作賓先生創為定點月相說，以為一個月只有月初（朔，或死霸、初吉）及月中（望或既生霸）兩個定點，這個定點只有兩天的游移，各稱旁死霸及旁生霸（董作賓，一九五二）。由於古史資料只有年月及日子的干支，這一天屬月之何日，可以因月相的解釋不同而有歧異。不僅西周有年月日諸器的斷代不同了，對於文獻資料（如「武成」）中的年月日也各有不同的系屬，連帶的也就影響到推定各王年數有不同的算法。王董二家的說法，孰是孰非，不能一言決定。例如白川靜先生從王氏四分月相為各周器斷代的方法，陳夢家先生則大致上採董氏之說為其「西周銅器斷代」一文的依據（陳夢家，一九五五）。近頃董說頗受勞榦先生的批評（勞榦，一九七八），但是劉啟益先生則又根據新出的幾件銅器銘文大體上肯定了定點月相說（劉啟益，一九七九）。其實，周代金文中的四個月相名詞，其出現頻率並不均勻。初吉出現的次數遠超過其他三詞（勞榦，一九七八：五〇—五一；黃然偉，一九七八：六四）。除非鑄器專挑月初，這一偏頗的現象頗難解釋。如果「初吉」只是「吉日」的別稱，則月相的系屬更有問題了。

正因為西周年代學上有這幾大不易解決的難題，本書不擬勉強採取任何一家的理論，以假定各王的年代和西周積年。至少在目前，考古學的新發現還不足以解決這個難題。一本史學專書而沒有十分肯定的年代學系屬史事，這是無可奈何的抉擇！本書的史事分配，大致上接受白川靜先生所著《金文通釋》或陳夢家先生所著《西周銅器斷代》中各器的安排，因為二氏對各器所屬世代，往往由形制、花紋及出現人名為組合標準。一段一段集合成組，排列其前後次序，諸王年代及總積年，反而不是首要的問題了。

本書敘述，以文獻、考古、金文三項資料參合組織。金文史料，過去有《兩周金文辭大系》一書為完全，今日則以白川靜先生的《金文通釋》與《補釋》為最全的集子。因此本書舉證銘文，只要《金文通釋》（或《補釋》）已採入的，均以該書為資料來源。至於對銘文的解釋，則比較各家意見而擇其最善者，卻也不是全從白川氏之說。在附圖中，本書選了若干新出或不多見的銘文拓本，以便讀者。其原銘拓本未經錄入者，概請查檢白川氏原書，或其他著錄金文的集子。

本書各章中，有三章以史事的敘述為經，其餘各章，則以制度與現象的討論為主，可算繫於經線的緯了。這幾章中的敘述仍上下貫穿。各章置於西周初、中、晚三段中最有關係的一段，並不表示所討論的現象只見於這一時段。諸章經緯相維，惟讀者善加注意。

三十年前進入臺大，李玄伯（宗侗）師始為啟蒙，遂對中國古史發生興趣。後來董彥堂（作賓）師、凌純聲師、李濟之（濟）師由不同的方向又加鞭策。二十年前，王雪艇（世傑）先生及李濟之師倡議修撰《中國上古史論文集》，由作者受命襄贊。該書經營甚久，集稿也很辛苦，但至今不得正式出版。今茲本書出版，一則紀念玄伯師、彥堂師、濟之師三位先生，再則也求稍贖未能終始雪公交下任務之罪愆。

自從入台灣大學以後，多少年來未嘗稍離中國古代史的園地。歷年來受師長教誨之恩，既深且重。諸師中尤可感者為芮逸夫、勞貞一（榦）、高曉梅（去尋）、石璋如四師及私淑仰慕的錢賓四（穆）先生，敬在此向各位先生虔致謝忱，並祝這幾位學術界的大老身體清健。

本書付印之時，先母猶健在，此書出版時，先母已棄養，蓼莪之悲，終生長慟。本書撰寫期間，往往冷落了曼麗與樂鵬，現在可以稍微多一點與妻兒談話的時間了。本書編排校對，承林載爵、方清河、葉達雄、杜正勝四兄偏勞，謹謝四位。

本書的英文版，係由耶魯大學出版社出版，除了加上由同事林嘉琳教授（Kathyrine Linduff）補入美術史部分外，英文版的〈物質文化〉一章也擴大了一倍，至於全書論旨則與本書大致無甚不同。

許倬雲
於匹茲堡

第一章

由新石器時代到商代

第一節　中原的新石器文化

在現在稱為中國的這一大片土地上，遠在五十萬年前，已有「北京人」及其他古代人類留下了他們骨頭化石和使用過的簡陋工具。經過漫長的歲月，古人逐漸由採集食物發展到生產食物，他們留下的石製工具也由簡陋而改良到分化為種種專門用途的工具。這就是考古學家所稱的新石器文化了。在新石器文化時代，人類文化的發展，步伐比以前快多了。農業出現，從此人類可以有可靠的食物供應。長期的聚落出現了，從此人類的群居生活將日趨複雜。藝術出現了，從此人類可以用抽象的符號表示具象的實物，使人與人間互相交通的管道擴大到超越對話的時空限制。跨過這一步界線，人類事實上已踏進文明的境域，人類從此不再僅僅面對自然資源爭取生存的機會，人類也必須面對自己所創造的環境與條件，學習怎樣與同類相處。隨著文明而來的新挑戰，實際上由新石器時代到今天，一天比一天更趨激烈，然而追溯人類歷史上轉變的轉捩點，新石器時代的「革命」當是影響重大的一次大關口。

今日考古學上所見中國最早的新石器時代，當是至少西元前五千多年的裴李崗—磁山文化。這是最近才認識的兩種早期新石器遺存，時代比中原的仰韶文化要更早。裴李崗文化的遺址主要分布在河南中部，磁山文化遺址則在河北南部與河南北部。這兩種文化的文化面貌互有差異，但是大致同時並存，當是華北新石器文化遺址中年代最早的了。以碳十四斷代測定的年代來說，裴李崗文化有西元前五九三五±四八〇年、西元前五一九五±三〇〇年（樹輪校正後：五八七九年）及西元前七三五〇±一〇〇〇年三個數據。與裴李崗相同的莪溝北崗文化，有三個年代數據，則是西元前五三一五—前五〇二五年（校正後：西元前五九一六—前五七三七年）。磁山文化遺址的三個年代數據測定是西元前五四〇五—前五一一〇年（校正後：西元前六〇〇五—前五七九四年）。這兩種文化都已有農業。裴李崗文化的招牌器物是帶足的石磨盤、石磨杆、狹長扁平的雙弧刃石鏟，和帶鋸齒的石鐮，顯然都是與農業生產有關的工具，陶製品中有豬頭的陶塑。磁山文化遺址的窖穴中，出土過成堆的腐朽「穀」物，據判斷可能是粟類。在磁山也出土了大量的豬狗骨骼。固然大量樹籽、魚骨和獸骨的出土，說明了採集食物仍占相當的重要性。農具、穀物和家畜的出現，無疑象徵相當成分的食物，已由生產供應了。早期新石器文化毋寧仍是相當原始的文化，其陶器都是手製，但是燒成溫度已可達到攝氏九百多度，器形已相當複雜，也具有若干紋飾，甚至還有少數彩繪。裴李崗—磁山文化的陶器器形中有不少也見於後來的仰韶文化。繩紋和彩繪更在仰韶文化中普遍出現。圓形方形半地窖式居住遺址，也是由裴李崗—磁山文化肇始，而同樣見於仰韶文化的村落遺址中。凡此都說明了裴李崗—磁山文化是仰韶文化的前身（安志敏，一九七九：三三五—三四六；一九七九A：三九三—三九六）。

仰韶文化是黃河流域新石器文化的主流，分布廣袤，遍及河南、山西、陝西、河北、隴東、寧夏、內蒙古南部、河南及湖北的西北部，包括整個中原地區及關陝一帶。碳十四測定年代的數據也很多，大約為西元前四五一五—前二四六〇（校正後：西元前五一五〇—前二九六〇年），延續時間兩千多年。仰韶文化可以陝西的半坡村遺址為代表；當然，仰韶文化中也有若干以時間及空間差異而呈現的類型。仰韶文化顯著發展了農業。村落的面積相當大，有數萬到數十萬平方公尺不等。居住遺址通常是方形或圓形的半地穴，分為內室、外室，地面平整，甚至有白堊面。室內往往有火堆燒過的遺痕。聚落常在河邊的台地。有些條件優良的地點，遺址可以涵蓋數層並不密接的文化層，說明當時的農業是遊耕式種植方式。但是聚落的移徙往往取決於對耕作有利的條件，以致同一地點可以在先後都有人遷來建立定居的聚落。陝西西安半坡的遺址，即有至少兩層文化層，一層的遺址及窖穴疊在另一層的遺存上面，而中間隔了草籽和樹木花粉交替茂盛的土層。只有用「刀耕火種」的種植法，同一地點才有這種樹木與茂草交替出現的情況。半坡聚落可有上百個居室遺址，居室與儲藏用的窖穴都集中在聚落的中央，環以深溝。半坡遺址的北面，有一個公共墓地，集中埋葬著大人小孩的遺骸，生人與死者的地域顯然已明白分開了。村中也有一座較大的房屋，可能是全村的會所，或其他「公共建築」。由此推論，仰韶文化的聚落似乎已有一定程度的政治組織，也有了自群的意識。聚葬的公墓現象，反映了自群意識已超越了時間的限制。

仰韶的農業大約以種植粟稷為主；有好幾處遺址的儲藏窖穴都出土了粟類的穀物。半坡遺址還出土了裝貯蔬菜種子的陶罐。家畜以豬狗為眾，牛羊則較少。農具有耕作用的石鋤石鏟，砍伐用的石刀石斧，及一般刮削用的石利器。仰韶的農業當已有相當高的生產水平，村中儲穴分布各處，足見生產已有餘糧。

仰韶的陶器常有彩繪紋飾，為此，過去的考古學家曾以「彩陶文化」作為仰韶文化的別名。紋飾中，有幾何圖形及流動而不規則的線條，也有相當寫實的或寫意的圖像，如魚、蛙、豬、羊、人頭之類。若干簡單的刻紋及畫紋，已有了記號的作用，有些學者甚至以為仰韶文化的陶紋已是書寫文字了。

整體地說，仰韶文化在社會組織、生產水平及使用抽象符號三方面都有相當程度的發展。仰韶文化源遠流長，在中原地區是主流，對四周鄰近地區的新石器文化，也有不可忽視的影響（Kwang-chih Chang，一九七七：九七—一三八；關於仰韶文化在半坡遺址的詳盡描述，參看考古研究所等，一九六三）。

緊接著仰韶文化，在中原的晚期新石器文化是龍山文化，其分布更為廣大，內容也更為豐富。仰韶文化的農業發展，因為食糧供應穩定了，導致人口的增加。於是一方面有溢餘的人口形成更多的聚落，把文化擴散到前所未有人居住的地區，另一方面，也因為可以遊徙的空間有限了，聚落居民不得不持久地定居在同一地點。各地龍山文化，因此而有相當的地方性；中原的龍山文化，遂有河南龍山、陝西龍山與山東龍山之分，其中以河南龍山文化為仰韶文化的直系後裔；至於山東龍山文化，在下一節將另行討論。所謂河南龍山文化，分布在今日的河南省及晉南、冀南地區，主要沿著黃河的中下游。仰韶文化轉變到河南龍山文化的中間形態是豫晉陝交界地區的廟底溝二期，其碳十四斷代是西元前二三一〇±九五年（校正後：西元前二七八〇±一四五年）。河南龍山文化的時代則是西元前二一〇〇—前一八一〇年（校正後：西元前二五一五—前二一五五年）。陝西龍山文化的年代與此相當，也繼承了廟底溝二期的新石器文化（安志敏，一九七九A：三九七—三九八）。

河南龍山文化在仰韶文化的基礎上發展，而內容有了若干改變。農具中有了耒、鐮與骨鏟。農產品仍以粟稷為主，收穫量則似乎大多了。木工的工具，不再是砍伐用的斧斤，而更多整治削切之用的加工工具。陶器中輪製的成分大為增加。村落有夯土築成的圍牆以資自衛，村落與村落之間顯然有了戰爭。有些傷殘骸骨成堆地丟在坑穴中，大約也是戰爭中的犧牲者。宗教信仰出現了，骨卜及特殊的葬儀，都足以說明這一發展的方向。器壁薄而硬的蛋殼陶，當不是為了日常生活所用，這種特製用具，大約也是為了宗教儀式而發展的。祖先崇拜，大約也已制度化了。在同一社群之內，社會地位及職業的分工，造成社會分化的現象，其現象也與社群的日趨複雜與日益組織化相關。前文曾提到，聚落比較有持久性，當然也因此可有更明白的我群意識，地方性文化之具有各別的特點，也足以表現這種我群意識。然而聚落分布的密度比前增加，群與群之間的接觸與交流在所難免。鄰近聚落之間必有相互影響，是以鄰區地方文化的特色往往大同小異，由東到西，或由南到北，可見的文化差異都呈現漸變的過程，而難以找出截然可見的地方文化分界線。從整體來說，中原龍山文化的影響放射及於中原以外（Kwang-chih Chang，一九七七：一五一—一五五，一六九—一七一）。

第二節　中原四周的新石器文化

在東方，山東半島及其鄰近的海岸地區，大致上文化的年代幾乎與中原的仰韶文化同樣古老。目前考古學界大致以大汶口文化看作山東龍山文化的前身，大汶口文化可分為三個時期，碳十四年代是西元前三八三五—前二二四〇年（校正後：西元前四四九四—前二六九〇年），延續二千年之久。大汶口早期似受仰韶文化的影響，然而河南東部的仰韶文化也有接受大汶口影響的現象。大汶口晚期則深入豫中，對地方性的文化留下若干可見的特徵。另外一方面，大汶口文化渡過渤海，使遼東的地方文化具有與大汶口文化相似之處；往南則深入皖北、蘇北地區，都有大汶口文化的遺址（安志敏，一九七九A：三九六—三九七；文物編輯委員會，一九七九：一八六）。

大汶口早期的文化，石器笨重，只有磨棒、錛斧之屬，陶器粗陋，全為手製，大都為紅陶。中期則有長足的進步，石器的種類漸多，均為形狀修整的磨光石器；陶器開始有慢輪修整，燒製的火候也可，若干質地細緻的灰陶、黑陶，實啟後世蛋殼陶的先河。社會階層已有分化；大量家豬下顎的隨葬，說明了家豬代表財富。大汶口文化的晚期，石器為精磨製品，陶器為輪製，而且有了胎質很薄的黑陶。最重要的發現，則為陶器上的若干書寫符號，已經可稱為文字了（文物編輯委員會，一九七九：一八六—一八八；山東大學歷史系，一九七九：一一二八；Kwang-chih Chang，一九七七：一六三）。

山東龍山文化，直接由大汶口文化發展而來，兩者之間關係緊密，以致劃分的界線有時發生混淆的現象。兩者分布的範圍也大致相合。山東龍山文化的碳十四斷代是西元前二〇一〇—前一五三〇年（校正後：西元前二四〇五—前一八一〇年），比較中原的龍山文化大致同時，而結束較晚。山東龍山文化與河南龍山文化之間的界線，也很不清楚，相鄰地區的轉變尤其顯露漸變的現象，足見新石器文化的晚期曾有一番因交互影響而產生的文化交融（安志敏，一九七九A：三九七—三九八）。

山東龍山文化最突出的特點為高火候的黑陶，其蛋殼陶，尤為引人注目。小型銅製工具已經出現。骨卜及複雜而內容豐富的墓葬，均說明宗教信仰的影響。大量石製骨製的箭鏃，及肢體傷殘的骸骨，也足以說明戰爭已屬常見（文物編輯委員會，一九七九：一八九—一九〇）。

山東考古發現，指出由大汶口文化到山東龍山文化一系列是當地獨立發展的新石器文化。

固然山東的土著文化也與中原的同時代文化各有授受的交互影響，但基本上是獨立於中原文化的文化系統。

在東南沿海地區，浙江餘姚河姆渡的早期新石器時代遺址，雖然只是一個據點，不像仰韶及大汶口文化有廣袤的分布，然而其與稍後的馬家濱—良渚文化的系列關係，實具有重大的意義。河姆渡文化的年代據測定為西元前四三六〇—前四三一五年（校正後：西元前五〇〇五—前四七九〇年），與中原的仰韶文化早期相比，同時或稍晚。陶器是低火候的夾炭黑陶，有繩紋和刻紋。僅有少數彩陶，繪製過程頗特殊，係以灰白泥塗在黑陶上，再施以彩色，當有可能模仿中原的彩繪陶器而未得法。最重要的發現是稻殼的遺留，當屬迄今為止中國境內最早的栽培水稻。耕種用骨耜及木耜，也是農業發展上最早的例證。居住遺址是木結構的干欄式住屋。有小型木件用榫卯以裝置木器。中國的建築特色的木結構，似乎在河姆渡找到了祖先（安志敏，一九七七A：三九九—四〇一；浙江省文管會等，一九七八；浙江省博物館，一九七八；游修齡，一九七六）。

馬家濱文化是河姆渡的繼續，分布地區在太湖流域，其晚期的崧澤中層，測定年代是西元前四〇九〇—前三〇五〇年（校正後：西元前四七四六—前三六五五年），是比前期的馬家濱文化當還要早些，大致與仰韶文化的中晚期及大汶口文化的中晚期同時。馬家濱文化中出現中原的鼎豆諸器及少量的彩陶，自然都是文化交流互相影響的後果。馬家濱文化以水稻耕作為主要的生產。值得注意的是在邱城遺址出土了用砂、小礫石、陶片、貝殼和骨渣混合構築營造的居住地面。居民並且開鑿小型渠道，引導水源進入居地。這種水道的工程，當然由於多水的地理條件造成（安志敏，一九七七A：四〇〇；文物編輯委員會，一九七九：二一八；梅福根，一九五九；姚仲原等，一九六一）。

在馬家濱文化上面，壓著良渚文化，地域已由太湖流域擴大到包括江淮之間的地區，年代測定為西元前二七五〇—前一八九〇年（校正後：西元前三三一〇—前二二五〇年），與龍山文化同時，上限猶早於河南龍山文化。良渚文化有極薄的黑陶，胎壁之薄，可與山東龍山文化的蛋殼陶比美，不過黑色只是灰胎的表皮，頗易脫落，可能是仿製山東的黑陶。此外，良渚文化中也有一些彩陶和朱繪黑陶，當也是與中原文化交流的後果。農業水平很高，基本上是水稻耕作；稻種有粳稻、秈稻。至於出土的芝麻、花生、蠶豆、甜瓜子等實物，其年代仍在存疑之列。工具和用器有不少木製品和竹製器。石器已有多種應用途而生的分化，如石刀、石鐮、石耜諸種田器。精美的玉器說明了當時社會已有禮器出現（安志敏，一九七九A：四〇〇；文物編輯委員會，一九七九：二〇一，二一七—二一八；牟永抗等，一九七八）。

黃河中流的中原，黃河下游以至海濱的山東地區，及長江下游太湖流域的江浙地區，都各有其源遠流長的新石器文化系列。這三大系統的相互影響，以及各系統本身的分化，又造成了新石器文化晚期的各型地方性文化，例如陝西的龍山文化、江漢地區的大溪—屈家嶺文化、北邊的河北龍山文化等等。

陝西的龍山文化，分布在關中的涇渭流域，也遠達陝北和晉南。與河南龍山文化一樣，陝西龍山文化大約也由廟底溝二期的基礎上發展。陶器紋飾以繩紋為主，形制以鬲為最多。更往西去，陝西龍山文化的影響，使甘肅齊家文化也具有龍山文化特色。齊家文化基本上繼承馬家窯文化的傳統。馬家窯文化是仰韶向西傳佈的一支，齊家文化因接受陝西龍山文化而成為龍山文化的變型，正足以說明古代文化間往復激蕩的局面（安志敏，一九七九Ａ：三九六，三九八）。

江漢流域的古文化也有其單獨的發展系列。大溪文化主要分布在川鄂三峽地區，延及湖北的西南部和湖南的北部。年代約當仰韶文化中晚期；有一個宜昌紅花套的碳十四測定年代是西元前二四〇五±一一五年（校正後：西元前二九九五±一九五年），當是稍晚的年代了。大溪文化以打製石器及紅陶為主。陶器的羼和料為稻殼，可見其種植作物是稻。事實上，河南淅川的仰韶遺址有稻殼痕跡，則大溪有稻作當也由於自然環境比較適宜之故。河姆渡出現的栽培稻為時遠早於大溪文化的時代，而且稻的栽培成功，必在南方，是以大溪文化接受南方影響的可能性很大。

屈家嶺文化緊壓在大溪文化上面；其分布範圍則除了大溪原有地區外，主要分布在鄂北及豫西南一帶。陶器的形制，有一部分承繼了大溪文化的特色。蛋殼彩陶與廟底溝二期的遺物甚相似，而河南禹縣也出土了屈家嶺的典型高圈足陶杯，可見屈家嶺文化與中原龍山的密切交流。屈家嶺文化的測定年代是西元前二二五〇—前二一九五年（校正後：西元前三〇七〇—前二六三五年）。屈家嶺文化之後是江漢地區的青龍泉文化，似是龍山文化的地方性變型，有一個碳十四測定的年代是西元前二〇三〇±一〇五年（校正後：西元前二四三〇±一五〇年）。屈家嶺文化與青龍泉文化的農業也都是稻作為主，顯然由大溪文化一脈相承的。屈家嶺晚期墓葬，入葬的頭骨多缺左右對稱的門牙，說明當時有拔

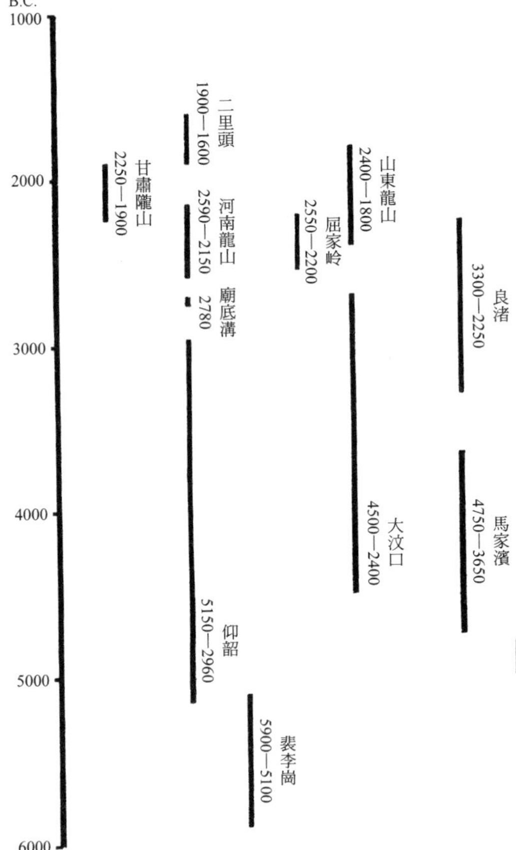

圖2　主要的新石器文化系統

牙的習俗。在鄂東的黃岡螺螄山遺址中出現屈家嶺文化、青蓮崗文化（現在名稱是大汶口文化）和仰韶文化遺物共存的情形，而圻春易家山龍山文化遺址中有良渚文化因素。凡此，均說明江漢地區的新石器文化與東方及東南的兩大文化系統有相當程度的接觸與交換。鄂東在地理條件上，也許正是中原、東方與東南三個系統的接觸點（安志敏，一九七九A：三九九；文物編輯委員會，一九七九：二九五—二九六；丁穎，一九五九）。

中國幾個主要的新石器文化系統可用圖示如下（圖2）。

中原以北的地區，河北與山西兩省的北半邊，已與北方草原接近，遠離黃河中下游流域，地理環境迥異中原，當然另有其他地方性的文化發展，河北境內有三種主要的仰韶文化型，都與中原的仰韶有密切關係，但在北部的蔚縣、涿鹿等地的仰韶文化則不屬上述三型，而和山西太原光社的彩陶相近。目前這一類型新石器文化的細節還待整理，不過有些考古學家已開始使用光社文化的名稱（圖3）。

這個文化主要分布在山西的東北部及河北北部，不過其影響所及的地區可以遠達內蒙、河套及陝西的東北部。光社文化的早期類型遺物，與河北龍山文化澗溝型相似，時代則早於二里頭的新石器時代晚期。這一文化也有其延續的發展，其第四期約略相當於殷墟文化的晚期（鄒衡，一九八〇：二七二—二七四；文物編輯委員會，一九七九：三六）。這一個北支的龍山文化，自然不能算早，但仍有其地方性，與中原文化的傳承系統相關聯，而又有獨自的歷史發展。

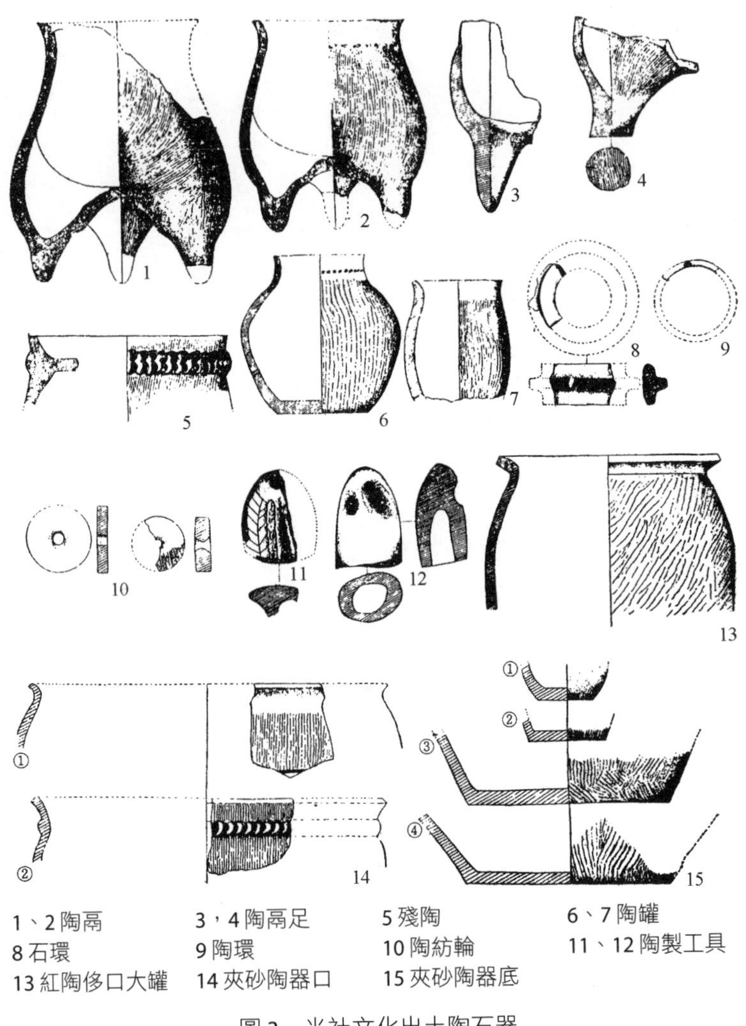

1、2 陶鬲　3，4 陶鬲足　5 殘陶　6、7 陶罐
8 石環　9 陶環　10 陶紡輪　11、12 陶製工具
13 紅陶侈口大罐　14 夾砂陶器口　15 夾砂陶器底

圖3　光社文化出土陶石器

第三節　商以前的國家與部落

千峰競秀，各種地方性文化之間的刺戟及影響，相激相蕩，部族間的衝突與競爭，創造了條件與需要，使社群的凝聚超越村落、社區的範圍，也超越親緣團體的範圍。中國歷史的傳說時代，有堯舜禹的禪讓，堯舜都只是及身而止，沒有開創朝代，似乎到了禹的手上，權力的轉移才制度化，於是有了「三代」之首的夏代。大禹開創的夏，有許多考古學家以為就相當於新石器時代將過渡到銅器時代的二里頭文化。

二里頭文化的分布，主要在豫西伊洛潁汝四河流域為中心，但邊緣所及，西到陝東，南到鄂東江干，東到皖西，範圍相當大，也頗符傳說中夏代的疆域。其碳十四測定的時代，是西元前二〇八〇—前一六二〇年，也切合傳說中夏代，西元前二十一至前十七世紀的年代。過去有人以二里頭型為早商文化，最近考古資料顯示，二里頭文化的晚期文化曾經過急遽改變，最後呈現商文化的特徵。是以，目前有人以為二里頭文化晚期，正是夏商遞嬗之際，而中期以前應當是夏文化（徐旭生，一九五九；鄒衡，一九八〇：一〇三—一〇四，一三一—一三八；關於碳十四的年代，佟柱臣，一九七五）。

二里頭文化在偃師的遺址第三期（西元前一五九〇—前一三〇〇年）出土一個大型宮殿基址（圖4）。殿堂是一座三〇．四公尺×一一．四公尺的大建築，坐落在方形夯土基址上，夯

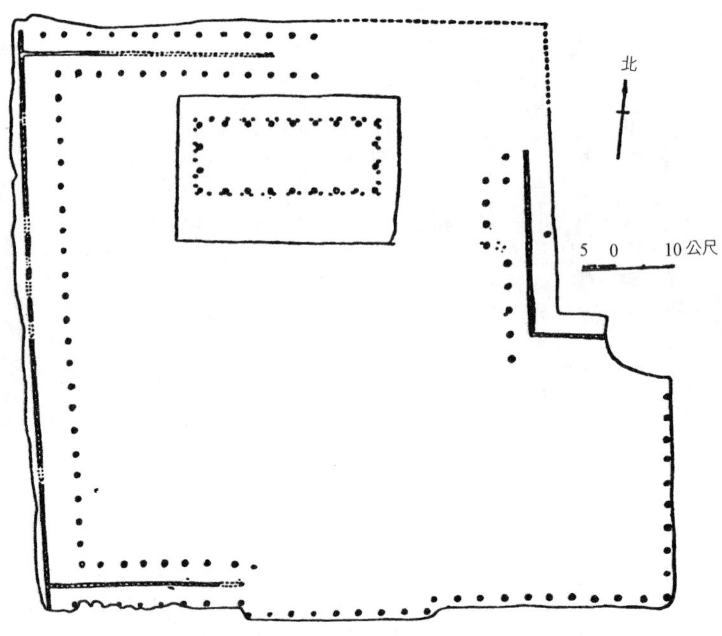

（1）河南偃師二里頭文化晚期宮殿建築基址平面圖

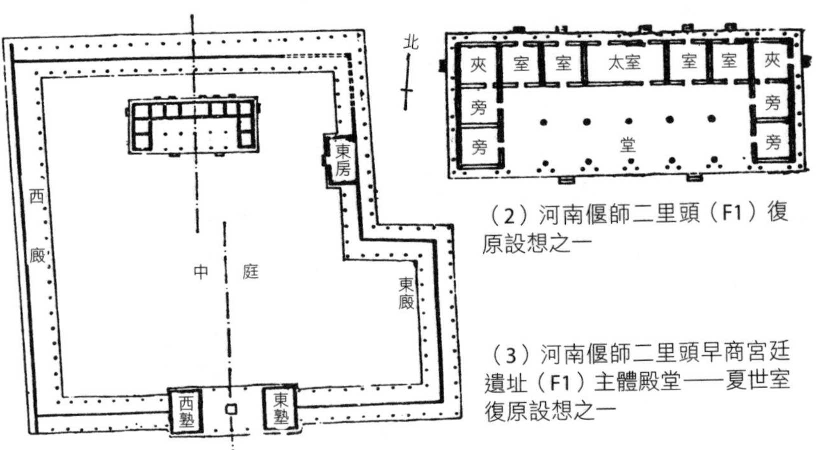

（2）河南偃師二里頭（F1）復原設想之一

（3）河南偃師二里頭早商宮廷遺址（F1）主體殿堂——夏世室復原設想之一

圖 4 河南偃師二里頭文化宮殿基礎基址

土台高出地面〇．八公尺。夯土土方達二萬立方公尺之巨，需十萬工日始能完工，殿堂是面闊八間，進深三間的木結構，成列的柱洞有石礎為底。屋頂大約是草頂。堂前大庭，面積約五六千平方公尺，足可容納萬人。宮殿四周有一組廊廡建築。宮殿正門在庭內，是一座面闊八間的牌坊式建築。整個宮殿，當年必定氣象壯偉，象徵了巨大的政治權力，足以動員十餘萬工，來建築這個大型建築。至於一般平民，大約居住在半地下室草頂的淺窖穴中（二里頭工作隊，一九七四；洛陽發掘隊，一九六五；佟柱臣，一九七五：二九）。青銅器中的工具，形體較小，如鑿，多仿自石器、骨器。青銅兵器則有大型的鉞與戈，及小型的箭鏃，也多仿自石器。禮器僅見尊，仿自陶器，有陶範、石範及銅煉渣出土，分別出土於二里頭及東下馮遺址。陶器上往往出現刻畫符號，有的符號（如羌）根本就與甲骨文的文字相似了（洛陽發掘隊，一九六五；鄒衡，一九八〇：一三五—一四四）。有大型宮殿，足見二里頭已有了強大的政治組織，以動員相當的人力；其體制之差別，也足以說明政治權力的尊崇。有文字，似可指明二里頭文化已踏進用符號交通的領域。銅器出現了，但仍以仿製石器陶器為主，可見其原始性。這些條件，的確符合國家初起、文明肇始的情況。

有了國家，並不意味中國已經統一在一個政治體系之下，甚至也還不在一個文化體系之下。夏的控制範圍不大，大約只在黃河中下游，其他地區當是分別由各地的部族自己控制。史籍中記載了不少有關古代部族系統的零碎資料。近代學者，各自整理了一套分類法，區分古代的部族為若干大系統或大集團。例如蒙文通以為古代有江漢民族、河洛民族、海岱民族三大系統；徐旭生以為有西方的華夏、東方的東夷及南方的苗蠻三個集團；而傅斯年以為東夷與西夏兩大集團的互為消長，實是古史上一大關鍵。蒙、徐二位前輩在區分部族所屬時，意見頗有異同，但其著眼均在古史的資料，而未曾十分注意考古資料。傅氏的學說，在五十年前，以為仰韶與龍山為對立的兩個文化時，能熔鑄文獻與考古資料於一，頗具有說服力（蒙文通，一九三三；徐旭生，一九六〇；傅斯年，一九三五）。

最近若干新石器時代遺址中，頗有人類骨骸出土。根據新石器時代不同地區居民之間的體質差異，中國境內大致有下列數種族群分布：西元前四五千年，在渭河地區，仰韶文化的主人，具有中高顱，中等面高和面寬，眶形偏低，鼻較寬，中等身高。這一群人大概與華夏集團的族群有密切關係。魯南蘇北，黃河下游，新石器時代的居民有高顱，面較高，較闊，身材也較高，並且伴有頭部人工變形及拔牙的風俗。這群人可命名為「大汶口人」，當與傳說中的東夷集團有關。稍晚的廟底溝二期文化的主人則與這兩族群有相當接近的關係。在華南地區，河姆渡新石器時代的居民有長頭、低面、鼻骨寬平的特徵。這個族群大約代表了長江下游種族，而與中原的古代族群不同。更往南去，閩廣以及廣西桂林的新石器文化，其時代已比較中原為晚。南方地區的新石器居民，長顱、低面，大概與河姆渡人的關係較近，而和北方種族不同，當是古代的苗蠻集團。以全體而說，這些人群都是蒙古人種的地方化，很少其他人種的成分

（潘其鳳等，一九八〇）。

用今日的考古資料，及文獻中的記載，配合在一起，二分或三分將都還不足以說明古代部族的系統。以中原的一支來說，華夏集團（或西方的夏，或河洛族），自然是重要的成分。但是如何劃分陝西龍山、河南龍山，以及河北—山西的所謂光社文化的人群？又如祝融族，是中國古代的著名部族集團，其大部分開始在河南出現，居地為以後日衛和鄭為中心的黃河左近，只有一個芈姓大約已在江漢之間。在商代，祝融集團才漸為商人翦滅而餘種被逼南移，始居江漢之間（李宗侗，一九五四：卷一，一六—二五）。

如以地望來聯繫考古資料與古代部族，最切合的是東夷一系與大汶口至山東龍山之間的關係。這一個考古學上東方系統的古代文化，占住了山東半島，向西可進入豫東，向北跨渤海而入遼東，向南進入皖蘇的北部。據《左傳》昭公十七年，郯子追敘祖先的來歷，指出在東方的平原上原有一大批自認少皞後裔的部族。他們以鳥為圖騰，是中國的舊族。傅斯年肯定這批部族是東夷，並且認為殷商也由東夷所建（傅斯年，一九三五）。最近鄒衡考察先商文化的由來，指出殷商的老家當在先商文化漳河型的分布區，亦即太行山東麓，黃河以北與以西的地區，至於黃河以南，目前只有鄭州南關外一處遺址而已（鄒衡，一九八〇：一一七，一三九）。這一地區與東夷風姓集團相鄰，當可能使殷商與東夷發生很接近的關係，以致傅斯年可有殷商為東夷一分子的學說。但是殷商與東夷也不是完全密合無間的。紂伐東夷而沒其身，是則殷商自居東夷之外。甲骨卜辭中征人方是常見的記載。則東夷（人方）一直在殷商直接控制的政治勢力之外。

先商文化的地區，在二里頭文化範圍之外，則商在末代夏以前，是一個與夏共存而平行發展的政治勢力。夏為河南龍山文化的直接後裔，商是河北龍山的上層，而後來商的勢力代夏為中原主人。這個情勢既符合兩代文化圈並峙，又符合兩個朝代遞嬗代興的說法。張光直主張夏商周三代相承、三國並存的看法實有其啟發性的意義，而先殷與山東龍山文化的關係，未必是直線的相承。據鄒衡最近的研究，先商文化可能是河北龍山文化的衍生物（張光直，一九七八；鄒衡，一九八〇：一三九，一五七—一五九，二五七—二七三）。當然，殷商在發展過程中，無疑擷取了東鄰東海岸史前文化的若干因素，而構成其文化的重要特色（張光直，一九七六：一五一—一六九；Kwang-chih Chang，一九八〇：三四四—三四八）。由河南龍山往西去，即是陝西龍山文化，直接碰上了本書的主題——西周的起源。下文將再申論。

大溪—屈家嶺一系的文化，在地望上應可與前述祝融集團大致相當。但是祝融集團既然原在河南，則江漢之間的新石器文化的主人即須別有歸屬，徐旭生所劃分三集團中的苗蠻集團差可當之。三苗的原居地，據《戰國策》〈魏策一〉：「三苗之居，左彭蠡之波，右洞庭之水；文山在其南，而衡山在其北。」他以為衡山並不是今天的南嶽，而是荊州以北，一條東西走向的山脈。三苗的居地即在今日湖北以及其南在洞庭鄱陽兩湖之間的地區（徐旭生，一九六〇：

五七—五九）。以大溪—屈家嶺一系新石器時代的分布說，這一個廣大的地區大部分可以相合，只是又嫌稍偏靠東些，幾乎落在前文所述屈家嶺與東方（山東）及東南（馬家濱—良渚）兩個文化發生交流的區域了。古代雲夢大澤周延廣闊，遠超過今日洞庭湖的範圍。彭蠡可能在江北，也不一定是今日的鄱陽湖（王玉哲，一九五〇）。所謂左彭蠡右洞庭之說，只意味著三苗是湖泊地區的居民。後來在夏、殷二代，原居河南的祝融南下，可能將三苗排擠出去了，也可能成為當地的統治群。

江南地區，是古代百越的居地。越族進入中國的歷史舞台甚晚，到戰國時代，始見越人參加中國的各種活動。在考古學上，太湖錢塘江地區有河姆渡到良渚文化一系列的新石器文化，而接續又有遍及皖贛浙閩的印紋硬陶文化，與中原傳來的商周青銅文化共存（蘇秉琦，一九七八）。這個現象正足說明江南有一個相當具活力的當地文化，能燒製火候很高的硬陶和帶釉陶，但是卻也不得不接受北方的文明挾青銅文化在南方建立據點。

由以上考古學資料與歷史上所說古代部族的分布相配合，中國在夏商時代，顯然是一個多元的小世界，其中每一個地方文化，都代表古代的一個族群。在河南龍山的基礎上，夏人建立了在中原的優勢地位。夏代似是中國第一個超過村落界限的國家，能夠動員成萬的勞力建築二里頭那樣的宮殿（或宗廟），但是夏代可能只是若干部族中較強大的一個。「夏后」的稱號，禹會萬國的傳說，禹死後啟益相爭的故事，以及啟益的治權依靠百姓自動找他統治和謳歌，都說明了夏初的政權還未必能稱為強固的國家。

商代在取代夏之前的所謂先商文化的時候，其文化發展的水平稍遜於以二里頭為代表的夏文化。例如在建築遺跡方面說，二里頭文化有大規模的夯土建築，而先商文化漳河型中，至今還沒有夯土建築出土。以青銅來說，二里頭有相當大的鉞、戈及禮器（鼎），而先商文化還只有較小型的小刀及箭鏃。石器農具方面，二里頭文化有梯形及矩形的石刀，是收割的工具，還有較大作牛角狀的石鐮。相對的，先商文化的石鐮很小，矩刀罕見，也沒有梯形石刀。在陶器方面，器物形制花紋各有特色及特有的器皿。先商多鬲，夏器多壺；先商多楔形點紋，夏器則各種印紋均常見。夏文化中有白陶、硬陶及原始瓷片，均為先商文化所不見。以文字說，二里頭文化陶器上有各種形式的刻畫符號，其中若干已符合後世卜辭文字的筆劃；先商陶器上也發現類似符號。二者大約均與大汶口文化的原始文字有關（鄒衡，一九八〇：一四〇—一四四）。

第四節　商代的青銅、製陶與建築

商代繼夏代為中原主要的政治力量後，文化上有不少繼承，而內容越來越豐富，創造了燦爛的青銅時代，大體上離開了新石器文化。商代文化的詳細討論，不在本書範圍之內，最近張光直的《商代文化》（*Shang Civilization*）是一本最新的綜合性著作，可作參考。本文只就商代超越前人的若干特點，作簡單的討論，以為周代文化發展的背景。下文擬就物質文化：青銅器、陶器、建築；及組織與意念的文物：國家組織、農業、占卜、文字數項加以討論。

中國青銅的源起，過去頗多「外來說」的聚論。近年來考古發掘出土的新資料，說明中國境內在青銅文化形成以前，曾有其萌芽階段。現在青銅在中國本土形成的理論，有比前更具說服力的證據及邏輯。在陝西、甘肅和山東，分別有早到西元前三千年的銅刀銅鏃出土（Kwang-chih Chang，一九七七：二七四—二七九；Wen Fong，一九八〇：一，三六；Ping-ti Ho，一九七五：一七七—二二二）。先商文化只有小型銅刀及銅鏃。早商以鄭州遺址為代表，其早期的銅器中也罕見容器，早商文化的晚期則已有成套的青銅禮器。盤庚遷殷以後，可稱謂商代後期，以殷墟文物為代表，青銅禮器、兵器及工具都已司空見慣，至今已有數千件出土。整個商代，青銅器甚多在當地鑄造；冶鑄方法為直接範鑄，早期的範為一個模型作一個範，一個範作一器，無論大小均為渾鑄。但小件器物，如鏃，可以一範鑄造數件，晚期的鑄造方法仍為範鑄，但鑄造大器及形制複雜的器物，已為多範複合拼成。花紋的製作，係在陶模上描紋，用刀契刻，然後反印在銅範上。殷墟出土過一件殘模，有已半刻的描紋。半浮雕的花紋則用泥條盤製，另外加在模上，而泥上也有刻紋。總之，花紋與銘文都是鑄上去的。

灌注銅液係由俗稱「將軍盔」的坩堝，一次只能熔有限的銅液。鑄造小型器物，少數「將軍盔」的容量就夠了。大器如司母戊鼎，重八七五公斤，高一三三公分，長一一〇公分，寬七十八公分。單以澆銅液言，需有二百五十多人操持七十個左右的「將軍盔」，在極短的時間傾入範中。加上前後的製模、翻砂、修飾，以及其他相關工作，一時之間，即需三百多人方可進行。這樣的作坊自然不是王室及貴族以外可以經營的。至於青銅的原料：銅、鉛及錫，大致都在安陽附近可及之處均有礦藏，商代的冶銅作坊可以不假外求（北大歷史系考古教研室，一九七九：三二—三六，四四—四七）。

商代的陶瓷工業，雖然遠接新石器文化製陶的傳統，在器形上有不少繼承古代的陶器，但在技術上有極大的進步，已能製作高溫焙製的硬陶及帶釉的原始瓷器。這兩種硬陶及帶豆青釉的原始瓷都用高嶺土製造，其原始地點大約在南方，其出土器以比例說，也是南方多於北方。無疑的，南方對北方的陶瓷技術有其一定的影響。

晚商的刻紋白陶，也以高嶺土作胎，高溫攝氏一千度以上燒製。色澤白淨，陶質堅硬，即使置之今日，也當是佳品。至今只有安陽殷墟有此物出土。大約在當時也只有王室及王親國戚方能使用。不論早商抑晚商遺址，陶器作坊都是面積大，殘品多。而且窯址數十集中一處，附近還有房舍，似乎與陶器作坊有直接關係。製陶業能有如此規模，足見已是專業生產。有一處鄭州的遺址，出現的殘件多為泥質陶的盆甑之屬，而缺少夾砂陶的鬲甗諸器。這種偏頗現象，只能由專業分工來解釋。是以商代陶業，不再是使用者為了自用而製作，卻是大量的生產某些項目，以供應使用者。至於供應的方式是分配，抑統由市場行為，則不易判斷（北大歷史系考古教研室，一九七九：四八－五〇）。

商代的建築，可由幾個古城為代表。鄭州出土的早商遺址是三千五百年前的古城，經過多次發掘，可判定有東南西北四面城牆。由夯土築成，周長將近七公里，有若干缺口當是商代城門。夯土由「版築」分段築成；這種方法到近代猶在使用中。但因為古代技術不精，不能築成垂直的牆，必須使用斜坡以支持城牆的高度。據估計，鄭州古城城牆用夯土的土量約八十七萬立方公尺，是二里頭宮殿的四十倍，需用一千三百萬個人工。如以動員上萬的勞力也需四年左右方可完工。與此相應的後勤及組織，足以說明國家的組織力已達相當水平。城內居住遺址密集。在城內東北部有數處大型夯土台及房基。四周有不少玉件出土，當是宮室所在。城外也有不少遺址，由其性質判斷，大都是普通農業聚落。但附近地區則有若干鑄銅、骨器及陶器的作坊。農業及工業環繞王都，襯托了王城的自足性，但也說明了城市化的分工現象（河南博物館等，一九七七）。

湖北黃陂的盤龍城是另一類型的城市。這座古城的殘存，至今仍在地面。南北約二九〇公尺，東西約二六〇公尺，約略近方形。城牆也與鄭州古城一樣，用平夯及斜夯築成。城內東北部高地，有大型宮殿遺址。城外則是小型房基，盤龍城只有鄭州古城面積的二十五分之一。然而一切規制及城垣環衛宮殿的現象，均為鄭州古城的具體而微，也都說明了商代城市的政治性與軍事性（湖北省博物館等，一九七六）。

安陽殷墟是最早發掘的商代城市，經過數十年斷斷續續的工作，殷墟大致的面目，已約略可知。這個地區的範圍，當有二十四平方公里以上。洹水一曲，劃分了王宮在南（小屯）、陵墓在北（西北崗）兩大區。小屯周圍遺址密集，當是中心，離中心漸遠，遺址的密度也越小。居民的房址與小墓葬雜出其間，似乎一般居民並不葬在西北崗的陵墓區。居住遺址附近也有不少作坊，但並不見有作坊特別集中的「工業區」，當可能因為居民即是作坊工人之故（考古研究所安陽發掘隊，一九六一）。

小屯本區之內，又可分為三區。甲組最北，有十五座平行的大型夯土台基，是長方建築的基地。乙組居中部，有二十一座大型房屋呈三列南北分布。甲組與乙組之間有一座方形夯土台基，當是壇墠一類遺址。丙組居西南部，有十七座排列整齊的夯土台基。乙組地下有很多水溝縱橫其間。據推測，甲組是王宮，乙組是宗廟，丙組是舉行儀式的地點。王宮宗廟築在夯土台上，而一般居民則住在半地下室的窖穴中，但也有些住在地面上的建築中（石璋如，一九五九）。小屯四周未見如鄭州或盤龍城一樣的城牆。如此大型都市，而缺少城垣，實屬不可思議。不過，小屯遺址也有一條巨大的壕溝，寬七—二十一公尺，深五—十公尺，由西南蜿蜒向東北。這條深壕也許是防禦工事（考古研究所安陽發掘隊，一九六一）。

陵墓區有十一座大墓及一二二二座小墓，然而也仍有居住遺址及作坊遺址分布其間。每一座大墓，需用七千人工任挖土的工作，其規模之大可知。陵墓排列整齊，有長隧道及深達十公尺的墓穴。穴內殉葬的屍骨散延在隧道及墓穴中。陵墓由夯土築實，夯土層內有不少人骨。陵墓四周有排列整齊的殉葬坑，埋葬王室的衛隊（梁思永、高去尋，一九六二）。殷墟王陵的集中及其規模，誠為罕見，以致有人以為殷墟實際上不是國都所在，而是類如「陵邑」的都市（宮崎市定，一九七〇）。此論可備一說，但尚不能作為定論。總之，商代城市的形態及建構，以鄭州及盤龍城為代表，開啟了後世中國城市的先河。

再論商代的宮殿建築的意義。二里頭的宮室，有殿堂、廊廡及大庭，大體上是對稱的格局，已如前述。整個小屯地區的大建築，也有其整齊的布局，分布在甲乙丙三組。殷墟的一座大型建築，根據其基礎作重建的假想圖，當是建造在夯土台上，以列柱支撐茅頂，有層階登上有重簷的大廳（石璋如，一九五四，一九七〇，一九七六）。鄭州的早商遺址，宮殿基礎也有夯土台及成列的石礎柱洞，基本上與小屯的情形無二致。盤龍城的宮殿是一座

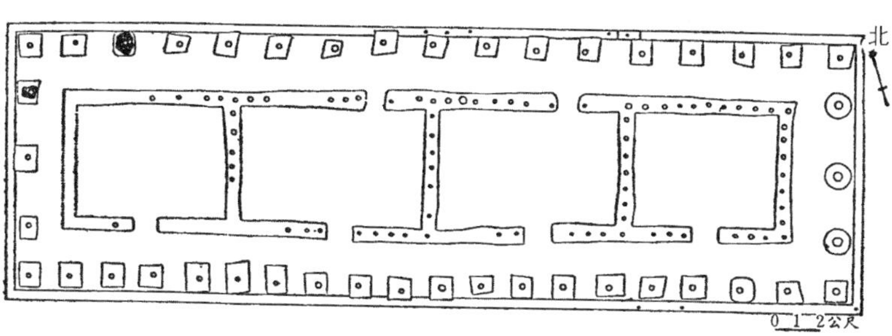

北

0 1 2公尺

圖 5　湖北黃陂盤龍城商代前期宮殿基址 F1 平面圖

重簷迴廊中有四室横列的格局（圖5）。面積雖只有鄭州宮殿總面積的十分之一，卻幾乎全部占據了城內的東北高點。三座基址前後平行，方向與城垣一致，似乎是統一規劃的。由這幾處的情形綜合，商代的大型宮殿建築技術已可謂相當清楚。大致先打基，再置柱礎，石礎及銅礎都曾出現。列柱作為簷柱，中間立大柱則為了重簷覆屋。這些技術上的程序，與西周的建築法似乎並無異致。但是一個遺址上幾座大型建築之間的關係，又與二里頭的廊廡殿庭格式不同。房屋東西向者多，南北向者少。二里頭那種左右對稱，南北平行的規整院落，與西周的格式相近。而在商代的幾個城市遺址中還難以重建這樣子的格局（北大歷史系考古教研室，一九七九：六四—六九）。

第五節　商代的國家

國家的組織，也許已見於二里頭文化，但只能由考古資料作若干推測。夏代的國家，由傳說中看來，剛剛踏入父子繼承王位的政治組織。商代的政治制度可由卜辭中獲知不少細節。商王王位的繼承，按照《史記》〈殷本紀〉以來傳統的說法，已是父子相承，而以兄弟相繼以濟其窮。張光直以為由商王干支命名的規律性推測，商王王位可能由三組十個親屬團體的成員分為二群或三群輪流擔任（張光直，一九六三）。這種繼承方法下的國家領導權較弱，而那十個親屬團體的權力則較強，也應當較為顯著。但至今卜辭中卻未見這一類團體的活動。商代的國都，在早期屢屢遷移，盤庚以後，則似乎確定不遷了。這種現象至少說明了盤庚以後王權已相當的穩定。商王的繼承方式，至今尚不能有確切的解釋，然而由傳統的譜系看來，商王確定地並未實行周代那樣嫡長繼承的規則，更不論所謂宗法制度了。若單從祭祀的系統看，商室似乎仍有一個「直系」的觀念。也許這樣的王室傳承，重點在宗教意義而未必完全是政治權力的意義上。大約商周制度在王位承繼上確有不同（王國維，一九五九：四五一—四五九）。

商王國的中心是大邑商，至於這個大邑商是否即是首都所在，仍在爭議之中（Kwang-chih Chang，一九八〇：二一一—二一四）。商可能指商人的本土。商都常常遷移，一直到盤庚遷殷以後，大致就在安陽定都了。王都四周的一片直屬領地，是卜辭中當作本土的區域，卜問天氣收成及征伐，都冠以「我」字。這塊直屬的本土，大約也正是多子族及「婦某」率族眾活動的畿輔地區。《尚書》〈酒誥〉，「越在內服，百僚庶尹惟亞惟服宗工」的內服，當即圍繞天邑商的本土。《漢書》〈地理志〉：「周既滅殷，分其畿內為三國，詩邶鄘衛是也。」這塊土地，李學勤據卜辭地名考證，當在沁水東北，太行山之東，商丘以北，曲阜以西的地區。〈酒誥〉的外服是侯甸男衛邦伯管領的地區。李氏以為在武丁時，服屬商的地區已西至山西中南部及晉陝交界，甚至越黃河而西。祖甲時，可能在西方失去若干地方，後來在廩辛、武乙、文丁手上逐漸取回。卜辭中征人方，董作賓以為帝辛征東方，李氏以為是帝乙時征取渭水中游，是商人西及最遠處。商的南土在武丁時即已到達漢水流域。北方疆域則未易推知（李學勤，一九五九：三七—六〇，九五—九八）。近來出土的湖北黃陂盤龍城商代遺址，是一個商代的城市，規模為鄭州古城的具體而微，大約即是商人南土的一個據點吧。

超過外服，即是方國，其對商的關係是敵體。商的力量大時，若干方國降服或和平相處，否則侵軼商的田邑，與商作戰也是常事。李學勤細繹卜辭中的方國，分別考證，茲擇要述之。土方舌方為一組，地望為在山西中部，與商人的接觸，衝突規模不大，不過侵犯若干田邑，俘走十餘人而已。危方、鬼方與微方是另一組方國。危方與鬼方常常是卜辭中同時卜問的題目。危方當在山西西南部，鬼方也在其鄰近。危方時服時叛，有一次戰事，俘獲人數以千計，當是不小的部落。鬼方則是商的勁敵，《周易》〈既濟〉：「高宗伐鬼方，三年克之。」〈未濟〉：「震用伐鬼方，三年有賞於大國。」其令商人困擾可知。王國維著名的考證，以為鬼方與玁狁之屬同為北方的遊牧民族，則商人與鬼方的衝突，當是牧人與農人之間的鬥爭。商代南方無勁敵，北方則常有邊患。周代也同此現象（王國維，一九五九：五八三—六〇六；李學勤，一九五九：六一—七六）。

商人對西方之人泛稱為羌，正與泛稱東方之人為夷相同，羌方則仍是西方的一個方國，常與商人有衝突。對羌人的戰爭，動員了成千的軍力，包括號為「王眾」的「五族」，後者當是與王室有關的部族。被俘的羌人不是當作祭祀時的犧牲，即是當作奴隸。然而也有在商人武力中的多馬羌，似乎是羌人禦馬的特種部族。羌人不止一族，在被俘的羌人中曾出現過羌人的兩位方伯，則他們也有超越部族的聯盟組織。商人曾征討過羌方與龍方的聯軍，而三邦方、四邦方的集合名詞指明了羌人的眾多。在商代西方羌人未如北邊鬼方、土方為患之烈。反之，商人常以俘羌為奴，而不以鬼方的俘虜為奴，可能反映商羌之間生產方式相同，可以為農奴，而北邊的牧人卻不能擔任同樣的工作。

人方的方位，據李學勤的意見，也在西陲。此點暫存疑。盂方、刀方、大方，均離天邑商不遠，而盂方似乎也在西邊。井方離商西更遠，反而離周人的莽京可能近些，其詳細地望不知（李學勤，一九五九：七七—九〇）。此中人方的地望，未必如李氏所說在西，而可能仍是東方的方國（島邦男，一九五八：三八七—四〇〇）。

東方與南方的方國，不常見於卜辭的戰事記錄。如果人方是董作賓所認定的東方方國，自然該是山東江蘇一帶的東方舊族，也就是商人稱為東夷的人民。商亡以後，周人東征，這一大批東方居民始逐漸歸屬周人。商人在江漢之間，既有盤龍城這樣的據點，當然必有其東南的經營。卜辭中常見東方與南方的方國及在彼處的征伐，大約由於商人在這兩個方向有逐漸的經營而少武裝的衝突。因此，商王國在東方與南方的邊界也相對的較為模糊。考古的資料指明，長江以南頗有商代文化的分布，如吳城文化分布於湘贛北部，受商文化影響極深。又如蘇皖兩省沿江兩岸的湖熟文化，是印紋陶為特徵的青銅文化，與商文化平行發展，但受商文化的影響（北大歷史系考古教研室，一九七九：一三六－一四三）。在東方與南方，商人的文化滲透力較為顯著，而在北方與西方，則是以國家的形態形成政治力量，與別的部族爭長短。

商人的國家權力，在那幾百年中自然也有其獨特的演變過程。由卜辭資料看來，晚商的政府組織相當複雜。商人重祭祀，王可能只是一個軍事與政治的領袖，而自有巫祝之輩（如巫咸，如黃尹，如沚畝）擔任宗教上的領袖。但到了晚商，王的身分有顯然的改變，凡百事務都出之王的名義，而且死去的王就在上帝的左右為人間的代言人（陳夢家，一九五六：二〇二，三六五，五八〇－五八一）。另一方面，統治機構漸有分工的趨向。「小臣」原是家中僕役的身分，在卜辭中，小臣可以是十分有權力的人物。婦某與多子族原在本土管理族眾，分別率眾駐防，猶如滿人的八旗制度。晚商末期的卜辭中，漸有分層治事的組織，也漸有監督官吏的監察人員。人類幻想的天庭，原是人間實況的反映。卜辭中以為上帝有鳳為帝史，以監察世間，又以為天上有五工正，分科辦事，正足以說明人世政府已有這樣的組織。卜辭有在某一個地方以武力建立商王御史的記載，又有北御史的名號，是王權直接伸張於方國的現象（陳夢家，一九五六：五〇四，五七二，五一〇）。武職有亞旅的階級：箙射馬犬衛戍的專稱，正說明了文武已分途，而且軍隊已由部族組織轉化為專門的軍事團體了（陳夢家，一九五六：二七七，五〇八－五一七；金祥恆，一九七四）。商人軍隊組織，也可由卜辭中記載看，步卒與射士均以一百人為一小隊，三行各為左右中，合為一個作戰單位（陳夢家，一九五六：五一三）。由考古資料觀之，石璋如以為殉葬的軍士按軍事組織埋葬，當是五車為伍，五伍為行。每車有三名戰士，左執戈，右為射士。殉葬的步卒，十人一列，另有一名武裝較佳的戰士埋在前列。這也可說是作戰的最小單位了（石璋如，一九五一）。這樣的軍隊，配備了銅戈、銅刀、銅鏃及強勁的複弓，駕著由兩匹馬拖拉的戰車，商文化國家的武裝力是相當強大的。事實上，商代青銅器用於作為工具及農具的比例，遠小於作為禮器及武器的數目。青銅文化的意義，也許正在強化國家的機能。周人在未來將在這個基礎上更進一步。更重要者，商人由夏人繼承了中原的霸權，而又擴大了領域，充實其組織。到西周從商人手上接下中原主人的地位時，古代的中國已不是僅有相當整合的文化，而且已有了相當充實的政治權力，以為更進一步凝聚的基礎。

第六節　商代的農業與文字

以經濟形態言，商文化在農業上有不可忽視的進展。商代的作物，如以「禾」部的卜辭文字計算，為數頗不少。不過，經常出現而且辨識無疑的作物名稱，也不外黍稷、來麥、稆秜三類（于省吾，一九五七；張秉權，一九七〇）。除了稻類不見於今日的河南外，至今小米和麥類仍是中原的主要糧食作物。據陳夢家的意見，卜問收成的記載，也幾乎只問黍稷與麥類。大率在春間（正、二、三、四月）問種黍的好壞，秋季（九、十、十一月）問收穫的豐儉。農作的過程為藉（踏耒而耕，亦即掘地）、黍（下黍稷種）、獲（收穫）、啚（儲藏），正符耕、種、收、藏的四個階段。商代農業卜辭中有糞尿之詞，有人以為是用肥的證據，但也有人不同意此說，以為前者指壅土，後者也有疑義（陳夢家，一九五六：五三二—五三八；陳良佐，一九七一）。

商代農作似是大群勞動力集體協作。「王大令眾人劦田」即是一例（陳夢家，一九五六：五三七）。殷墟晚期的一個窖藏中，曾發現了四百四十四把石鐮，都有使用過的痕跡。同一窖藏中還出土了黃金頁、雕石、銅器、玉器諸種貴重物件。足見這個窖藏不是一般平民貯藏工具的地方，也不是製造石鐮的作坊。唯一可能則是農具由當時的貴族分發給屬下農戶。想來這些農夫工作時，也是成群的協作（鄒衡，一九八〇：八九）。「眾」之一詞，是否奴隸，仍在爭辯之中，可能為商人平民的集體名詞（島邦男，一九五八：四八一—四八四；蕭璠，一九八一）。眾是國人的基層，受王及統治貴族的指揮與控制，平時務農，戰時服役。在族的共同體下負擔師田行役的責任。由「小臣」一類官員監督著「灋田」也是可能的（Kwang-chih Chang，一九八〇：二二五—二二七；張政烺，一九七三）。

商代農耕技術不高，田地不能繼續使用而不失地力。裒田即是開發田地的制度。大量勞動力在合作墾荒方面的效力遠比少數人手各自進行為有效。張政烺根據卜辭記載推測，裒田的第一階段在盛夏夏至前後燒薙草木，及嚴冬冬至前後，剝除樹皮使樹木枯死。在用石器為主要砍伐工具時，只有經過這種方式才能清除大片土地上的林莽。第二步則是平整地面，疏解土壤，使成為可用的田地。水淹火燒雜草腐木，可以增加土壤的肥力。這時，地力已足，事實上已可種植了。第三步則是把大片田地的壟畝修整，有疆埒畎畝，可作良田了。張政烺認為這一連串工作，屬墾闢田地的過程，正合《詩經》「菑、畬、新」的三個階段（張政烺，一九七三：九八—一〇二）。商代的農業，還不夠精耕水平。裒田大約正是由新石器時代「刀耕火種」的遊耕逐漸開展。有些田地只要開到畬的階段，就能使用了。有些到了第三階段的「新田」。由於水利建設及用肥須在相當遲晚的春秋戰國才普遍發展，這些「新田」的肥力也未必能長期不衰退，也因此在使用過一段時期後，仍不免拋荒以息地力。裒田遂未必以處女地為開發目標，而可能是經常在各片土地上輪流轉的作業。

　　裒田之舉在卜辭中有時見於某一方國，例如「令眾人□入羊方裒田」，又例如「今日裒田於先侯」一類的記載。張政烺以為這是「寄田」，亦即到旁國去種田，並且引了《孟子》葛伯仇餉的故事，說明商人可派「毫眾」前去葛國代耕（張政烺，一九七三：一〇七—一〇八）。其說甚有意致，可備一說。裒田某方，也未嘗不可解釋為類似漢代以後屯田的制度。卜辭中有命令「多尹」或某某人去從事裒田的記載，有的奉派裒田的人帶有武官的銜頭，如犬征的「犬」

當是由狩獵時管獵狗的職位演變為武職。「尹」是階級可高可低的官名，高官如伊尹，貴為宰輔。族尹則職司不外一族三百人之長（張政烺，一九七三：一〇九一一一〇）。這種情形，當是商人借裒田在別處屯養兵力，以鞏固對於戰略地區的控制，當然也仍是開拓疆土的舉動。

裒田以族，則商代的耕種為集體的工作。前述數百件使用過的石鐮貯存在貴族的窖穴，自然可看作這位貴族掌握了數百人的勞動力。前節論建築時，曾指明都邑中有農業聚落錯置分布其間。這個現象當由於農戶直接由各貴族掌握，王也有直接統率的王眾。一族、一族，居住在一個一個聚落。商代的生產能力無疑比新石器時代的水平為高。然而以農具而論，商代並無多少青銅農具供眾人使用，出土的農具絕大多數仍是石、蚌、骨器。最多的一種是磨光的扁平石鏟，當是挖土或鬆土之用。次多為蚌鏟，即用自然河蚌的殼稍加磨製而成。骨鏟則用牛的牙床骨剖裂後，再加修治而成。殷墟窖穴土壁上，有不少木耒的痕跡，均為雙齒。這種耒，早在龍山文化即見使用，而遲到戰國兩漢仍見於文獻，是中國古代最重要的起土工具。收割工具則有石鐮蚌鐮，須安裝上木柄。早商還有一些矩形穿孔的石刀與蚌刀，則又比石鐮為原始了（北大歷史系考古教研室，一九七九：三八一三九）。農作仍用石器，商代生產能力之提高，似乎與生產工具無甚關係，毋寧是由於商代在人力的組織與運用方面，比前代較有效率。國家的形成，當是產生這種情況的條件。另一方面，商代的作物種類中有黍稷與稻秠，黍稷是華北作物的正系，稻秠則是在南方開始栽培的作物，商代農業無疑是一個南北交流的後果。

書寫文字，自然是人類文化進展上的一大成就。如前文曾提過，陶器上的刻畫紋是否均是文字仍在聚論未定。但大汶口晚期的幾個陶紋，一則以其部分的配屬已符合造字原則，二則有在不同地點出土的陶器，而紋樣幾乎完全一致，似乎已經約定俗成，是大汶口時迨已有文字了（山東大學歷史系，一九七九：一－二八）。商代占卜文字，屬於一種有了特定功能而發展的文字，在當時必已有另一種比較正式的書寫符號。如果由商代銅器的標識作為這種文字的選樣，固無不可，但是其數量有限，目前討論商代文字，仍非由卜辭下手不可。許慎《說文解字》，第一次將中國文字的造字原則歸納為指事（上下）、象形（日月）、形聲（江河）、會意（武信）、假借（令長）、轉注（考老）所為六書的六個範疇。唐蘭約簡為三書說：象形、象意與形聲，象形與象意是古代圖畫文字，形聲是聲符文字。象形簡單而具象；象意稍複雜而抽象。陳夢家進一步引申，謂象形假借和形聲是從以象形為構字原則逐漸產生的三種基本類型，是漢字的基本類型，而均在卜辭中充分使用了。假借與形聲中的一部分，形與義已無直接關係，然而這些發音的部分，原先仍是象形，後來始作為注音的符號。是以漢字以象形為基礎，卻大部是形符文字。象形的原則，也不能一切依樣畫葫蘆。為了書寫方便，若干簡省變化的原則出現，以求約定俗成的效果。例如用部分（牛頭、羊頭、虎紋）來代表全體；用三個小點（小）來代表沙粒、汗滴、血跡；用指示特點的點畫來標明所指（刃）；用分合單獨圖形，來表示某種的配合（二木為林，半門為戶）之類。假借之說，即許慎所謂依聲托事。字之意義有三：一是本義，如牛之為牛；二為引申，如日（太陽）引申為日期之日；三是假義，如羽象羽毛，卻借用為明天之翌。凡假借字只能有假義，而象形和形聲有本義，有引申義。凡此均為卜辭中已可找到的若干原則（陳夢家，一九五六：七五—八〇）。如此商代的卜辭與西周的金文比較，也有若干不同：第一，新的象形難得出現，表示象形的產生，已告停頓。但是省變字形，仍在繼續，至於有時反而變得繁體，則可能因西周金文的母體由商代較卜辭為正式的繁體演化。第二，形符（我們今日稱為部首）逐漸定型，在卜辭中有從彳、從止、從辵三個書寫方式，以表示遘逆的辵部。而西周金文中只從辵了。第三，西周金文加了若干新符號，如走部、心部、言部……第四，形符與音符的替代多於卜辭。第五，通假字出現了，原來有一字，卻又借另一字以為代替。第六，虛字如哀哉之哉出現了。凡此六項變化，一部分是約定俗成的後果，屬演化而定型。一部分是由於適應時間與空間的差別，例如甲地方言不同於乙地，即必須用乙地發音加新的形聲字，或創造新的假借字。文字孳乳，由此而生（陳夢家，一九五六：八〇）。總之，商代的文字從大汶口及其他古代書寫符號發展為相當完整的文字，再由西周繼承，實為後世漢字的祖先。商代約當漢字的成形期，商代國家在中原的優勢地位，無疑地使這一個文字系統成為當時的主流。在中原以外，北方的夏家店文化，南方的吳城文化，也都有若干不易識別的符號，這些文字系統終究不能與中原已成形的商代文字系統抗衡。即使以卜辭文法來看，卜辭的詞句構造基本上是以詞的排列次序為造句的原則。這也是漢語的基本特性（陳夢家，一九五六：一三二—一三四）。中國古代方言眾多，而由卜辭到西周（甚至到春秋以後的文言），文法構造大致遵循相同的原則，大約也當歸功於商代文化的優越地位，遂使商代的書寫文體成為當時的「雅言」（lingua franca）。

結論

綜合本章的討論，新石器時代的中國本部有好幾個源遠流長的文化體系相激相蕩，文化的交換刺激，使文化內涵逐漸融合。文化集團間的競爭，創造了國家出現的條件（Cho-yun Hsu，一九八二）。文明的顯現，大約與中國第一個國家政體（夏）同時。國家的組織力超邁個別村落之力所能及。夏商兩代繼踵接武把中心國家的控制範圍擴大到包括歷史上所謂中原的主要地區。有了國家的組織力，自然資源與人力資源都因而可以凝聚造成巨大的文化潛力。青銅與都市都因有了組織為後盾，始得憑藉累積的能量而發展。青銅不用於生產，而用於武器及禮器，則又反饋給國家組織，使國家組織的有形力量及無形力量（如符號象徵）更具有強大的控制潛能。農業的生產力增加，並非因為工具有何進步，而是部分地因為國家的組織能力可以動員農業勞動力開拓新田地。同時，拜文化接觸之賜，商代接受中原以外文化的影響，在農業作物中，增加了南方的稻與西方的麥。建築方法上把中原的夯土與南方的木結構結合為中國建築方式的主流。山東半島上已經發展的文字，在商代得到長足的進步，成為中國文字的主流。凡此，都是西周興起前，古代中國地區已有的條件。西周將在夏商的基礎上發揚光大，創造中國文化的母型。

第二章

周的起源

第一節　周人祖先

周室的祖先后稷（棄），據《史記》〈周本紀〉，是堯舜與夏禹的同時人物。后稷不論是一個實在的個人，抑或是一個時代的象徵，至少是周人自己承認的始祖。周之為周，當然也就可說與陶唐虞夏同時已在中國古代的諸種部族中出現了。由這一時代到周文王的時候，周人經歷了一千二百年的遷徙。周人的足跡及其與其他部族文化之間的關係，即是本章的主題。

據《史記》記載，后稷之子不窋，在夏后氏政治衰微時，去稷不務，不窋失官，奔於戎狄之間。不窋與后稷的關係，自來即為學者所懷疑；由漢以來，史家即認為太史公所記周初世系有錯誤（《史記會注考證》：四／四；胡承珙，一八八八：二四／三三）。大約后稷之名，原非官號，只是指周人為務稷的部族，「去稷不務」一語，本不是以夏后氏為主詞，卻是形容不窋領導下的周人放棄了原有的農業，改採戎狄的生活方式，到了公劉的時候，「復修后稷之業，務耕種」，則又由戎狄的生活，再變到農業生產的文化（同上），這一大段事蹟，未必在兩代之間發生。公劉到文王的父親季歷時，周人經歷了四百年左右，如以《竹書紀年》及《後漢書》「西羌傳」所載，殷王武乙與周人古公亶父同時為基點（陳夢家，一九五六：二九二），公劉至古公有十一代，與殷商世紀相比，公劉應該約略相當於商代「九世之亂」的尾聲，盤庚遷殷的前夕（《史記會注考證》：三／一九—二五）。這時商人由頻頻遷都到都殷不再遷移，由王位繼承的承序不定而至盤庚以後的父子相承。商人正在大變動的中間，公劉時代的周族所受殷商的壓力可能比較小，也就有可以自行發展的餘地了（關於殷商積年及盤庚以後的年代，參看陳夢家，一九五六：二〇八—二一六）。

以上由文獻上記載的周人祖先活動的傳說，可以有三個階段，后稷時代周人已發展農業，不以後周人奔於戎狄，以及公劉以後又以農業為主要的生產方式。若配合考古學的資料來說，農業在中原早在七八千年前即已發端，周人若在后稷時代始有農業，在中國的新石器文化中，應算是後起的。不窋以後又有數百年不再務農，也說明了周人的農業文化還不夠穩定。不窋所「奔」的戎狄，已在農業文化圈外，由后稷開始以至古公的遷徙到岐下，周人大約只能是徘徊於農業文化圈邊緣的一個集團。追索先周文化的地望也當由此著眼。

周人起源之地，學者從古代地名著手，總是在今日陝西涇渭二水一帶找尋，遂謂棄始生之地邰在武功，公劉以後立國的豳在三水，古公以後所在的岐下為岐山一帶（丁山，一九三五；齊思和，一九四六）。甚至考古學家追索古跡，也循此線索，以為周人先世遷徙範圍，不過在涇渭之間兜了一個大圈子（石璋如，一九五二：三五七—三七六）。

與傳統說法迥異，則為錢穆的周人始源於晉南的理論（錢穆，一九三一；反對其說者為齊思和，一九四六，但大體上仍與舊說相當）。錢氏之說，以為《詩經》〈公劉〉：「於京斯依」，「於豳斯館」；及《史記》：慶節「國於豳」，其京與豳在漢代的臨汾，今新絳縣東北二十五里處。豳邠古今字，皆得名於汾水。汾水為一條古水，古公得名由此水。《水經注》〈汾水注〉，汾陰有稷山，山上有稷祠，山下有稷亭，當與后稷有關。又據《水經注》涑水經，聞喜附近有周陽故城，汾口西岸，則有韓城之周原堡。萬泉縣內井泉百餘，正合《詩》〈公劉〉：「逝彼百泉」的景觀，周之得名，也在此區。古公亶父受薰育戎狄之逼，止於岐下，所適即是韓城西北的呂梁山，錢氏遂以為公劉舊居在晉南，當黃河之東，汾水之南，鹽池西北的涑水流域。按地名隨著人群遷移而搬家，歷史上隨處有之。周人在陝西住久了，其地名已深入人心，後人遂以為周人自古以來即居住在這些地方。如以錢氏之說，則周與豳都可能是古公由山西帶來陝西地名，周人的祖先未必局促於涇渭之間。錢氏的理論雖有待證實，事實上也有相當的說服性，至少已是重要的一說（陳夢家，一九五六：二九二；Kwang-chih Chang，一九八〇：二四九—二五〇）。

第二節　考古資料上的先周文化

「先周」的定義，應有四個層次：由近及遠，最晚的一段，文武建國以前，可說是先於周朝，其地區當是岐山周原；早些，古公亶父遷來岐山以前，是先於周人之為周人的時期；更早一段，是脫離戎狄的時期；最早一段，則是周人集體記憶中的遠源。

這四個階段中，遠祖時期最不易追尋，更難證實。錢穆與傅斯年二氏追尋周的源頭，都是有趣而不易證實的工作。然而，一個族群的集體記憶，雖有不少難以稽考的傳說成分，對於該一族群的自我認同，仍有重要意義。至於考古證據能有用處的部分，當在先於周代一段及先於周人之為周人一段。前者是岐周諸遺址的文化，後者是遷來岐山以前，下文將有所討論的碾子坡先周文化。這兩段，時代差為接近，不難由文化譜系追蹤。至於更早於此，文化譜系的族屬疏遠，演變線索未必清楚，則至多列為歷史的可能性，卻不能作為定論了。

由地名作推論，牽涉許多文字上的糾葛，而且地名可以由此遷彼，也無妨由彼遷此，其方法學的缺陷，實如雙刃利劍，左砍右割，均有可商榷之處。考古學的考察，獨立不依傍文獻，殆可避免一些文獻考證的缺陷。在陝西隴東地區，早於西周而晚於仰韶的新石器文化，是陝西龍山文化，或客省莊第二期文化。單由分布地區及年代順序論，陝西龍山文化大有可能即是西周文化早期的形態。本文作者早年也曾持這個觀點，而以為西周與客省莊二期文化之間，有其相承接的關係（許倬雲，一九六八）。

此說之缺失，在於西周文化與陝西龍山文化之間，變化太過突然（張忠培，一九八〇）。陝西龍山文化陶器表面，常見籃紋及若干方格紋，西周文化陶器中不見。灃西張家坡西周遺址中，也出現過有斜方格紋的陶器，但與上述方格紋甚異其趣。又如陝西龍山文化的斝、鬹、雙耳罐，不見於西周文化層。陶鬲是兩層均有的陶器，然而其形制花紋與制法均判若兩種。由此，陝西龍山與西周兩文化之間，地層雖密接，卻似有過一次文化的突變。西周文化當仍有其祖先（北大歷史系考古教研室，一九七九：一四四）。有的學者單由層位疊壓關係，認為陝西龍山文化（客省莊二期）必是早期西周文化的祖先，其中的差別則是由齊家文化的影響而來（徐錫台，一九七九）。這個說法，進一步推論，即不啻單純地把西周文化的一部分淵源，更往西推，推到甘肅的齊家文化。然而，由齊家文化與陝西龍山文化的關係言，一般總以為齊家文化從東往西發展，越靠近陝西龍山文化，其受後者的影響越深（謝端琚，一九七九）。齊家縱有反哺，當不能引起早期西周文化的突變。

鄒衡的意見，認為西周文化的前期，應當稱為先周文化，而先周文化又有其多元的淵源，鄒氏借陝西寶雞鬥雞台發現的周墓中所謂「瓦鬲墓」作為線索，認為瓦鬲墓延續的時間甚長，其中又可分為相連續的四期；這四期的絕對年代：第一期，早不過商王廩辛之時，晚不遲於帝乙帝辛之時；第二期，不會早於乙辛時代的早期；第三期的絕對年代在周穆王以前；第四期則在穆王之時（鄒衡，一九八〇：三一四）。第三期第四期約相當於灃西最早的西周墓。鄒氏遂以為瓦鬲墓的第一及第二兩期無疑代表了早於西周文化了。灃西馬王村發現的兩個灰坑，相當瓦鬲墓初期的一個坑直接壓在西周早期的灰坑下面。由這個層位關係，瓦鬲墓代表的當是西周文化的前身而可稱為先周文化的遺存。由豐鎬地區相當於瓦鬲墓時代的考古遺存看，其中相當於瓦鬲墓第一期的遺物與墓葬，雖偶有發現，數量並不多。相當第二期的文化逐漸增加，而第三期的遺存則突然劇增，遺址與墓葬都普遍出現。第二期到第三期是克商前後，豐鎬地區的周人經營了文化繁盛的時期（鄒衡，一九八〇：二九七—三一五）。也由於商文化的強烈干預及西周的旺盛創造力，先周到西周的過渡，也就完成了。

先周文化遺址的分布，遍及陝西境內，涇渭流域的寶雞、鳳翔、岐山、扶風、眉縣、武功、興平、周至、戶縣、長安、邠縣、長武、麟遊、乾縣、耀縣、涇陽、咸陽各處（鄒衡，一九八〇：三一五；徐錫台，一九七九：五〇）。以遺址集中的密度言，在長安豐鎬一帶、扶風岐山一帶及長武附近各有一大群。典型的先周陶器也各由這三個地區出土的器物為代表。三群之中，長武附近的遺址時代最早，無論由地質、形制與紋飾看，長武下孟村出土的陶器比長安、岐山各處的都早（圖6）。以陶器紋飾為例，別處都有雷紋，顯然受了殷商銅器花紋影響，而長武下孟村的陶器則只有方格紋，沒有雷紋（徐錫台，一九七九：五七—五八）。長武遠在渭河流域之外，居涇水上游，倒與傳說中古公亶父遷居以前的地望相當。先周早期遺址地望迤北而不偏西，這是一個討論先周文化的重要啟示。

在一九八〇年間，長武碾子坡先周文化遺址，有過幾次發掘。據初步整理結果看來，碾子坡的先周文化，可分早晚兩期，但以其器物形制言，有前後文化譜系上的同一性。碾子坡的晚期陶鬲，也見於周都岐邑的劉家村墓葬。兩者之間的年代關係，碾子坡晚期稍早於劉家村。碾

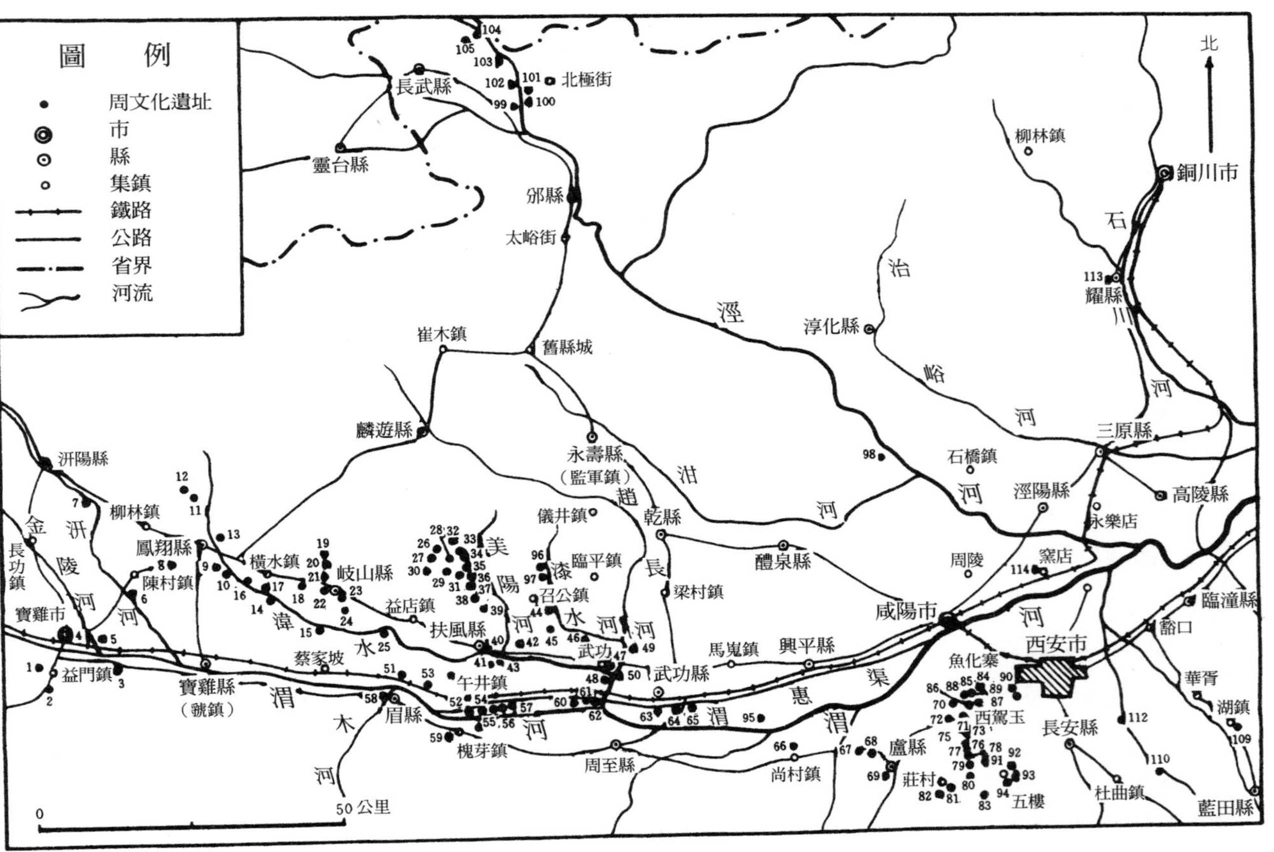

圖6　關中周文化遺址分布圖

子坡遺址出土的木炭的碳十四年代七個數據，以其西元前一一二八五±一四五年為適中，早於寶雞鬥雞台、鳳翔西村、長安客省莊和張家坡墓地，相當於文王或武王時期的先周墓葬年代。碾子坡先周文化早期遺址的年代，應當略早於古公亶父的時期（中國社會科學院考古研究所，一九八九：一二三—一四二）。

李峰將碾子坡先周文化，與其鄰近遺址代表的先周文化聯繫討論，認為碾子坡居住與墓葬年代最早，鬥雞台、北呂、西村、鄭家坡諸地稍晚，而豐京範圍內的遺址最晚，已與西周相接（李峰，一九九一：二六五—二八四）。

李氏之解釋，相當周密，而且與古公亶父南遷的路線相符。因此，周人遷徙是由北面沿涇水進入渭域，其來處是今日關中以北的地區。有人以為辛店文化、寺窪文化是與先周文化有血緣關係。李峰認為，先周文化居住遺址出土的陶製器皿，其種類與西面諸文化所有，頗不相同，先周文化不可能是其族屬。倒是伊克昭盟的朱開溝文化，時代為西元前一六八五—前一五一五年之間，其鬲、豆、甗器形與先周文化有類似之處。李氏因此認為這是一個啟示，如果涇水中上游有相當時期的文化，也許即是先周文化的源頭（李峰，一九九一：二八〇）。

先周文化已是高度發展的青銅器文化。商代文化在早商時代，已到達渭水流域，近日西安老牛坡即出土不少屬二里崗期的銅工具及器皿，藍田也有之。西安附近並出現過冶銅遺址（保全，一九八一：一七—一八）。但先周文化中卻不見早商的特徵，而只顯示了小屯期的晚商文化色彩（張忠培，一九八〇：八四）。由這一點來說，在渭水流域的先周文化是新到的外來文化。再以先周文化的下限說，岐山賀家村先周墓無腰坑，無狗架，也沒有西周墓中常見的簋豆盂等物，恰反映了周人在西周以前曾有過其固有的特點（徐錫台，一九八〇：七—十一）。

先周青銅器受殷商青銅文化的影響，以其影響的深淺，可分為商式銅器、商周混合式銅器及周式銅器三大類。以兵器與工具為例，可以看出此中變化（圖7）。鄒衡又在禮器

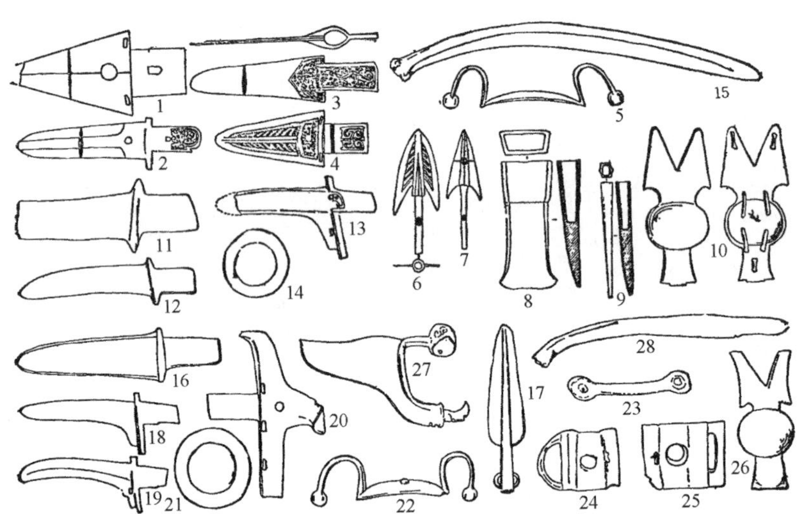

1、5、7、8、9、13、16、18、22、24、25 商式；2、3、4、6、11、12、17、19 商周混合式；10、20、26、27 周式；1-15 第一期；16-28 第二期
1-9 岐山賀家村 M1；10-14 寶雞鬥雞台 B3；15 鬥雞台 15；16、17 長安馬王村墓；18-26 寶雞峪泉墓；27 涇陽高家堡墓；28 鬥雞台 N4
1、4 銅大戈；2、3、11、12、13、16、18、19、27 銅戈；5、22 銅弓形器；6、7 銅鏃；8 銅斨；9 銅鑿；10、26 銅當盧；14、21 銅甲泡；15、28 骨刀；17 銅矛；20 銅戣；23 銅銜；24、25 銅鑣

圖 7　先周文化青銅兵器、工具與骨刀

群，結合花紋形制與銅器上的族徽，考察了可能是銅器製作者的各族名稱及其分布。第一類是商式銅器，形制花紋基本上與殷墟銅器類似，當是抄襲商器。可考制器的族別，有下列諸族：

（一）[illegible]諸器：主要在陝西山西，可能是周人。

（二）山諸器：在陝西出土，周人。

（三）[illegible]諸器：在陝西鑄造，周人。

（四）覃諸器：在陝西及安陽出土。覃可能為早期曾居住在殷墟的商人，但與山族關係密切，可能覃族的一支遷到陝西，發展了與周人的關係。覃有「亞」字，可能族人曾任商代的高級武職。

（五）陸諸器：有一件在岐山出土。陸與姞有婚姻關係，而姞是后稷元妃的姓，如果傳說有點根據，姬周與姞的關係很早。陸姞姻婭，當也非商人族姓。

（六）史諸器：來歷比較複雜，史由史官的職得姓，可以是商人的史，也可能是周人的史。岐山出土的史氏諸器，可能是周人的史官子孫。

（七）酉諸器：酉的字形完全像商代早期常見的大口陶尊。酉器中有二件在殷墟出土，一件在陝西耀縣出土，酉族可能為原居於殷墟的商人，後來始入陝西。

（八）[illegible]諸器：作風為商器，最早二器在河北正定出土，其他諸器都出自陝甘，可能器由曾居正定的商人鑄造，而陝甘諸器則係周人得自商人境內。當然也可能有其族人西遷而在陝甘自鑄。

（九）戈諸器：為數極多，是商周金文中常見的族徽。其中出土地點可考者，絕大多數在陝西涇陽及河南安陽出土。該族墓葬中出土器物，有商式器，有周式器，也有商周混合式。西周中期的長安一帶，仍有戈器出土。戈人的情形極複雜，鄒衡以為可能非商非周，而是有其他來歷的古老族群，甚至即是夏人戈氏的後裔。

第二類是商周混合式銅器，基本形制是商式，但經過周人加以改造，成為具有新風格的器物，在形制方面，如方座，如若干圈足。在花紋方面，如寬線陽文的變形饕餮紋、回旋轉尾的夔紋。傳世器物中有族徽者如[illegible]器，出土陝西涇陽，當是周人自鑄。兵器中的戈矛箭鏃均與商器不盡相同，有若干改變。

第三類是周式銅器，所謂周式，指周人自有的特殊形制，根本不同於商器。這一類器物數量不多，但具有明顯的特徵，如罐形的盉，廣折肩的罐，都與先周文化中相應的陶器有一脈相承的關係。有一件罐上帶似捕鳥形的族徽，考釋諸家意見不一，姑釋為卓字。帶這個族徽諸器均為商周之際器物。卓族有曾帶商人武職的亞形者，當曾在商人領下，善於捕鳥之族群，而後來居住在陝甘一帶先周文化圈內（丁山，一九五六：八〇—八六）。鄒衡以為可能即秦人的祖先。卓族在卜辭中有之，數次奉命「田於京」、「裒田於京」、「[illegible]田於京」，如果京為《詩》〈公劉〉中的京，這一個東方的部族，可能如張政烺之說，曾奉商人派遣，西去周地開荒（張政烺，一九七三：九三）。先周兵器中也有獨創一格者，如凸刃銎內戈，如「十」字形的兵器戣。戣也是族徽，疑周人。車馬器中，有一種當盧，與商人的當盧形制極不相同。有一枚當盧帶「矢」字族徽。矢諸器出土地很多，有些在寶雞、隴縣和鳳翔，當是其原居地。其出土於河南洛陽及襄縣等地的器，可能均為克商以後遷去東方的族人所鑄。

鄒氏綜合的觀察，以為商式銅器種類多，數量也多，混合式次之，而周式銅器最少，周人的青銅文化顯然主要由商人的青銅文化借來。但其中混合式與周式固然無疑由周人自己鑄造，其商式銅器，由其族徽判斷，也大都由周人自鑄，鑄造的工匠，可以不妨為俘虜的商人，或學會了鑄銅技術的周人。周人仿造多，直接由商輸入者少，當可見周人已有了自己的工業技術，並不必進口成品。再以先周銅器的時代言，鄒氏以為在先周文化的第一期銅器中，絕大多數是商式器，混合式器不多，周式器則僅限於兵器及車馬器。先周文化第二期時，亦即商周之際的前夕了，商周混合式有顯著的增加，禮器中也有了純粹的周式器。這一過程，明白地指出周人由模仿到獨創風格的青銅文化。先周陶器發展的過程則恰恰相反。周人在先周文化第一期的陶器，完全與殷墟陶器不同。到先周文化第二期，豐鎬一帶才有典型的殷墟陶器。這個現象，當為周人在陶器方面保持獨立的傳統，到接觸頻繁後，始接受商人影響。商人的青銅文化對周人則有壓倒性的領先優勢，周人只有在模仿之後，才逐漸發展自己的風格（以上均見鄒衡，一九八〇：三〇九—三三三）。

第三節　周人的遷徙

如前所述，先周文化第一期當在商王廩辛康丁之時，不能晚於帝乙帝辛。在殷王世系上，廩辛康丁在位時間頗短，接下去的武乙則在位頗久。陳夢家先生據《竹書紀年》，定武乙在位三十五年之久。而其前康丁不過十年，其後文丁也只有十一年（陳夢家，一九五六：二一〇）。武乙是商王中頗多是非的君主，在他的手上，殷又遷離亳改都河北。據說他向天神挑戰，做了天神的偶像，與他賭博。天神的代理人賭輸了，武乙用革囊盛血，射破革囊，號為射天，大約以革囊中血漏泄，象徵天神流血而死。武乙又遠去河渭之間狩獵，據說在那裡被雷電殛死（《史記會注考證》：三／二四—二五）。武乙之遷，商周之間也頗多事。據《後漢書》〈西羌傳〉，當時，武乙暴虐，犬戎寇邊，古公亶父逾梁山而避於岐下。這一件傳說大約是在周人歷史上有極大的意義，《孟子》〈梁惠王下〉，也說古公亶父為了避狄難而去邠逾梁山，止於岐下。周人遷徙，只有由亶父統率的一部分南下岐山，其未徙的周人，當仍在邠地。如果以長武一帶先周文化第一期的遺址作為亶父遷徙以前周人的居地，在涇水上游與岐山之間，確有一片海拔一千多公尺的高地，橫亙在涇水河谷與渭水河谷之間。鄭玄所謂「梁山橫長，其東當夏陽，西北臨河，其西當岐山」（《史記會注考證》：四／七）。似即這一片山地。但是先周文化第一期在長武一帶涇水上游發展，至多只能推溯到古公亶父的時代。周人在此以前自然還當另有淵源，而且還必須追溯到先周文化以前。

卜辭中有關周族的記錄，大多在武丁之世，陳夢家即列出了十六條之多。其中最多的是命某族伐周，如：

「令多子族犬侯璞周」

「令多子族從犬厌璞周」

「令旉從倉侯璞周」

「令放族璞周」

「從倉侯璞周」

「氐系□□從倉厌璞周」

「王曰余其曰多尹其列二厌上絲眔[illegible]厌其彳口……周」

「令上[illegible]□璞周」

「璞周」

「醫弗敦周」

「串弗𢦏周」

「令周」

「周不[illegible]罕」

「周弗其𡆥犬」

「周」

此中璞、敦、𢦏，都是征伐的意義。後面幾點則對周可以下命令，也關懷周的禽獲，則周可能已對商順服了。武丁以後的卜辭，即不再有關於周人的記載（陳夢家，一九五六：二九一—二九二）。武丁為商代名王，傳統的歷史稱他為復興殷道的高宗，享國五十九年。卜辭中，武丁一代的占卜活動也最為多姿多彩，對外的接觸也特別多（陳夢家，一九五六：二六九—二九八）。第一章曾說到商代四周方國的經營，武丁之世商與羌最多糾紛。武丁也在井方有事，李學勤以為井方更在周之西邊。周人與商之間的戰爭，相當頻繁，似乎很難以商人懸師遠征為解。伐周統帥是犬侯，犬侯封地，丁山以為在今日河南商丘一帶。其論證可備一說（丁山，一九五六：一一五—一一七）。如丁說果然，犬侯率眾由豫東經安陽入晉南，頗有可能，若勞師遠涉渭水流域，即不大合理了。由商周衝突的記錄看來，周人祖先當以原在汾域為較有可能。

周人在武丁時進入商人的文化圈與勢力圈，也是可能的事。事實上，在卜辭中有關周人的記錄，似已稱為周侯（島邦男，一九五八：四〇六—四〇九）。武丁到廩辛之世，有將近一百年的時期。這一段時期，周人的祖先在何處落足，頗難考訂。陝北的地理形勢是一片黃土高原，縱列有黃河、洛水、涇水三條河谷，橫排有這三條流域支流的河谷。陝北黃土高原的海拔，不過五六百公尺到一千公尺之間。河谷又有今日稱為頭道原二道原的台地，古代稱為原隰。那些橫排山河谷的上游每每只隔一條高崗（史念海，一九六三：四〇—四四）。渭水谷地，地勢更平，土地肥沃，新石器時代的末期，已有陝西龍山文化的主人在彼處落戶生根，周人的祖先既僻處陝北，一時未必能擠進這片土地。然而先周以前的周人未必不能在比較少競爭對手的陝北與山西西部活動。錢穆以為后稷起自晉南，公劉由戎狄中出來重新務農，也在山西的西南角。假設周人的祖先正處於北方游牧文化與南邊農耕文化之間，錢氏的理論仍可站得住，不過當以古公亶父以前若干世為其理論範圍所及，卻不能把古公亶父以後的先周文化也僅置於晉南。

商人青銅文化具有優勢文明的衝擊力，是以在商人政治勢力所及的外圍，文化勢力圈更為廣袤。關中最好的河谷地帶為渭水兩岸以及涇水的下游。如上章所說，遠在周人成氣候之前，商人已經在此有所經營。商代青銅器出土於陝西者，有相當於鄭州二里崗上層的器物，如空足鬲、空足鼎、空足平底及雲雷紋錐足鬲，分別在西安、銅川、藍田、麟遊、扶風出現。相當於武丁以前商器的銅器則有岐山京當的一批窖藏，包括鬲、觚、爵、斝、戈各一件。相當於武丁祖庚祖甲之世的，則至少有眉縣出土的一件雲雷紋鼎，與安陽武官村及小屯的兩件酷似。扶風白家窯水庫發現的商代陶器群，也與這些銅器的發現互為佐證，說明商文化早已達涇渭地區。這些銅器並不完全仿照商器，也有由當地陶器傳統中衍生的銅器形制（鄒衡，一九八〇：一二八，三三三—三三四）。涇渭河谷文化，應是當地文化與商文化的糅合體。不僅後來周人進入涇渭地區時必然會受到商文化的影響，先周文化仍在陝北時，因為密邇涇渭地區，也必然接受相當的影響。這是先周文化中很重要的一個成分，其中不僅有商文化的因子，還有陝西龍山文化與商文化糅合後的混合因子。古公亶父以後的先周文化，無疑接受這一個因素的影響，發展了周文化的主流。

先周文化的構成因素，當然又不止於此。先周文化以前的周人祖先，曾經奔竄於戎狄之間，到古公亶父時，戎狄的壓力又曾逼迫周人南徙避難。周人與戎狄的接觸，必然相當頻繁。這些戎狄即是卜辭中的鬼方土方，王國維認為是後世玁狁一類的北方部族（王國維，一九五九：五八三—六〇六）。山西中部與陝西北部，自古以來經常是中原的農耕文化與北方草原文化作拉鋸戰的戰場。山西西部黃河沿岸屬於商代中期以後的文化，自成一種地方性面貌，其分布地在保德、忻縣、石樓、義牒、永和、靈石、平陸一帶。除了有接近商式的青銅器外，這些地帶出土了類似草原文化的器物，其最顯著者為銅刀、銅匕、銅削、銅匙的柄把，呈獸頭狀，有能搖動的銅舌（文物編輯委員會，一九七九：五七—五八；吳振錄，一九七二；沈振中，一九七二）。在隔河相望的陝西綏德清澗一帶，情形也相似，除了有與中原同類器物基本相同的銅器外，同出的馬頭銅刀和蛇形銅匕，完全與上述山西的刀匕相同，具有濃重的草原文物特色（文物編輯委員會，一九七九：一二五；黑光等，一九七五）。如果先周文化也在山陝間的黃河兩岸發展，草原文化的因素自然不能排除，不過未必是先周文化的主要成分。

鄒衡、徐錫台諸人考察先周文化，均以鬲的形制為線索。先周文化的鬲有聯襠與分襠兩類，一般以聯襠鬲來自東方的山西地區，而分襠鬲來自西方的甘肅地區。東方的影響當來自光社文化。而光社文化的分布範圍，大約東不越太行山，西去包括山西中部、陝西的東部與北部，甚至及於河套地帶，往南則到達呂梁山區所謂河東一帶。光社文化的時代，初期約略相當夏文化的晚期及早商時代，當是由河北龍山文化發展。中期不能遲於殷墟文化早期，亦即武丁之世；晚期則與殷墟文化的晚期相近（鄒衡，一九八〇：二五八，三三六）。光社文化的中期有聯襠鬲出土，不論是平足的抑或錐足的，其形制均與寶雞鬥雞台的鬲相似。光社的圓肩平底罐也與鬥雞台瓦罐酷肖（圖8）。光社的中期比先周文化的第一期為早，則先周的鬲來自光社文化因素，殆無疑問

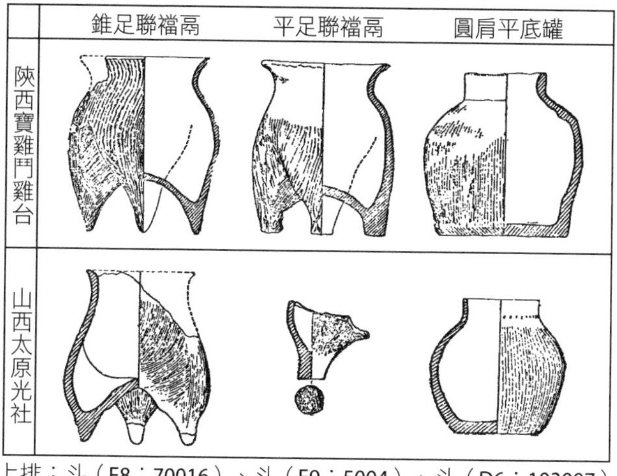

	錐足聯襠鬲	平足聯襠鬲	圓肩平底罐
陝西寶雞鬥雞台			
山西太原光社			

上排：斗（F8：70016）、斗（E9：5004）、斗（D6：103007）

圖8　先周文化（上）與光社文化（下）陶器比較圖

（鄒衡，一九八〇：三三六；解希恭，一九六二：二八—三〇）。

鄒衡以為先周文化與光社文化有血緣關係的第二證據則是一種弓形器。這種東西的用途不明，但主要在山西的光社文化墓葬中發現，例如石樓、保德都有過此物出土，青銅製，也有赤金製（楊青山等，一九六〇：五二；郭勇，一九六二：三四；吳振錄，一九七二：六六）。這種弓形器至今未在他處見過，當係光社文化的地方特色。鄒衡以為周人銅器中有λ為族徽者，可能即為反映這件器物的象形符號。帶λ字的銅器多至六十餘件，其中可考知出土者為七件。出土地分別在山西太原，陝西岐山，河南洛陽、濬縣，以及遼寧喀左。據推測，λ族早期曾住在山西太原，後徙至陝西，而進入西周後，又遷至河南等處（鄒衡，一九八〇：三三六—三三七）。

周代銅器族徽中還有一個「天」，像正面垂臂、兩腿分立的人形。「天」字諸器多到五十餘件，出土地可考者為陝西扶風、岐山、長武、綏德、寶雞，山西靈石，也有一器出於河南。在山西陝西出土的「天」器，分布地與光社文化及先周文化都有關係，也可推測天族可能先住在石樓、保德一帶，然後遷往涇渭地區的長武、扶風、岐山一帶（鄒衡，一九八〇：三三八—三三九）。至於他論證天氏及天黿、天獸諸器與黃帝族系的關係，與先周文化的淵源問題無關，可不必論。

本文前節曾引錢穆的理論，錢氏以為周人祖先起自山西，提出了若干古代的地名的證據。

豳之地望，舊說都根據《漢書》〈地理志〉認為在陝西，即漢代的扶風栒邑。錢氏則以為豳亦作邠，從分從邑，當由汾水而來；栒邑的栒，亦當作郇從旬從邑，而郇瑕氏之地，《左傳》、《國語》均謂在晉（錢穆，一九三二）。豳之未必原在涇水流域，徐中舒由《詩》的內容、名詞，皆證明今本「豳風」不是西周初年之詩，「豳風」所詠也非陝西涇上的土風，由音樂用土鼓葦籥，以及今日所見「豳風」諸詩中的地名產物諸點，證明「豳風」為春秋魯國的歌詩（徐中舒，一九三六）。徐氏所證「豳風」之豳不代表陝地之豳，甚為有理。但以為「豳風」代表魯國師工的歌詩，仍有可商榷之處。魯國為周公之後，在周初分封列國之中居特殊的地位，擁有「周禮盡在魯矣」的特權。傅斯年以為《詩經》諸詩，有調有詞，起興猶如後世之填詞，但填詞的規律嚴，「起興」式的填辭句入曲調，較填詞為自由。《呂氏春秋》〈音初篇〉，列舉了四方之音的起源，自是以為四方各有音聲，不僅方言不同，用方言歌唱的音樂，也必然會不相同。依《呂氏春秋》之說，以「侯人兮猗」為越音的歌詩，是南音；以「燕燕往飛」起興的為北音，今在「邶」、「鄘」、「衛」中；秦音即是西音，未提起興之句為例；「破斧之歌」為東音，在「豳風」的「破斧」中。其中「破斧之歌」，《呂氏春秋》所述的本事是夏后孔甲田於東陽萯山的事，與《詩經》中今見「破斧之歌」中周公東征事全無相干，惟有用起興為釋始通（傅斯年，一九五二：卷二，六七—七〇）。《呂氏春秋》〈音初篇〉所記，可能是傳說。然而正因其內容與世所熟悉的《詩經》不同，其傳說倒可能有古老的來源。祖先在豳創業的事，周人豈能不加追述。然而公劉之世，周人樸質未文，其歌詩是否有文字傳下，大為可疑，是以〈生民〉、〈公劉〉諸詩，都用後世追述語氣。然而音樂曲調，口耳相承，又有樂師保存因襲，大約即可留下「豳風」的名稱，是以魯人兼用四代之樂，而有擊土鼓吹葦籥的土俗音樂。此說雖據《周禮》〈春官．籥章〉及《禮記》〈明堂位〉，材料似乎晚些。但禮儀為文化中最保守的部分，這些樂器之出現於魯人樂隊中，當仍由禮儀從古之故（徐中舒，一九三六：四四三—四四四）。魯人如以舊樂譜新詞，自然可以有徐氏所指「豳風」詩篇內容比較切合後世魯國情事的現象，否則以東方之魯而襲用遠在涇上的豳總有難通之處。豳在《呂氏春秋》中既稱為東音，涇上明明在西，焉可以東為號（徐中舒，一九三六：四四七）？如以山西汾上為邠之命名來源，則汾域與岐山周原相對而言，頗符合「東音」的名稱。再以四方音中的北音為旁證，王國維引北伯器，證明邶為商代在北邊的舊壤，當屬之河北易縣（傅斯年，一九五二：卷二，六九）。本章前文曾指陳先周文化有草原文化的成分：商周之際，河北、山西，東至遼寧，西及陝北，有夏家店上層文化，具強烈的草原色彩，但也由與龍山文化同時的夏家店下層文化相接（文物編輯委員會，一九七九：三九—四〇）。這一個文化與先周文化既然早有接觸，北音之起源，大可不必等到召公之後封於燕時。

如前文所說，「豳風」既稱為東音，當指以在汾水流域舊居發展的音樂，後來雖也無妨由魯國樂工加入新詞以歌詠本國的事蹟，其樂調則當仍舊是邠土的譜子，樂具也是舊有的土鼓及葦籥。土鼓即土缶，先周文化中頗有大腹陶罐；葦籥當是蘆葦所製的管樂器，葦管無法久存，在考古學上不能有所證實。籥是宗教性樂舞中的重要部分，〈邶風．簡兮〉，說明在「萬」的武舞中，舞者左手執籥，右手秉翟；〈小雅．賓之初筵〉中，籥舞笙鼓是祭祀列祖的樂舞方式。凡此均說明了籥在周人禮儀中的重要性。葦籥是籥中原始的一種，只有屬之周人發展的最早階段。土鼓葦籥作為反映先周文化的音樂，頗為相當。

由於周人的起源在山西，周人始終不忘本族與山西古族夏人的淵源。周人自謂夏的後人，認夏為正宗。《詩》〈周頌〉中，〈時邁〉：「我求懿德，肆於時夏」，〈思文〉：「無此疆爾界，陳常於時夏」，都以夏作為自己的疆域看待。《書經》〈康誥〉：「用肇造我區夏」，也是以夏為自己疆域（傅斯年，一九五二：卷二，八八；卷四，二三四）。夏代建國山西，及於河南，其疆域未及渭水流域。周人自同於夏的心理，只能由歷史記憶中周人老家在山西為解釋。傅氏以為周人是夏人的後代，其與殷商的爭衡，代表古代中國東西兩大族系的拉鋸戰（傅斯年，一九五二：卷四，八八—九四）。傅氏之時，考古學的發現係以仰韶龍山兩文化對峙為基本假設，因此他有夷夏東西對峙學說。今日考古學的新發現，肯定了第一章所說幾個大文化系統並存的局面。周人與夏的關係，不能由地望確立，遂只能用歷史淵源為說了。周人持此觀念，更足說明前節周人來自山西的假設。

綜合上述諸點，錢氏以為豳即邠，邠原指汾水流域的都邑，隨著周人遷去陝西，邠的地名也搬了家。若比較涇水與汾水的情形，汾水支流眾多，當一個「分」字，遠比涇水合適。在涇水流域，這個從分從邑的地名，若別無更古的來源，實在太覺突兀。先周文化在東，故「豳風」仍保留東音的名稱。「豳風」代表了周人開創時的音樂，無論後世配上哪一種歌詞，其樂器則仍在禮儀性樂舞中出現。鄒氏由考古資料中找到先周文化與光社文化的關係，又以銅器銘文的族徽追索有關諸族的遷徙路線為由今日山西遷入陝西。錢鄒之說的結合，當可指出周人入陝西以前，原在山西汾水流域發展。其他密邇北方的草原文化發展的地區，是以先周文化中有草原文化的色彩（如蛇形匕首、馬頭銅刀之屬），而周人祖先在不窋以後與「戎狄」混合及古公亶父受戎狄壓迫而遷徙的傳說，也因此很易解釋了。

第四節　周人與西方羌族的關係

先周文化中，也有一部分由甘肅隴右接受的因子。鄒衡仍以鬲的形制為追尋先周文化來源的指標，他以為分襠鬲是辛店文化與寺窪文化的特徵。分襠鬲中高領有雙耳而有細繩紋的一型，老家在甘肅洮河、大夏河一帶，為先周文化分襠鬲的祖先。先周文化鬥雞台的圓肩罐也與辛店文化的雙耳花邊罐形制基本相似。凡此說明了先周文化的西來成分。鄒氏更以銅器族徽為線索追尋這一族的來源，鄒氏以為此字是雙耳分襠鬲的象形。周人克商以後，這種形制的鬲漸趨消失，□只以族徽的功能，傳留在這一族的銅器上，帶□字的銅器，多達百件，足見是周人中的雄族。由出土地點可考的十八件銅器推論，屬先周文化的諸器出土於陝西扶風、岐山、長安一帶；當商末或商周之際者出土山西靈石旌介墓葬；周初諸器出土於河南洛陽、安陽，山東黃縣。另有二件，一出北京西周墓，一出遼寧喀左，似當商周之際。鄒氏因此推論，這一族原住陝西，後遷靈石；克商以後，一部分遷入河南。至於安陽之器，可能是由外進入商之人所製，不必為商人。鄒氏主張□代表的雙耳分襠鬲既存在於陝甘兩省的辛店文化、寺窪文化和先周文化之中，這個族徽代表的古代族群也應當包括在上述三個文化的主人之中。引申而言，先周文化中的一部分應是與辛店、寺窪文化有關係的古族。隴右在古代是羌人的大本營。寺窪文化的火葬又增強了寺窪文化和氐羌民族有關的推論（鄒衡，一九八〇：三四五—三四九；夏鼐，一九六一：一一—四九）。最近有人綜合研究甘肅出土的幾件陶塑人面及人頭，發現甘青地區由廟底溝到馬廠時期的陶塑人像都有披髮的髮式，額上並有短髮。髮式是區別部族的重要指標。甘青新石器陶塑有披髮髮式，周秦漢以來同一地區的羌族，據《後漢書》〈西羌傳〉：「被髮覆面，羌人因以為俗。」這一現象，不能只是巧合（胡順利，一九八一：二三八；張朋川，一九七九：五二—五五）。同一地區辛店、寺窪文化與羌人的關係，自然也不言而喻了。

最近寶雞茹家莊發現兩座密接的西周墓葬，一為𢐗伯及其配偶井姬墓，墓分甲乙二室；另一墓的墓主似乎是名字為「兒」的人，其與㺇伯夫婦的關係不明。墓葬年代則為西周昭穆之際。墓葬隨葬品的形制與特色，顯著地反映有兩種文化同時並存。一是典型的西周銅器及其列鼎制度，一是形制迥異的一批銅器。在寶雞附近，這個現象並非僅見。有數處墓葬都出土了典型西周器，夾雜一些沒有紋飾而形狀扁圓的異樣銅器。陶器的情形亦然。典型的西周早期鬲可與若干形制不似西周物的陶罐同時出現。其中馬鞍形口雙耳罐也曾在寺窪文化中發現，而且列為寺窪陶器的主要特徵之一。茹家莊墓葬的混雜現象，比之另一處在竹園溝發現的早周墓葬，後者反映的寺窪文化特色更為強烈。㺇伯與井姬的婚姻，可能使周人典型制度與寺窪文化的色彩又經過了一番融合過程（張長壽，一九八〇）。茹家莊墓葬遺物群表現的文化混合，更可由井姬的婚姻得到進一步的意義。據《廣韻》，井是姜姓之國（鄒衡，一九八〇：三五〇）。井姬當可能即是姬姓女兒嫁給井國貴族伯的伯爵。姬姜婚姻的傳統，早在姜嫄生后稷的傳說開始。后稷是否確為姜嫄所生，並不重要。重要的是以姜嫄為女性始祖，遂將姬、姜二姓聯結為人類學上的兩合氏族（moities）。姜羌為一詞之二形（傅斯年，一九五二：卷四，一三），姬姜婚姻，也正是周羌聯盟的表現方式。劉啟益由金文中尋找周王的配偶姓氏，發現由文王開始，西周十二王，十一代，每隔一代即有一位姜姓的王后。這個模式不是偶然的。只有對偶集團的關係可以解釋（劉啟益，一九八〇：八九）。

羌在卜辭中經常出現，有時為商人的仇敵，有時為商人俘虜。羌人作為祭祀的犧牲，其例甚多，也有多馬羌似是為商人牧馬的羌人。此均已見前章。李學勤以為羌在商世有廣狹二義。商人泛指西方的異族為羌，而羌方專指居於羌地的一個方國。該國大約密邇商境，是以有羌方侵入商邑的記載。商人動員兵力，動輒五族，也有具體提到六千人的記載。在廩辛時代的一次戰役，羌人被俘的有兩位方伯。由此均可覘知羌人的實力也不算小。李氏以為羌方的地望當在商西狩獵區附近，當今日山西南端及豫西一帶（李學勤，一九五九：二九—三六，七七—八○）。傅斯年在〈姜原〉一文中，歷考姜姓諸國遷徙路線，斷定姜姓與四嶽的關係：四嶽實是四座大山，而四岳諸國即山中部落。姜姓大國甫與申侯由嶽神降生。至於姜姓之本原，傅氏考定在豫西渭南許謝迤西的山區中，也就是《國語》〈鄭語〉所謂「謝西之九州」（傅斯年，一九五二：卷四，一二—二二）。《後漢書》〈西羌傳〉列舉歷史上的羌人諸族：陸渾、陰戎、蠻氏、驪戎、義渠。其中義渠偏在陝西西北部，餘者分布在渭南以至伊洛之間。范曄以為漢代之羌人偏居西服，實是遷徙的結果。然而考古學上寺窪文化與羌人的關係已如前述。綜合本章所述各項資料，毋寧可說，晚商時候的羌人分布於隴右到豫西晉南的系列河谷山嶽之間。其在商境西陲者號為羌方，與商人時有衝突；更往西去的一條線上，諸羌統稱為羌人。這些羌人中居渭水流域的一支與周人融合。在豫西晉南的若干支則成為後世姜姓諸國。若干支成為春秋時代的姜戎氏人。而偏在隴右的一支，上承寺窪文化，下接漢代的羌族，大約是留在老家的一批。其情形正如女真入中原，仍有留在白山黑水之間的餘種，保其故俗，後來成為滿洲諸部（傅斯年，一九五二：卷四，二二）。

第五節　渭域創業

周人之入渭水流域的周原，遂與姜姓部族結合，古公亶父「爰及姜女，聿來胥宇」的史事，意味著有已居此地姜族的迎接。另一方面，渭水流域已有商文化的影響存在。姜族之外，此地也未嘗不可能已有接受商文化成分的其他部族，例如陝西龍山文化（客省莊二期文化）的後人。渭域甚至還有商人自己西來開拓耕地的拓殖部隊（張政烺，一九七三）。再回溯周人在武丁之世，因與商人密邇而有戰爭，無疑也會接受相當程度的商文化影響。總之，周人既有過去接受的殷商文化，又有在渭域接受的殷商文化，先周文化是相當成熟的青銅文化，也就不足為奇了。這一個成分，加上姬姓部族在山陝間發展的文化和姜羌部族由寺窪文化上發展的文化，三者合而為先周文化的主要內容。本文作者以前把先周文化看作移植在客省莊二期文化上的產物，把問題看得太簡單（許倬雲，一九六八：四三七—四三八）。其時，先周文化的考古發現不如今日豐富，演變線索也還不清楚，遂致錯失。目前的考古資料，及若干考古學家的新研究，已可使我們對先周文化移植渭域前的階段及成分，另作一番補充，補足前所未能做到的遺憾。

周人在公劉時代，大約始有相當的政治組織。《詩》〈大雅．公劉〉一篇描述了公劉率領族人武裝移民的景象。帶了武器，備了乾糧，跋山涉水，由詩中語氣看來，公劉率領的周人，離開了有「百泉」的地區，登陟高岡，往胥及豳地定居。而京也許只是指望台的大建築，也就是政治中心。豳（邠）之取意汾水，如錢穆主張，已見前文。胥字在《毛傳》訓相，但「綿」詩中也有「聿來胥宇」一語，胡適由文法比勘，以為也是地名。丁山更進一步考定胥為「夏」的聲訛，他並考證夏代末季所在的西河，當在今日陝西郃陽縣附近（丁山，一九三五：九二—九三）。這一地點正為山西西部汾水流域到陝西西部涇水流域的中點。公劉的後代慶節更由此西去，而帶著豳的地名以命名涇水地區的新地，也是可能的。

在胥與豳，周人舉行了宗教儀式，「君之宗之」，亦即建立了族長的權威。這是政治權威的形態。軍事上，周人組織了三個作戰單位。「其軍三單」一句，杜正勝以為指公劉經歷多次戰鬥，始取得豳地（杜正勝，一九七九）。但丁山以為單是旜之簡體，指族旗言，並以商人有左右中三軍的制度解釋「三單」，其說較勝（丁山，一九五六：六一—六三）。這是氏族軍事化的組織形態，頗與滿洲初有八旗時相似。經濟方面，公劉實行「徹田為糧」，徹字確義至今仍難解決。不過這一句詩的上下文當連看一起讀：「篤公劉，既溥既長，既景乃岡，相其陰陽，觀其流泉，其軍三單，度其隰原，徹田為糧。」此中有相度地形、安置軍旅的意思。「徹田為糧」當可能如胡承珙所說是治田之意。徹固亦可解作稅法，但《詩》〈崧高〉有「徹申伯土田」，「徹申伯土疆」句，「江漢」有「徹我疆土」句，徹均指整治疆界，不必拘泥於「貢助徹」的稅法解，當然更不必著重在稅法一義上，解釋為「剝削」原居農民了（胡承珙，一八八八：二四／四〇）。

如前文所說，「三單」可能指組織周人為三作戰單位，也是管理單位，周人在公劉時代大約是一個由族長率領的武裝移民，到達豳地之後，如將土地分配各人，整治田畝，以求定居。從接下去文字看，周人必須遠去渭水流域求取厲石鍛石，則當時的物質條件也就相當艱困了。公劉在郃陽一帶的事業，使周人在後世與這一地區的關係始終藕斷絲連。近來出土的一件辛邑阦矛是有莘國器。《詩》〈大雅．大明〉：「大邦有子，……纘女維莘」，文王的這位夫人是有莘的女子。莘的活動範圍是「在洽之陽，在渭之涘」，約在大荔、郃陽一帶，正與「胥」的可能地點相合（左忠誠，一九八〇：四）。

公劉的兒子慶節遷豳，這個地方應當即是涇水流域先周文化第一期出土最多的長武一帶。據到了古公亶父的時代，周人又有一次大遷移，由豳遷到岐山之下，今日所稱周原的地方。《詩經》〈大雅．綿〉：「古公亶父，來朝走馬，率西水滸，至於岐下，爰及姜女，聿來胥宇。」其遷移的方向是由東往西。若按傳統以邠在涇西為說，由邠到岐下，應是直南，如由公劉所居的胥為起點計算，則有先在涇水流域立足的一番轉折，再去岐下，「率西水滸」之說始為合理。也可能由慶節到古公時代，周人分布地區不限於涇西而已。古公亶父「陶復陶穴，未有家室」，不當以為古公亶父時代還不知道建築房屋。商代遺址中，一般平民住的大都是半地下室的建築。陝西龍山文化（客省莊二期）也多是半地下室的居室，「陶復陶穴」一語可能指太王（亶父）初到岐下，還未及建設，周人上下都住當地已常見的半地下居室，也可能只是描述周原一般農村在未有宮殿建築前的景觀。

「綿」的下文，太王占卜的結果，可在周原定居。第一步的工作仍是指定族人的居地：「乃慰乃止，乃左乃右」；以及分配土地整田畝：「乃疆乃理，乃宣乃畝」；正與〈公劉〉一詩中的情形相同。

《詩經》〈周頌．天作〉是頌贊太王的詩篇：「天作高山，大王荒之；彼作矣，文王康之。」荒，傳統的解釋是奄有的意思。然而〈大雅．綿〉：「柞棫拔矣，行道兌矣」；與「大雅．皇矣」：「作之屏之，其菑其翳；修之平之，其灌其栵；啟之闢之，其檉其椐；攘之剔之，其檿其柘。……帝省其山，柞棫斯拔，松柏斯兌，帝作邦作對」兩節比較，太王著實做了一番開闢山林的工作。〈天作〉一詩中的荒，當是指清理樹木開荒闢土的功績。在對太王的讚頌中，這一件工作是詩義的主旨，足見太王的功勞不僅在遷於岐下，而更在於大規模開闢土地，而文王的工作，則是在這個基礎上使百姓安康。

公劉時代族長可能住在不很永久的廬旅。太王卻進行了大規模的建設工作。詩中描述建宗廟宮室的步驟：畫線、版築、運土、堆土、築牆、削平的各種嘈雜聲音。許多房屋造好了，號令約束工作人員的大鼓聲也咚咚不絕。造的房屋有宗廟，有塚社，有皐門，有應門。詩人的描述十分生動。

第六節　周原的遺跡

最近陝西岐山的鳳雛村及扶風召陳村分別有周初的大型建築出土，幾乎可說是〈綿〉詩的注解。岐山鳳雛村建築遺址的時代，由於有祭祀殷王帝乙與太甲及記載殷王來田獵的卜辭，可以肯定這組建築的始建年代當在武王克商以前，其下限則由出土陶鬲的形制，知道可以晚到西周晚期。遺留木柱的碳十四測定年代是西元前一〇九五±九〇年，正是商代末季。是以鳳雛村的建築基址當在周人在滅商以前建設的都邑。文王武王的都邑在豐鎬地區，岐山一帶是古公亶父以來周人所都。後來縱然遷都，此地仍保留了若干建築。鳳雛村的早周遺址，應可反映太王、王季時代大型建築的情形（圖版1）（周原考古隊，一九七九：三四；王恩田，一九八一：七七—七八）。

這個宮殿遺址的房基占地一四六九平方公尺，以門道前堂和過廊構成中軸線，東西兩邊配

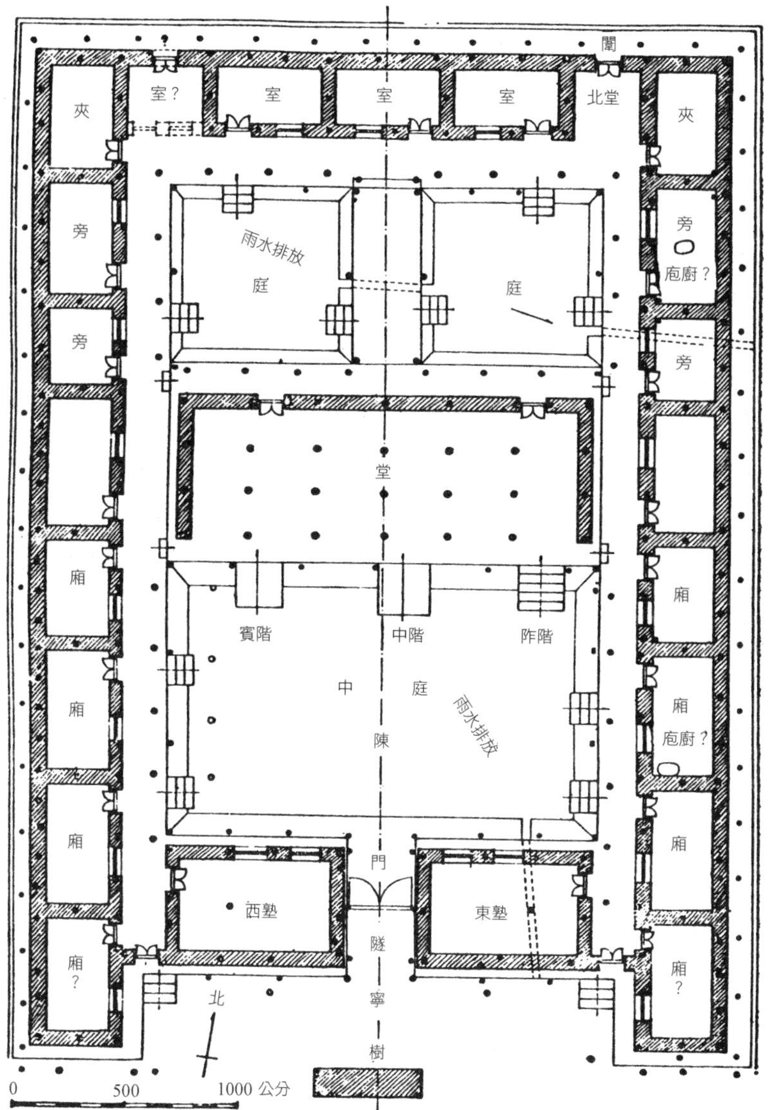

圖 9　鳳雛甲組建築平面圖

置門房廂房，左右對稱，整齊有序。堂前有大院子，由三列台階登堂，左右各有臺階二組登東西迴廊。堂後有過廊通後室，過廊兩側為東西兩小院。前堂是主體建築，台基最高面寬六間，道長十七．二公尺，進深三間，寬六．一公尺。台基夯土築實，但北壁用土坯砌成，上塗三合土，用以保護堂基。後室五間，面寬二十三公尺，進深三．一公尺，有走廊，地面為三合土灰漿面，後室後簷牆和東西兩廂的北面山牆連接為一體。整個建築的四面牆連接不斷，堡中門門道切開。東西廂各有八室南北排列東西對稱，前簷也有走廊，廂房地面也有三合土灰漿面（圖9）。全部建築有良好的排水設施，台基下有陶管構成的水道，或用河卵石砌成。所有台簷外面均有散水溝或散水面，台基以夯土築實，隔牆則是分層夯實。牆面以三合土裝飾（周原考古隊，一九七九：二七－三二）。

根據柱洞位置、屋頂蘆葦束印痕，以及屋瓦殘片，這一建築大致可復原為一組整體的院落，前堂懸山頂或四阿頂，後室及兩廡單坡頂或兩坡頂，接合處連結不斷，屋頂用葦束緊挨排列，屋脊用瓦，可注意到的特色為：（一）用散水管及散水面，處理排水和防水，以適應黃土濕陷的問題。（二）夯土牆和垛泥牆都有殘段，前者用版築；後者用草拌泥層層垛起，不齊的地方用砍刀削平，《詩經》〈綿〉所謂「削屢馮馮」，可能即形容砍削泥牆的工作。（三）已有土坯磚，用濕軟草泥填入模中，刮平脫模晾乾使用。最初可能用於填補夯土牆的空隙，後來轉化為單獨砌牆。（四）大量使用砂漿抹面，幾乎全部台基、地面、牆面、屋頂內外都抹有灰面。古代的堊用蜃灰，但如此大量使用的灰面，恐不能僅靠蜃灰，可能已有燒石灰的技術。（五）屋頂用葦來代替椽子及望板，逐條緊壓，葦內外都抹草泥。（六）出土了至今所知中國最早的陶瓦，數量不多，可能只用於屋脊簷口及天溝附近。瓦有陰陽板瓦及筒瓦。若干瓦上有環或瓦釘。（七）遺址中發現不少玉石或蚌殼製裝飾物，可能是建築裝飾。（八）整個建築構成四合院的基本特點，開後世中國建築最正統的布局（圖10）（傅熹年，一九八一；楊鴻勳，一九八一：二三—二九）。

結合文獻及金文資料，王恩田以為鳳雛村建築各部分都可與古史記載的建築名稱，如屏、門、塾、中庭、大室、東西庭、寢、闈、廂、闕、廡等等若合符節。他並由建築的體制及尺寸推測，認為鳳雛村的建築雖建於商末，應是周王

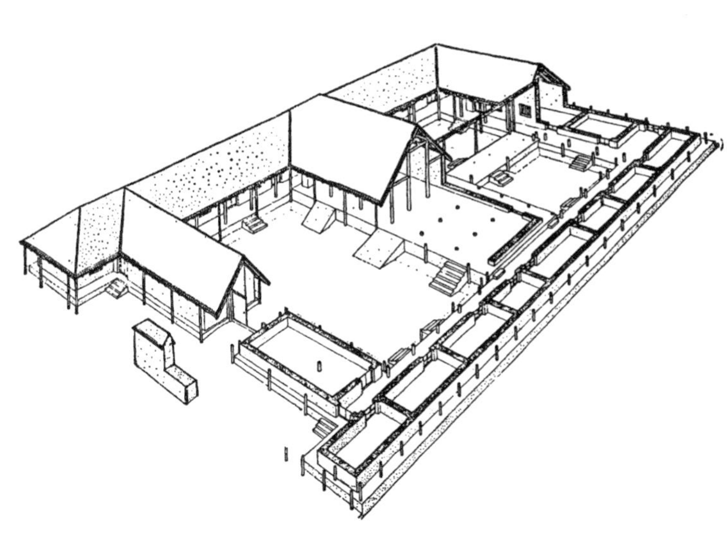

圖 10　鳳雛甲組建築復原圖

王室的宮殿（王恩田，一九八一）。是以鳳雛村的建築遺址頗堪證實《詩經》〈綿〉所描述古公亶父統治岐下的景象。

在這個基址出土的遺物，以卜甲卜骨最多，約一萬七千多片。其他器物有：陶鬲、陶罐，均具繩紋，為西周早期常見之物。瓷豆、瓷罍，均已施有薄釉。銅器包括銅泡、銅鏃、銅片。有銅渣，顯示鑄銅工作在本地進行。玉石器製作精美，刻有幾何花紋。蚌飾有蚌泡、蚌鏃等。其中瓷器的出現，最有意義（周原考古隊，一九七九：三二—三三）。

岐山京當，扶風法門、黃堆一帶是一個面積廣大內涵豐富的西周遺址，北以岐山為界，東至扶風的黃堆，西至岐陽堡，南至扶風法門，東西寬約三公里，南北長約五公里，除了鳳雛的宮室遺址外，還在召陳發現西周中期的大型宮室遺址，其時代較晚，此處不宜贅及。兩大基址的中間，另有數處有散水面，當也曾有建築，似是早周都城岐邑的宮室宗廟分布區。在附近還發現西周製骨、冶銅、製陶作坊，平民居住遺址，及早至西周的墓葬群。製骨場出土數以萬計的骨料，製陶作坊出土陶範，鑄銅作坊出土大量銅渣。在這個範圍內，歷來出土了千餘件西周青銅器，近年來出土的遺址及窖藏也極多（圖11）。這個地區在太王時代固是都邑，文王遷都豐邑以後，岐邑的地位仍很重要，陳夢家以為先秦文獻中的周以及西周銅器銘文中的周，事實上仍指岐周。大約直到平王東遷以後，岐邑始淪落為秦人與戎人爭戰之地（陳夢家，一九五五A：一三九—一四二；陳全方，一九七九：四五—四九）。

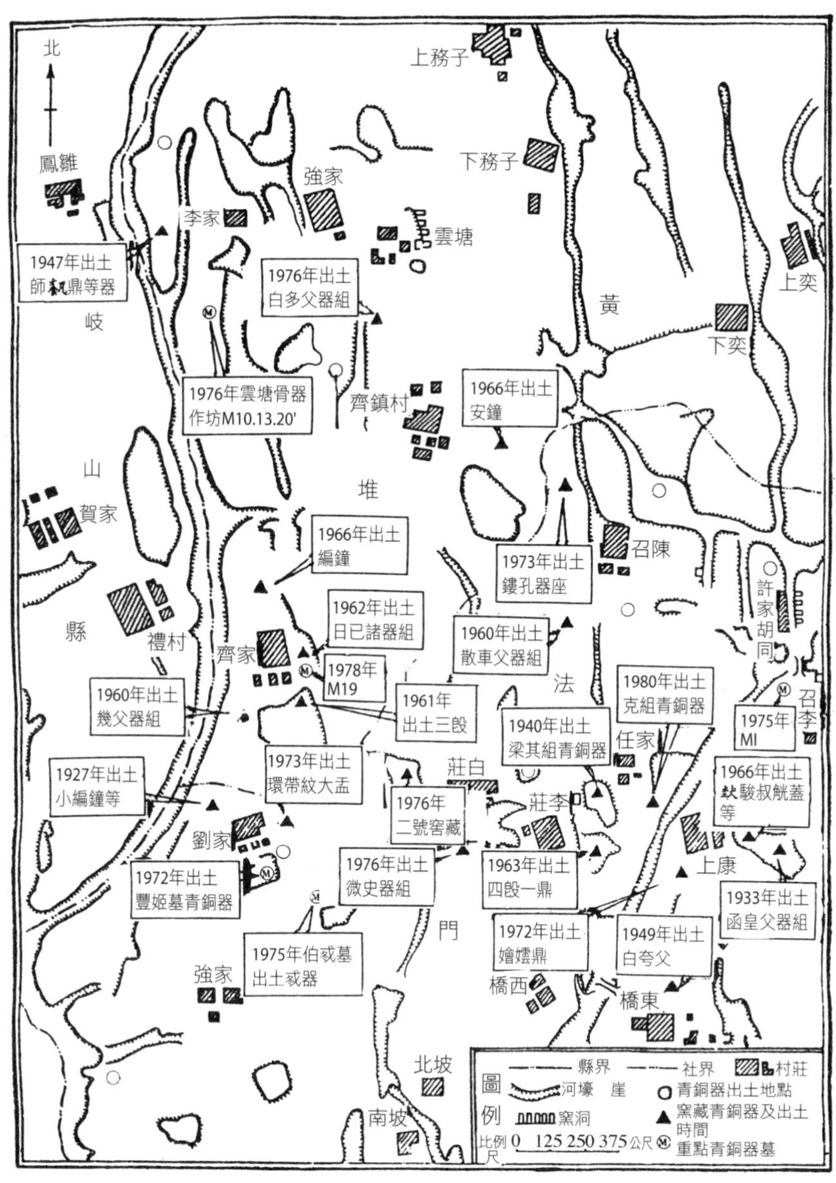

圖 11　周原遺址扶風地區青銅器出土地點示意圖

第七節　商周間的關係

鳳雛村出土的一萬七千多片卜甲卜骨，都出在同一窖穴，窖穴打破房屋台基，時代應晚於房屋，這一大批甲骨中，已清洗出有文字的卜甲一百九十多片，總字數為六百多字，每片字數不等，少的一字，多的三十字。據初步報告，可分卜祭祀、卜告及卜年、卜出入、卜田獵、卜征伐、人名官名地名、月相及記時，與雜卜等類（圖12，圖版2），足見內容之廣泛。西周卜辭，一向罕覯。這批卜辭的內容類多屬比較重要的事項，與商人凡事占卜的習慣不同。月相名稱有既魄、既吉、既死霸等詞，與金文中的用法一樣，也反映與殷商卜辭的差別。有若干異形字，似是數字的排比，有人以為係卜卦數字。整治甲骨的方法，也很不同。凡此均足說明西周卜辭反映了商周制度的差異（周原考古隊，一九七九A；李學勤，一九八一：一〇）。

這批卜辭中有若干條透露了周人與商之間的關係，可以作檢討商周關係的新資料（張光直，一九八〇：二一二—二一五）。卜祭祀的一片卜辭：「癸巳彝文武帝乙宗，貞，王其捧祭成唐，鼎祝示及二女。其彝血牡三豚三，囟有足。」文武帝乙即帝乙，成唐即成湯。用的犧牲是二女，三隻公羊，三隻豬。周人而祭祀帝乙與成湯，周人自是服屬商。另一片卜辭：「王其𠦪佑太甲，𠕋周方伯，□囟足，丕左於受有佑。」周王求商人先王太甲的保佑，「𠕋周方伯」，原報告謂太甲告周方伯豐年厚足。然而「惟足」一詞，與上文第一片的語尾一樣，似指犧牲惟

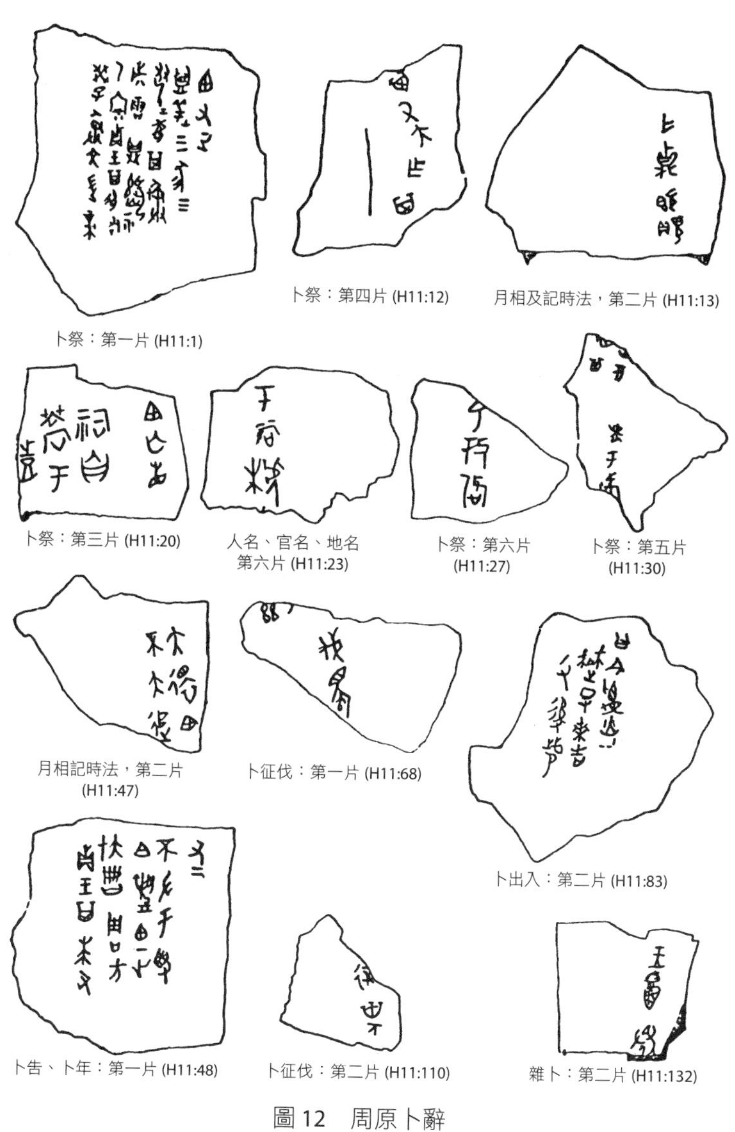

卜祭：第一片 (H11:1)　卜祭：第四片 (H11:12)　月相及記時法，第二片 (H11:13)

卜祭：第三片 (H11:20)　人名、官名、地名 第六片 (H11:23)　卜祭：第六片 (H11:27)　卜祭：第五片 (H11:30)

月相記時法，第二片 (H11:47)　卜征伐：第一片 (H11:68)　卜出入：第二片 (H11:83)

卜告、卜年：第一片 (H11:48)　卜征伐：第二片 (H11:110)　雜卜：第二片 (H11:132)

圖 12　周原卜辭

足。「𠕋」當即冊，商人有典有冊可能是冊封周人為方伯的意思。或以為這些卜辭的卜主是商王，而不是周王（李學勤，一九八一：一〇）。然而周原與殷墟出土的甲骨，整治方法頗不相同。周原甲骨未必由殷墟攜來。周原出土甲骨上的刻辭筆劃極細，風格一致，不像雜有殷周二種卜辭（周原考古隊，一九八一A：一—六）。退一步說，即使是殷人在周卜問，這一事實已可說明殷人視周為屬國了。征之上文第一片，殷商與周有宗主屬國的關係，史傳又有周人為西伯的傳統說法。周王受冊為方伯，於是求太甲之靈庇佑，也是說得通的。卜田獵中有一片：「衣王田至於帛，王隻田」，「衣」即殷，「一戎衣」即「一戎殷」，是則此片卜殷王來帛田獵。也唯有周人服屬殷商，商王才能來周地田獵（周原考古隊，一九七九A：三九—四〇）。有人以「衣」為田獵的方式，但衣逐連言，有合逐之意（李學勤，一九五九：七）。「衣」在王前為限制詞，即不能當作「合圍」解。殷墟卜辭中，武丁之世有不少「璞伐」周人的記載，有時令多子族，有時令別的氏族；指揮的武將，有時是犬侯，有時是倉侯，也有別的將領「敦周」「𢦏周」的紀錄。除了這些戰事紀錄外，武丁時代的卜辭也有「令周」及周人有無獵獲的占卜。似乎在武丁之時，商人頗用武力，卒使周人順服。周人既服，接受商人命令，商王也就在卜問中關懷周人的情形。董作賓所找到「命周侯」一片卜辭，當係周人領袖接受了商王的封爵，與本文所列「𠕋周方伯」一語，可以互相發明（陳夢家，一九五六：二九一；董作賓，一九二九）。

武丁之後，周人臣服於商，有時稱為周侯，然也未必即為殷商的內服諸侯（鍾柏生，一九七八：二〇；張光直，一九八〇：二一〇—二一二；島邦男，一九五八：四〇八—四〇九）。《史記》〈殷本紀〉謂武乙獵於河渭之間，遇雷震死。此處所列殷王來田獵的事，未必確指武乙。惟周地已為殷商田獵區，由這兩件事可以互證。周人祭祀成湯與太甲，前者為商人創業的君主，後者是商初有數的賢王，有太宗之稱。周人其實已將殷商的萬神堂接收了。除這兩位名王之外，傅斯年以為周人將商人的始祖神帝嚳也引為禘祭的對象，又將商人先公相土，作為社神（傅斯年，一九五二：卷四，二二三—二二八）。周人將帝乙列入祀典，有點奇怪。帝乙的功烈不能與上述幾位商室祖先相比。惟帝乙是帝辛的父親，與文王同時。祭文武帝乙的記載也許是文王時的卜辭。文王祭祀新故的封主君王，也未必不可能。《詩經》〈大雅．大明〉：「文王初載，天作之合，在洽之陽，在渭之涘。文王嘉止，大邦有子，大邦有子，俔天之妹，文定厥祥，新迎於渭，造舟為梁，丕顯其光。有命自天，命此文王，於周於京。」這一段文王娶於商（大邦）的事，顧頡剛以為即是《周易》卦爻辭的「帝乙歸妹」的故事（傅斯年，一九五二：卷四，二二二）。此說如果確實，帝乙與周人關係異常密切，周人求他庇佑，自然也很可能。商周關係，遂同甥舅。〈大明〉還說「摯仲氏任，自彼殷商，來嫁於周，曰嬪於京，乃及王季，維德之行，大任有身，生此文王」，文王的母親已是商人女兒（傅斯年，一九五二：卷四，二二一—二二二）。文王母妻均來自商室，周人之接受殷商政治及文化影響，可說順理成章了。

太王立下的制度，似與公劉時代族長權威的氏族組織不同。《史記》〈周本紀〉據〈綿〉

詩歸納太王時有宮室宗廟，有五官有司。宮室宗廟的考古學證據，已見上文所述的鳳雛村早周建築。五官有司，在〈綿〉詩中有「乃召司空」「乃召司徒」之句，而岐山卜辭中有一片是「其微楚囗氒賚，師氏受昏」，另有一片是「卲日竝乃克史」，又見師氏及史二職（周原考古隊，一九七九A：三九—四〇）。史是商之官名，常見於卜辭。師氏則不見卜辭，但在毛公鼎銘文中有師氏與小子、虎臣同列，白川靜以為三者合而為三有司（白川靜，一九七〇A：六八〇—六八二）。〈綿〉所舉的司徒、司空，自是周人政府中的要職，在銅器銘文中則為𤔲土、𤔲馬、𤔲工，稱為三有司。如盠彝所舉即為佳例（白川靜，一九六七B：三一六—三一七；李學勤，一九五七；周萼生，一九五七）。由這個官職名稱反映的周人官制，與商制並不相同。一則除了「史」外，諸職均不見於卜辭中的職名。二則司土司馬司工，均是分曹治事的制度。反之卜辭中小臣之類的名稱，反映王者私屬和公職不甚有分別。亞之稱由亞次之階級，旅之稱由氏族軍旅之混淆。凡此都不見分曹治事的明顯跡象，五官五工可能是分司職事，但至少在卜辭中不見其詳。若由《左傳》定公四年所記殷遺民分屬周封諸侯的記載，商人在周人滅商時仍是一族一族的氏族組織。商周制度在這一點上的區分，大約使周人的領袖可以直接掌握土地人民與武力，其對於各種資源的運用調度，周制當較商制靈活而有效。

周原卜辭中的一些異形符號，曾見於卜辭及若干商周銅器及陶器上，唐蘭曾以為是某種佚失的古代文字，李學勤則以為可能是八卦符號。近頃張政烺作通盤的研究，以為這種符號是筮卦的數字，可能用來記錄卦象。筮占來源甚早，是一種數字占，而與甲卜骨卜並用，也頗見於商代若干卜辭。是以張亞初等，以為筮占只是周承繼商文化的傳統（張亞初等，一九八一：一五三—一六三；周原考古隊，一九七九A：四一）。卜筮並用，頗見典籍，如《書經》〈洪範〉：「謀及卜筮」及「龜從筮從」之句，又如《左傳》僖公四年「筮短龜長」之用於卜納驪姬，但《周易》是筮占專書，易卦所見的故事也大半為周人故實，是以若說周人在接受商人的兩種占卜方法時，特別著重筮法，而不像商人以甲卜為主要方法，也可看出周人在商化過程中自有取捨。因此，周人一方面接受商文化的物質成分，另一方面在社會組織上自出機杼，增加了自己的特色，遂使蕞爾小邦居然可以崛起西隅。

周原的卜辭也透露了一些周人與其他部族之間的關係。有一片卜辭記載「曰今秋楚子來告□後□」，與前文已舉的「其微楚□氒燓，師氏受旨」一片，都似乎說明楚與周已有統屬關係（周原考古隊，一九七九A：三九，四〇）。這個楚是否春秋時代的荊楚，尚不能確考。但《尚書》〈牧誓〉載武王誓師：「嗟我友邦冢君，御事司徒司馬司空亞旅，師氏千夫長百夫長，乃庸蜀羌髳微盧彭濮人。」據說八國都是周人友邦。此處微與師氏均出現，楚可能也與他們同類了。董作賓曾由一片「伐芈」的卜辭，考訂為商人伐芈姓之國。傅斯年以為即是荊楚，是祝融陸終之後（傅斯年，一九五二：卷四，一九三—一九四）。《國語》〈晉語八〉：「昔成王盟諸侯於岐陽，楚為荊蠻，置茅蕝，設望表，與鮮卑守燎，故不與盟。」成王時的荊楚守燎，此處所舉的楚也與視貣的任務有關。然則早周的楚大約不過周的附從，其地位甚至於不能與庸蜀等八國同列。「楚子來告」之詞，無上下文，也許只不過報告邊警，也許因為楚子來而告知神明，現在不能考訂了。

周原卜辭還有伐蜀、代巢二殘片（周原考古隊，一九七九A：四〇）。蜀殆「牧誓」八國之一，大約早周用武力收服。巢位置不可知，是否「書序」所說南方國，不易推定，也可能即在周鄰近。以上諸片卜辭，顯示周人在岐邑時代已在南方及東南方頗事擴張。《詩》〈大雅．綿〉的「混夷駾矣」及「皇矣」的「串夷載路」均描述在西方及北方，也有所舉動。據《竹書紀年》，武乙卅年，周師伐義渠，這是西北的征伐。周原一片卜辭：「□鬼㞷乎宅商西。」介紹這批卜辭的報告者以為此處的鬼即是商代北方的強敵鬼方，也就是後世隗姓狄人的祖先（周原考古隊，一九七九A：四二）。

陳夢家輯錄了《竹書紀年》佚文及《後漢書》〈西羌傳〉注中所說早周與戎狄的關係，排比如下：

武乙之世，犬戎迫近太王，太王逾梁山避於岐下。

武乙三十四年，周王季歷朝商。武乙三十五年，季歷伐西落鬼戎俘二十翟王，商王狩於河渭，大雷震死。

太丁二年，季歷伐燕京之戎，戎人大敗周師。

太丁四年，周克余無之戎，太丁命季歷為殷牧師。

太丁七年，周人伐始呼之戎，十一年周人伐翳徒之戎，獲其三大夫。

帝乙二年，周人伐商。

文丁殺季歷。

這一系列與戎狄的戰爭，大率都在山西進行，西落之戎即後世隗姓的潞，當今日潞城附近。春秋時赤狄之中，潞氏最強，潞氏曾奪黎氏地。晉國的興起，敗赤狄，滅潞子，實底定北方的重要戰役。燕京之戎，據《淮南子》〈地形訓〉：「汾出燕京。」高誘注，燕京山名，在太原，汾水所出。余無之戎，當即春秋時代的東山皐落氏，在壺關附近，也有人以為皐落在垣曲附近。余無如與徐吾有關，則仍是隗姓，在潞境，為鬼方的一支（陳夢家，一九五六：二九二—二九三）。周人在山西的征伐，連連得勝，商人封季歷為牧師，與周原卜辭顯示周為商人屬邦的情形，也頗吻合。然而周為商捍禦北方的戎狄，卻也使周人的勢力伸展到商人北境。文丁殺季歷，未嘗不可能已感覺周人有坐大之勢，而採預防之策。周人能在山西成功，可能有一部分原因是由於周人在先周時代與戎狄雜居，沾染戎狄文化，知道如何應付戎事。另一方面，山西汾域原是先周時代姬姓的舊地，打進山西，只能算是光復故物，至於因入山西而拊殷商之背，只是形勢使然，卻也未必不因此而啟「實始翦商」的野心。

第八節　一個推測

周人祖先崎嶇山陜數百年，直到進入渭河流域，始行穩定的發展。從不窋到季歷，周人始終與北方的戎狄有不斷的爭鬥。再由商人與鬼方等部族的糾紛來看，北疆也始終不能寧靜。這一段時期，亦即是西元前十七、十六世紀到西元前十二、十一世紀，也正是歐西大陸有不少民族大移動的時期。西元前十七世紀 Kassites 侵入兩河建立王朝，Hyksos 侵入埃及；西元前十四世紀到前十二世紀，埃及古代記載了不少「海上民族」的活動也正是高加索人南下地中海的一些事蹟，例如詹森尋找金羊毛事，及古希臘的英雄史詩。雅利安人進入印度河流域改變了北印度的古代文明，也是西元前十五、十四世紀到前九世紀間的事（Clark，一九七七：八四，八九－九一，一五八－一六三，二七五；Wilson，一九五一：一八五－一八七，二四四－二六〇；Childe，一九四二：一六七－一七一，一八五－一八六；Oppenheim，一九七七：六一－六二）。據草原文化考古學研究的成果，游牧的草原文化在西元前兩千年開始有擴散的現象：第一，由於以畜牧為生的牧群人口增加；第二，由於牧人們知道了騎馬；第三，草原上氣候變得乾燥，生計困難。牧人們知道飲乳，及製作乳類製品，也比較單純食肉增加了生存的條件。大致說來，中亞牧人擴散的第一個階段始於西元前兩千年。第二個階段在西元前一千多年，游牧人群擴散及於天山、阿爾泰山及薩彥嶺一帶，甚至到了外貝加爾地區。第三階段是西元前七百年左右開始，匈奴及其族類在草原上的大擴散。與周人興起有關的一般擴散，自然是這三個階段中的第二階段，甚至可以更狹窄地定為西元前一千五百—前一千二百年間的草原牧群大擴散，使商周的北面與西北面都承受了源自中亞的間接壓力（Shernatt，一九八〇：二五四—二五五）。西元前一千五百年時草原與森林的接界在北緯五十六度左右；西元前一二五〇年時，接界北移了二百英里，直抵北緯六十度左右（Watson，一九七一：四二）。這是草原溫暖，人口增殖的時期。氣候的改變，據竺可楨的研究，顯示在西元前一千年左右，中國地區曾有一段寒冷時期，延長到春秋時期才漸變暖。寒冷的移動由東亞太平洋岸開始，向西漸進經歐亞大陸到達大西洋岸，同時也有由北而南的趨勢（竺可楨，一九七九：四七九，四九五）。由竺氏的曲線，當可猜度漠北與西北的遊牧民族為嚴寒驅迫，會有南下可能。鄰近中國內地陝晉兩省北面的戎狄，在商末周初大為活躍，以致有商人與鬼方諸部的爭戰及周人為戎狄壓迫而遷徙，遂也不足為奇了。

綜合言之，中國的北疆是農業文化與草原文化相接的地方，夏家店文化即代表這兩種生活文化的過渡與重疊的形態。在古代世界的其他部分有大規模的民族移動時，中國的邊緣地帶也可能感受到潮水似的脈動。周人由農耕變為「戎狄」，又由「戎狄」變回到農耕；他們居住的地點因為避狄人的壓力逐漸由邊緣移到較南的渭水流域。這種種過程未嘗不是受在西元前第二個千年期後半整個歐亞大陸民族移徙脈動的波及。事實上，西周一代始終不能停止在西北兩面與戎狄的爭鬥。至於這一段時期內為何有如此大規模民族移動，氣候改變之外，究竟還有什麼因素引發這個運動，目前很難有滿意的解釋。因為不是本書的重心所在，此處姑置不論。

總結本章，周人在先周的階段，可能在山西汾水一帶，承襲了當地的光社文化，以及若干草原文化，公劉的兒子慶節遷陝北涇水流域，太王避戎狄的壓力，又遷移到渭水流域的岐下，在這一個階段，先周文化又與隴右的羌人文化融合。同時，優勢的商文化在每一個階段都對周人有相當的影響。岐下先周文化也自然與土著的陝西龍山（客省莊二期）有文化交融的過程，而商文化的強烈影響在岐下時代更為顯著。但是周人對商文化仍是有選擇的接受。銅器的鑄作，由模仿商器而逐漸發展周器的特色；陶器的製作則逐步脫離了地方色彩，與商器因交流而融合為同一傳統。

周人由公劉時代的氏族組織及族長權威的軍事性移民集團，經過兩次遷移，到太王王季時，已發展為以農耕為主，有宮室宗廟及比較制度化的政治組織。周人的制度，有承襲商文化傳統處，也有自己增加的特色。到季歷時，周人一方面以商人屬邦的地位，為商人與戎狄作戰；另一方面，周人又逐步取回了山西老家的控制權，變成商國的威脅了。

附錄

談西周文化發源地問題——與許倬雲教授書

倬雲教授左右：前承惠賜大著增訂本《西周史》，經細心拜讀一遍。又荷遠頒英文本巨冊，至深感謝。頃得八月二十五日手書，謙光下逮，承命提供讀後意見，敢貢一得之愚，以俟採擇。大著初步綜合考古文獻兩方面最新資料與論點，再加仔細分析，鉤玄擷要，有裨於來學，沾溉無量，不待弟之饒舌。其中最基本之先周文化發源地及周人來歷問題，公採用錢賓老早年之山西說及鄒衡較近之光社文化說，糅合以暢論周人先世，發跡於山西，再伸展及於關中地區。此一觀點，愚見期期以為不可。由於國內外尚有不少學者，仍為錢說所囿，故不憚覼縷，述其理由如下，以備商榷。

考古學界關於先周文化之探討，從一九七〇年代以來，由於出土文物之豐富產生兩種不同看法：一種受錢說影響，認為先周文化可能來自山西太原一帶的光社文化，鄒衡主之；另一種認為先周文化應來自陝西本地的客省莊二期文化，尹盛平等主之。一九八〇年代以後，新資料陸續發現，以上二說均不能取得地下遺物之有力支持，已為人所揚棄。最重要的是碾子坡遺址之發現，此一文化層面分布於涇水上游，自甘肅平涼、慶陽各地遍及六盤山隴山地帶，足為文獻所述早期周人居豳，提供考古學重要之實證。李峰〈先周文化的內涵及其淵源探討〉一文，曾作綜合性的論述，想必注意及之。大著頁三十五引錢說以為豳、邠古今字，皆得名於汾水，汾水有一條古水，古公因之得名，又據《水經注．涑水注》，聞喜附近有周陽故城，汾口兩岸有韓城之周原堡，萬泉縣內井泉百餘，正合「近彼百泉」的景觀，周之得名，正在此區。錢氏喜取晚出同名資料作為民族遷徙佐證，陳槃兄在其《春秋列國撰異》第七冊點及岐兩條，有所辨正，如錢氏列舉聞喜之姜嫄墓后稷陵，皆出後代好事者之附會，了不足信。槃庵歷舉四事以正錢氏周陽所在之岐出於移殖一說之非，論證確鑿。余謂周語、周本紀具稱不居戎狄之間，《史記正義》引《括地志》：「不窋故城在廣川弘化縣南三里。」《元和郡縣誌．關內道》三云：「慶州，古西戎地，……今州理東南三里有不窋故城是也。」又《順化縣》下云：「不窋墓在縣東二里。」公劉居豳，即唐之邠州，《元和志．三水縣》下云：「古豳城在縣西三十里公劉始都之處。」唐人之說，非無根據。周原出土甲骨所見地名，如畢公、密、周方諸記載，均足證明舊說之可信，不必讀邠為汾，牽涉到山西之汾水。至於古山古水，考《水經注．涑水注》云：「汾水又西與古水合，水出臨汾故城西黃阜下。」楊守敬疏云：「通鑑：李淵入臨汾郡，宿鼓山，胡（三省）注：鼓山在絳縣北，鼓、古音同，蓋即古水所出之黃阜也。一統志：古水在絳州西北古山下，亦名『鼓堆泉』。」蓋古山原亦稱鼓山、鼓堆，與古公無涉。我於一九八一年在山西旅行一整月，曾至絳縣訪碧落碑，在夏縣謁司馬光墓，越中條山至鹽池，涑水地區踏查所至，知非周先世活動之地，錢說純出忖測，更證以近年涇水上游先周文化各出土實物情況，錢說已無商榷之必要。弟建議大著第三版宜從槃庵兄觀點，刪去山西一說，未知尊意以為然否？

又近年劉起釪論姬姜與氐羌關係一文，仍依舊說，主張周族原居涇水東漆沮二水區域。惟彼謂周出於氐，以周、氐二字音同紐，餘無他證，似不可信。周與羌之關係，兄論之仍有未盡，有待進一步之探索耳。書覆，並頌著祺

饒宗頤白

一九九二年九月十日

（原載《二十一世紀》一九九二年十二月號　總第十四期）

古公亶父時代的先周——謹答饒選堂（宗頤）教授

選堂教授道席：

接到第十四期《二十一世紀》，得以拜讀尊函對拙作《西周史》的批評，甚為感佩。尊函所示，李峰先生一文及碾子坡遺址報告，二文均在《西周史》撰寫之後刊出，故未能列入拙作。碾子坡文化遺存之早期，據胡謙盈先生執筆之發掘紀略（《考古學集刊》第六輯，一九八

九，頁一二三ff.）訂為古公亶父遷岐之前夕，其選擇之碳十四年代為一二八五±一四五B.C.（按：《考古》一九八五年第七期所列碳十四年代則為二七六五±七五B.P.，當八一五B.C.，及二六九〇±七五B.P.，當七四〇B.C.，見該刊頁六五六；似與紀略所提數據相距甚遠，不知何故，謹附識）。李峰先生之討論，亦以碾子坡先周文化之早期部分為古公亶父遷岐之前不久或稍晚時遺存，其他六處文化遺存則分別在遷岐後以至滅商以前諸階段（李文，《考古學報》一九九一年第三期，頁二六六—二六八），是則二文注意之先周時代，均以古公亶父遷岐之時為其上限也。但倬雲所討論之「先周」是包括三個階段：（一）不窋以前之農業時代，（二）不窋以後周人奔於戎狄，以及（三）公劉以後又以農業為主要的生產方式（拙作《西周史》，頁三四）。拙作討論周人遷徙，其古公亶父前後，其實與胡謙盈、李峰二位意見，並無差別。在拙作中，已指出先周文化遺址分布遍及陝西境內涇渭流域寶雞、鳳翔、岐山、扶風、眉縣、武功、興平、周至、戶縣、長安、邠縣、長武、麟遊、乾縣、涇陽、咸陽各處。並注意各處遺址實屬長安豐鎬一帶、扶風岐山一帶，及長武附近三大群，而且長武附近遺址時代最早。是以倬雲曾以為「長武遠在渭河流域之外，居涇水上游，倒與傳說中古公亶父遷居以前的地望相當。先周早期遺址地望迤北而不偏西，這是一個討論先周文化的重要啟示」（《西周史》，頁三六—三七）。胡文指出，碾子坡文化居住遺址中出土牛、馬、羊、豬諸種家畜骨頭甚多，石製農具則數量甚少。於是胡文以為周人遷岐以前，畜牧發達，「也與古代文獻透露周人早期社會經濟生活所謂戎狄化的情況相一致」(胡文,頁一四一)。李文在討論先周文化來源時,承認辛店文化和寺窪文化均與先周文化存在密切關係,但以為均不可能是先周文化的來源,並謂「一九七七年、一九八四年,內蒙古考古研究所在伊克昭盟發掘了朱開溝遺址,《報告》作者認為第四段遺存相當於夏代晚期,第五段相當於二里崗上層時期。碳測數據表明第四段可能在距今三五一五到三六八五年之間。朱開溝的陶鬲、盆、甗等器形均與先周文化有類似之處。我們並不認為先周文化來源於朱開溝,但是朱開溝的發掘給我們一種啟示:在涇水中上游有沒有相當於這一時期的文化遺存?有,那也許正是先周文化的起源」(李文,頁二八〇)。胡、李二位之向北尋「戎狄化」時期先周文化來源,似與拙作所論周人奔於戎狄之階段,用意接近。

不窋以前之周人歷史,實在相當渺茫。錢賓四先生以地名討論之方法,倬雲亦並不以為可作定論,並特為指出地名遷徙之說,「其方法學上的缺陷,實如雙刃利劍,左砍右割,均有可商榷之處」(拙作,頁三五),以示不敢盲從。(同理,尊函依據唐人著作之不窋遺跡,指實不窋之在慶州,公劉之在邠州,其方法學上之問題,亦有危險。)惟既然錢氏與鄒衡先生意見有可以互補之處,在史跡渺遠不可斷言時,其假說亦應介紹於讀者也。同時,周人事事攀援夏人,傅孟真先生在論「夏」「雅」之關係時,已詳論之。周人與夏人之間,究竟是何緣源,今日仍不能斷言。史闕有間,他日史料更多時,或可再作推論,俟諸他日耳。尊函賜教,囑咐將來修訂拙作時,刪去山西部分,謹領　雅教,當於修版時,視可有之資料,特加注意。——然而，此事皆在不窋以前事，與碾子坡文化遺存之討論兩不相涉也。

關於周人與羌人之關係，尊函亦囑多作推敲。在拙作中，倬雲以為羌人活動範圍，分布於隴右至豫西晉南的河谷山嶽之間，其在商境西陲者號為羌方，與商人時有衝突。羌人中居渭水流域的一支與周人融合，而偏在隴右的一支上承寺窪文化，下接漢代的羌族，則大約為留居西羌故地者（《西周史》，頁五三）。考古學上辛店文化與先周文化，平行而不同。李峰先生在討論羌人文化時，認為董彥堂先生所說商西與羌方密接之說，可在考古學證實：「西土之西的羌方與辛店文化和晁峪一石咀頭類型適當吻合。」（李文，頁二八〇）又以為「周人遷岐之後的另一件大事是周姜聯盟的建立……劉家墓地的文化面貌……似乎正反映著姬姜之間的某種交流」（李文，頁二八一）。是以李文與拙作之意見，亦相當一致。然而倬雲之不敢在羌人問題上多作推測者，以漢代羌人、商代羌方、周初姜姓部族，三者之間之譜系，以《後漢書．西羌傳》為重要線索，仍不能十分肯定也。將來修訂拙作時，也當特別注意此事。

以上補充說明諸點，只為廓清若干　尊函所指示之問題，謹謝指教。敝意以為　尊函根據胡、李二位先生大文提出之先周文化地望，係古公亶父遷岐前不久所在，而無關不窋時代及更早之先周來源。倬雲所以不敢於不窋以前多所論列，則因史料不足，寧可從缺，不宜武斷也。

總之，先周來源問題，當分解為（一）周人領導分子（亦即後來王室）及其族眾之移動，與（二）周人在移動過程中及定居岐山附近時，隨時隨地與周邊其他族眾交流合作兩項問題。

周人之文化，亦不能不是吸收各種來源之文化傳承，取精用宏，遂能最後蔚為大國，以西方強族而三分有二，終於滅商也。謹覆，並叩

研安

許倬雲謹啟

一九九三年三月十一日

（原載《二十一世紀》一九九三年四月號　總第十六期）

第三章

克商與天命

第一節　周人的實力

《詩經》〈魯頌．閟宮〉是魯人追述祖德的宗廟詩，其中敘述滅商事業，「后稷之孫，實維大王，居岐之陽，實始翦商」，可知在周人子孫的眼裡，古公亶父立國岐下是周人發達的起端，由太王王季到文王，周人把首都遷向渭水下游的豐鎬一帶。這一趨向正與後世秦國為了經營中原而逐步遷都東方的策略是一致的。有人以為周人能夠滅商，是由於渭水河谷土地豐沃，宜於農業，南接褒斜，可以通江漢巴蜀（徐中舒，一九三六A：一四一）。關中自然是形勝之地，秦滅六國，漢敗項羽，都憑藉關中能攻能守的形勢。但是秦漢面臨的中原，卻是分崩離析的局面，以渭水流域一隅的力量，對抗中原的若干部分，在國力上未必有懸殊之感。周人初起時的形勢則不然，商王國包有中原，以商代遺址來說，東到海，北到河北藁城，南到湖北盤龍城，地大而人眾，周人不過占了涇渭流域的狹窄谷地。周族人口也不會多。李亞農根據文王以百里起家及牧野之戰周人戎車三百乘（《孟子》〈公孫丑上〉、〈盡心下〉，《戰國策》〈魏策〉），來估計周人的人口數字。《商君書》〈徠民篇〉方百里的小國可能有五萬勞動力：「地方百里者，山陵處十一，藪澤處十一，溪谷流水處十一，都邑蹊道處十一，惡田處十二，良田處十四，以此食作夫五萬。」若以三分之一的人口作為勞動力（作夫）計算，全部人口應有十五萬左右。但李氏以為戰國使用鐵農器後的生產力，才足以養活如此龐大的人口。他以為一輛兵車須配屬七十二個步卒及甲士，若總動員的人數當全人口的成年男子，則全部人口應在六七萬之間。周初生產力低於戰國不少，百里之地不能養活十五萬人，而養活六七萬人是可能的。李亞農並且舉了一個旁證：《左傳》閔公二年，衛遭狄亂，衛文公只有革車三十乘，人口五千多人，二十五年後才恢復革車三百乘的數字。三十乘時人口五千，三百乘時，人口當有五萬人（李亞農，一九六二：六六六—六六九）。李氏計算方法，太過刻板。兵車與步卒甲士的比例是否如此固定，也還待考，然而周族在太王時始移民渭水流域，即使經過王季、文王兩代的休養生息，總人口絕對不會十分眾多，更不論與東方商王國的人口比高低了。

也有人以為周人善於農業，其農具比較精良，周人使用金屬鋒刃可能早於商人。極端之論，如郭沫若所主張，甚至以為周人可能已用鐵製農具。保留一點的說法也認為周人用帶刃的耜，商人用歧頭的耒。耜的刃可用金屬，自然較為鋒利。是以憑藉較優的農具大啟土宇，闢地日廣，復利用被征服的部族供農作之役使，遂立下戰勝殷人的基礎（李劍農，一九六二：一七—二〇）。這種以工具決定生產力，以生產力解釋歷史的理論，自然是唯物史觀的主要立場。

張家坡四周居住遺址的年代，早期一層當在成康以前，則相當於文王作豐的時代。由張家坡出土的生產工具頗可用來驗證西周在滅商時的生產能力。生產工具可分砍伐切削和敲砸的工具、農具、手工業工具及漁獵工具四大類（圖13，圖版3、4、5）。

（一）砍伐切削工具：砍伐工具共有八十八件，絕大部分是石器，只有銅斧一件，銅刀十五件。斧類中大都是採用天然礫石打製而成，僅在刃部稍微加工。五十一件石斧中，僅七件是精工磨製的。而九件石錛及一件石鑿都係磨製。銅斧一件，長一二．五公分，形制較小，係鑄成。銅刀十五件都不大，最短的長一四．二公分，長的有殘長二〇．二公分，全長似也不會超過很多。刀柄均有環，刀尖大多向上彎。石錘九件，石棒二件，大都用形狀適當的天然礫石製

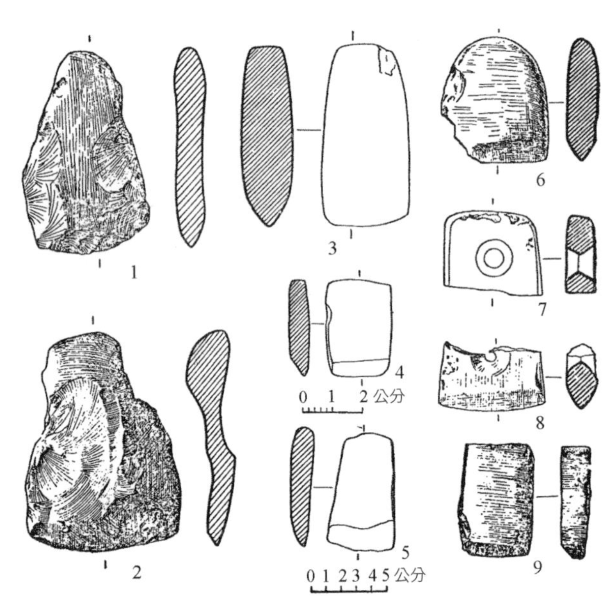

1 Ⅱ式石橋（T142 ： 4 ： 2）　2 Ⅰ式石斧（T155 ： 3C ： 15）
3 Ⅳ式石斧（T456 ： 4 ： 4）　4 石鑿（T166 ： 4C ： 1）
5 石錛（T470 ： 1）　6 Ⅲ式石斧（T140 ： 4A ： 4）
7 Ⅴ式石斧（T109 ： 4 ： 25）　8 Ⅴ式石斧（T202 ： 3 ： 9）
9 石錛（H106 ： 4）

圖 13　張家坡西周居址的工具

成。磨刀石則大約用來磨礪銅刀。

（二）農具：有挖土用的鏟和收割用的鐮。出土的鏟有一百一十二件，石鏟二十三件，蚌鏟七件，其餘均為骨鏟，共八十二件，或由牛馬的下顎骨製成，或由肩胛骨製成。鏟子一類的工具都是刃部寬，頂端較窄，有的有肩，或在兩側有凹凸不齊的現象，大約原來都是捆縛有木柄的。從骨鏟的使用痕跡看，刃都是偏刃，有豎行溝紋，大約是用於挖土點種的農具。刀和鐮都是收割工具。刀共二百四十六件，鐮只有九十件，刀和鐮都是石製或蚌製，蚌刀一百七十八件，蚌鐮八十八件，在數量上占了絕大多數。據灃西的發掘報告，大量使用蚌殼製作農具或其他器物，是西周時期非常顯著的特點。石刀的基本形狀是長方形，係磨製。比較其他時代的石刀，西周石刀較寬，較厚，刀刃少偏刃，多由兩面磨刃。刀孔或單或雙，靠近刀背。蚌刀的情形也類似。這種刀用於收割穀物的穗子，現代尚有帶孔鐵刀綁紮在葦稈上，一手攀穗，一手持刀，掐斷穗稈。鐮的形狀與近代鐮刀相似，大抵在寬的一端用木把夾持，能齊根割取穀物。據原報告人猜測，西周應有耒耜一類木製農具，但未見出土。

（三）手工業生產工具：冶鑄工具，有四件陶範都是製造車馬飾件銅泡的內模或外範。有一件鑄口餘銅類似鉼狀。製陶工具，只發現陶壓錘十三件。鑄骨器的工具，均為磨石。紡織和縫紉工具，只發現紡輪一種，但數量極多，有二百三十三件陶紡輪，另有一件用獸類股骨圓頭做成，形似紡輪而重量太輕，不知何物。骨針六十九件，有針孔。銅錐四十六件，骨錐二百一十三件。角錐件數未詳，都用鹿角尖磨製。

（四）漁獵工具：發現大量的骨角鏃，有三百一十件，大部分是用鹿角製成，獸骨製件較少。鏃的尖端不利，大約只能用來捕殺小動物。銅鏃六十二件，三刃兩鋒，有鋌甚至還有翼，鋒利的程度超過骨角鏃，當用於獵大動物，也可用作武器。漁具只有一件陶網墜，似說明漁撈不是重要的生產方式。

（五）另有若干不明用途的工具，大多是有錐尖的骨器，似作為刻畫陶器花紋之用（考古研究所，一九六二：八〇—九四）。

由這些生產工具的情形推斷，西周初期並未有大量的青銅農具，甚至也沒有加了金屬刃鋒的農耕用具。黃土土壤較為鬆軟，蚌鐮骨鐮已可奏功。割穗的刀多於割稈的鐮，說明單位勞動力的工作效率不高。蚌器數量大，可由涇渭河流中就地取材。骨器則取自牛馬，角器則為鹿角。漁獵生活中，當以取蚌及射獵鹿類與小動物為主。除了食用之外，蚌殼及鹿角、鹿骨都是製作工具的素材。斧斤之屬自然是為了清除樹木，開闢田野，也用於砍削木材作為建築材料。

印證文獻，《詩經》〈大雅．綿〉：「柞棫拔矣，行道兌矣」；〈皇矣〉：「作之屏之，其菑其翳；修之平之，其灌其栵；啟之闢之，其檉其椐；攘之剔之，其檿其柘」；都形容灌木叢生，周人開闢耕地及道路的景象。〈綿〉：「周原膴膴，堇荼如飴」；也說明黃土土壤上覆蓋了野草，卻也用「如飴」一語，說明土壤的肥美，連野菜都帶著甜味。這種厚而軟的土壤，是蚌鏟骨鏟可以發揮用途的地方。〈周頌．臣工〉：「庤乃錢鎛」正是禾鋤之屬，「奄觀銍艾」正是鐮之屬。〈靈台〉：「王在靈囿，麀鹿攸伏；麀鹿濯濯，白鳥翯翯；王在靈沼，於牣魚躍」；又佐證不僅有漁獵，而且有豢牲及養殖了。〈周頌．我將〉：「我將我享，維羊維牛」是肉食以牛羊為主；〈小雅．無羊〉：「誰謂爾無羊，三百維群；誰謂爾無牛，九十其犉」以下，全詩都是大群放牧牛羊的景色。如上章所說，周人的友族羌族，早已在隴右渭上活動，而陝西龍山文化（客省莊第二期文化）與齊家辛店寺窪諸甘青文化之間的關係，大約也由羌（姜）人為媒介。羌人為牧羊人，姜姓當也有其牧養文化，始從羊從女。周人在渭域的經濟生活，相當地依賴牧養牛羊，甚至馬匹，也可由大量牛馬骨製器取得佐證。《詩經》〈周頌．天作〉：「天作高山，大王荒之，彼作矣，文王康之。」由太王開闢以至文王的發達，周人可說已有長足的進展。但是《書經》〈無逸〉：「文王卑服，即康功田功。」一方面追懷文王的勤勞，一方面也說明了周人的生產能力有限，即使文王也還必須自己下田，即使是典禮性的象徵，至少可見周人的王室，不敢忽視農作。

由文獻與考古資料的綜合看來，周人的國勢不足與商抗衡，周人的生產能力，至多站在商人的同一水平上，並沒有突破性的發展，以支持周人生產力較高的解釋。歷史時代常見草原民族挾其快速馬隊，以少數人口征服人口較多的農耕民族。中國歷史上這種例子屢屢出現。下文將探討周人的作戰方式，以觀有無此種可能。

周人是不是擁有比較強大的武力？若以人數來說，商王國的人口多，屬邦多，恐怕不是蕞爾小國的周族可以比擬。武器方面，商人已有戰車，由兩匹馬或四匹馬拖拉一輛直轅雙輪的車輛，上有三名武裝戰士，遠射用弓箭，兩車相錯時用戈矛一類的長柄武器，近身搏鬥時則用短兵。一輛戰車，配屬若干名隨車的徒卒。由小屯宗廟前人祭坑的安排看來，商代的戰車是以步卒列為方陣居前，以車隊及其所屬徒卒隨後，戰車則以五輛為一組。隊形大約是以左右中三隊為列隊的方式。步卒的編組由隨葬銅矛十件一捆及西北崗排葬坑一排十坑每坑八至十人推測，大致以十人為一個作戰單位。卜辭於軍隊人數有「左右中人三百」的記載，這三百人當是三百人隊，構成一個較大的作戰單位，可以獨立擔任戰鬥任務（北大歷史系考古教研室，一九七九：七六—七九；楊泓，一九七七：八三—八四）。古代戰車在作戰上究竟有多少用處，頗有疑問。有人以為戰車上的射士，在快速奔駛的戰車上發射，可以發揮十足的威力；反對的意見則認為戰車硬輪在崎嶇不平的路面上行駛，必至顛簸不堪，反而影響了箭的準確性。若以車上執戈戰士的衝擊力來說，由於車前有馬及車轅的長度，戰士對刺的可能性很小。只有在兩車錯轂交馳時，戰士可以互擊，而車軸的長度減小了擊中的範圍，兩車速度的和，也使這一互擊的時機縮短為短促的瞬間。因此，車戰的功能，大約只是迅速將戰士運送到戰場，車上的指揮官可以利用車台，取得較好的視野，以旗幟與金鼓指揮軍隊進退。主要的作戰人員，也許仍是那些隨車的甲士與步卒（H. G. Creel，一九七〇：二六三—二八二；楊泓，一九七七：八五—八七）。自古許多學者紛紛討論車乘與徒卒的比例，而得到一乘十人到一乘七十二人，種種不同的數字（金鶚，一八八八：一五／八一—一三）。如果只以兵車擔任今日指揮車的作用，則兵車與步卒之間並不必須有不可改變的比例，後人並不必強求其一致。

周人的武裝配備，基本上與商人的裝備相同。比較由考古資料上商周兵車的規格，周車稍微寬些，輈略長些，但差別也很小，可參看下面所附的比較表（圖14）。

圖14 殷周時代車子各部分尺寸表

單位：公分

時代	出土地點、墓號或車號	輪徑	輻數	軌寬	箱（輿）廣	箱（輿）進深	箱（輿）高	轅（輈）長	轅（輈）徑	軸長	軸徑	衡長	駕馬數	殉人數	出處
殷	河南安陽大司空村175號	146	18	215	94	75	?	280	11	300	?	120	2	1	《考古學報》第九冊
殷	河南安陽孝民屯第1號車	122	?	240	134	83	49 ?	268	7-8×5-6	310	5-8	?	2	1	《考古》一九七七年第一期
殷	河南安陽孝民屯第2號車	122	26	?	100	?	41	260+	前7×6 後9×5	190	5-8	?	2		《考古》一九七七年第一期

時代	出土地點、墓號或車號	輪徑	輻數	軌寬	箱（輿）廣	箱（輿）進深	箱（輿）高	轅（輈）長	轅（輈）徑	軸長	軸徑	衡長	駕馬數	殉人數	出處
殷	河南安陽孝民屯南地車馬坑	133-144	22	217	129-133	74	45	256	9-15	306	13-15	110	2	1	《考古》一九七二年第四期
西周	陝西長安縣張家坡一號車馬坑	129	22		107	86	25	281	6.5	292	?	240	2	1	《灃西發掘報告》
西周	陝西長安縣張家坡二號車馬坑1號車	136	21	225	138	68	45+	298	?	307	?	137	4	1	《灃西發掘報告》
西周	陝西長安縣張家坡二號車馬坑2號車	135	21		135	70	20	295	7	294	7.8	10	2		《灃西發掘報告》
西周	陝西長安縣張家坡三號車馬坑	140	22		125	80	44	?	?	?	?	?	2	1	《灃西發掘報告》
西周	北京市房山琉璃河1號車馬坑	140	24	224	150	90	?	66+	14	308	8	?	4	1	《考古》一九七四年第五期
西周	山東膠縣西庵車馬坑	140	18	224	164	98	29+	284	8-10	304		138	4	1	《文物》一九七七年第四期
春秋	河南陝縣上村嶺1227號車馬坑2號車	125	28	180	123	90	33	296+	5.5-8	236	6.5	140	2		《上村嶺虢國墓地》

時代	出土地點、墓號或車號	輪徑	輻數	軌寬	箱（輿）			轅（輈）		軸		衡長	駕馬數	殉人數	出處
					廣	進深	高	長	徑	長	徑				
春秋	河南陝縣上村嶺1227號車馬坑3號車	126	25	184	130	86	30 ?	250+	5.5-8.2	222	6.7	?	2		《上村嶺虢國墓地》
春秋	河南陝縣上村嶺1051號車馬坑1號車	107-124	25	166	100	100	?	300	6-8	200	6	100	2		《上村嶺虢國墓地》
春秋	河南陝縣上村嶺1051號車馬坑7號車	?	?	200	?	?	?	300		248	7	?	2		《上村嶺虢國墓地》
春秋	河南陝縣上村嶺1811號車馬坑1號車	117-119	26	164	130	82	?	282	6-8	200+	8	?	2		《上村嶺虢國墓地》
戰國	河南洛陽中州路車馬坑	169	18 ?	200 ?	160	150	?	340+	12	277	10	141	4		《考古》一九七四年第三期
戰國	河南輝縣琉璃閣墓1號車（中型）	140	26	190	130	104	26-36	170+	8	242 ?	10-12	170			《輝縣發掘報告》
戰國	河南輝縣琉璃閣墓5號車（特小）	95	26	140	95	83	22+-27+	120+	4	178	7	140			《輝縣發掘報告》

時代	出土地點、墓號或車號	輪徑	輻數	軌寬	箱（輿）廣	箱（輿）進深	箱（輿）高	轅（輈）長	轅（輈）徑	軸長	軸徑	衡長	駕馬數	殉人數	出處
戰國	河南輝縣琉璃閣墓6號車（小型）	105	26	185	120	98	30+42	205	8	242	14？	140？			《輝縣發掘報告》
戰國	河南輝縣琉璃閣墓16號車（大型）	130	26+4	182	140	105	40	210	10	236+	9-12	140			《輝縣發掘報告》
戰國	河南輝縣琉璃閣墓17號車（大型）	140	26+4	185	150？	110？	(30-40)	215	10	242	14	150			《輝縣發掘報告》

在武器方面，周人的武器有戈、矛、戟、劍及弓矢（圖版6至9）。商人的標準配備是弓、矢、戈（或矛）、楯及短兵。周人則有比較複雜的戟，基本是戈與矛的聯裝。不過商人早在藁城的商代前期的墓葬中已有戈矛聯裝在長木柄上的武器，周人的戟也未必是新武器（北大歷史系考古教研室，一九七九：八二）。周人新添的武器是劍。目前中國發現最早的銅劍是山西保德林遮峪出土的鈴首劍，其年代相當於商代後期。保德地處晉北，這批文物與光社文化有相當的關係，其血緣近於先周。出土銅器中有好幾件銅鈴及帶銅丸的鏤空裝置，再加上有兩件

赤金弓形飾，在在反映草原文化的特色。一些銅食器與酒具的花紋與形制都有濃重的晚商銅器特徵，大約正代表中原與北方戎狄文化交融的情形（吳振錄，一九七二）。銅劍在西周早期已普遍出現，陝西長安張家坡、岐山賀家村，甘肅靈台白草坡，河北北平琉璃河各處西周早期墓中都發現了一種柳葉狀，無首無臘的銅劍（圖15）（北大歷史系考古教研室，一九七九：一七〇—一七一）。

劍為短兵，用於車戰，只有在下車搏鬥時發揮作用。草原文化中，劍的歷史很久，可能因為騎馬作戰時，劍可刺可削，比斧鉞、手戈為有用。步卒用劍接敵，也為利兵，《左傳》襄公二十三年，范鞅用劍以帥卒即是一例。周人用劍取代了商人的短兵，甚有可能受了草原文化的影響。《逸周書》〈克殷解〉：「武王……先入適王所，乃克。射之三發而後下車，而擊之以輕呂，斬之以黃鉞，折縣諸太白。乃適二女之

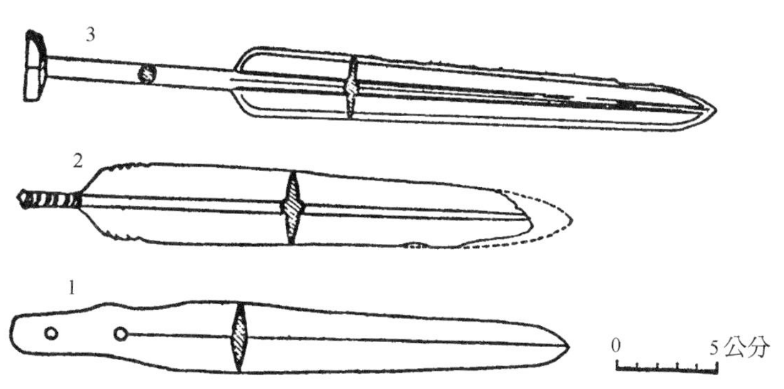

1 陝西長安灃西張家坡西周早期劍（M206 ： 4）
2 河南洛陽中州路東周初期劍（M2415 ： 18）
3 河南三門峽市虢國墓西周晚至東周初劍（M1052 ： 155）

圖 15　西周至東周初青銅劍

所，既縊。王又射之三發，乃右擊之以輕呂，斬之以玄鉞，懸諸小白。……又陳常車，周公把大鉞，召公把小鉞以夾王，泰顛、閎夭皆執輕呂以奏王。」（《逸周書》：四／二一三）「輕呂」，注謂劍名。《漢書》〈匈奴傳〉記載漢使與呼韓邪單于訂盟，「刑白馬，單于以徑路刀金留犁撓酒，以老上單于所破月氏王頭為飲器者，共飲血盟」（《漢書補注》：九四下／五）。高去尋以為輕呂劍即為徑路刀。《漢書》〈地理志〉記載漢敗休屠王，獲匈奴祭天金人，左馮翊雲陽縣有休屠金人祠，及徑路神祠三所。徑路之為神刀可知（Chü-hsun Kao，一九六〇）。《逸周書》的「輕呂」，名稱不見他書，若周人因為與草原文化接觸，以劍代商人傳統的短刀，從而以神劍斬紂及二女的首級，也當然可解為一種魘勝的巫術行為。

附帶一說甲胄的情形，商人的甲胄是整片皮甲製成，可以防護前面，但裹甲的戰士不能自由活動。最近在山東膠縣西庵出土西周的青銅胸甲，前胸由三片組成，全形呈獸面狀（圖版10），寬三十七公分，高二十八公分。後背是兩個直徑十一公分的圓形甲泡。胸背甲邊緣都有小穿孔，以釘綴在皮革或其他質料的甲衣上。青銅胸甲的長度和寬度，護體的寬度夠了，高度不夠，必是釘綴在甲衣上，始可彌補高度不足的缺點。甲由三部分組成，如將左右兩側甲片與鼻部折成四十五度角，三片合成的總弧度正好封合軀幹的弧度，寬度也適合身體的寬度，楊泓據這項資料，加上在昌平白浮出土的銅胄以及護腿的小銅泡，復原了西周的甲胄全貌（楊泓，一九七七：八四—八五）。最近也有銅胄出土（圖版11），西周的甲胄，看來是比商代的整皮甲有用。

不過即使西周的劍比商代短兵有用，西周的甲冑比較合身，這些改進不足構成周人勝商的充分條件。西周征商的武力，據一般資料如《孟子》〈盡心〉、《書序》及《戰國策》〈魏策〉，都是甲車三百乘，虎賁三千人，《逸周書》〈克殷解〉謂周車三百五十乘，《墨子》〈明鬼下〉則謂車百輛。即使以三百五十乘計，每車戎甲士一人由虎賁擔任，整個數字也只有虎賁三百五十人，傳統所謂虎賁三千人，大約有大部分不配屬在兵車上。這些虎賁之士，可能是執干戈佩長劍的步卒？《左傳》中不少形容步卒與車相配合的陣勢。桓公五年周鄭交戰，鄭師用的是魚麗之陣，二十五輛兵車成一組，步卒五人一組，填補兩車之間的空隙。看來整個戰鬥任務，步卒的責任也不輕。又如《左傳》昭西元年晉人伐狄，狄人用徒卒，地形對晉人的戎車不利，晉人也毀乘作徒卒。是以顧立雅（H. G. Creel）認為周人的軍隊中步卒占極為重要的成分，而且不是未經訓練的農民可以勝任（H. G. Creel，一九七〇：二七六—二九一）。再則，周人的盟軍，據《尚書》〈牧誓〉，是庸、蜀、羌、髳、微、盧、彭、濮八國。傳統的說法，這些人都是西南夷諸國。徐中舒考證，以為彭、庸、濮均在漢水上游，髳在晉楚之間，也在漢水。羌為周人的老搭檔，蜀即巴蜀之蜀，微、盧亦在西南（徐中舒，一九三六A：一五〇—一五三）。凡此諸地，都是崎嶇的山國，不是戎車所利。他們的軍隊極有可能也是步卒為主。後世中國與北方草原民族之間的衝突，中國常居劣勢，主要由於胡人以騎射為主，快速的騎兵對付步卒，占盡了便宜。這是軍事力量上極顯著的軒輊，如果周人的兵種及武器與商人所具也無十分顯著的差別，則周之勝商也不能由軍事力量的強弱來解釋。

第二節　實始翦商

周以蕞爾小國而能克商，既不能由經濟力強弱作理由，又不能由軍事力量的優劣來分高低，周之勝利當只能由戰略的運用以尋求解釋了。

本章首節曾提起周人由太王開始就有翦商之志。據《後漢書》〈西羌傳〉注引《竹書紀年》，及《晉書》〈束皙傳〉引《汲冢紀年》，王季一生為商人征伐西落鬼戎、燕京之戎、余無之戎、始呼之戎、翳徒之戎，而且獲得商王的錫命與封號，但最後卻被商王文丁拘執處死。有功而誅可能即因為周人的野心已經顯露，引起商人的警惕，遂採先發制人的手段。《史記》〈殷本紀〉，文丁的父親武乙獵於河渭之間，遭遇暴雷震死。武乙河渭之狩，未必只為了畋獵，大約也多少有以兵威鎮懾周人以防反側之意。暴雷震死又太古怪，未嘗不可能是其他死因的掩飾。例如後世昭王南征不復，楚人諉過水濱，也是掩飾之詞。王季是太王的幼子，其兄長泰伯仲雍，據《史記》〈周本紀〉，為了故意要把王位讓給幼弟季歷而出亡，在遙遠的南方建國，即後世的吳國。吳為姬姓，見於金文；《左傳》哀西元年、哀公十三年及定公四年，吳人君臣也都自稱姓姬。而且《左傳》哀公十二年晉昭公娶於吳，為了避同姓不婚的忌諱，當時稱昭夫人為吳孟子，足見吳國為姬姓的事，不是春秋的新興勢力冒攀，連老牌姬姓的晉國也承認如此。長江下游離渭水流域雖遠，周初也未必不可能有交通與聯絡。張家坡西周遺址出土了若干帶釉陶片，陶胎作青灰色，陶質細緻，表面有青色或黃綠色的釉。很多西周墓中都曾發現帶釉陶片，地區分布由陝西長安、河南洛陽，到安徽屯溪、江蘇丹徒都有之，而尤以丹徒、屯溪的西周墓中更為大量出現，器形也較中原一帶為多樣。原發掘報告認為這些在長安出土的帶釉陶片的化學成分與原始的吳越青瓷接近，也與屯溪的硬陶片性質類似，而與北方的瓷器不同。因此他們以為張家坡陶片可能是在南方燒造的。夏鼐比較了各地釉陶的器形，以為大都屬屯溪出土的I式豆類，質料和釉彩也相同。張家坡釉彩陶都是殘片，但仍可看出大多是豆盤的折肩處和足部的殘片，似乎屬於同一系統。就質料而論，也和南方硬陶相近，與南方漢晉時的原始型青瓷似乎有淵源關係（考古研究所，一九六二：九四，一六一—一六五）。由江蘇，經安徽到陝西，陶器可以流傳正啟示了西周與東南有某種特殊的關聯。至於泰伯仲雍為什麼跋涉江湖，遠去東南建立吳國，徐中舒以為不外以下兩個原因：一為率遠征之師以經營南土，一為因與季歷爭位逃亡，受殷商卵翼立國東南。但他認為後者不可能，不僅泰伯季歷的友于，史所明載；更重要的，如果商人收容周族逃亡的王子，當置國於周的近旁以害周，遠置東南，殊無謂也。因此，徐氏主張，太王之世，周為小國，實力遠遜殷商，正面衝突，勢所不能，必先擇抵抗力最小而又與殷商無甚關係的邊緣著手經營。而且周人經營江漢流域，至遲已在武王之世。或者泰伯仲雍原來的目標是江漢流域，因楚之興起而由江漢東徙於吳（徐中舒，一九三六A：一四三）。檢討徐氏的假設，楚的興起當仍須俟諸後世。固然傳說中有楚先王鬻熊已歸周的說法，據《國語》〈晉語八〉：「昔成王盟諸侯於岐陽，楚為荊蠻，置茅蕝，設望表，與鮮卑守燎，故不與盟。」則成王之世，楚還不成氣候，豈能在太王、王季時即有足以威脅周人遠征軍的聲勢？然而商人在湖北自有據點，盤龍城的遺址，儼然是鎮守一方的氣象。泰伯仲雍由渭河流域出來，經過漢水上游的河谷，進入湖北，其勢不難，在湖北立足就未必容易。商人勢力，可遠到江西吳城。這支遠征軍也只有遠趨長江下游，方可立足，後來周人克商之後，句吳這一著閑棋，沒有發揮功用，但徐氏之說如果誠然，太王翦商的策略，實由泰伯仲雍南征為始。

文王繼承太王王季的事業，號為西伯，儼然商西的霸主。第一步似乎仍是在西北兩方戎狄中求發展。《詩》〈大雅．綿〉：「混夷駾矣，維其喙矣」，是為了困窘西北的混夷。同時，「虞芮質厥成，文王蹶厥生」，據《史記》〈周本紀〉，這虞（山西解縣）與芮（山西芮城縣）兩個小國爭地而取決於文王，入周見耕者讓畔，慚愧而去。文王能得兩國的信心，大約因為二國所在，本為先周舊地。虞與句吳的吳本為同名，傳說是虞仲之後，可能在太王王季之時，就是姬姓之國。陝晉之間姬姓部族不少，如犬戎、驪戎，河北之鮮虞也是姬姓而視作戎狄，可能早在周之為周已存在（徐中舒，一九三六A：一四三，一五五）。凡此諸部更可能即是先周在公劉以前的同族。文王的勢力大了，舊日同族遂折而又與之聯繫。是以〈綿〉末章「予曰有疏附，予曰有先後，予曰有奔奏，予曰有禦侮」。周人的羽翼漸趨豐滿，虞芮的歸服，更開了東進的端倪。〈皇矣〉：「帝謂文王，無然畔援，無然歆羨，誕先登於岸，密人不恭，敢距大邦，侵阮徂共，王赫斯怒。爰整其旅……依其在京，侵自阮疆，陟我高岡。」密是密須氏之國，在今甘肅靈台，阮共兩小國在今涇川縣。征服密須大約是文王早期工作中第一件大事，為了紀念此役，分賜唐叔的寶器中還有密須氏之鼓在內（《左傳》定公四年）。

滅密須氏的第二年，文王伐耆，《史記》〈殷本紀〉作伐饑。《尚書》〈西伯戡黎〉，文王伐黎。因為黎在山西上黨（今日長治縣），地屬晉東，已迫近商本土，據說「殷始咎周，周人戡黎。祖伊恐，奔告於受」，警告商王，危機已經接近。《史記》〈周本紀〉又說「明年伐邘」，但除了此處及《尚書》大傳外，別的記載中不見此事，邘，即盂，已入商王田獵區，地當今日河南沁陽，在黎的南方，居黃河北岸，黎邘兩地，距離商王紂所在的朝歌已非常接近，而且瀕山西高地的東邊，俯瞰朝歌附近的黃土平原，直叩天邑商的大門（李學勤，一九五九：九七）。祖伊驚慌也就在常理之內了。又明年，伐崇侯虎。崇之役是周人擴展史上一件大事，《詩經》〈大雅．皇矣〉：「帝謂文王，詢爾仇方，同爾兄弟，以爾鉤援，與爾臨沖，以伐崇墉。臨沖閑閑，崇墉言言，執訊連連，攸馘安安。是類是禡，是致是附，四方以無侮。」詩句形容崇城的難攻，周人使用了攻城的戰具，終於獲得重大的戰果。又據《左傳》僖公十九年，「文王聞崇德亂而伐之，軍三旬而不降，退修教而復伐之，因壘而降。」是文王攻了兩次才攻下崇城，其抵抗之烈可知。上章曾說過，商人在渭域也有墾殖的隊伍，崇可能即是商人在渭水流域的重要據點。克崇之後，〈大雅．文王有聲〉：「既伐於崇，作邑於豐。」舊說文王所建的新都邑，即在崇舊地。但俞樾以為崇嵩一字，崇當在今河南嵩縣附近（陳槃，一九六九：三七九）。丁山、徐中舒並從俞說。至於作豐之說，丁氏釋為作豐宮於鎬的附近（丁山，一九三五：一一一）。新說較之舊說，似更合理。周人已經在山西境內的黃河北岸有長足的進展，如果崇是周的敵人，而又在豐鎬附近，商人有可以隨時切斷周人進展之可能。如崇在河南嵩縣附近，地當黃河南岸，抵孟津直南，平行於山西一線所至的黎盂一帶，伐崇次年，文王去世，武王即位後幾乎立即率諸侯會於孟津，當即是南北會師之舉。

卜辭中有旨方，陳夢家以為即是上文「伐耆」的耆國，卜辭中記旨，有西吏（或西史）經紀，時時為商征伐晉南諸國（陳夢家，一九五六：二九六）。白川靜認為旨方當是召方，其地域跨商西一大片土地，北至山西垣曲的邵亭，東至河南修武的召城，南至河南郾城的召陵及南召，均是這一商西雄族的分布地區。他以為召方原是殷商勢力以外的古國，經商人壓服，在召方立了監督的「西史」專制西道。在周人東進時，召族折而與周人合作，遂有周初與太公周公齊名的召公，同為一時重要的領袖。後來「召南」的地域仍在兩周都城軸線的南方。周召分治的故事，當由召族分布原在晉南豫西一線（白川靜，一九七三：一七一－一八五）。白川靜對於召族是否姬姓，不予斷定，只以為是非周非商的古族。按召公為姬姓從無別說，但向來不能決定其所自出。如果召族為姬姓諸族中由山西向南開拓的一支，則向西開拓的周人在東向圖商時，同為姬姓的召族與周聯盟，自在情理之中，崇為商人重鎮，然在周召合擊之下，恐也難為商守。周人在晉南沿河東進，殆也有召族接應。

丁山認為鎬京是周人的首都，由公劉至武王底定，未嘗有別的王京（丁山，一九三五：一〇七－一一〇）。按《史記》及《詩經》都謂作邑於豐在伐崇之後，《竹書紀年》文王三十六年，西伯使世子發營鎬，是營作豐鎬以前必然別有首都。最近周原發現岐山鳳雛村與扶風召陳村兩個大型宮室遺址，氣象宏大，足為宗廟宮殿之用。而且遺址的層次判斷，岐山舊都，由滅商以前的早周繼續存在，迄於西周晚期（周原考古隊，一九七九：三四；一九八一：二一－二二）。相對的，豐鎬一帶，至今只有窖穴居住遺址，雖已有瓦及瓦坯出土，尚未見大型宮殿遺址。如以岐下兩個遺址賡續使用的情形言，這個岐山的舊都，頗可能如丁山所說周人只有一個「京」。岐下正是「京」之所在。豐鎬最初也許是經營東方的指揮中心，漸漸變為行政中心，而岐山的京，則始終保持其宗廟辟雍，為周人精神上及宗教上的中心。後世因為在克商之後召公營作洛邑，號為成周，渭水流域的舊地遂號為宗周。在克商以前，周人可能已有兩都制度，以京為舊基地，以豐鎬為前進指揮中心，因此周人實際上有三都：京、豐鎬及洛邑。

周人在不斷地經營。上文說過召方可能即分布在豫西豫南，召公圖南國，江河一帶是真目標。周初可能已著眼在此。昭王時的銅器宗周鐘銘文：「王肇遹省文武堇疆土，南國𠬝子，敢臽虐我土，王摹伐其至，𤓰伐厥都，𠬝子乃遣間來逆卲王，南夷東夷具見廿又六邦。」（白川靜，一九六七，A：二六一）南國指江漢流域，是則文武之時周已視南國為疆土。周人的勢力已迂迴到商王國的南面（徐中舒，一九三六A：一四五—一四六）。漢陽諸姬，為數不少，大多數在武王克商之後及西周中葉始建國。但如果南國早在文武之際已因召族的勢力而服屬周王，則周人在克商以前即在江漢流域建立若干據點，也未嘗不可能（徐中舒，一九三六A：一四四—一四五）。鄭玄《詩譜》周南召南，「至紂又命文王典治南國江漢汝旁之諸侯。」究竟紂命文王，抑文王自為，也就難說了。相對的，商在東方遭遇不小的麻煩。《左傳》昭公四年，「商紂為黎之搜，東夷叛之。」昭公十一年，「紂克東夷而隕其身。」都說商紂時東夷與商之間有戰事，紂明明不是在克東夷之後死亡，此處所謂「隕其身」，當指東夷之叛促成了商的失敗及紂的死亡。至於黎之搜一事與東夷叛變之間的關係，徐中舒有所考定。他認為黎即上文西伯戡黎的黎，地居朝歌西北，應與「東夷」不相及。是以黎之搜是商紂為了遏止周人在山西的進展而作大閱，也許在商紂注目西邊時，東方的夷族起而叛變。紂在東方的戰役大約相當激烈。商勝了，克服了東夷，撫有夷眾，但這些新服的夷人，口服心不服，《左傳》昭公二十四年，「紂有億兆夷人，亦有離德」，當為對商夷關係的描述。關於東夷的問題，當在周公克東夷的一段再提。

在西北方面，商也可能有麻煩，《詩》〈大雅・蕩〉：「咨！咨女殷商……內奰於中國，覃及鬼方。」則周初認為鬼方也怨恨殷商。結合《易》〈既濟〉：「高宗伐鬼方，三年克之」及「未濟」：「震用伐鬼方，三年有賞於大國」，可知殷商與鬼方的戰事，發生在武丁之世，而王季曾為殷商伐鬼方，立下功勞。紂之世，鬼方與商之間，已有周人的勢力隔斷，大約鬼方未必能成為商人嚴重的外患。紂的國力消耗，仍當在東夷方面的戰爭。

總之，整個情勢，商人處於不利的局面。周人在北邊已循晉南拊朝歌之背，由山西高地高屋建瓴，俯視商人王畿。中路一線，已克崇而入中原。南路一線，江漢已為周人疆土。這時商的東方，卻又有大規模的東夷之叛！商紂的實力在東夷之役當然難免耗損，而周人因為商專注東方的肘腋，也許更得以在中原的南北多所經營。《左傳》襄公三十一年：「周書數文王之德曰，大國畏其力，小國懷其德。」周人克商的大戰略，已經接近完成。《左傳》襄公四年：「文王帥殷之叛國以事紂。」周人的聲勢也就不小了。《論語》〈泰伯〉：「三分天下有其二，以服事殷。」以當時的「天下」而言，周人大約已居渭水流域，黃河中游之半，並加上晉南及江漢，而殷商占了黃河下游及東夷所在的淮上以迄海邊。雙方盛衰之分確已判然。

第三節　武王克商

武王繼志，在即位後不久即觀兵孟津，不期而會者據說有八百諸侯。證之後來牧野之戰的兵力及同盟軍只有西土八國，孟津之會八百國之說大為可疑。孟津之會，武王有軍前宣言，即是《尚書》的〈泰誓〉。今日傳世的〈泰誓〉真偽殊不可靠，但由古書如《孟子》、《左傳》、《國語》、《墨子》、《禮記》以至《說苑》、《漢書》所引〈泰誓〉佚文看來，〈泰誓〉內容大多是宣稱自己有決戰的決心，如《禮記》〈坊記篇〉引「予克紂，非予武；惟朕文考無罪。紂克予，非朕文考有罪；惟予小子無良」。又如《國語》〈周語〉引〈泰誓〉「朕夢協朕卜，襲於休祥，戎商必克」。又如《孟子》〈滕文公下〉引「我武惟揚，侵於之疆；則取於殘，殺伐用張，於湯有光」（孫星衍，一八一五：三〇下／二一—三）。都不像是傳統所說武王因為「天命未可也」而退師的情形。周未在孟津之會後即全面進攻，傳統舊說有謂殷賢人未去，有謂因夷齊之諫（孫星衍，一八一五：一〇／六—七）。真正的原因已不能稽考。孟津之會的確切年分，有謂在文王受命後十一年，有謂十三年，有謂在武王自己紀元的九年，諸說紛紜，未能斷言。周初年代學是極為複雜的問題，此處以無關宏旨，暫不贅言。

孟津觀兵之後二年，據《史記》〈周本紀〉，武王率戎車三百乘、虎賁三千人及庸蜀羌髳微盧彭濮人於正月甲子日清晨到達朝歌郊外的牧野。戰前有一篇戰誓（《尚書》〈牧誓〉），指斥商王紂的罪名：「惟婦言是用，昏棄厥肆祀，弗荅；昏棄厥遺王父母弟，不迪。乃惟四方之多罪逋逃，是崇是長，是信是使，是以為大夫卿士；俾暴虐於百姓，以奸宄於商邑。」據說諸侯會師的戎車有四千乘。紂發兵七十萬人抵抗。這兩個數字似乎都很可疑，當時殷商的總人口，以其疆域來說，未必能過一百萬，如何能動員七十萬眾。諸侯四千乘的數字大於武王自己的武力十餘倍，即使中原大半已在周人控制之下，合今日河南省大半及晉南一線，仍沒有渭水流域十幾倍的面積。周人可能已傾全國之師（說見本章前文），參加的會師諸侯未必也出動自己全部力量。《詩經》〈大雅．大明〉也只說「殷商之旅，其會如林，矢於牧野」，不提具體數字。戰役的經過，〈武成篇〉：「罔有敵於我師，前徒倒戈，攻於後以北，血流漂杵。」既說敵人自動投降，又說戰士的血可以使木棒漂起。此中自相矛盾之處，孟子早就提出了懷疑，感嘆：「吾於武成取二三策而已」（《孟子》〈盡心下〉）。商紂在失敗後自殺，

圖 16　利毀

龐大的商王國解體。然而周人並不能輕易地繼承商王國的地位，周人還須作一番努力，創立一個新的統治制度。

最近有幾件與牧野之戰有關的帶銘銅器出土，一是一九七六年出土於陝西臨潼南羅村的利毁（圖16，圖版12），銘文為「珷征商隹甲子朝歲鼎克聞夙又商辛未王才𡨄自易又事利金用乍𣄰公寶尊彝」。

第二件是一九六五年在寶雞賈村出土的𠘑尊（圖17，圖版13），銘文是「隹王初鄸宅玗成周，復□珷豐福自天。才四月丙戌，王𢍰宗小子玗京室，日昔在𠭯考公氏克逨玟王，肆玟王受茲（大令），隹珷王既克大邑商，則廷告玗天，曰余其宅茲中國，自之辪民，烏呼，𠭯有唯小子亡戠睍於公氏，有䚄於天敽令，敬享

圖17　𠘑尊

哉，叀王恭德裕天，訓我不敏王咸弇。殉易貝卅朋，用乍□公寶障彝，唯王五祀」。

第三件是道光年間出土關中的大豐𣪕，銘文是「乙亥，王又大豐，王風三方，王祀於天室，降天，亡又王，衣祀於王不顯考文王使喜於上帝，文王監在上，不顯王乍相，不豩王乍虒不克三衣王祀。丁丑王鄉大宜，王降亡勛爵復觵。唯朕有慶每揚王休玗障」。

茲先由利𣪕說起。該器銘文注釋者眾多。最為聚訟的部分是歲鼎二字，歲，或以為歲星，或以為歲祭——卜辭中常見的祭祀，或謂歲首的祭祀。鼎，或謂貞問的意思，或謂「則」字，或謂鼎的本字，意指周移商鼎（于省吾，一九七七；唐蘭，一九七七；臨潼縣文化館，一九七七；鍾鳳年等，一九七八；白川靜，一九七九：三二三—三三八；田宜超，一九八〇：一—一〇；張政烺，一九七八）。茲以本銘與鳳雛村出土周卜辭比較，後者的貞，正寫作鼎字（周原考古隊，一九七九A；四三圖五）。是則本銘的鼎字也當作貞字。歲是祭名無疑，不能作為祭的對象。銘文其他部分的爭執較少，全文大意也頗清楚。武王征商之後，甲子那天早上，歲祭貞問，黃昏時即勝利而占有了商。辛未那天（即甲子以後七天），武王在𡨦地駐師，賞賜右史利銅料，他用來鑄旜公障彝。本銘的價值，在於證實了《尚書》〈牧誓〉及《逸周書》〈克殷解〉記載甲子克商的日子，而且戰事也只有一天不到即占有了商。銘文不記月，是以對原來記載中的月分的矛盾，仍無法澄清。此處的歲祭：商人卜辭中這種歲祭的記載也不少（田宜超，一九八〇：四—五）。武王伐商，奉文王的木主以征，《逸周書》〈武寤解〉：「約期於牧崇用師旅，商不足滅，分禱上下……神無不饗。」是則戰事前以用戈殺牲的歲祭來致禱，也是可能的。

㺇尊銘文解釋的問題比較小，各家的大意都相當接近。異見中較多聚訟的是第一句，唐蘭釋為遷都，馬承源解為營造新都，張政烺認為是相室，白川靜釋為新邑既成，準備建為國都。作器的王，是成王。銘文大意：成王作新都，祭武王，祈福於天。四月丙戌，王告誡同宗的「小子」，他們的祖先奉事文王，文王受天命，武王克大邑商後，廷告於天，表示要居住在「中國」，以治理民人。成王勉勵這些小子克肖祖德，盡勞敬事，以邀天福，然後記載㺇受賜三十貝，記年是王的第五年（唐蘭，一九七六；馬承源，一九七六；張政烺，一九七六；白川靜，一九七八：一七一—一八四；葉達雄，一九八〇）。對本節討論較有關係的一點：武王新勝之餘，已有遷都中原的打算，庶幾在「中國」治理新克的大邑商。而這一計劃在克商之時，即已稟告上天了。伊藤道治特舉《逸周書》〈度邑解〉：「王曰，嗚呼，旦，我圖夷茲殷，其惟依天室，其有憲命。求茲無遠天，有求繹相我不難，自雒汭延於伊汭，居易無固其有夏之居。我南望過於三塗，我北望過於岳鄙，顧瞻過於河宛，瞻於伊雒，無遠天室，其名茲曰度邑。」以與㺇尊銘文比較，指出二者之間的類似，都以居中國與受天命相提並論。伊藤氏並且以為本銘的出現加強了《逸周書》的史料價值（伊藤道治，一九七八：四一—四二，五一）。此處的「中國」觀念，自然與周人自居為西土相對而言。中國與天命的相提並論，可謂中國正統觀念的表現，周人動輒徵引夏人，遂構成了三代相承的系統。

殈尊「復口珷王豐福自天」一語，唐蘭以為天指天室，是行豐祭的所在，並且引三后在天以為證（唐蘭，一九七六：六〇，及六一注2）。如唐說果然，則殈尊銘文與〈度邑解〉的相似程度，又更進一步。天室之詞又見於大豐，其中也有在天室舉行的大豐。天室可能是大室明堂一類的具體的祭祀場所，然而也可能即指伊洛一帶所謂「天下之中」的地區。殷人自號為天邑商，周人也如此稱之（伊藤道治，一九七八：四八—四九；白川靜，一九六二：一四—一五；陳夢家，一九五五：一五二）。天邑、天室，均謂天所依止，天命之所集。商人首都頻頻遷徙，「商」卻另有固定的所在，卜辭中常見步自商，作戰勝利歸來，獻俘也在商，並不指當時的首都。李學勤以為殷是政治上的首都，商是天邑商，大而言之，指商人居處的國土，居於四方之中，小而言之，則是有宗教功能的某一都邑，地點當在今日湯陰附近（李學勤，一九五九：八—一五）。大豐段、殈尊兩銘中武王舉行豐祭於天室，正是為了取得正統地位。《尚書》〈召誥〉：「王來紹上帝，自服於土中。旦曰：『其作大邑，其自時配皇天；毖祀於上下，其自時中義。王厥有成命，治民今休。』」也正說明了治中國，以受天命的意思。大豐段「風於三方」語，伊藤氏承舊說謂周自居西方，三方為東、南、北。周既取代商為中國主人，風於三方，正是象徵性的攬有四方，〈度邑解〉中的三塗、嶽鄙、河宛，分別代表了南北東三個方向（伊藤道治，一九七八：四九）。

大豐段銘文兩次提到「衣祀」：「衣祀於王」及「不克三衣王祀」。前一語通常謂以衣祭來合祭先王。後一語則頗費解，陳夢家以為三是乞之誤，指終止衣（殷）王的天命（陳夢家，一九五五：一五三）。也有人以為「三衣王祀」是祝禱周室的曆命三倍於商（白川靜，一九六二：二六）。最近周原卜辭出現，世人始知周人曾祭祀商人的先王成湯太甲與帝乙。「癸巳，彝文武帝乙宗，貞，王其邵祭成唐」，「貞，王其𠦪又大甲，𣋣周方白」（周原考古隊，一九七九A：三九—四〇）。武王克商，把商人一切罪狀都歸於商紂。武庚甚至還可奉商祀，商的先王當然更得適當的敬禮。《逸周書》〈世俘解〉在甲子「咸劉商王紂」之後，戊辰，武王迎祀文王；辛亥，「告天宗上帝」，「王不革服格於廟」，又對太王、太伯、王季、虞公、文王、邑考，「以列升，維告殷罪」。這一大串儀式，均在「廟」中舉行。當時戰陣之後，連戰袍也未更換，即「格於廟」了。這個「廟」自然不是新建的周廟，當是在商人的神廟中行禮（李學勤，一九五九：九）。武王懷柔商人，而且又以接續正統自居，對周先王舉行了殷人慣行的衣（殷）祀，當可解為「衣祀於王不顯考」，而對於殷的先王中某三位也有祭祀的禮儀，當可解「三衣王祀」。

第四節　周人的天命

結合利𣪘、𣧑尊、大豐𣪘、周原卜辭與《逸周書》的資料，頗可表現武王在克商之後，把商人的正統接過來，自居「中國」的合法統治者。為了這個緣故，武王必須取得天邑，居天位治斯民，卻也不能不對商的先王有所尊禮，庶幾肯定周室新得的天命。凡此行動，不必盡為政治宣傳，古人對於天神上帝的信仰，已足以解釋武王的行為了。天命只能降於居住「中國」的王者，這個觀念，是中國數千年政治史上爭正統的理由。溯其本原，當在𣧑尊見之。甚至「中國」一詞，在中國文化中有極重要的意義。而其淵源，也當在𣧑尊代表的周初受命思想。

周人的受命觀念，誠如傅斯年所指出，終於演變為天命靡常、惟德是依的政治思想（傅斯年，一九五二：卷三，一〇一—一一〇）。然而在討論周初天命思想前，下文將先討論商人對上帝的觀念，以資比較。商人奉祀的神不少，以卜辭中有威靈作禍福的奉祀對象言，有風雨河嶽之屬的自然神，也有一大批先公先王的祖靈。「天」在商人的宗教信仰中並不等於最高神。上、下與帝是分立的（陳夢家，一九五六：五八〇—五八一）。帝在商人宗教中的地位，也有其演變。帝字可作為先王廟號，其動詞意義又可用於禘祭先公先王。這些語源上的變化用法即足顯示帝與祖靈之間有其一定的關係（陳夢家，一九五六：五六二）。說到帝的初義，似可從其字形開始。卜辭的帝字，大率寫作 [illegible] 諸形。而金文中有▽、▼者，因此

《說文解字詁林》引吳大澂《字說》以為「古器多稱且某父某，未見祖父之上更有等於祖父之稱。推其祖之所自出，其為帝字無疑。許書，帝古文作[glyph]與鄂不之不同意，象華蒂之形。周愙鼎作[glyph]，聃敦作[glyph]，𢽚狄鐘作[glyph]，皆▼之繁文，惟▽▼最古最簡，蒂落成果，即草木之所由生，枝葉之所由發，生物之始，與天合德，古帝足以配天，虞、夏禘嚳，禘其祖之所從出，故禘字從帝也」。又其《說文古籀補》：「古帝字作▼，如花之有蒂，果之所自出也，後人增益之，作[glyph]象根枝形。」其他諸位，又有作束薪說，以為帝象燎祭的束薪，如葉玉森主之；其衍生則為祭器說、標識法。諸說相較，仍以根蒂說較長。然而但由字形臆測，總嫌恍惚，帝的初義仍當由其神性討論（島邦男，一九五八：一八六－一八九）。

《禮記》〈大傳〉：「禮不王不禘，王者禘其祖之所自出，以其祖配之。」李宗侗以為如果祖之所自出與其祖先是同類的人物，那就禘祭祖先，不必再談禘「其祖之所自出」又加上「以其祖配之」如此複雜的說法。李氏遂以圖騰的觀念為解釋，認為「祖之所自出」當是圖騰而不是始祖的人物。他並且指出禘祭既為圖騰崇拜的遺跡，其禮儀隨族群不同而有差異。各代禘祭的禮節不同，而且其中可能尚有若干神秘的部分，以至孔子要說「禘自既灌而往者，吾不欲觀之矣」（李宗侗，一九五四：二六六－二六七）。同李氏的理論推衍，商人的帝，既有圖騰生祖的性格，其與商人的關係是特定的，專有的，而不能是普遍超然的。商人的神對商人有必須眷顧的理由，不必有道德的標準為給予佑護的要求。簡單地說，商人的神是族群專有的守護者，而不是對所有族群一視同仁的超氏族神（徐旭生，一九六〇：一九九－二〇一）。

伊藤道治分析商人宗教的演變過程，認為在商人早期也有最高神靈的上帝，祖靈與自然現象的神都位在上帝之下。但對祖靈的祭祀逐漸規則化，祖靈對於子孫的護佑的觀念，也漸趨確立。有若干祖靈以外的靈鬼竟也可設法編列入祖先的譜系。到商代末期帝乙帝辛時，祖靈的權威已完全確立，祭祀的規律也已固定，伊藤氏認為這一演變趨勢與商人王權及族長權的漸趨強固是互為表裡的現象（伊藤道治，一九七五：四五）。相對的，商人神祇系統在早期可以不斷擴大，吸收商人統治下其他族群的守護神。這種廣為包容的能力，使多族群的商王國在精神上可以團結與融合（林巳奈夫，一九七〇；伊藤道治，一九七五：七七－七九）。祖靈祭祀逐漸確立，商人統治群的自我意識漸漸強烈，宗教上有排斥他群的現象。原本是多族群的商王國竟因此而喪失了向心的凝聚力。伊藤氏引用董作賓舊派與新派輪流當權的理論，指出舊派祭祀先公先臣及自然神，新派只祭祀先王祖靈，他並且由此發揮，提出氏族制在商末的崩壞（伊藤道治，一九七五：一一二－一一七；董作賓，一九六四：二／二－四）。根據伊藤氏的理論，商末政治與社會組織的演變也使上帝的性格收縮為統治族群的祖靈，而並不具有超族群的普遍性。

李宗侗與伊藤道治二氏的理論，各有立場，其所持的論證方式也迥不相同，但二者都指出商代末期的上帝是一個極具族群獨占的守護神，而不是普遍的裁判者，至上帝與祖神的結合，實為禘祭的特色。帝固可為特祭的對象，但禘祀是宗廟的祭祀則為卜辭資料可以證明的事實

（島邦男，一九五八：二二一）。在周的立場，這樣的大神，不能不具有意義。周人以蕞爾小邦，國力遠遜於商，居然在牧野一戰而克商。周人一方面對如此成果有不可思議的感覺，必須以上帝所命為解，另一方面又必須說明商人獨有的上帝居然會放棄對商的護佑，勢須另據血緣及族群關係以外的理由，以說明周之膺受天命。於是上帝賜周以天命，是由於商人失德，而周人的行為卻使周人中選了。《詩經》〈大雅．皇矣〉頗能描寫周人自以為受命的過程：「皇矣上帝，臨下有赫；監觀四方，求民之莫。維此二國，其政不獲；維彼四國，爰究爰度。上帝耆之，憎其式廓。乃眷西顧，此維與宅。」上帝的身分，已是萬民的神了，他極關懷四方人民的生活，一次又一次對於已受命的統治者失望。最後上帝向西望，挑選了西方的國家作為自己的地方。〈皇矣〉下文中上帝保佑周人開闢山野，護持王季建國，又三次指示文王攻滅密與崇，也告誡周人必須服從上帝的意志。

〈大雅．蕩〉則以文王的口氣，舉出了商人——毋寧說商王紂，所犯的罪狀：「蕩蕩上帝，下民之辟，疾威上帝，其命多辟，天生烝民，其命匪諶，靡不有初，鮮克有終。文王曰咨，咨汝殷商，曾是強禦，曾是掊克，曾是在位，曾是在服，天降慆德，女興是力。文王曰咨，咨女殷商，而秉義類，強禦多懟，流言以對，寇攘式內，侯作侯祝，靡屆靡究。文王曰咨，咨女殷商，女炰烋於中國，斂怨以為德，不明爾德，時無背無側，爾德不明，以無陪無卿。文王曰咨，咨女殷商，天不湎爾以酒，不義從式，既愆爾止，靡明靡晦，式號式呼，俾晝作夜。文王曰咨，咨女殷商，如蜩如螗，如沸如羹，小大近喪，人尚乎由行，內奰於中國，覃及鬼方。文王曰咨，咨女殷商，匪上帝不時，殷不用舊，雖無老成人，尚有典刑，曾是莫聽，大命以傾。文王曰咨，咨女殷商，人亦有言，顛沛之揭，枝葉未有害，本實先撥。殷鑑不遠，在夏后之世。」此詩據詩序以為召穆公所作，但其語氣，當是周初說明得國的原由。詩中一方面彰露商人的過惡：聚斂、強暴、好酒、不用善人、不用舊人，以致內外怨憤。另一方面，這首詩也指出，天命無常，能使國家興起，興國卻也未必善終。夏代失天命，亡了；殷商不以夏代為鑑，也亡了。殷鑑固然不遠，周鑑自然更在目前，此中「天命靡常」的觀念已經顯然。而且夏商周三代的更迭，已具有歷史的教訓。

《詩經》〈大雅．文王〉則更發揮此義：「文王在上，於昭於天，周雖舊邦，其命維新。有周不顯，帝命不時，文王陟降，在帝左右。……文王孫子，本支百世，凡周之世，丕顯亦世。……假哉天命，有商孫子，商之孫子，其麗不億，上帝既命，侯於周服。侯服於周，天命靡常，殷士膚敏，祼將於京，厥作祼將，常服黼冔，王之藎臣，無念爾祖。無念爾祖，聿修厥德。永言配命，自求多福。殷之未喪師，克配上帝，宜鑑於殷，駿命不易。命之不易，無遏爾躬，宣昭義問，有虞殷自天。上天之載，無聲無臭，儀刑文王，萬邦作孚。」周雖舊邦，當指周是夏人之遺，再次受命，以代殷商。文王在上帝左右，則指明文王不是上帝，只是帝的助手，文王的後代應當昌盛，商人的子孫卻應該接受天命已改的事實，做周人的臣子。相對的，無論殷人周人都當修德，以自求多福，天命是否更易，全在人自己的作風。這三首詩的精神，說明了周人對天命的認識，以及周人因此而時時以天命靡常自誡。

相當於《詩經》的周初天命觀，在《尚書》中更觸處可見，傅斯年據〈周誥〉十二篇（「大誥」「康誥」「酒誥」「梓材」「召誥」「洛誥」「多士」「無逸」「君奭」「多方」「立政」「顧命」），列舉「命」字的出現共一百又四處，其中七十三處指天命，或上帝之命，而殷革夏命，周改殷命均是提到天命時最常見的語彙（傅斯年，一九五二：卷三，三一─三八）。此處所列十二篇〈周誥〉均是涉及周初事蹟，天命觀念在周初的重要，由此可知一斑。傅斯年追溯天與上帝的地位，以為商人的上帝在宗祀系統內，商王自以為是帝子，而周人祖先稷，在《詩經》〈大雅．生民〉中只是姜嫄之子，雖然姜嫄因為「履帝武敏歆」而生子，其與上帝的血緣關係終究是比較含糊的。他又以為商人的帝可能指嚳，《國語》〈魯語上〉：「周人禘嚳而郊稷，祖文王而宗武王。」則更明白地將商人的「帝」拉來作為周的「帝」了。周人借了商人的上帝，上帝不能再有「宗神」的性格，由是而成為普遍的上帝（傅斯年，一九五二：卷三，八一─八二，九〇；徐旭生，一九六〇：二〇一；池田末利，一九六四）。

茲再論「天」以自然體作為崇拜對象的神祇。傅斯年不贊成「天」由周人始為神祇，認為天字雖不見於卜辭，上帝之為最上神，已隱含「天」的觀念。誠然，卜辭中之天字，或作「大」的同義字，如天邑商；或作地名，或作人名，卜辭中至今未見任何以天作神明解者。換句話說，卜辭確有作「天」字字形的字，事實上卻並無用作蒼穹意義的例子（島邦男，一九五八：二一四）。傅斯年以為卜辭不是議論之書，又並非記錄當時一切語言之物。因此「今日不當執所不見以為不曾有」（傅斯年，一九五二：卷三，九〇）。對傅氏之說，持異議者仍至少可有兩點：第一，卜辭是卜祭祀的記錄，祭山川河岳尚有卜，祭天之禮，若不是沒有，則也必然是大祭，《春秋》三傳屢見「卜郊」的記載，可為例證。商時若有郊天之祭，卜辭中必不致一無所見。卜辭所記均屬祭祀，在這一點用默證，似乎並無不當。因此，推廣而言，卜辭殊乏祀天的證據。由於商人上帝是祖神宗神型的最高神，雖不沾染自然現象的天，帝仍不失為最高神。第二點，卜辭中用作相當於「天」的達名，並非沒有，此字即「下上」的「上」，「下上若」，「下上不若」中的下似指百神，而「上」則是天神。上而且也兼指天，大豐𣪘，「文王監在上」，上是文王所在的位置，顯然周金承襲了卜辭中以「上」表「天」的用法。這種用法迄於《春秋》，依舊可見，例如《左傳》宣公三年：「用能協於上下，以承天休」；《論語》〈述而篇〉：「禱爾於上下神祇」。可見卜辭中並非沒有天的觀念，只是用「上」來代天，於是天帝在卜辭中就成為上帝了。上帝在卜辭每為合文，並可說明未用「天」來表示這個觀念。至於卜辭中的「天」沒有蒼天義，也沒有神明義，但《詩》《書》及周金文中突然有了這種用法，很難說是周初短短時期能發展出來，毋寧說是採用卜辭中的「天」字形式，而賦予與「上」相似的實質，甚至加上神明的意義（有些學者認為「天」為神祇之義仍見於卜辭，如孫海波，一九三四：卷一，P一；金祥恆，一九五九：卷一，R一；李孝定，一九六五：卷一，一三—一一；認為天不作神祇解者，如齊思和，一九四八：二三；陳夢家，一九五四：九四；H. G. Creel，一九七○：四九五—四九六）。然而採用「大」義的天，卻也不能說全出偶然。王國維以為，「古文天字本象人形。……其首獨巨。案《說文》：天，顛也；《易》睽六三：其人天且劓。馬融亦釋天為鑿顛之刑，是天本謂人顛頂故象人形。殷墟卜辭盂鼎之[illegible]，所以獨墳其首者正特著其所象之處也。殷墟卜辭及齊侯壺天作二，則別以一畫記其所象之處。古文字多有如此者，如二二字，二字之上畫，與二之下畫，皆所以記其位置也……此蓋古六書之指字也」（王國維，一九五九：二八二—二八三）。王國維之說，深得許叔重要旨。「天」之能被採用於周金以代丄，大約即以人的上端表明其位置，著重其指意，而用以稱頭頂上面的蒼穹長空了（島邦男，一九五八：二一五—二一六）。此說主張者不少，如吳大澂、羅振玉、章太炎之輩，均是。神明的天，其中也同時含有自然義，如《詩經》〈小雅．巷伯〉：「蒼天，蒼天，視彼驕人，矜此勞人」，是仰告蒼天。〈小雅．小明〉：「明明上天，照臨下土」，是自然的天為照臨監督下土的主宰。〈周頌．敬之〉：「敬之，敬之，天維顯思，命不易哉，無曰高高在上，陟降厥士，日監在茲。」此處「日監在茲」而人類須加敬的天，也就是高高在上的天。凡此均是兼具自然及神明兩義的天，也可見天的本義中，自然義甚為濃重，當只能歸於其原義即是自然義。

周人崇拜自然的天，殆亦有緣故。由先周以至克商，周人活動範圍全在晉陝甘黃土高原的西半邊，地勢高亢，雨量稀少，平均年雨量在每年五百公釐以下，比之秦嶺漢水區有一千公釐年雨量，相去甚遠。是以晉陝甘黃土高原上，除夏季暴雨，難得幾天陰雨，地上植被，也因此只有農作物及小灌木，這一帶地形，雖有起伏的塬梁峁溝，但頗少高聳挺拔的大山。因此周人日日看到的是經常晴朗、籠罩四野、直垂落到視線盡頭的一片長空，這樣完整而燦爛的天空，當能予人以被壓服的感覺。由於蒼天的無所不在，到處舉目四矚，盡是同樣的蒼穹，默默地高懸在上，因此天地就具備了無所不在、高高監臨的最高神特性。反之，殷商王畿所在的地理情況，照卜辭看來，附近有不少田獵區，獵物包括犀牛、野豬及麋鹿。今日的河南一片平坦，殷商時代可能有若干森林，甚至沼澤存在。這種地形上的居民，其眼中所見的天空，比較支離破碎，也就未必有高亢地區那種天空懾伏人心的力量。於是商人最高神的來歷，由祖神之一逐漸演變而來。

以上所說，自然只是一項假設。然而也並非全無佐證。佐證之一：前引《詩經》〈小雅．小明〉，「明明上天」一類的詩句，顯然描寫這種崇敬的心情。迄於秦漢之時，除天子有「上帝」、「泰一」之類祭祀外，官家認可的許多有關天的祭祀，莫不在雍州境內。例如《漢書》〈郊祀志〉下郖有「天神」，又立玉龍山仙人祠，及黃帝、天神、帝原水，凡四祠於膚施。《漢書》〈地理志〉高陵條：谷口則有天齊公祠。殆均是「雍州積高神明之隩」的固有祠禮。

佐證之二：在古代傳說中，天與帝常起衝突。《史記》〈殷本紀〉：「帝武乙無道，為偶人，謂之天神，與之博，令人為行。天神不勝，乃僇辱之，為革囊盛血，仰而射之，命曰射天。」又《史記》〈宋世家〉，宋君偃也有「盛血以革囊，懸而射之，命曰射天」的故事。兩項傳說出奇的肖似，都表示殷人對「天」的仇恨和揶揄。後一故事固然可能純為抄襲前者而來。也可能武乙時，商人鄙視周人，伐周前，行咒術以弱周。宋為殷後，宋康王興兵四擊，號為巨宋，有志於復興故國，再度向天行魘魔法，也並非全不可能。《山海經》〈海外西經〉：「形天與帝至此爭神，帝斷其首葬之常羊之山，乃以乳為目，以臍為口，操干戚以舞。」這位猛志未已的悲劇英雄，也許即是向《山海經》中最高神——「帝」——挑戰而失敗的「天」神。形刑古通，形天者，刑殘之後的天。一般言之，《山海經》似為東方系統的神話書，誇說后羿，尊崇王亥帝俊，詡東方為「君子之國」。東方的傳說把敵人的神形容得甚為不堪，正是古今相同的宣傳技巧。《山海經》中另有二則傳說，可與形天故事相比。一為〈海外南經〉：「羿與鑿齒戰於壽華之野，羿射殺之。在崑崙虛東，羿持弓矢，鑿齒持盾（一曰戈）。」一為「大荒西經」：「有人無首，操戈盾立，名曰夏耕之屍。故成湯伐夏桀於章山，克之。斬耕厥前。耕既立無首，走厥咎，乃降於巫山。」都是東方英雄與西方敵手的鬥爭，勝利歸於東方的英雄。尤其夏耕之屍一節和形天故事的相近，令人驚奇，似可作一件事的兩種敘述法。上面兩項佐證中，天神祭祀遍佈陝甘，說明了天神崇拜的地域性；而射天故事及形天傳說也說明了帝與天兩個觀念的轉移，並非完全是意念的演變，其中仍有族群對峙與競爭的可能。總之，「天」之屬周人固有信仰，不無蛛絲馬跡可尋。

天之用作神祇義，在周初史料中已相當普遍。據顧立雅統計，《周易》中有八次。《詩經》中有一百零四次作天神意，而帝或上帝只有四十三次。《尚書》的〈周誥〉十二篇中，「天」為神祇義，見了一百十六次，而帝或上帝只見二十五次。顧立雅選用金文中，天見了九十次，帝或上帝只見四次。金文中「天」字，大部分（七十七次）用於天子一詞中，三次為皇天君或天君。純作「天神」之義者仍四倍於「帝」出現的次數（H. G. Creel，一九七〇：四九四—四九五）。

由自然天發展出的天神，其性質當然不能與祖宗神的帝相同。因此周人的禘祭對象只有帝嚳一人——而帝嚳之居上帝位，如前文所說，當由殷商繼承而來。后稷參加郊祀只是配天，迴異於商代以帝祭普施先王先公的情形。於是「文王陟降在帝左右」，於是「文王監在上」，於是「三后在天」，都只能「在」，而不能與天或帝合一。天籠罩四野，無所不在，然商周之際的文化中心到底在中原，是以「中國」地上的中心，接「天中」的最合適所在，也就在「中國」。前文討論武王在「中國」立新邑的計劃，殆可作為對天神的肯定。

脫開祖宗神型的天帝，以其照臨四方的特性，如前文所引《詩經》諸例，是公正不偏的裁判者，決定地上的統治者中孰當承受天命。傅斯年在〈性命古訓辨證〉中，舉〈周誥〉、〈大雅〉的天命靡常觀，稱為人道主義的黎明。〈大雅〉諸篇的例證已見前引，不復述。〈周誥〉之可信諸篇，發揮商喪天命，周受命之說甚詳，反反覆覆不外說明商先王何以保天命而後王又何故失天命，以及文王何以又集大命於厥身。一方面告誥殷遺，一方面勉勵周人，使知創業艱難，守成也須兢兢業業（傅斯年，一九五三：卷三，九一—九二）。此種記載太多，毋庸遍引，惟以「酒誥」為例：「我聞惟曰：在昔殷先哲王，迪畏天，顯小民，經德秉哲。自成湯咸至於帝乙……在今後嗣王酣身，厥命罔顯於民，祇保越怨不易。誕惟厥縱淫佚於非彝，用燕喪威儀，民罔不盡傷心。……故天降喪於殷，罔愛於殷，惟逸。天非虐，惟民自速辜。」殷墜厥命，是由於人事不臧。又如〈多士〉：「非我小國敢弋殷命，惟天不畀允罔固亂，弼我；我其敢求位？惟帝不畀，惟我下民秉為，惟天明畏。我聞曰：『上帝引逸。』有夏不適逸，則惟帝降格，向於時夏。弗克庸帝，大淫泆，有辭；惟時天罔念聞，厥惟廢元命，降致罰。乃命爾先祖成湯革夏……自成湯至於帝乙，罔不明德恤祀。亦惟天丕建，保乂有殷；殷王亦罔敢失帝，罔不配天，其澤。在今後嗣王，誕罔顯於天，矧曰其有聽念於先王勤家？誕淫厥泆，罔顧於天顯民祇。惟時上帝不保，降若茲大喪。惟天不畀不明厥德，凡四方小大邦喪，罔非有辭於罰。」是則更由夏殷交替為例，引申出天命惟在民命的歷史法則了。傅斯年以為周人倒並不只以天命為宣傳，而對自己子孫及百姓也諄諄告誡，要他們明白「祇若茲德，敬用治」的道理，明白一切固保天命的方案，皆在人事之中。傅氏歸納〈周誥〉理論，「凡求固守天命者，在敬，在明明德，在保人民，在慎刑，在勤治，在毋忘前人艱難，在有賢輔，在遠憸人，在秉遺訓，在察有司；毋康逸，毋酣於酒，事事托命於天，而無一事捨人事而言天，祈天永命，而以為惟德之用」（傅斯年，一九五二：卷三，九二—九九）。

這一人道主義的萌芽，一方面肯定了「天」的作用，另一方面也肯定了夏商周三代的統緒，周既與夏有其特殊的歷史關係，三代相承的理論，又不啻說明了周人光復故物，受命惟新的雙重合法性，然而其真對後世中國歷史有影響者，天命論的重要影響絕非夷夏東西更迭做主的光復觀可以比擬。從此以下，中國的朝代更易，必須引徵天命。「天不可信，我惟寧王之德延。」（《尚書》〈君奭〉）「人無於水監，當於民監。」（〈酒誥〉）則又將天命歸結為人主自己的道德及人民表現的支持程度了。這是中國天命與民意結合的開始，迴異歐洲中世紀時王權來自神意的觀念。推源根始，如此重大的觀念的突破，雖由於周人對自己勝利合法性的解釋，卻也未嘗不可能植根於商代長期在宗教觀上的摸索。上文所引〈君奭〉〈酒誥〉兩句格言，據原文都是引用古人的成語，傅斯年遂以為此種思想的發端，或在商代的知識分子。這些守典守冊之人，多識多聞卻又不負實際政治責任，不對任何朝代族姓有其惡欲，遂有突破官家思想約束的可能（傅斯年，一九五二：卷三，九九）。

殷商祭祀的形式，董作賓以為有新派舊派兩大系統。武丁時代代表舊派，祭祀對象極為龐雜，卜問的問題也無所不包。祖甲時代代表新派，祭祀對象限於先王，連世系遙遠的先公也排除在整齊劃一的祭祀禮儀之外，更不論先臣及種種自然神了（董作賓，一九六五：一〇三—一一八；一九六四：卷一，二—四）。關於商代制度的二分現象，張光直在考古資料方面，也有證實（張光直，一九六五）。誠如伊藤道治所說，新派的作風縮小了殷商的包容性，以致不能容納異族的神祇，造成被統治族群的離心離德。從另一個角度來看，新派當令時，問卜的問題大都為例行公事。卜事的稀少表示鬼神的影響力減少了，相對地當然較重視人事。祀典只剩了井然有序的五種，輪流地奉祀先王先妣。禮儀性的增加毋寧反映咒術性的減低。若干先公先臣的隱退，則劃分了人鬼與神靈的界限，在在可見重人事的態度取代了由於對鬼神的畏懼而起的崇拜，這是「新派」祭祀代表的一種人道精神。另一方面舊派祭祀有其包容性，也可轉化為公正不偏的神祇觀念，擺脫祖宗神的局限性。在祖甲以後，新派舊派更迭當權，兩者也許涇渭判然。但在周人陣容中的知識分子，以及周人克商後的殷遺多士，當年兩派競爭的情勢已不復存在；兩派觀念中的新成分竟可無妨合流，為新時代提供新的神道觀志。如果這番猜測的發展果然發生於殷商之際，這一思想上的大革命，當可稱為中國文化演變中一個極重要的事件，不僅安定了當時，而且為後世儒家政治哲學開了先河，為中國政治權威設下了民意人心的規制與約束。

結論

綜合言之，周人以蕞爾小邦，人力物力及文化水平都遠遜商代，其能克商而建立新的政治權威，由於周人善於運用戰略，能結合與國，一步一步地構成對商人的大包抄，終於在商人疲於外戰時，一舉得勝。這一意料不到的歷史發展，刺激周人追尋歷史性的解釋，遂結合可能確曾有過的事實（如周人生活比較勤勞認真，殷人比較耽於逸樂）以及商人中知識分子已萌生的若干新觀念，合而發展為一套天命靡常惟德是親的歷史觀及政治觀。這一套新哲學，安定了當時的政治秩序，引導了有周一代的政治行為，也開啟了中國人道精神及道德主義的政治傳統。

第四章

華夏國家的形成

第一節　遷殷遺民

商代統治黃河中下游的廣大地區，當然有其凝聚權力的方式。張光直歸結商王國的統治機構，以為一則以法律與王權集中掌握資源，另一方面以龐大的親族組織，以血緣關係與國家機構相輔相成。商代的血緣組織為族，地緣組織為邑。二者相比，邑為政治權力的所在，卜辭中卻不能明顯地看出邑的層級關係。族則是很顯著的層級結構（Kwang-chih Chang，一九八〇：一五八—一六五）。林巳奈夫發現商銅器的族徽有層級的關係；張光直也發現同一族徽的銅器，在紋飾方面有其特色（林巳奈夫，一九六八；張光直，一九七〇）。一個族徽可以衍生若干次級的族徽，正是層級的特徵（圖18）。

族群組織在中國古代，原有姓氏宗族各種名稱。各別有其原始的意義及相應的組織方式。大致說來，姓是同祖的血緣集團。李宗侗以為是由遠古圖騰制度演變而成（李宗侗，一九五四：七—一〇，三五—三七）。姓也指人民，自然以姓為群；氏則是政治性的單位，也是姓的分族；宗是宗法制度下，按祖先祭祀的禮儀特權分級的序列；而族則原有在軍事上的意義，指在同一旗號下的戰鬥單位；寖假則成為人群的通稱。到春秋時代，上述諸詞的用法，已經相當的混淆（楊希枚，一九五四、一九五五；丁山，一九五六：三三；江頭廣，一九七〇：一〇九—一一四）。

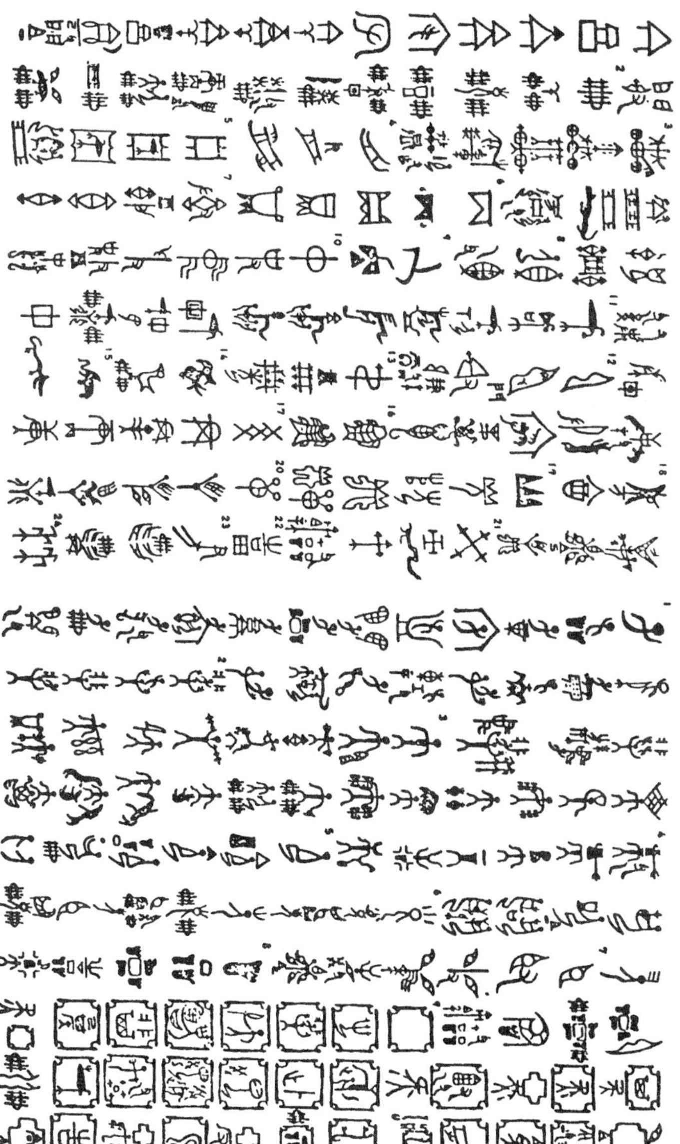

圖18　商代族徽

商王國以族為顯著的統治結構，征戰及生產多以某族、多子族……為單位，大率繫於后妃、王子及重臣（Kwang-chih Chang，一九八〇：一六三）。王畿以外，某侯之屬，大致為戍守的商人。方國有與商敵對，也有與商友好，甚而服屬商。這些方國在卜辭中號為多方，數字可多到三十餘。其中可知者，如周方、羌方、鬼方、土方、召方、盂方、人方，都是商周之際的重要族群（Kwang-chih Chang，一九八〇：二四八—二五九；島邦男，一九五八：三八四—三八五）。其中周為姬姓，羌為姜姓，鬼方媿姓，召方似不是子姓，可能也是姬姓，人方可能是大皞少皞之裔的風偃諸姓。方國大率以子姓之外的異姓為多。是則商的政治勢力，仍以「姓」為國家的基礎，其中再分出若干氏或族。在這個基礎上，周人如仍以「姓」為基礎，其文化水平只是商的附屬，人數又不多，周人勢難在勝利之後建立長期穩定的政權。本章討論即針對這點，以觀察周人建立國家的特色。

周既克商於牧野，先有一番掃除工作，據《逸周書》〈世俘解〉，武王在牧野之役後第六日，即曾命召伯伐越戲方，第八日命侯來伐靡，集於陳，第十八天勝利歸來。第十九日命百弇伐衛。第三十七天命陳本伐磿，百韋伐宣方，荒新伐蜀。第四十二天，三將歸來獻俘。〈世俘解〉總結武王的戰功，「武王遂征四方，凡憝國九十有九國，馘磿億有十萬七千七百七十有九，俘人三億萬有二百三十，凡服國六百五十有二。」〈世俘解〉的可靠性：經近人研究，顧頡剛以為〈世俘解〉其實即是真的《尚書》〈武成篇〉，著成時代當在西周（顧頡剛，一九六三：

Shaughnessy，一九八一）。屈萬里以為〈世俘篇〉不是〈武成〉，成書稍晚於武王，但屬西周時代的產物則無可疑（屈萬里，一九六五）。由武王命將分伐各國的情形看來，都只在數日之內即已奏厥功。論距離往返時日未有超過十天，扣去作戰時間，則其地大率均在殷商附近。屈萬里以為不外河南、山西，後日鄭衛諸國境內（屈萬里，一九六五：三二九—三三〇）。

武王伐國有九十九國，服國有六百五十二；加起來總和是七百五十一國。而《史記》〈周本紀〉謂武王孟津之會，諸侯不期而會的有八百國。兩相比較，國數相差不遠，大約周與殷商各有七八百個友邦或服屬的小國。〈世俘解〉的「億」，在古代等於十萬。「億有十萬七千七百七十有九」一語，十當為七之誤（屈萬里，一九六五：三二八）。武王伐國九十九，其馘磿與俘人的和為四十八萬七千八百零九人。這個數字分屬九十九國，每國大約有五千不到的人口。戰功記載，失實在所難免，真正的人口當比此數為小。那些未經攻戰即已服從的殷商與國，大致都是小國。而馘俘人數之中最眾者，當然應是殷商本國的戰士與人口。如果以四十八萬作為底數，其他服國的人口數字也相當此數，則周人克商之役，征服了百萬東部平原上的人口。周人自己的實力，在上章約略估計，姬周本身的人口，只有六七萬人，後來逐漸擴張，受周人支配的人口仍只在黃土平原的邊緣，其人口密度未必能與繁盛殷富的殷商本土及其四周地區相比。總之，周人仍只是少數，卻必須設法控制東部平原的廣土眾民。

周人第一要務，自然在建立新政權的合法地位。本書的第三章已有討論。周人有效控制被征服人口的方法之一，則是把商人遷移到周人直接控制的地區。一九七六年，陝西扶風莊白出土了一百零三件青銅器，有銘者七十四件。最早的是商器形制，而作於商末周初。整個窖藏當是微史家族歷代所傳之各種禮器。時代由周初亙延到西周末年。其中最重要的一器史墻盤，銘文長達二百八十四字，敘述西周文武成康昭穆的事蹟及史墻自己列代祖先的功業（圖19）。史墻時代當在共懿之世，史墻盤當作於共王時（周原考古隊，一九七八：四）。史墻盤銘的釋文頗多，各家在細節上頗有異同，但大意則相差不多（唐蘭，一九七八；李仲操，一九七八；裘錫圭，一九七八；徐中舒，一九七八；李學勤，一九七八；陳世輝，一九八〇；白川靜，一九七九：三四〇—三九七）。茲以李學勤的釋文抄錄如下：

> 曰古文王，初盭和於政，上帝降懿德大甹，匍有上下，迨受萬邦。䚻圉武王，遹征四方，達殷，畯民永不巩狄虘，𢦏伐夷童。憲聖成王，ナ右綬叡剛鯀，用肇𢼊周邦。𣶒悊康王，分尹啻彊。弘魯邵王，廣能楚荊。隹寏南行。祗覭穆王，井帥宇誨。𤔲寧天子，天子𨑞屆文武長，天子𧶠無匄。𩂣祁上下，亟獄逗慕，昊紹亡臭。上帝司夒，亢保受天子綰令，厚福豐年，方蠻亡不𥄳見。青幽高且，才𢼸霝處。雩武王既𢦏殷，𢼸史剌且乃來見武王，武王則令周公舍圖，於周卑處。甬叀乙且，逨匹氒辟，遠猷匓心子𦥖。𪧟明亞且且辛，𩃭毓子孫，𦃞𩁹多孷，櫅角𥜥光，義其𩁹祀。害屖文考

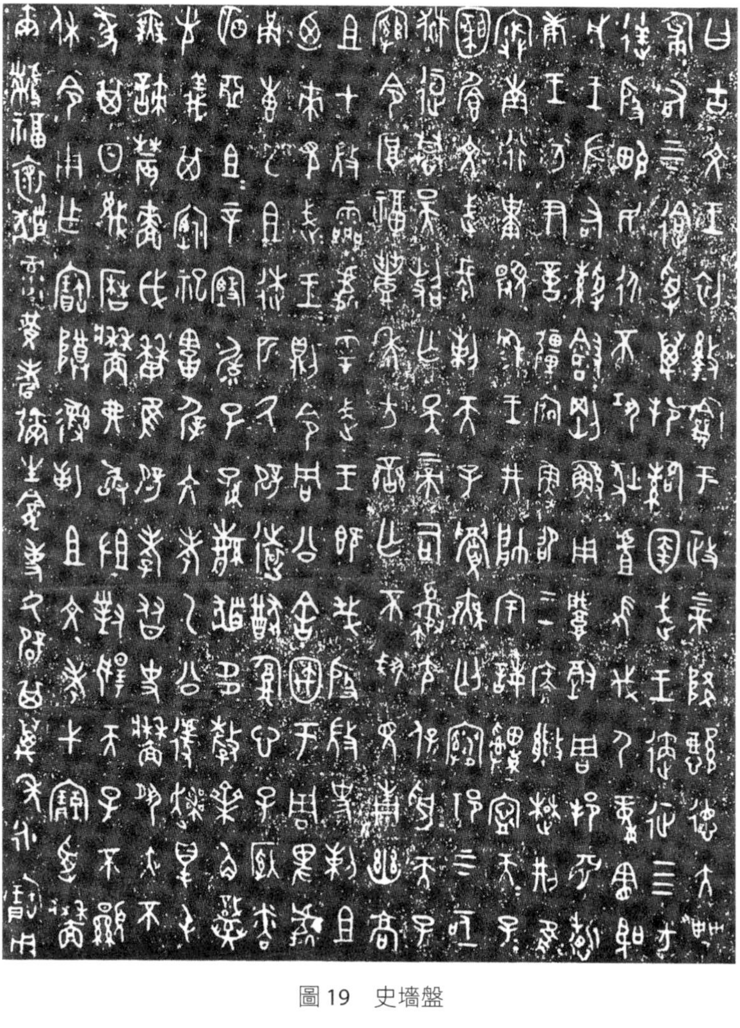

圖19　史墻盤

乙公，𧻚趠，毖屯無諫，農嗇戉𤏁隹辟。孝畬史牆，夙夜不㒸，其日蔑曆。牆弗敢沮，對䫉天子不顯休令，用乍寶隫彝。剌且文考，弋䆐受牆爾𪒠。福褱𩵦錄，黃耇彌生，龕事氒辟，其萬年永寶用。（李學勤，一九七八：一五〇）

大意則為，當初文王的政治得到普遍的擁護，上帝降命賜德，文王擁有天下的萬邦。武王開疆闢土，征伐四方，擊敗了殷人，不必懼怕北方狄人，也得以征伐東方的夷人。成王時代則有剛直的大臣輔政，康王繼續成王的事業，整理疆土。昭王南征荊楚，穆王也遵守教訓，下文稱頌當時的天子（大約是周共王）能繼文武的功烈，國家安定，天子長壽，厚福豐年，長承神佑。下半段是微氏一家的簡史，說到高祖原居於微，在武王既伐殷之後，微史烈祖始來歸順武王，武王命令周公把他安置於周人本土。乙祖仕周為心腹大臣。第三代亞祖祖辛教育子孫成才，子孫也多昌盛。史墻的父親乙公努力經營農業，為人孝友。史墻自己也持守福澤，長受庇佑。

此銘中值得注意之處不少。銘文記載了文武至昭穆各代的史實，昭王南征荊楚的事，得以證實。武王時北方的邊患未消，東夷也仍待征伐，均堪補足周代史實。最重要的則是微史一族的家史。史墻的祖先中三位用乙辛為名號，與殷商風俗相同；似乎微氏為殷人之後。徐中舒甚至以為微氏的高祖即殷三仁之一的微子，而烈祖則是殷後宋國在周的質子（徐中舒，一九七八：一四四）。然而烈祖居史官之職，微史一家的家徽的冊形，家族中也有作冊的職務。如果真是宋國的「質子」，職務當不僅為史官，也不致到下一代才發達。據丁山的意見，眉微一聲之轉，卜辭中的眉國早在武丁之世即已有之，不必限於微子之封（丁山，一九五六：八九）。這一家的史官職務似為世襲。大約微史的祖先即是商人的史官，歸順周武王後，屬「殷士膚敏」之列，繼續為周室擔任史官的職務。微史歸順後遷居宗周，也見於同出的另一件銅鐘的銘文，「雩武王既𢦏殷，𢼸史剌且來見武王，武王則令周公舍寓以五十頌處」（周原考古隊，一九七八：七）。微史一族由周初遷入宗周，以至西周晚年窖藏這批銅器，大約始終未曾離開周公分派他們居住的居地。他們的家系可由銅器的年代及銘文排列：

高祖—剌祖（乙公）—亞祖辛（辛公，作冊折）—豐（乙公）—史墻（丁公）—微伯𤼈

共為七代，折、豐、𤼈諸器上往往有𠦪冊標誌，無疑是這一族的族徽，其下端的兩個冊字，則說明世襲作冊史官的職位（周原考古隊，一九七八：三，五，八）。

對於某族銅器出土於別處的現象，有人以為是族群遷徙的證據，也有人以為可能是戰時勝利者劫掠或和平來往時的賂贈。春秋戰國時代，後者一類的例子不勝枚舉。不過微史一家窖藏的銅器，其銘文記載遷徙，其窖藏包含一家數代的積存，則以這種證據證明遷徙，也就很可取

信了。

白川靜首舉上章已介紹的𣧑尊為例。𣧑尊記載武王克商，有經營東都之志。但𣧑尊在寶雞出土，似乎反映武王建新都的意願一時未能實現，仍以宗周為基地，遂有不少殷人舊族遷入陝西。陝西各地出土殷器甚多，其著名者如寶雞鬥雞台的幾群柉禁，及父辛卣，鳳翔出土的散氏諸器，眉縣出土的大盂鼎小盂鼎，均與𣧑尊相同，當是克殷以後漸移入陝。白川靜甚至以為殷人舊族之遷徙入陝，可能與周人利用東方較為高度的農耕技術進一步開發渭水河谷，以為周王朝建立經濟基礎。是以陝西諸器中常有關於土地所有權的記載，如散氏盤記載散與夨之間的土地所有權的爭執，近來出土的裘衛諸器也記載土地的交換（白川靜，一九七七：一八—一九）。史墻盤銘也對於農穡經營有特出的描述，頗堪支持白川氏的假設。然而以張家坡及豐鎬西周遺址的農具與殷墟農具對比，兩者之間殊無顯著的差別，則白川氏所謂以東方發展的高度技術來開發陝西之說，仍難肯定。大約庶殷之西移，正如秦遷天下富戶十二萬以實長安，及漢代三選七徙以實陵邑一般，不外乎以東方舊殷雋彥放在周人王室耳目可見處，一則強幹弱枝，安東方的反側；二則也借重殷文化孕育的人才，為新王朝服務。

這些西徙的庶殷，大約是成族地搬進陝西，是以終西周之世，這些族群並未解散。在西周晚季，宗周一帶仍多諸夷，未嘗不可能即是這些族群。其詳將見於周東遷的一章（白川靜，一九七七：一九—二〇）。此類族群中有明白的線索可追者，厥為鄭族。

卜辭中原有子奠，丁山以為雖不能決定為武丁之子，抑小乙之子，要為殷商的王子。其後裔居洧水之濱的鄭父之丘，在殷商為南鄭，在周代則為東鄭（丁山，一九五六：八七—八九）。侯奠為領有奠地的氏族，是殷代有力的支裔，白川靜以為殷商的侯稱，不大給予外族，而且在祭祀的卜辭，奠常參與，奠的休咎也常見於王室的卜問。奠也時奉王命征討或築城，是以鄭實為扼守殷商王畿南方的雄族。在卜辭中，鄭已有南鄭、北鄭、多鄭之稱，則鄭在殷商已有遷徙分化，大約已擴展及於北到衛，南到新鄭，以今日鄭州為中心的豫中地區（白川靜，一九七三：三六七—四一四）。克殷之後，鄭人中有一部分當在西遷之列，地名隨著遷徙的人群而在陝西有名為奠還的地點。宣王之世，鄭桓公受封於鄭，是在陝西華縣的棫林。但厲王時代的寰盤已有鄭伯的稱號，而其配偶則是鄭姬。白川靜以為這是異姓的鄭伯，治下仍是西遷陝西的鄭人。鄭國因此有西鄭南鄭之分。厲宣之際，周室大亂，鄭桓公為司徒，據《國語》〈鄭語〉、《史記》〈鄭世家〉及《竹書紀年》，宣王的母弟受封於鄭是為桓公，後來伐鄶居鄭父之丘，及為司徒，「和集周民，周民皆悅河雒之間，人便思之。」又謂「甚得周眾與東土之人」。是則華縣之西鄭與鄭父之丘的南鄭，並非鄭桓公東遷寄孥之後始有關係。大約東西兩地的鄭人，始終有相關的聯繫。也許桓公之能在東方得一立足點竟拜受領有鄭人的幫助（白川靜，一九七三：四二二—四二四）。

《左傳》昭公十六年，子產為了晉卿韓起買玉環的事追述鄭國東遷經過：「昔我先君桓公，與商人皆出自周，庸次比耦以艾殺此地，斬之蓬蒿藜藋而共處之，世有盟誓以相信也。曰爾無我叛，我無強賈，毋或匄奪，爾有利市寶賄，我勿與知。恃此質誓，故能相保，以至於今。」此處的商人一向只以為單純是商賈之意。如果鄭桓公東遷寄孥之地，恰在舊日鄭族所在的南鄭，則「商人」的定義，大約正指周初西徙的殷商舊族。商賈的定義，反而可能是後起的了，周之東遷，晉鄭是依。鄭能在寄孥之後成為可依恃的東方重鎮，未嘗不可能由於有舊鄭的支援。這是中國古代的《出埃及記》，鄭人重返舊地，屬例外。其他一些在周初西徙的庶殷，大約就此留在陝西了。

總結這一段，武王克商後的一項重要措施是將東土俊傑成族地遷到陝西，強幹弱枝，也使東土人才能為周用，所謂「殷士膚敏，祼將於京」的「京」，可能指宗周的周京，而不是成周的宗廟，這一措施也可說是西周建立新國族的第一步。大量東方族群遺物多出於關中，尤其扶風岐山一帶，足以說明周原舊地是移徙族群徙居的集中點之一（杜正勝，一九七九：五〇六—五一〇；岐山縣文化館，一九七六：二六）。

第二節　周人與殷人的交融

與上述徙民政策相對應，周人在殷商舊地容忍商王室的殘餘勢力繼續存在，《逸周書》〈作雒篇〉：「武王克殷，乃立王子祿父，俾守商祀，建管叔於東，建蔡叔霍叔於殷，俾監殷臣。」所謂三監，也不過是三支屯戍的周軍，未必能真有建國於東的規模與氣象。武王死後，「三叔及殷東徐奄及熊盈以略」，這三支部隊與殷商舊人聯合了東方的部落全反了。《尚書》〈大誥〉說到這次叛亂，甚至「西土人亦不靜」。周人本族之中，固然也可能有三叔黨羽在西土響應，但是反側的西土之人，更可能即是西徙的庶殷。《史記》〈周本紀〉，據《尚書》〈金縢〉及〈大誥〉，以為討伐東方亂事的主持人是周公。《逸周書》〈作雒篇〉則謂：「周公召公內弭父兄，外撫諸侯；元年夏六月葬武王於畢，二年又作師旅臨衛，政殷，殷大震潰，降辟三叔。王子祿父北奔，管叔經而卒，乃囚霍叔於郭淩，凡所征熊盈族十有七國，俘惟九邑。」周召兩公都參與了這次克殷以後的大征伐（關於周初東方的情勢，參看杜正勝，一九七九A：一七〇—一八六）。

西周銅器銘文中頗多東征之役的記載。著名梁山七器之一的大保𣪕銘文：「王伐錄子耶，𠭯厥反，王降征令於大保，大保克芍，亡𠳧，王□大保，易休餘土，用茲彝對令。」（白川靜，一九六二A：五八—六六）錄子耶在另一器上作「天子耶」，也只有殷商孑遺王子祿父猶能居天子之號。而這位「大保」，則因七器中有稱召伯者，大保無疑是召公（白川靜，一九六二A：六〇－六七；陳夢家，一九五五A：九六－九九）。另一件保卣的銘文：「乙卯，王令保及殷東或五侯祉兄六品蔑歷於保。」（白川靜，一九六二A：一七五－一八九）此銘中的保，也當是召公（黃盛璋，一九五七）。東國是殷商的整個東方，其征討之責都屬保的任務。五侯，陳夢家以為是指武王時齊魯燕管蔡等五國，黃盛璋以為指薄姑氏及其共同作亂的四國，白川靜以為五國為國名，五侯即名字為「祉」封於「五」地的侯，屬殷商舊人（陳夢家，一九五五：一五七；黃盛璋，一九五七；白川靜，一九六二A：一八四－一八六）。以文義聯貫言，五侯通上讀為順，「祉」上面不冠封號，也是金文常例。陳說的五國有已叛（管蔡），有尚未徙封到東方（燕齊魯）。黃說在三家中最長，薄姑氏等五國，與餘土相鄰，餘土可能是徐方。大保七器出土於壽張梁山，地居北上燕土的中途，則未始不可能正因召公追逐北逃的王子祿父，而其後裔徙封於燕。前舉史墻盤銘特別提出北疆的威脅，證之王子祿父的北奔，殷商與北方某些族群似有聯盟性質的關係。

周公一系的參加東征之役，也有金文的記載。一九二四年鳳翔出土的豐方鼎銘文：「隹周公於征伐東夷豐白専古咸弋，公歸禦於周廟，戊辰酓秦酓公賞豐貝百朋，用乍障鼎。」（白川靜，一九六五A：一一七）陳夢家以為専古即薄姑，薄姑與奄君是武庚叛國的同盟，豐為古豐國，在今曲阜西南方。《左傳》昭公九年：「蒲姑商奄，吾東土也。」則齊魯之封於山東，正為了監視蒲姑與奄（陳夢家，一九五五：一六八）。又，明公𣪕：「唯令明公，遣三族伐東或，才□魯侯又囚工，用乍𪩘彝。」（白川靜，一九六二A：一三三—一三九）明公是周公之子明保，見於令彝（圖20）（白川靜，一九六二：二七八—二八六；陳夢家，一九五五A：八八）。明公與魯侯並見，魯侯是伯禽，明保是君陳，銘文中囚工一語不易釋，總之是魯侯對明保伐東國的部落，有所支援，則無可疑。是以東征之役中，周公父子兄弟均有任務。

其他與東征有關的金文資料，䢅卣：「王令䢅戠東反夷，疐肇從䢅征，

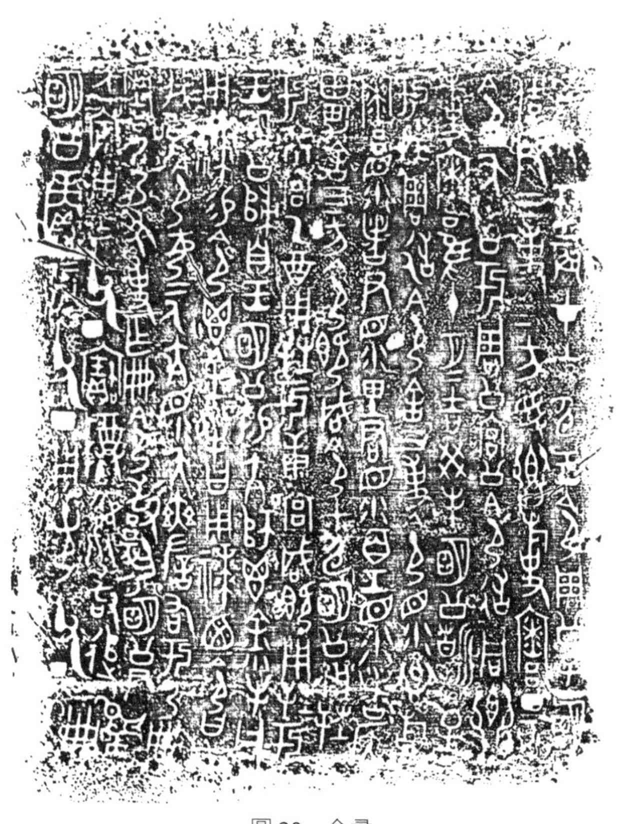

圖20　令彝

攻𠭯無啻，省於屍，身孚戈，用乍寶䵼彝，子子孫其永寶。」（白川靜，一九六二A：二〇六—二〇九）攻𠭯無啻，陳夢家釋為攻登無敵，當是戰將自敘功勛（陳夢家，一九五五：一七三）。此銘謂王親令戰將，是成王也在前線了。

雪鼎：「隹王伐東夷，溓公令雪眔史旗曰，以師氏眔有𤔲，遂或𢦚伐䐓。雪孚貝雪用作饔公寶䵼彝。」（白川靜，一九六二：二一七—二二一）員卣：「員從史旗伐會，員孚金，用乍旅彝。」（白川靜，一九六二A：二二五—二二六）

兩銘涉及三級的指揮層次，溓公又必居周召二公之下，大約也是東征大軍的一支野戰軍。會，陳夢家以為是曾（陳夢家，一九五五：一七四）。如為會，當即鄭桓公寄孥的鄶，地近新鄭，居商王國之南。如為曾，當即鄫，居鄭國東境，接近嶧縣（白川靜，一九六二A：二二五）。無論如何，這支軍隊的活動範圍為鄭州附近，屬東征軍的南翼。令𣪘：「隹王於伐楚白，才炎，隹既死霸丁丑，乍冊夨令，䵼宜於王姜，姜商令貝十朋，臣十家鬲百人，公尹白丁父兄於戍戍冀𤔲三，令敢展宦皇王，丁公文報，用䭫後人享，隹丁公報，令用弃展於皇王，令敢皇王宦，用作丁公寶𣪘，用䵼史於皇宗，用卿王逆造，用廏寮人，婦子後人永寶，鳥形冊。」（白川靜，一九六二A：二五七—二七三）此銘涉及的人物有丁公，即齊侯呂伋，姜姓的領袖。所敘述作戰地點，炎即郯。陳夢家以為在山東半島的龍山（陳夢家，一九五五A：七八）。白川靜謂相關人名作冊夨可能即宜侯。宜侯原封虎方，而中方鼎所記為南國的作戰，白川靜遂謂炎當在淮水上游（白川靜，一九六二A：二六一）。楚自然不是後世的荊楚。魯南也有楚，是則這幾件銘文，所指的都是在中原東南的戰事，與殷東徐奄熊盈的擾攘範圍相符合。

由此處數器銘文看，三監之叛後，周人的征伐戰線拉得很長。北到梁山，南到淮上，由殷商王畿往東，張開一個扇形，包含了山東及其南北鄰近地區。參加的人物，包括周公、召公及太公的兒子。這次戰事，對周人的新王國是一個嚴重的考驗。戰事過後，周人不能不採取進一步措施，充實周王國的凝聚性。

建立東都成周和在東方分封大批姬姓與姜姓諸侯配合在一起，為周王國的統治打下了穩固的基礎。這個基礎上，不但有姬姜的宗族控制了戰略要地，更在於經過一番調整，周人與東土的部族糅合成為一個文化體系與政治秩序下的國族。殷商自稱大邑，卻無「華夏」的觀念。這些周王國內的各封國，自號華夏，成為當時的主幹民族。

早在武王克商時，如前引短尊銘文所說，周人已有移居中原的打算。武王死後，辛苦的東征，更促成了建立東都的計劃。據《尚書》〈康誥〉和〈召誥〉，新都洛邑是由庶殷建築的，主持工程的大臣是周公與召公，而工程的分配則經過殷商邦國的領袖，〈召誥〉所謂「周公乃朝用書，命庶殷侯甸男邦伯，厥既命殷庶，庶殷丕作」。足見商人的社會組織並未解體，庶殷的動員仍須由這些侯甸男邦伯經手。新都既成，據〈洛誥〉：「周公曰：王肇稱殷禮，祀於新邑，咸秩無文。」則是周王整體地接過了對殷商神祇與祖先的祀典。又說：「周公拜手稽首曰：王命予來承保乃文祖受命民，越乃光烈考武王，弘朕恭孺子來相宅，其大惇典殷獻民。」則是禮敬殷商的賢人——用今天的話說，也就是殷商的社會領袖，協和殷人的目的在使殷商化而為周，「萬年厭於乃德，殷乃引考。王伻殷乃承敘萬年」，兩族永久地合而為一。

大批殷商王士，周王稱為殷多士，遷居於洛。《尚書》〈多士〉：「猷，告爾多士，予惟時其遷居西爾。」傳統的說法，以「遷」為遷入洛邑，固然洛邑地點，是在殷墟之西，但仍在舊日王畿之內，遷西也不為甚遠。徵之本章前節所說，鄭徵人遷入陝西的史事來看，第一批「遷西」可能指遷入宗周。如此，下文接下去以夏之眾士服事殷商方可引申「予一人惟聽用德，肆予敢求爾於天邑商」，以比喻殷人服事於王庭。而新建的大邑既建立，才足以容納伐奄後的大批殷遺。〈多士篇〉：「爾乃尚有爾土，爾乃尚寧干止。」及「今爾惟時宅爾邑，繼爾居，爾厥有干有年於茲洛，爾小子乃興從爾遷。」二語似乎又指陳殷人仍居住舊日的城邑，擁有舊日的土地。但殷遺既已遷入洛邑，不能說仍居住原地。惟可說殷商的貴族依舊領有原來的采邑及屬民。周人在這幾篇誥命中再三聲明殷商的原有社會結構不必改變，目的自然在安撫殷商的遺民，卻也同時利用新邑洛鞏固周人的統治。洛陽東郊周代遺址的殘存中有二十幾座殷遺民墓，其版築、墓制、腰坑、犬骨、陶器、蚌器、畫幔等，仍多保持殷俗。發掘人以為這種情形反映了殷遺仍保留畋田繼居、自成聚落的情形（郭寶鈞等，一九五四）。新邑大約有兩個城，一為周王的東都，一為殷遺遷入的成周。漢時記載，尚知道這一番典故。《漢書》〈地理志〉河南郡：「雒陽，周公遷殷民，是為成周……河南，故郟鄏也，周武王遷九鼎，周公致太平，營以為都，是為王城，至平王居之。」王城在西，成周在東。然而兩地合稱則是新邑。

周金文中也有不少有關成周的記載。如作冊䰧卣，「隹明保殷成周年」；臣卿鼎，「公違省自東，才新邑」；臣辰卣，「隹王大龠於宗周，徃餈葊京年，才五月既望辛酉，王令士上眔史寅殷於成周」；厚趠方鼎，「隹王來各於成周年厚趠又僨於溓公」；䰧鼎，「王初□□於成周」；史獸鼎，「尹令史獸立工於成周」；盂爵，「隹王初桒於成周」（白川靜，一九六二A：三一一，三二三，三四一—三四二，三五八—三五九，三六六—三六八，三八六）。都以在成周的大事為紀時。成周或新邑也成為東方諸侯活動的中心。

嗣後成周有殷八師六師駐屯，常任鎮撫東南的戰鬥任務，例如小臣謎段：「叡東夷大反，白懋父以殷八師征東夷。」（白川靜，一九六六：七二一—七二二）禹鼎：「亦唯噩侯駿方，率南淮夷東夷，廣南國東國，至於歷內，王□命乃六自殷八自曰□伐噩侯駿方，勿遺壽幼，肄自彌宋匌匩弗克伐噩。」（白川靜，一九六九B：四五〇）此中六師可能是周王的部隊，殷師既明白冠以殷號，殆為殷人的部隊。舀壺有「作冢䰧土於成周八師」之語，而小克鼎有「捨命於成周矞正八自之年」的記載，舀壺為懿孝之器，小克鼎更是晚到厲王時（白川靜，一九六八B：一四九；一九六九C：五一四）。八師而有成周之稱，當指在成周的原來的殷八師（白川靜，一九七三：三六〇—三六五）。其統率的軍官，當即為成周師氏，如錄𢦚卣：「王令𢦚曰：戱淮夷敢伐內國，女其以成周師氏，戍於[illegible]𠂤。」（白川靜，一九六七：二〇三）康王時南淮夷與周之間的故事，成周師氏更經常出動（陳夢家，一九五五A：一〇八—一一一）。

成周的殷遺多士似乎有一定的兵役義務，師旂鼎記載了這麼一件規避出征任務的事：「唯三月丁卯，師旂眾僕不從王征于方，雷吏氒友弘，以告於白懋父在莽，白懋父乃罰得𢦟古三百寽，今弗克氒罰，懋父命曰義敹，戱氏不從氒右征，今毋敹其又內於師旂，弘以告中史書，旂對厥𧶠於𨽍彝。」（白川靜，一九六六：七五三—七六一；陳夢家，一九五五A：八五—八六）白懋父是成王時大將，曾任北征的統師，師旂大約是征于方時白懋父手下的將領。這些「眾僕」應當隸屬「右」隊，師旂可能即是右隊的主將，「眾僕」沒有出征，因此該受罰交罰金給師旂，旂在另一鼎上有「用乍文父日乙寶𨽍彝」，銘末有析子孫的族徽，又一器則有「用乍父戊寶𨽍彝」，廟號及族徽均是殷器常見，師旂為殷遺後裔，殆無可疑（白川靜，一九六六：七六五）。

綜合言之，成周建立後，不少殷遺貴族遷居。他們並未淪為奴隸，而仍保留自己的田宅領地並臣屬。殷遺多士是殷八師的成員，在平時也保持軍隊的編制與指揮體系，例如師旂是「右」軍的主將，手下有若干必須從征的眾僕。這支殷遺的軍隊在周人高級將領（如白懋父）的統率下，經常參加周王在東方與南方的征討，由周初到西周晚期，時見記載（Creel，一九七〇：三〇五—三〇八；陳夢家，一九五五：一七一）。白川靜甚至以為師氏這一族，都是殷遺後人，卻在周人的王室工作（白川靜，一九七三：二六一—二七九）。師旂屬殷遺，已如前述，有廟號與族徽可證。但近來鳳雛村出土的西周卜辭中已有「師氏」的官稱，則克殷以前，周人已有此稱，當然也就可有此族姓，將所有師氏全歸於殷遺，似乎未妥。然而，無論如何，殷商的一部分人口與周人的一部分人口在成周混合組成這個新首都，則無可置疑。

商王的領土有一部分屬微子之後，是為宋。另外有一部分是周王子康叔治下的衛。《尚書》〈康誥〉敘述康叔在衛的使命，康侯殷的銘文：「王朿伐商邑，征令康侯圖於衛，渣嗣土遙眔圖乍厥考隮彝𠕁。」則記康侯由原封國康移於衛的事（陳夢家，一九五五：一六一—一六四；周法高，一九五一：一八—二七）。康叔移封的原因，自然在於監視宋國與其他的殷民；然而康誥卻處處囑咐康叔必須繼續殷商的法律，尊重殷商的傳統。《尚書》〈康誥〉：「小子封恫瘝乃身……已汝惟小子乃服，惟弘王應保殷民，亦惟助王宅天命作新民」；「王曰：外事汝陳時臬司，師茲殷罰有倫……汝陳時臬事罰蔽殷彝」；「王若曰：往哉封勿替敬典，聽朕告，汝乃以殷民世享。」又告誡康叔必須進用殷商的賢人與長老。如〈酒誥〉：「予惟曰：汝劼毖殷獻臣，侯甸男衛矧太史友內史友。」〈康誥〉：「汝丕遠惟商耉成人，宅心知訓。」甚至對於殷人的飲食習慣也必須寬容，不必重責，〈酒誥〉：「又惟殷之迪諸臣惟工，乃湎於酒，勿庸殺之，姑惟教之，有斯明享。」綜合言之，衛侯的任務是懷柔殷民以建立穩固的政權。

康侯𣪕銘文中，涾司徒一詞，陳夢家釋作沐司土。沐即衛地舊名的妹邦，沐伯似為妹地之伯。陳夢家以為這位沐司徒也是文王之子，而認為康侯𣪕的作器實為沐司土，不是康侯自己（陳夢家，一九五五：一六四）。此器銘末的族徽[illegible]在商器常見之，則𨒅可能不是文王之子，反而是殷商舊族的後人（杜正勝，一九七九：五一四）。衛國有康侯為諸侯，不能再有另一位王子任妹邦的司土。兄弟二人同作一器的例子也不多覯，此器可能是𨒅作，但因在康侯治下，「眔圖」之圖不是人名，當作邊邑（鄙）解，或如宜侯夨𣪕「遂省東國圖」當解作疆域（白川靜，一九六三A：一五六）。如果𨒅是妹地舊族，則正說明了康侯履行了以殷商舊族幫助統治殷遺的政策了。

《左傳》定公四年有一段著名的記載，說明周初分封各國個別分配到若干殷商舊族：「昔武王克商，成王定之，選建明德，以藩屏周，故周公相王室，以尹天下，於周為睦，分魯公以大路大旂夏后氏之璜，封父之繁弱，殷民六族：條氏、徐氏、蕭氏、索氏、長勺氏、尾勺氏。使帥其宗氏，輯其分族，將其丑類，以法則周公。用即命於周，是使之職事於魯，以昭周公之明德。分之土田陪敦，祝宗卜史，備物典策，官司彝器，因商奄之民，命以伯禽，而封於少皞之虛。分康叔以大路，少帛，綪茷旃旌，大呂，殷民七族：陶氏、施氏、繁氏、錡氏、樊氏、飢氏、終葵氏。封畛土略，自武父以南及圃田之北竟，取於有閻之土以共王職。取於相土之東都，以會王之東搜。聃季授土，陶叔受民，命以康誥，而封於殷墟。皆啟以商政，疆以周索。

分唐叔以大路、密須之鼓，闕鞏沽洗，懷姓九宗，職官五正，命以唐誥，而封於夏墟。啟以夏政，疆以戎索。」

此節中康叔封於「殷墟」，「啟以商政」一語，正與上文〈康誥〉〈酒誥〉所說懷柔商人的政策相合。康叔分到的七族，主要是有技能的氏族，如製陶、造旗、作繁纓、鑄鐵鍋的專門人才，還沒有包括沐司土一類的舊族在內，分配給魯國的殷民六族，仍保留其宗氏分族的組織，幫助魯侯伯禽，治理商奄之民，山東出土的銅器銘文中，至今尚不見可以說明魯侯左右也有殷商舊族的證據。但魯有亳社，屢見於經傳。如《左傳》昭公十年，「平子伐莒取郠，獻俘，始用人於亳社」；哀公七年，「師宵掠以邾子益來，獻於亳社」；都以戰俘獻於亳社，用人作犧牲，也在亳社。《春秋》哀公四年，「亳社災」。傳統的解釋，以亳社為亡國之社，武王班賜諸侯，以為儆戒。《左傳》閔公二年：「成季之將生也，桓公使卜楚丘之父卜之，曰男也，其名曰友，在公之右。間於兩社，為公室輔，季氏亡則魯不昌。」季氏是魯首輔，而以「間於兩社」為其權威的象徵。《左傳》定公六年，陽虎專魯政，「盟公及三桓於周社，盟國人於亳社」，更明白表示了姬姓公室屬周人系統，國人則仍保有亳社的信仰，是以魯的社稷是以兩元為基礎。《禮記》〈祭法〉：「王為群姓立社曰大社，王自為立社曰王社，諸侯為百姓立社曰國社，諸侯自為立社曰侯社。」大約正因周代在東方封建，或在殷商舊地，或在其他族群久居的地方，這種二元的現象遂為禮儀之常了。前引《左傳》定公四年的記載，魯與衛「皆啟以商政」，魯國對於商人的社祀始終敬禮不怠，也可說是忠於立國的使命。

衛與成周，都在殷商直接控制的王畿附近，魯則位置在殷商東方重要方國（奄）的舊地，周人在這三個據點的控制，都以懷柔政策，仰仗殷商舊族的合作與服務。周文化原係商文化的衍生，殷周共存遂使古代中國核心區的文化基本上呈現殷周同質而延續的現象。甚至在陝西的宗周，由於有大批殷遺移居，而其中又不乏擔任祝宗卜史的職務，無疑對周室的典章文物也有深遠的影響。

第三節　周人與其他姓族的關係

核心區內是商周相融合的局面，核心區外則情勢又不同了，又須牽涉若干古老的族群與周人的相激相蕩。江頭廣據人名從字義抑從譯音，劃分中國古代的族群為二大類。一群是姬姓、姜姓與子姓，人名都有命義可循。這一群正是上述核心區內商周交融的族群。以譯音為人名的族群則有下列各類，並各有音譯的實例：

（1）嬴姓

莒——庶其、朱鉏、去疾、展輿、庚輿、務婁、瞀胡、滅明、牟夷、苑羊牧之、烏存

秦——任好、鍼虎、奄息

徐——章禹

（2）姒姓

杞——姑容、匄、益姑、郁厘

越——句踐、適郢、壽過、姑浮

（3）姬姓

吳——壽夢、諸樊、餘祭、夷昧、匄餘、蹶由、掩餘、燭庸、慶忌、苦雒、彌庸、壽過、設諸、門巢、壽於姚

（4）羋姓

楚——若敖、斗谷於菟、艾獵、率且比、句卑、輿罷、浮餘、橐師、宣谷、巫臣、負霸、相謀、宣僚、州犁（楚例甚多，未全錄）

（5）曹姓

邾——邾俠、車輔、將新、蘧篨、玃且、捷菑、庶其、卑我、徐鉏、丘弱、茅地、射姑、夷鴻

小邾——犁来、郳甲

（6）諸子國

赤狄隗姓——廧咎如、潞嬰兒

姜戎姜姓——駒支

白狄——鼓載、肥綿皋

萊姜姓——浮柔、輿丁

所謂音譯者，如《春秋》襄公三十一年「莒人弒其君密州」，而《左傳》同年，「莒人弒其君買朱鉏」。又如鄒與邾婁，同是一國，只是語音緩急而有別名（江頭廣，一九七〇：二二—七四）。

歸納這一大群以音譯為名字的族群，則又可歸為祝融集團包括己、董、彭、禿、妘、曹、斟、芈八姓，徐偃集團的嬴、偃、盈諸姓，夏人後代的姒、己、弋諸姓，及南方的吳越，北方的戎狄。凡此都在古代中國核心地區之外圍。核心地區的族群，可稱為中原族群；外圍的族群則可稱為邊緣族群。中原族群的文化系統適當第一章的仰韶—龍山系，邊緣族群文化系統則祝融集團地區約略相當於屈家嶺文化圈，徐偃集團地區約略相當於大汶口文化以下的東方沿海文化圈。夏人後代的姒己諸姓所在，約略相當於第二章的光社文化一系列，在中原龍山文化圈以北的文化。戎狄所在，屬草原上文化；吳越文化所在則為長江下游河姆渡以至良渚的文化系列。周人對邊緣族群的地區，可能因為文化距離較大，不可能採取完全與其在殷商地區相同的文化融合政策。大體上，周人仍是對土著文化及土著族群以融合為主，而控制與對抗只在融合不易時始為之。

唐叔所封的地方是晉。前引《左傳》定公四年給唐叔的封地是「夏虛」，受命「啟以夏政，疆以戎索」，陳槃縷析前人對晉初封地望的考證，以為唐叔受封實在晉南，今日翼城附近。近頃考古學的發現，在洪趙、曲沃、侯馬一帶發現有西周早期遺址。翼城城關鳳家坡和洪趙坊堆村、永凝東堡出土的大量西周早期銅器，以及多處西周早期遺址，提高了唐叔建國晉南的可信性（山西省文管會，一九五五，一九五九；解希恭，一九五七；北大歷史系考古教研室，一九七九：一五五）。

唐叔的功業，據晉公盦，早在武王之世，即已「膺受大命，左右武王，廣司四方，至於大廷，莫不事王」；唐叔可能是武王之弟，甚至長於周公（陳槃，一九六九：一／三六－四七）。商世的晉南諸國，與商對抗時多於和平相處之時。周人翦商，逐步向東進展，也取途晉南一線，已見於第二章。唐叔受封晉南，很可能早在武王之世，並不須等到三監之亂以後。以唐叔的任務，異於康叔與伯禽，不在懷柔殷遺，而在確保殷商北方的一線。山西是夏人舊墟，周人自命為夏人的後裔。「啟以夏政」一語，不啻謂盡可能保持周人的本來面目。山西在商時已有戎狄，鬼方為晉南方國之一，然亦為戎狄。亙西周之世，晉人必須與戎狄周旋。《左傳》昭公十五年，晉史官籍談說：「晉居深山，戎狄之與鄰而遠於王室，王靈不及，拜戎不暇。」晉人的處境艱困可知。曲沃代晉，晉始逐漸取得優勢，終於憑藉戎疆的人力物力，蔚為春秋時代的第一大國。所謂「疆以戎索」一語，殆為晉國有戎化趨向的原因。唐叔受賜「懷姓九宗」，懷與媿槐相通，是鬼方的姓（王國維，一九五九：五九〇—五九三；一九六八：一三／四—六）。殆是周人在晉南的一部分鬼方降服後，即派唐叔率領周人，在鬼方的舊地建立有職官五正的政權。

《左傳》定公四年，唐叔的疆域沒有明白的四止，也許正因為唐叔處戎狄與中國之間，原有開疆闢土的任務。晉國歷世由南漸漸向北開拓，沿汾水而上，終於底定北方，此是獻公以後事業，不在西周之世，此處不贅。汾水流域屬黃土高原，比較高旱，必須有水利工程方收灌溉之效。山西的農業晚至戰國，仍以豆藿為主，這個地區的文化特色自然與中原黃土平原的黍稷農業文化不同（松田壽男，一九六五）。由於地居北方草原與中原之間，山西的土著文化早在商代已呈現草原文化與商文化交流混合的特色，例如商代遺址，每有商代銅器具與小銅鈴，刀劍柄作獸首、蛇頭，及弓形器出現（吳振錄，一九七二；楊紹舜，一九八一；文物編輯委員會，一九七九：五八）。是以在唐叔封地上，原就有異質文化彼此融合。晉國數百年對戎狄文化的交流，使晉國文化中呈現相當的戎狄特色。晉國公室常與戎狄通婚姻，《左傳》成公十三年，「白狄及君同州，君之仇讎，而我婚姻也。」獻公配偶中有大戎狐姬、小戎子、驪姬，文公娶狄人二女及季隗都是例子。晉國在春秋時，公族不盛，固然是由於晉國內亂的後果，也正可與魯衛鄭三國公族特強對比，說明晉國的宗族組織未必與中原周制完全一致。晉國公位繼承的系統，常二分而有「耦國」的現象，大異於嫡子繼承制（宇都木章，一九六五：一三四—一三七）。可能也與草原文化成年兒子分產外住，成年王子分領人眾外移立帳的風俗有關？

一九九二—一九九四年，在山西曲沃天馬，由考古學家發掘了晉侯的墓地，共有十七座大墓，年代當為西周中期早段至春秋初年。八代晉侯與侯夫人的墓葬，專屬一個地區，其旁側並無其他人物的中小墓葬，墓群也不見昭穆排列的位序。這一現象似乎反映晉國君主獨尊的地位，擺脫了宗族組織的牽絆（李伯謙，一九九七：五一—六〇）。春秋時代，晉國廢除公族公行制度，將這些宗族名位分配給有功的卿大夫子弟，當有其歷史背景。

唐叔的封晉，受當地土著文化的吸力，可能發生一些離心的傾向，以致晉國文化多少與中原有些不同。但是，從另一角度看，晉國在中原直北融合了中原文化與草原文化的族群，無疑為周人確立了北面的屏障，若不是有西周早期立下的基礎，晉國在日後未必能完成經營北方的工作。

殷商的北面偏東是燕國，燕國是召公之後。陳槃綜合傅斯年、小川茂樹等人的意見，以為燕之初封在河南郾城，三監之亂後，召公駐軍徐奄，遂有諸燕器出土梁山之事；及伯禽封魯，召公遂移封北土，在易州建立燕國（陳槃，一九六九：一／七九—八二）。前引梁山諸器中大保𣪕有大保奉命征錄子耶的銘文。武庚在失敗後，《逸周書》〈作雒篇〉：「王子祿父北奔。」則召公追奔逐北，也是可能的事。近來考古發現北京近郊昌平白浮村出土西周木槨墓，年代在西元前一一二〇±九〇年，正當西周初期。房山琉璃河黃土坡西周墓葬更出土有匽侯賞賜的若干銅器。是以燕建國於今日北京附近，殆無疑問。白浮村西周墓葬的內容，與陝西灃西西周早期墓葬在形制、葬俗及隨葬物品的類型各方面，均甚相似，燕地有周人居住，也可有考古證明（北京市文物管理處，一九七六；琉璃河考古工作隊，一九七四）。帶有匽侯字樣的銅器，也出土於大凌河流域（晏琬，一九七五；北洞文物發掘小組，一九七四）。杜正勝根據出土諸器銘文文末的族徽，認為作器者多為殷商舊族。諸器形制花紋也與殷器相類，銘文中的父母名諱，也常見干支命名，如父乙、父辛、父壬、母己，仍沿殷商舊俗。北洞出土的斐方鼎，銘文「丁亥，[女凡]商又正斐嬰貝，才穆，朋二百。斐展[女凡]商，用乍母己䵼」。這位[女凡]在殷器文公丁𣪕曾參加征人方之役，而在此處又是燕侯手下的大將了。鼎底有亞形及㠱侯矣銘文。斐方鼎旁置有□父辛鼎，而河南濬縣辛村的亞矣卣也和□甗同出。辛村墓葬的墓主陸，是服事衛侯的殷遺，㠱侯矣器則頻頻在北京附近出現，斐又是[女凡]的手下將領，各項關係頗堪尋味（晏琬，一九七五：二七七）。房山琉璃河黃土坡出土的復尊銘文：「匽侯賞復冂衣、臣妾、貝，用作父乙寶䵼彝。」銘末有□族徽，墓中出土隨葬品極多，有大量兵器，並有人殉一人（琉璃河考古工作隊，一九七四：三一四）。杜正勝據這一類的例證，推斷當時的匽侯手下，有若干東方舊族，從征幽燕，也就葬在北方。這些人有臣妾之賜，有貝朋之賞，墓葬內容頗為豐富，杜正勝以為殷遺東方舊族在燕國可能仍保持原有的氏族組織，也當仍有其領地采邑。在北土的東方舊族與周人共同享有統治者的地位（杜正勝，一九七九：五二二）。

這些殷遺，也可能是原在北方的殷商諸侯及其部屬。一九七七年在平谷縣劉家河發現一座商代墓葬，屬商代中期。其中出土了一批青銅禮器，都具有中原典型商器的風格，還出土了一件鐵刃銅鉞，其刃部由隕鐵鍛製，與藁城出土的鐵刃銅鉞一樣，墓中出土的金耳環與金臂釧則說明與夏家店下層文化有一定關係（北京市文物管理處，一九七七）。在琉璃河董家林有一座殷商古城，古城因遭大石河氾濫破壞，殘址南北長度不明，東西長八五〇公尺。除南面外，古城三面均有護城河。城牆結構分為主牆、內城附牆和城外平台。有兩處城基夯土被西周墓葬打破，可見年代早於西周。有一處打破夯土城基的墓葬，其出土陶毀，形制與安陽殷墟同類陶器相同，可見古城年代應在商末或更早。黃土坡遺址出土了二百餘座墓葬和十餘座車馬坑，現已發掘的只有六十餘座墓葬。墓葬可分四期，第一期在商代晚期，第二期在成王以前，第三期在康王前後，第四期在西周中期或更晚。銅器中有匽侯賜臣下的銘釋。董家林古城密邇黃土坡墓地，這座古城應即是燕國的都城。墓地可分I區和II區。有人殉的墓葬都在I區，而該區中均為中小型墓葬，普遍有殉狗的現象，隨葬陶器都為鬲、簋、罐的組合，葬俗和安陽殷墓基本相同。在II區內的墓葬，不論大小，未有人殉發現，狗殉也不多見。隨葬陶器是鬲罐的組合，有匽侯銘刻及有重要青銅器的大墓，都在II區（琉璃河考古工作隊，一九七四）。

由董家林古城的情形說，燕侯在此建都以前，這裡已有相當規模的城市。其複雜的防禦設備，說明了這座古城的重要性。由黃土坡墓葬的兩區歧異現象說，I區殆是原殷遺的墓葬，其中沒有大墓。II區是貴族墓地，都已不再遵循殉人殉狗的殷商風俗。II區中青銅器上，頗多受大保賞賜或匽侯賞賜的銘文，紀念的對象則是帶干支名號的「父乙」、「太子癸」等人物。如果II區包括隨召公北來的周人及東方舊族，I區則是保持殷商文化的普通人民。I區的墓葬可能即是該地原居民的後代。是以燕國所在，也許原來即是殷商的方國，而且是同一文化的方國。武庚在失敗後北奔，殆為北方有仍忠於商的方國。更往遠處說，殷商始祖神話——玄鳥傳說，酷肖滿洲天女傳說與高句麗朱蒙傳說，殆也由於環渤海地區的古代居民本有文化上的淵源（傅斯年，一九五二：卷四，三二—四一）。另一方面，昌平白浮村的西周槨墓中，出土一些有鷹首或馬首的青銅武器。這類武器過去在內蒙、河北、遼寧一帶屢有發現，也提供了西周文化與北方文化系統的關係（北京市文物管理處，一九七六）。一九八六年，在北京琉璃河發掘的 1193 號西周大墓出土的銅罍與銅盉，兩器銘文如下：

王曰：「太保，隹乃明。乃鬯享

於乃辟。餘大對乃享，
令克厌（侯）於匽（燕）。旃：羌、馬、
叡、雩、馭、微。克宙
匽入土眔（及）厥嗣。」
用作寶蹲彝。

（琉璃河考古隊，一九九〇）

這一銘文透露了兩項消息：第一，始封的燕侯是克，不是召公自己。這位始封的燕侯，一般認為，如由周公封魯、元子伯禽就魯的情形類推，召公也是以元子就封，而自己留在中央輔佐王室。第二，銘文列有六個族名，與初封魯侯授殷民六族，封康叔授殷民七族，情形相似。只是此處六族，羌族可認為周人戰友的羌人，顯然不是殷遺。其他五族是何族屬，各家考證解釋並不一致。大致言之，其中可能有殷人遺民，也可能有原在北方的一些族群。旃，如作「事」解，有管理之義，則又與魯晉二國的「授」稍有差異（戴春陽，一九九七：一五二—一六三；陳平，一九九七：二五二—二六八）。對於燕國始封諸侯是誰及燕國所屬族群的數字，也有不同的解讀（殷瑋璋，曹淑琴，一九九一：一—二一）。

從燕國墓葬及出土青銅器族徽看，殷人在燕國地位不低，其與姬周燕侯的關係，是輔佐合作，而不是被征服的奴屬（張劍，一九九七：二六九—二七三）。

燕地各處考古遺存，燕山南北及遼西都具有地方性的文化系列。此處不擬將考古所見的地方文化，與文獻上所見的族群貿然掛鉤認同。姬燕攜周人與殷人族群，立周於北方，出土於遼西的西周銅器，當也可能是姬燕從屬的分封貴族所鑄。但是，燕山地區在燕國建國時，夏家店下層文化占了優勢地位。這個地區的土著青銅文化，仍屬北方青銅文化系統，其中有中原商文化的影響，卻不能等同於商文化本身。更往前看，夏家店下層文化，是在燕山地區發展的土著文化，源遠流長，雖與龍山文化有互相影響之處，但保持鮮明的當地特色。這一文化的族群，當是姬燕建國時的當地土著。姬燕建國以後，商周文化有其發展的優勢，燕山北麓仍是土著文化；燕山南麓的土著文化，與中原文化關係較密切，發展為圍坊上層類型及其繼承者張家園上層類型。遼西地區，則由魏營子文化發展為強大的夏家店上層文化。凡此形勢，都發現姬燕四周，都有當地自己發展的土著文化，周人的政治勢力，並不足以涵化土著（韓嘉谷，一九九五：六一—八二）。

姬燕局促於幾個土著文化之中，又遠離中原，其發展的形勢相當有限。這一個例，呈顯周人分封體系中，迥異於齊魯的情形，也不同於唐叔所封的晉國。齊魯皆密邇中原，遂能涵化土著與周人所帶來的殷周文化。晉國雖離宗周與成周都不遠，四周為戎狄，夏政戎索，均有強大影響，是以春秋的晉國文化，也有戎狄色彩。燕國則在春秋之初，即難以在琉璃河地區立足，燕桓侯（六九七—六九一B.C.）不能不遷都臨易。嗣後，燕受山戎侵迫，遂求救於齊桓公，始得以勉強存在。若比附文獻中的族群，這些土著文化，可能有山戎，也可能有帶濃郁遊牧文化的狄人。姬燕的範圍之內，多種文化各有譜系，有交流，但也有分歧發展——這是一個涵化不成功的個例（韓嘉谷，一九九五：七四—七六）。

因此，由考古資料看來，燕地西周勢力的建立，顯然與衛和成周的情形相似，是商周二族上層的交融與合作，而底層則仍是殷遺為基本成分的當地居民。但在燕地，當地的居民可能又不是殷商本國的人民，而是住在北方的一個支派，甚至只是受殷商文化影響的當地土著，經過商周合力征服始建立為燕國。燕國方言與內地不同，燕北方言則頗與朝鮮接近，至漢時燕代一系語音仍有特色（陳夢家，一九五五A：一二六—一二七）。燕國在春秋時期，不甚參與內地諸侯的會盟，未嘗不可能正因其文化中有東北地方文化（如夏家店下層）的成分，不免自外於中國。

周人封建東方的另一大國為齊。殷商王國的東方，風偃集團之所居，是前引禹鼎的東國，也即是《詩經》中的大東，指泰山迤南及迤東的地區。齊之初封本在河南宛西之呂，其移封濟水，也與封魯燕衛三國的情形一樣，是為了鎮撫三監之亂以後的反側（傅斯年，一九五二：卷四，一一—一二）。《史記》〈齊太公世家〉：「於是武王已平商而王天下，封師尚父於齊營丘，東就國道宿行遲，逆旅之人曰：吾聞時難得而易失，客寢甚安，殆非就國者也。太公聞之夜衣而行，黎明至國。萊侯來伐，與之爭營丘。營丘邊萊，萊人夷也，會紂之亂，而周初定，未能集遠方，是以與太公爭國。」這段敘述以太公封齊在武王伐紂之時，自有時代錯誤。也有人因這段敘述與《說苑》所記鄭桓公及釐何爭國的故事太相像而懷疑其歷史性，萊人與齊人之間的戰爭，《春秋》經傳屢有記載，至襄公六年，齊始滅萊（西元前五六七年）。是則齊萊之爭，早在西周即已開始，亦未為不可能（上原淳道，一九六五）。《禮記》〈檀弓〉：「太公封于營丘，比及五世，皆返葬於周。」齊國初建時，情勢之不穩定，可想而知。

成王東征，平服商奄，有魯齊鎮撫東國，然而東國為古代著名部族的舊居，到春秋時猶有譚紀莒郱任宿句須不少小國，大都為大皞少皞等古族的苗裔。齊國處於異文化的部族群之中，真有困難，事所必然。《史記》〈魯世家〉：「魯公伯禽之初受封，之魯三年而後報政周公。周公曰：何遲也？伯禽曰：變其俗，革其禮，喪三年，然後除之，故遲。太公亦封於齊，五月而報政周公。周公日：何疾也？曰：吾簡其君臣禮，從其俗為也。及後聞伯禽報政遲，乃嘆曰：嗚呼！魯後世其北面事齊矣。」這一段記載，有後世應驗的預言，未必全是史實。然而齊魯之政相較，春秋時，魯以周禮舊邦自居，齊則頗違於周制，那句「從其俗為」可能正是齊魯相異之所在。

由考古資料說，山東半島已不在中原文化核心區之內。早在新石器時代，山東的大汶口文化即在中原的仰韶—龍山系統以外，獨樹一幟（山東省文管處等，一九七四）。商代文化的遺址在山東分布甚廣，但僅有濟南大辛莊早期遺存相當於中商的二里崗期（山東省文管處，一九五九；蔡鳳書，一九七三），此外各處遺址和出土銅器多屬商代晚期（齊文濤，一九七二：三—五；文物編輯委員會，一九七九：一九〇）。是以山東進入商文化的勢力圈，為時較晚。成王東征的對象是隨著三監之亂起兵的東方諸侯，齊國建立，這些響應武庚的東方族群都已降服；其時向齊挑戰的萊人，可能本在商文化的邊陲之外。齊國的建立，任務正在綏靖商王國最瀕臨海邊的地區，這裡的族群成分也殊為複雜，有商奄遺民，有熊盈之國，有萊人一類的東夷；齊人自己是姜姬聯盟，同來的周人隊伍中，不可能沒有姬姓成分。春秋時代的齊國，仍有國子高子號二守，位列齊國上卿，世為齊國的巨族。《左傳》僖公十二年：「王以上卿之禮饗管仲，管仲辭曰：臣賤有司也，有天子之二守國高在，若節春秋來承王命，何以禮焉，陪臣敢辭……管仲受下卿之禮而還。」這二大卿族，殆即周初配屬在姜姓之國的周族後代。是以齊國內部及四鄰的族姓繁多，情形不若衛國單純。《左傳》僖公四年，管仲引述齊國在周初的任務：「昔召康公命我先君太公曰：五侯九伯，汝實征之，以夾輔周室。賜我先君履，東至於海，西至於河，南至於穆陵，北至於無棣。」五九殆均為成數，山東小國眾多，至春秋之世猶然。齊國在封域四周有征伐的全權，周初的王命正反映齊國環境的特殊。

齊國在眾多族姓共處的情形下，其凝聚實力，一方面如前文所舉，從其土俗；另一方面，齊人大約也盡力組織混合的統治勢力。黃縣舊城小劉莊出土的啟卣，銘文：「王出獸南山，寓迺山谷，至於上厌，澆川上，啟從征堇不𢦏，乍且丁寶旅隮彝，用匄魯福，用夙夜庭事，戉箙。」啟尊銘文：「啟從王南征，更山谷，在洀水上，啟乍且丁旅寶彝，戉箙。」卣蓋有「□父辛」銘辭。啟的祖父用丁辛名號，似是殷遺。啟二器的時代，據判斷為昭王時物，是則昭王之世，殷遺仍有為山東貴族的例子（齊文濤，一九七二：五—六；白川靜，一九七八A：一八五—一八九）。

在一九五一年黃縣曾出土了八件㠱侯的銅器，一九六九年在煙台又出土了㠱侯鼎。㠱國女兒有叔姜、孟姜、姜無，是以㠱當為姜姓國。師寰殷：「王若曰，師寰父……今女率齊幣、㠱𠩺、僰屄左右虎臣正淮屄。」又明公簋記載的「遣三族伐東國」，這三族可能即是齊、㠱與𠩺（萊）人（齊文濤，一九七二：八—九）。是則齊人能發動的軍隊有同姓之國，也有當時仍為外族的萊夷。㠱侯器也曾在燕國出現，已見前文；可知齊國附近的㠱，南征北討，頗為活躍。㠱侯的封地在煙台黃縣之間，正當萊夷北面，殆是齊人的一支偏師，駐防海隅，以鎮撫萊夷。除㠱以外，紀（己）與向也是姜姓，都在齊東，前者在壽光縣，後者在莒縣附近（杜正勝，一九七九：五一七；陳槃，一九六九：一六四—一六六，一七五—一七八）。萊人亦號為姜姓，然而姜姓一向在西方分布，忽然在山東半島有此一支夷化的姜姓，頗堪存疑。揆之雲貴土司的冒用中國姓氏，萊之姓姜，殆亦冒用。齊國的同姓，如㠱紀向為諸侯，而不為齊之分邑，可能即因太公「簡其君臣之禮」，遂未有層級式的封建系統。《國語》〈齊語〉管仲重組齊國為鄉鄙，似乎齊國未有魯衛那樣的宗族分邑（沈剛伯，一九七四）。《史記》〈齊太公世家〉齊國太公以下三世是丁公呂伋、乙公得、癸公慈母，均以日干為名號。姜姓而襲子姓的命名習慣，殆為東土多舊族，齊公室也「從其俗」之故。齊地宗教別有系統，《史記》〈封禪書〉有記載齊國八神將的信仰。包括天主、地主、兵主、日月之屬，在卜辭可見的殷商宗教信仰之外另立系統。地主祠泰山梁父。泰山為山東聖山，然泰山原在霍，本是姜姓國族尊祀的宗神，古稱太嶽。姜姓移殖豫南，以嵩山為嶽神。移殖山東者，又攜泰山名號來山東（陳槃，一九八〇：四〇九；一九六九：四三〇—四三三）。則又是移殖

圖 21　宜侯夨毀

族群的信仰與土著信仰交融匯合為一了。

祝融集團，族姓甚繁，分布也廣。《國語》〈鄭語〉，祝融八姓有己、董、彭、禿、妘、曹、斟、芈。己董彭為夏商所滅，禿姓舟人為周所滅，只有「妘姓鄔、鄶、路、偪陽，曹姓鄒、莒，皆為采衛，或在王室，或在夷狄」，此外斟姓無後，芈姓則有後世的荊楚。祝融之後，有一部又與少皞之後的盈姓部族混合。《逸周書》熊盈之國，已混二者為一。偃姓群舒，也即是嬴姓的徐。禿姓舟人，明是祝融後代，又有偃姓之說（陳槃，一九六九：二四一，二六九，二八九）。這一大批混合的族群，大率分布在山東半島，南經江蘇安徽，迤邐及於漢東（杜正勝，一九七九：五二五），居周人東方諸國的東南方。

周人在這一帶也先後封建不少姬姓諸侯。《左傳》僖公二十年所謂漢東諸侯，二十八年所謂漢陽諸姬，皆屬此類。其中大約以隨為最大，蔡為後援。金文史料中有一九五四年在江蘇丹徒煙墩山出土的宜侯夨𣪘銘文：「隹四月辰才丁未□□珷王成王伐商圖，徣省東或圖。王立於宜，南鄉，王令虎侯夨曰：繇侯於宜，易𥜽鬯一卣，商鬲一□，彤弓一彤矢百，旅弓十旅矢千，易土，厥川三百□，厥□百又□，厥□邑卅又五，厥□百又卌，易才宜王人□又七生，易奠七白，厥鬲〔千〕又五十夫，易宜庶人六百又□□六夫，宜侯夨揚王休，乍虎公父丁障彝。」（圖21，圖版14）（白川靜，一九六五A：五三一—五五三；陳夢家，一九五五：一六五—一六七；一九五五B；陳邦福，一九五五；郭沫若，一九五六；唐蘭，一九五六；岑仲勉，一

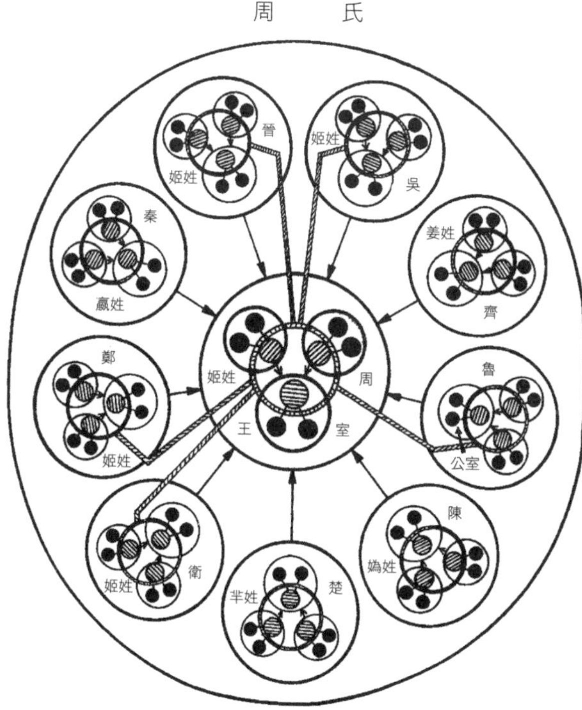

1. 圖解所繪僅代表周氏社會集團的一部。大小圈點規律化係為製圖便利，主旨在說明大型氏族的可能結構，及其與姓族的關係，而無關乎大小集團的實際數目。
2. 白圈代表姓族集團。同屬一個姓族而圖中不能以白圈包括者，則以白線相連（如姬姓各宗支）。
3. 姬、姜、媯、嬴，均假定為父系姓族，而均屬統治階級。
4. 白點代表姓族中的宗族分支。姬姓王室有其王族子嗣，為魯晉鄭衛吳各宗支子嗣，而各宗支公室又自有其公子公孫。
5. 黑點表示被統治的異姓族屬。在魯晉衛三集團中至少可代表初封時的殷民或懷姓。
6. 姬姓王室及諸侯公室的王公子嗣各自統治一部分異姓族屬，分別附屬於王室公室。於是形成大小的氏族組織。
7. 氏族集團於此以黑圈為代表，其統屬關係以箭矢符號表之。周魯鄭晉衛陳楚秦吳於此均是氏族。
8. 周氏於此就是一個以姬姓天子王室政治集團為最高統治者，而包括分封（或結盟）的若干姓族和氏族的大型氏族。

圖 22　春秋時代社會組織——姓族氏族之關係

九五六；Noel Barnard，一九五八）

此器既提到成王，若王為生稱，則在成王世，若為謚法，則在康王之世。銘文讀譯各家頗有歧異。惟珷王成王連讀，此器當以康世可能為大。細處姑不論，主要的差別在「圖」字及宜侯原封的國名。郭唐二氏以圖為圖像，餘人則譯為都鄙之鄙，亦即附近疆域。茲從後譯。宜侯原封虔，唐氏以為是虞的早期寫法，並謂當是由吳國的仲雍移封，岑氏謂宜當是俎，亦即周公之後的胙侯。白川靜則以為虔為虎，虎方在卜辭中為一方國名，地點可能在淮水上游。白川氏並以為安州六器中，中氏諸器「惟王令南宮伐反虎方之年」，即為同一虎方。安州六器出於孝感，中甗又有成漢之語，故李學勤以為虎方在漢水流域。中鼎下文，「王令中先省南國」，省視南國的文法與省視東國的文法完全一致。安州六器的年代，陳夢家也以為是成康之世，在武庚之叛以後（白川靜，一九六五A：五五七；一九六六A：七九〇；李學勤，一九五九：九九；陳夢家，一九五六：七七）。陳夢家謂夨曾見於洛陽出土的令方彝、令尊和令毁，凡此諸器又與作冊大鼎在銘末都有鳥形冊的族徽，其父考為父丁，也與令器所記相同。陳夢家遂謂夨在令彝任王室的作冊，在令毁從王東征伐楚至炎，而在本器則從王巡省東國（陳夢家，一九五五：一六七）。

綜合諸說，大約夨是殷遺，入周之後任作冊於王庭。周王伐封代舊有的方國虎方，平定後以夨為虎侯，及至巡省東國，又由虎移封長江流域為宜侯。夨受封的土地，因為銘文不清晰，不能明解，至少知道有田有邑。至於夨受封的人民，則有三種：鄭可能即是殷商的鄭，也許夨原是鄭人，隨西徙的鄭人入周。「王人」唐郭均以為是殷遺淪為周王的私人，可以整族分配給諸侯如《左傳》定公四年所說殷民六族七族之例。陳邦福以為是周的下士。二說對比，陳說為長。如以《春秋》經傳的用法為證，「王人」每指王室的代表或軍隊。夨如系殷遺身分，自然在鄭人之外，王室不能不派遣若干周人同去。齊以太公之功勳地位，尚有國高二守，殷遺受封，有若干周人在宜，也是可能的。「易宜庶人」則是宜地的土著了。這批宜庶只有六百多人，大約不是指宜地的全部人民，而是宜侯公室直屬的民戶。因此宜侯新組成的統治集團，本身即是一個殷周與土著的糅合，其模式與前述衛、魯、晉、燕、齊各國的情形並無二致。

結論

總結本章，周人在三監之亂後，始全力以赴，著手建立有效的統治，尤其著重在對東方各舊姓居地的分區控制。姬姓與姜姓的重要成員各有控制一個地區的任務。成周、衛、魯、晉、燕、齊……各占戰略性的地區。至於各國的內部，則以周與殷遺及東方舊族結合為基本原則，對於殷周以外的土著，則一方面以商周融合的勢力楔入，另一方面也以「夏政」「商政」「戎索」

來遷就當地文化。古代以姓族為集群條件的局面，遂因此改觀，成為以諸侯相融合的新組合。茲以楊希枚的圖式來說明周人建立的各國新秩序（圖22）。此圖雖由春秋時代的資料繪製，仍頗足說明周初新秩序的終極形態，至於各封建諸侯間的聯繫，頗賴祭祀（同姓）與婚姻（異姓）。終於在這個秩序的基礎上凝結了一個強烈的「自群」意識，後世的華夏觀念，當由周初族群結合而開其端倪。

第五章

封建制度

第一節　分封的本質

成康之世，實是西周建國的成形期。東方的叛亂底定了，姬姜的諸侯在東方鞏固了立足點。顯然周人認為成康之世是安定的開始。一九七六年新出的史墻盤（圖版15），對於成康兩世的評價是「憲聖成王，ナ右縠敍剛鮌，用肇徹周邦。淵哲康王，兮尹啻疆」。其中文字未易全解。如果放開一些小異，則諸家意見大致都以為此段說成王開始以法度治理周邦，而康王則釐定了各處的疆土（唐蘭，一九七八：裘錫圭，一九七八；李學勤，一九七八；陳世輝，一九八〇）。這一段話基本上頗符合《左傳》昭公二十六年：「昔武王克殷，成王靖四方，康王息民，並建母弟以蕃屏周。亦曰吾無專享文武之功，且為後人之迷敗傾覆而溺入於難，則振救之。」西元前五一六年王室內亂之後，晉人納王於成周，王子朝列數周代各王的大事，可以代表周人對本朝歷史的瞭解。由這一節文辭看，成康之時是周人封建親戚的時代。《左傳》僖公二十四年，周王計劃以狄伐同姓的鄭，富辰反對以狄人伐親屬，也回溯周代的封建：「昔周公弔二叔之不咸，故封建親戚以蕃屏周。管、蔡、郕、霍、魯、衛、毛、聃、郜、雍、曹、滕、畢、原、酆、郇，文之昭也；邘、晉、應、韓，武之穆也；凡、蔣、邢、茅、胙、祭，周公之胤也。」《荀子》〈儒效篇〉：「（周公）兼制天下，立七十一國，姬姓獨居五十三人。」兩段資料均以封建姬姓諸國的史事歸之周公。但是富辰所說周公封建動機為了三監之亂中管蔡的背叛；如以此為封建親戚寧非自招禍患？大約富辰之說及《荀子》的記載均以周公為周初創業的代表人物，不應膠柱鼓瑟以為周初封建完成於周公的時代。史墻盤和《左傳》昭公二十六年的記載，均可解釋為周人封建大致在成康之世完成。

成康之世，據說四十年刑措不用，號為太平。究其實際，北方並未完全肅清。康王時代的小盂鼎銘文殘缺，不見全貌，但由其殘文看來，周人與鬼方之間，曾有十分激烈的戰事，獻捷禮上呈獻的戰果有四千八百餘𠦪（斫下的首級），俘虜有一萬三千八十一人，擄獲馬若干，車三十輛，牛三百五十五頭，羊三十八隻。第二次又呈獻了若干首級俘虜車輛及馬一百四十匹（白川靜，一九六五C：六八二—六九二）。另一方面，南方的淮夷及荊楚，遲至昭王之世仍未完全納入周王國的勢力圈。上述史墻盤對於昭王的記載是「廣𢻻楚荊，隹寏南行」，恰證實了昭王有南征之行的傳說。成康時代有不少器銘具有南征的記載，如𤼈𣪘、過伯𣪘、釱𣪘、小子生尊以及安州六器的中氏諸器，均有「伐南國」「省南國」的事（白川靜，一九六六A：七七一—七九三）。

成康之世，周人的封建，大約只用於在中原，亦即殷商舊地，加上在東方與北方開拓的疆土，如齊燕諸國，往南則不過及於淮漢一帶，所謂漢上諸姬。周室封建事業大成於成康，則說明了所謂封建親戚，以藩屏周室，屬周初建國工作的一部分，並不是在後世仍繼續推廣進行的常制。周人與姜族的封君中，大部分在成康之世已經建國了。即使後世仍有少量新封國出現，如鄭國，其數量不能與周初所封的等量齊觀。這一現象特有的時間性，對於封建的性質當有所啟示。

封建究竟是什麼？由於人類歷史上曾數度有過類似的情況（如中古的西歐及近古的日本），封建制度成為史學上的一個課題。一方面，西方史學傳統對歐洲封建制度的研究，引發了史家對東方類似現象的興趣，進一步以封建制度當作比較研究的對象（Coulborn，一九五六）。另一方面，在馬克思唯物史觀的史學系統中，封建社會是一個介於奴隸社會與資本主義社會間的階段，唯物史觀的學者必須要在中國歷史上確定一個封建時代，甚至削足適履也在所必行。中國的分封制在秦統一以後基本上即已結束，而中國的資本主義社會又遲遲不出現。於是中國的馬克思史學家不能不在這一矛盾中找出路，不能不以如何劃分資本主義未出現以前的中國歷史，甚至分封制度本身，是劃歸奴隸社會？抑劃歸封建社會？都是近三十年來聚訟的焦點（Cho-yun Hsu，一九七九：四五三—四七五；逯耀東，一九七九：一四一—一六六；歷史研究編輯部，一九五七；王思治，一九八〇：二七—二九；傅築夫，一九八〇：一—二三）。

西周分封制度的本質，頗可借柳宗元的話說明，〈封建論〉：「彼封建者，更古聖王堯舜禹湯文武而莫能去之，蓋非不欲去之也，勢不可也。勢之來，其生人之初乎？不初無以有封建，封建非聖人意也。彼其初與萬物皆生，草木榛榛，鹿豕狉狉，人不能搏噬而且無毛羽，莫克自奉自衛。荀卿有言，必將假物以為用者也。夫假物者必爭，爭而不已，必就其能斷曲直者而聽命焉。其智而明者，所伏必眾，告之以直而不改，必痛之而後畏，由是君長刑政生焉。故近者聚而為群，群之分，其爭必大，大而後有兵有德。又有大者，眾群之長又就而聽命焉，以安其屬，於是有諸侯之列，則其爭又有大者焉。德又大者，諸侯之列又就而聽命焉，以安其封。於是有方伯連帥之類，則其爭又有大者焉。德又大者，方伯連帥之類，又就而聽命焉，以安其人，然後天下會於一。」又說：「蓋以諸侯歸殷者三千焉，資以黜夏，湯不得而廢。歸周者八百焉，資以勝殷，武王不得而易。徇之以為安，仍之以為俗，湯武之所不得已也。」（《全唐文》：五八二／二一五）柳宗元以為封建制基本上是政治權力層級分化，其淵源甚早，幾於生民之初即已開始，隨著社群組織的擴大而逐步向更高的政治權力會聚。商周的封建，事實上是基層地方社群政治權力的延續。許宗彥在〈讀周禮記〉的一段話，正可為補充柳宗元〈封建論〉：「武王觀兵孟津，諸侯會者八百，此皆二代之所建。至於紂時，其地之廣狹，固未必悉仍其初封，文武撫而有之，要與之相安而已，豈得而易其疆界哉，武王克商封國七十有一，所可限以封土之制者惟此，而其封，取之所滅國與隙地。」（許宗彥，一八二九：一／三六─三七）柳許二氏的意見，均立足於周在克殷之後，沒有改易疆界的能力。本書第四章，也討論了周人必須在各地區與殷人舊族及當地土著建立「三結合」的政治權力。周初的情勢頗符合柳許二氏描述的局面。

這種「三結合」的分封，其中主動的結合力量自然是周人與友族的宗親子弟，他們也是最居優勢地位的成分。這是一批外來而居上層的分子。Eberhard 認為西周分封，事實上是建立在征服形勢上的社群重疊，周人姬姜及其族類是高踞在當地土著之上的新成分，也是封建結構的上層（Eberhard，一九六五：二四—三〇）。Eberhard 早期的立場，以為西周的征服是土耳其種或蒙古種的東來（同上：二八，注1；參看 Eberhard，一九四二）。姜姓與西藏族的羌人有關係，已如本書第三章所述，姬姓與西北遊牧土耳其族的關係則至今不能證實。分封制下的社群疊合，基本上是不穩定的形態，疊合的成分彼此之間的文化差距越大，其不穩定性當然也越大。西周分封諸國，誠有內部文化二元性的現象，例如魯國有周社與亳社的並存。然而西周各封國在歷史上未見有因不穩定而覆滅的個例。相對的，各國在春秋時代表現的地方性特徵，正說明了封國內部都曾有過相當程度的同化過程，以整合新的地方性文化。是以周初在東方各封國內部的文化成分之間，其文化差異是存在的，卻未必是極大。事實上，中國北方由陝西到山東的平原上，在新石器文化的晚期，各地方文化之間已有交流與互相影響的現象，尤以相鄰文化之間的差距，表現為逐漸的轉變。這個以華北黃土平原為領域的大文化圈，也就是夏商二代的活動範圍（Kwang-chih Chang，一九八〇：三六一—三六四；張光直，一九七八）。周初分封各國，大致也在這個範圍內。成康時代，克殷已數十年；對這個範圍的控制已大體完成了，也因此封建七十一國的工作即在成康時代，此後則不再有很多可以封國的空間了。

昭王以後對南方的經營，一則說明了黃河流域黃土平原文化對外的擴展，再則，也說明了淮漢地區是中原文化與江淮地區土著文化的交界。由大溪文化一脈相承的屈家嶺文化，是江漢流域的新石器傳統，與中原文化間的差距頗大。殷商文化雖然也遠達江漢地區，到底只是點狀的擴散（Kwang-chih Chang，一九八〇：三〇五—三〇六，三二〇—三二一）。因此，周人在北方黃土地帶的優勢，雖是征服，卻不應當作異民族間的征服與被征服，而是大文化圈內族群間關係的重組合，以周人的族群代替殷商族群居於主要的地位。分封制度，在這一層意義下，是統治族群與各地土著族群的重疊關係。

回到分封制度的本身來看，直接有關的史料在文獻上有《左傳》定公四年的那一段記載及《詩經》〈大雅．崧高〉和〈韓奕〉，在金文銘文中則為西周早期的宜侯夨毁及中期的大盂鼎。《左傳》定公四年的文字，已在上章引過，不再重複。魯衛唐三國個別的分配到若干禮器，如車、旂、弓劍、革鼓、玉器，若干成族的殷民，若干官職的屬吏（如祝宗卜史、職官五正）以及指定大致疆界的土地（例如少皞之虛、殷虛、夏虛）與該地的人民（例如商奄之民）。分配給諸侯的殷民，如以其族名推測，當是有專門技術的工人，如陶氏作陶，繁氏作繁纓，而且保持其原有宗族的組織，所謂「帥其宗氏，輯其分族，將其丑類」。在有關魯侯的一段中，還提到「分之土田陪敦」，楊寬以為土田陪敦，即是《詩經》〈魯頌．閟宮〉：「乃命魯公，俾侯於東，錫之山川，土田附庸」的「土田附庸」，而且也即是金文銘文中出現的「庸」，當是指附著於土地上作為「庸」的耕作者，庸也即是僕庸。在魯的奄民，就是這種附著奄地的原居民

（楊寬，一九六五：八一—八二；伊藤道治，一九七五：二三二—二三六）。是以由定公四年的記載言，一個分封的侯國，擁有三批屬民，一是擔任官司的人，一是分配的殷民舊族，一是附著在封地上的原居民。

由《詩經》的〈崧高〉及〈韓奕〉兩詩來看，〈崧高〉：「亹亹申伯，王纘之事，於邑於謝，南國是式。王命召伯，定申伯之宅，登是南邦，世執其功。王命申伯，式是南邦，因是謝人，以作爾庸。王命召伯，徹申伯土田。王命傅禦，遷其私人。……王遣申伯，路車乘馬。我圖爾居，莫如南土，錫爾介圭，以作爾寶，往近王舅，南土是保。」其中也提到王室頒賜的禮物，如車馬及介圭，王室分撥的「私人」以及「於邑於謝」的「謝人」，「以作爾庸」。屬民中有王室的人同去，借召伯的力量立國，而以當地的原居民作為僕庸。〈韓奕〉：「奕奕梁山，維禹甸之，有倬其道，韓侯受命，王親命之，纘戎祖考，無廢朕命，夙夜匪解，虔共爾位，朕命不易，榦不庭方，以佐戎辟。……韓侯入覲，以其介圭，入覲於王，王錫韓侯，淑旂綏章，簟茀錯衡，玄袞赤舄，鉤膺鏤鍚，鞹鞃淺幭，鞗革金厄。……溥彼韓城，燕師所完，以先祖受命，因時百蠻。王錫韓侯，其追其貊，奄受北國，因以其伯，實墉實壑，實畝實籍。」韓侯不是初封，只是因朝覲而再受王命，確定合法的諸侯地位。因此，韓侯受王命戒飭，敬奉祖考的典型，正與金文中錫命禮的語氣一樣。韓侯受賜的禮物也不外旂章車馬裝飾及衣服，也與《左傳》所述頗為一致。韓國初立時，燕師完築城邑，而「因時百蠻」，語同〈崧高〉的「因是謝人」

及《左傳》的「因商奄之民」，也指藉百蠻（包括追貊之屬）的服役，以服事韓侯。韓已立國頗久，卻仍述及立國之初由「燕師所完」，其情形頗似〈崧高〉中屢次提到申國是「召伯是營」。二例合觀，可能曾有召伯的人留在申國，有燕師的一部分留在韓國。《左傳》僖公二十四年，晉侯重耳借秦國的力量入晉。「晉侯逆夫人嬴氏以歸，秦伯送衛於晉三千人，實紀綱之僕。」又《左傳》閔公二年，衛亡於狄，齊國幫助衛文公復國，其時衛國的遺民，只有男女七百三十人，另有別邑共滕之民五千人。齊國派遣三百乘的兵力及甲士三千人留戍在衛文公的左右。這兩件事都屬春秋時，但借此二例或可說明詩中「召伯是營」及「燕師所完」二語的意義，至於召伯之眾及燕人是否在申韓長期留駐，則不易考知。

成康時代的宜侯夨毀，全銘已見上章，茲不具引，其中錫命虎侯移封於宜，賞賜的禮物也是若干彝物及弓矢，以及「易土，厥川三百□，厥□百又□，厥□邑卅又五，厥□百又卅」，比較前引《左傳》及《詩經》的記載為精確，然而仍不易明白其確實四止。唐蘭以為虎侯當是虞侯，本銘亦即泰伯仲雍受封吳國的記載（唐蘭，一九五六：七九），可備一說。「易才宜王人□又七生，易奠七白，厥闲（千）又五十夫，易宜庶人六百又□□六夫。」明列了三種屬民，王人與奠，都以姓為單位，當是一個一個宗族，與《左傳》殷民六族七族的情形相似。王人可能為周人，奠人則可能是殷代舊族鄭人，隨虎侯南戍。「厥闲」若干人，可能是附屬於上述二類高級屬民的服役人口，在宜庶人則是宜地的原居民，相當於《左傳》的陪敦與金文的附庸

（白川靜，一九六五A：五二九－五五二）。

也屬於成康時代的大盂鼎（圖23），其銘文記載盂受錫命繼承乃祖南公的職務，受民受疆土，先列舉賜予衣服車馬旂飾及「易女邦𤔲四白，人鬲自馭至於庶人六百又五十又九夫，易夷𤔲王臣十又三白，人鬲千又五十夫，遷□□自厥土」（白川靜，一九六五C：六五一－六七二；高鴻縉，一九六二）。人員的分配與宜侯夨𣪘的比例也很相似。邦𤔲以下當是在盂地的服役人口，相當於宜侯夨𣪘的在宜庶人。夷𤔲王臣以下則相當於在宜王人那一項的服役人口。王臣的「臣」，人數少，而又有「伯」的尊稱，顯然不是低級奴僕，汪寧生以為此處之「臣」，並不是奴隸，而是職司服役人口的管理人員（汪寧生，一九七九）。人鬲的定義，有人以為是俘虜，也有人以為是俘虜轉化為奴隸，也有人以為是可以按簿冊校點人數的服役人口。不論語源如何，人鬲是服役的人口則無可置疑（楊寬，一九六五：一〇〇－一一〇；徐中舒，一九五五；貝塚茂樹，一九六二）。

㷀𣪘（又名周公、周公彝、邢侯）也是成康時代有關賜民姓的銘文：「隹三月，王令㷀眔內史曰：𦵯井侯服易臣三品，州人重人𩨆人。拜䭫首。魯天子㝨厥順福，克奔走上下帝，無冬令𩨆又周，追考對不敢㒸，邵朕福盟，朕臣天子，用冊王令乍周公彝。」（白川靜，一九六五C：五九二－六〇三）這是賞賜邢侯三群臣屬的冊命。州人等三群人，據白川靜的意見，都是殷王畿附近的居民（白川靜，一九六五C：五八八－五九九）。陳槃以為三者都是東方國名，邢侯初封邢丘，賜以東方舊族，便是居三國的故地，是以《左傳》閔公二年邢遷於夷儀，仍在邢國的舊地（陳槃，一九六九：二六六－二六七）。以此例延伸，則姬姓諸侯遷封於已臣服的故國，也認作為賜民姓，而不以封地為其內容。

綜合文獻與金文資料所見，西周分封並不只是周人殖民隊伍分別占有一片東方的故地，分封制度是人口的再編組，每一個封君受封的不僅是土地，更重要的是分領了不同的人群。楊希枚以為古代賜姓制度，實是分封民姓、族屬，與「胙土」、「命氏」合為封建三要素，其說至確（楊希枚，一九五二，一九五四，一九五五）。賜姓是賜服屬的人民，胙土是分配居住的地區，而歸結為命氏，其中又包括給予國號（如魯，如宜）、告誡的文

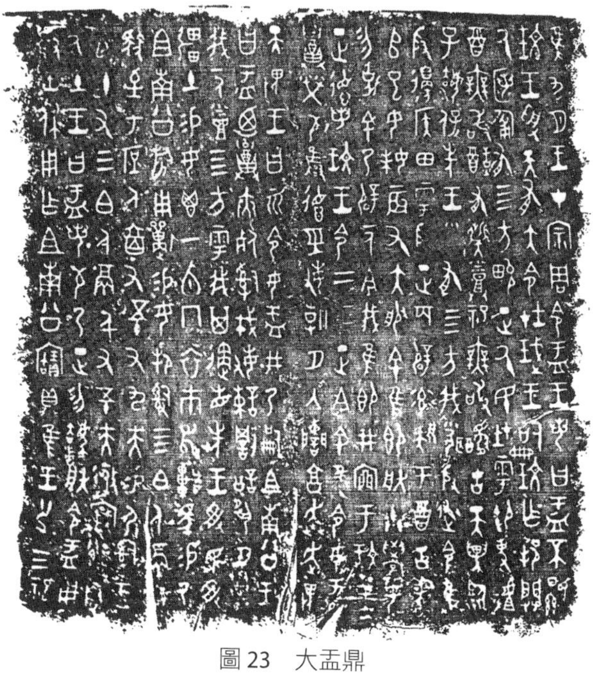

圖23　大盂鼎

辭（如〈康誥〉）及受封的象徵（如各種服飾禮器）。命氏實係代表了由原有族屬分裂為獨立的次級族群。西周的分封制在族群衍裂以組成新族群的意義，大於裂土分茅別分疆土的意義（楊希枚，一九五五：一九五—一九七）。這制度的出現及發展，正是前承殷商以「族」為社會構成分子的階級（Kwang-chih Chang，一九八〇：一六二—一六五）；新封的封國，因其與原居民的糅合，而成為地緣性的政治單位，遂逐漸演變為春秋的列國制度（Richard Walker，一九五三；Choyun Hsu，一九六五：七八—一〇〇）。因此，分封制下的諸侯，一方面保持宗族族群的性格，另一方面也勢須發展地緣單位的政治性格。

第二節　諸侯徙封的例證

至少在周初，分封制度甫開始發展時，諸侯封建「封人」的性格強於「封土」的性格，諸侯的地著性還不強固。周初各國每多遷移，也正反映了分封性似不必地著某一地點，而是以人群為本體的性格。顧棟高《春秋大事表》曾列了二十個曾經遷徙的國家：蔡、衛、晉、鄭、吳、秦、楚、杞、郲、莒、許、西虢、邢、羅、陽、弦、頓、鄀、犬戎、鄋瞞。其中至少八個是周初始封，三個可能是古國而在周初列入周人的封建系統中。陳槃列考春秋諸國，找出顧表不云遷而實遷，且有曾經數遷而距離也甚遼遠者，又有七十一國之多：魯、滕、吳、北燕、宋、薛、小邾、宿、祭、申、向、凡、息、鄀、芮、州（一）、鄧、巴、梁、荀、賈、郳、絞、州（二）、牟、滑、原、徐、樊、鄣、霍、江、冀、鄫、須句、毛、聃、邗、韓、蔣、沈、六、巢、萊、越、黎、呂、鐘離、偪陽、邿、鑄、杜、胡、驪戎、盧戎、介、百濮、根牟、潞氏、留吁、茅戎、無終、鮮虞、有鬲、斟灌、斟鄩、扈、邳、仍、駘、蒲姑。此中有古國，有蠻夷，但幾乎有名的周初姬姜各國，均在這批有遷徙經歷的名單上。陳氏又指出，諸國遷徙距離，動輒數百里，或至千里以上（陳槃，一九六九：一六—一七）。

下面是幾個遷國的例子。魯國，姬姓，始封在河南的魯山。其後周公經營東方，「乃命魯公，俾侯於東」，始遷移到山東曲阜。是以在春秋時，河南許昌仍有屬魯國的「許田」，周公後人應侯的封地，也仍在魯山縣附近（陳槃，一九六九：二二）。

衛國，姬姓。傳統的說法以為康叔封於衛是始封。但周法高據康侯毀銘文考訂，以為康叔始封於康，是周的畿內國。三監之亂後，康叔始移封於妹土，是為衛國（周法高，一九五一：二四—二七）。

滕國，姬姓。始封可能在衛地的滕，後封山東滕縣（陳槃，一九六九：三三）。

鄭國，姬姓大國中出現最晚的諸侯，始封君是厲王的王子。舊都咸林，在陝西同華之間。平王東遷以前，鄭即東遷新鄭，在河雒之間，定十邑之地以為國（陳槃，一九六九：五六—六九）。

吳，據說太伯仲雍在江南立國，是姬姓諸國中最早者。錢穆以為山西河東的虞國，即為泰伯虞仲之國。至於此國與南方的吳，有無關係，尚不可知（陳槃，一九六九：七六）。

北燕，召伯之後。傅斯年以為原封地在河南郾城。三監之亂後，召公經營北方，徙國河北玉田縣，又再徙薊丘。上章曾舉燕地的考古發現，頗可證匽侯的遷移（陳槃，一九六九：七八—八〇）。顧頡剛以為燕在遷河北以前，曾經遷入山西境內，太嶽之北，管涔之南，汾水上游，澤以燕名，山以燕名，戎以燕名，是以此地可能一度為燕的領土（陳槃，一九六九：六九四）。

杞，姒姓舊國。周初在河南杞縣。春秋以前已徙魯國東北與山東莒縣及曲阜縣相鄰，今日新泰縣出土杞器頗多，當即其在山東的地點（陳槃，一九六九：一二三—一二五）。

莒，嬴姓。周武王時封之於介根，在琅琊；後遷莒，又徙丘縣之渠丘，離莒縣二百里。介根，《左傳》作計斤，音與渠丘、莒均相近。又周齊魯三國均有莒邑，甚至在文王時的宗周附近也有莒，地近盂及密阮，當在今涇川靈台兩縣附近。此莒與東方的莒關係不可知。僅以周齊魯均有莒邑，已可覘知莒人遷徙之頻（陳槃，一九六九：一三八—一四〇）。

申，姜姓大國，在河南南陽。陳槃以為春秋時鄭國境內亦有申，地在今河南汜水縣內，正當嵩山北麓下，《詩經》〈大雅．崧高〉：「維嶽降神，生甫及申。」申在其聖山之下，甚為合理。周宣王以申伯鎮南國，所謂「於邑於謝，南國是式」，則已在嵩山以南三百餘里的南陽了（陳槃，一九六九：一五三—一五四）。

紀，姜姓國，在山東壽光縣。但莒國又有紀城，殆是紀舊地。春秋初，齊遷紀三邑，《春秋》莊公四年，「紀侯大去其國」，其人民也跟著遷去，實是遷國（陳槃，一九六九：一六六）。

西虢，姬姓國。舊都在陝西寶雞縣，幽王時東遷，國於下陽，在山西平陸縣，近世陝西鳳翔出𩫏虢仲毀，毛伯彝有虢𩫏公，則虢原封可能在鳳翔附近（陳槃，一九六九：一七一—一七五）。

向，姜姓。原在河南孟縣的向城，後遷山東莒縣。又經傳中屢見向地，地點分別在山東、河南、安徽諸處。陳槃以向小國寡民，數經遷徙，但其遷移之跡，已不可考（陳槃，一九六九：一七六—一七七）。

邢，姬姓，在河北邢台縣。但陝西寶雞渭南出土銅器，有邢伯、邢邑之號，則原封地在邢丘；閔公二年齊桓公遷邢於夷儀，在今日山東聊城縣境（陳槃，一九六九：一九五）。

息，姬姓。本在齊國南鄙，後移河南，在新息縣，故後為新息（陳槃，一九六九：一九五）。

郜，姬姓。春秋時齊、宋、晉均有郜城，陳槃以為是郜國數遷的遺跡（陳槃，一九六九：一九七）。

鄧，曼姓。本在黃河以北，後在郾城召陵，居上蔡、居新蔡又在其後，而最後則在湖北襄陽，其遷徙路線由北而漸南（陳槃，一九六九：二一四—二一五）。

蓼，己姓，祝融氏古國。原在山東定陶，後遷河南唐河縣（陳槃，一九六九：二四三）。

鄫，姒姓。幽王時嘗與申及西戎害周，丁山以為其居地當在潧水流域，即河南密縣滎陽附近，離另一姒姓國杞之原居地杞縣不遠。《左傳》襄西元年時鄫已東遷柘城睢縣間，離潧水三百餘里。僖公十九年，鄫子為宋公邾子用於次睢之社，此時已在魯國鄰近，當即山東嶧縣鄫城。鄫以姒夏之後逐步由河南遷入山東，在中途曾遭遇僖公十六年齊魯宋陳衛鄭諸國聯軍的阻擋，終於國君被用為犧牲，以取悅東夷部落的神社。鄫東遷路線與杞相同，但這一段遷徙的過程極為辛苦（陳槃，一九六九：二九九—三〇三）。

韓，姬姓，始封在武王時。地望有多種說法，陝西的韓城、河北的固安、山西芮城的韓亭。雷學淇的說法，以為始封近燕，後遷陝西的韓城。陳槃同意雷說，但主張西遷所在是山西芮城的韓亭（陳槃，一九六九：三四〇—三四五）。然而揆之齊魯衛燕的前例，武王之子建國的韓，在北去依燕建國之前，當也先在西方立國。是以最可能的遷徙路線是由陝西韓城遷河北固安，所謂因時百蠻，奄受北國，後來則因獫夷所逼，而播遷中土，宣王時韓侯來朝，已在山西芮城了。

呂，姜姓大國，與申並稱。殷代姜族活動在今豫西晉南，始封時受土本在霍太山附近，亦屬晉南。其後擴及嵩山附近，又移河南新蔡，終於移河南南陽宛縣附近。可能又有一部分移殖山東莒縣及江蘇銅山縣境內（陳槃，一九六九：四三〇—四三三）。按呂申與山東的齊均是姜姓重要成分。齊侯原為呂侯，則呂東遷部分中仍可能有以呂為名稱的支系。召伯經營南國，也是周人向江漢進展的趨勢，申呂均南移河南南部，正是這個戰略的反映。

這些封國均曾遠遷數百里甚至上千里之外，則隨封君遷移的族群，一定是分封的主體。以姬姓與姜姓封國遷移的路線來看，都由河南移往更東方或南方的新領土，為周室建立新的藩屏。在新的地方，這些族群疊居在原居民的上面，構成封建的統治階層。《禮記》〈王制〉：「天子諸侯祭因國之在其地而無主後者。」所謂「因國」，也就是這些分封族群所君臨的土地。統治的族群在「因國」集中居在都邑之中，是即國人，而「因國」的原居民，散居在各處的聚落中，是即野人。

第三節　氏族組織

國人為了在「因國」新地保持團體的凝聚力，必須維持一定的組織。宗族氏族殆是最可能的形式。不僅分配族群時有殷民六族七族的名稱，如《左傳》定公四年所載。即使周人自己的組織也是以族為單位。有名的班段最近失而復現，銘曰：「惟八月初吉在宗周，甲戌王令毛伯更虢城公服。屏王位，作四方望，秉繁蜀巢，令易鋚勒，咸，王令毛公以邦冢君，土馭囗人伐

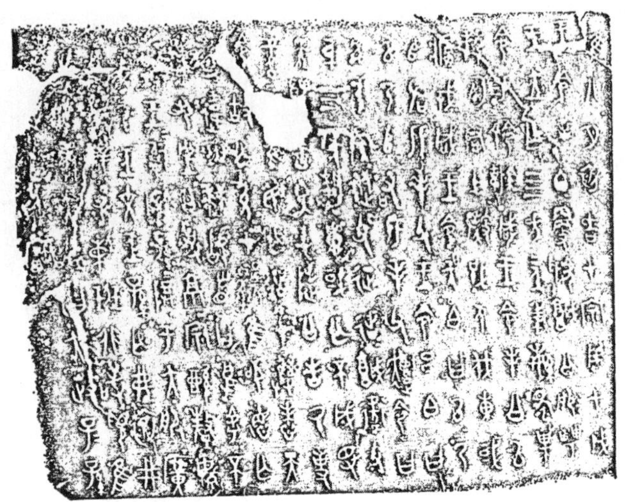

圖 24　班毀腹內銘文拓片

圖 25　班毀（殘）

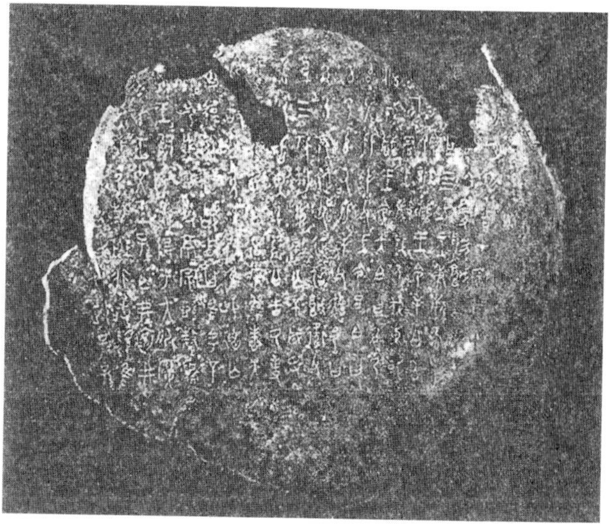

圖 26　班毀腹內銘文

東國[illegible]戎，咸。[illegible]吳伯曰以乃𠂤左比毛父，王令呂[illegible]以乃𠂤右[illegible]毛父。趞令曰以乃族從父征，出城[illegible]衛父身，三年靜東國，亡不咸斁天畏，否畀屯陟[illegible]（圖24—26）。銘中趞為何人及毛公是誰，在何代，均是聚訟之點（郭沫若，一九七二；白川靜，一九六六B：三四—四九）。又如明公毀：「惟王令明公遣三族伐東國」（白川靜，一九六三：一三二）；及毛公鼎：「命女[illegible]𤔲公族雩參有𤔲，小子師氏虎臣雩朕執事，以乃族干吾王身。」（白川靜，一九七〇A：六八〇）諸銘中的族均是親族單位。在春秋時代，族仍保持這種凝聚團結為一體的特性。《左傳》成公十六年，「欒、范以其族夾公行」，仍是以族為作戰單位。

傳統上以周代的宗族組織，有大宗統禦小宗的宗法制度。若以春秋時各國宗族分化為宗與氏的現象言，宗法制度誠然存在，而且宗與氏對其成員的權威仍很有力（李宗侗，一九五四：

一九二—一九六）。在金文銘文中，宗法制度並不明顯可見（H. G. Creel，一九七〇：三八〇—三八一），但周代封國以諸姬為多則是事實（H. G. Creel，一九七〇：三七六）。可能為成康間銅器的也𣪘：「也曰拜䭬首，敢臤卲告朕吾考，令乃鴅沈子，乍𦀚於周公宗，陟二公，不敢不𦀚休同公，克成妥吾考以於顯顯受命。烏虖，隹考肇念自先王先公乃𢿌克衣告剌成工。𠭯吾考克淵克囗沈子其顈，多公能福。烏虖：乃沈子𢿌克蔑，見猒於公，休沈子肇斁狃貯責，乍絲𣪘，用𩛥鄉己公，用佫多公，其丮哀乃沈子也唯福，用水霝令，用妥公唯壽。也用褱𢦚我多弟子我孫，克又井斆，歅父乃是子。」（白川靜，一九六六B：七一—二六）這一段銘文，不易通讀。可知者，沈子是周公的後人，據說沈是魯的附庸小國，「多公」指魯公室，為沈子的大宗，而祝福及於「多弟子」則是大宗分出來的小宗。沈子是小宗，故有此祝辭。

　　西周金文中每見小子之稱，其中有的是國王自己的謙稱，有的是官名。但也有一些「宗小子」、「小子某」、「某小子某」，則可能都是小宗對大宗的自稱。宗小子是大宗，小子某是王室的小宗，某小子某則是王臣家的小宗（木村秀海，一九八一）。如𠨘尊中的宗小子，唐蘭以為是周王室的宗族（唐蘭，一九七六：六〇；參看白川靜，一九七八：一七五—一七六）；盠駒尊，「王弗望厥舊宗小子」（白川靜，一九六六B：三二九），也是這種用法。小子某的例證，如小子生尊（白川靜，一九六六A：七八三）。某小子某的例證，如九年衛鼎的顏小子具[illegible]有小子家逆（白川靜，一九七八A：二六八—二七三）。

宣王時的琱生毁二件，都記載了小宗與大宗的關係。在第一毁的銘文中琱生報告於「君氏」。君氏，相當於女君、君夫人。接下去則改稱伯氏，指的是本宗的主婦。銘文末節又提到召伯虎自述「我考我母令」。顯然召伯虎居於大宗，君氏是召伯虎的母親，琱生是召氏的支庶，官職是大宰，在朝中地位不低。但在本家大宗的前面仍是恭謹聽命的小宗。第二毁，召伯虎聽獄有功獲得賞賜，因此分給琱生，召伯虎自述「為伯」的地位及受「我考幽伯幽姜令」。琱生為此榮寵作器，「對揚朕宗君其休，用作朕烈且召公嘗毁」，稱召公為烈祖，稱召氏為「宗君」，都可解釋為宗族制度的證據（白川靜，一九七一：八四一—八七二）。

考古發掘的西周墓葬，反映了西周宗族制度的可能存在。陝西寶雞鬥雞台，有三十六座小型墓，分別排列為二至六個墓的墓群，每群中的各墓，或相對，或縱列，代表較為親近的血緣關係。各群間同在一個墓地，又當表示彼此間也有一定的關係。換句話說，這個墓地當屬一個大家族，而大家族之中又可分若干較小的次級單位（蘇秉琦，一九五四；北大歷史系考古教研室，一九七九：一八九—一九〇）。

長安灃西西周墓地，張家坡的一百三十一座墳墓，分布四處。其中第四地點的四十八墓，大約分布為三組，每組各成單元，但又難截然分開，當代表墓群屬一個家族，族內又分為三個支族。張家坡第一地點有五十三座成人墓，十七座小孩墓，車馬坑四座，也可分為六組，排列方式也有規律可循（圖27）。甚至有一墓居中，左右二列對稱，殆是按昭穆排列的方式。這六組可能代表了同一族的六個支族。有一組又有南北二列對稱，則又是支族下的小分族了（考古研究所，一九六二：一一三—一一六；北大歷史系考古教研室，一九七九：一九〇—一九二）。寶雞鬥雞台和長安灃西張家坡的墓葬群，以小型墓為主，可能均是一般平民的墓地，因此反映的族制，也大概是一般平民的制度。

濬縣辛村的衛國墓地，規模甚大，包括大型墓八座，中型和中小型墓二十九座，小型墓二十八座，另有車馬坑二座，馬坑十二座。各墓排列井然，位次尚有痕跡可見。八座大墓集中墓地東西兩邊。最早一墓居東南。四區之間分散有中型墓及小型墓，而小型墓則集中在北部一區。這個衛國貴族的墓地，顯然以八個大墓為主體，其餘諸墓，或其從人，或為其親屬（郭寶鈞，一九六四：三—六；考古研究所，一九七九：一九二）。

河北房山黃土坡西周時代的燕國墓地，已公佈的有二處。第一處有四十一座墓，都是南北向排列，可分六組，其中第一組又分為兩群，第二組又分為三群，第四組也分為兩群。各墓排列，或並列，或錯列。第二處有十四座墓，也均為南北向，又可分為兩組，排列方式或並列或錯列。這是燕國貴族墓地，其中不同的組群，可能表示一族中的不同分支。每一群中各墓規模相仿，但有的組群中有一座比較大的墓葬，也許是屬族長或家長（琉璃河考古工作隊，一九七四：三〇九；北大歷史系考古教研室，一九七九：一九三—一九四）。

上村嶺虢國墓葬群（圖28）有二百三十四座墓，四座車馬坑，一座馬坑。各墓雖有大小，

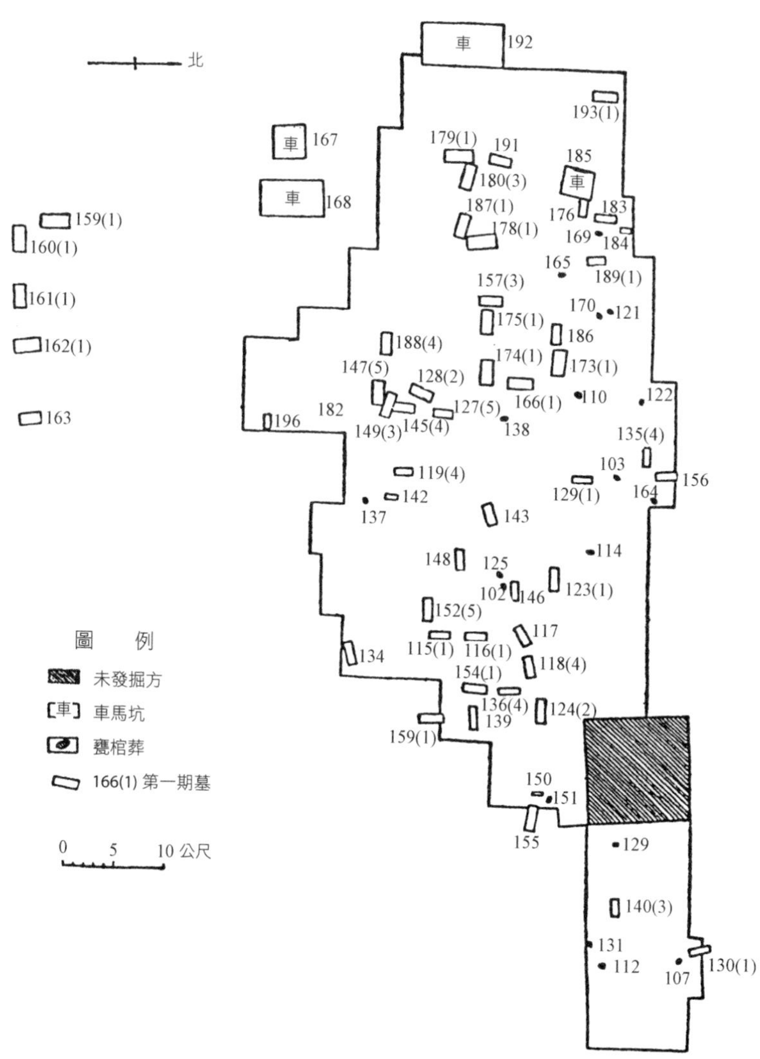

圖27　陝西長安灃西張家坡第一地點西周墓葬墓位圖

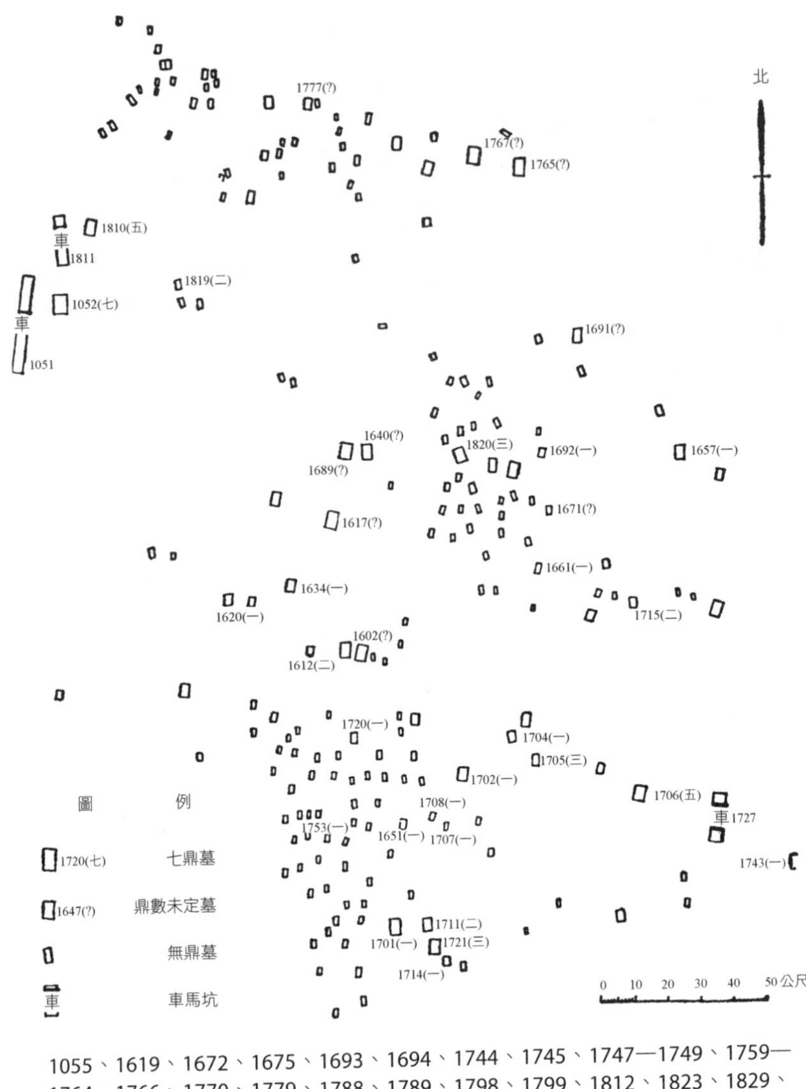

1055、1619、1672、1675、1693、1694、1744、1745、1747—1749、1759—1764、1766、1770、1779、1788、1789、1798、1799、1812、1823、1829、1838、1842等二十九墓因故未畫入此圖

圖 28　河南三門峽市上村嶺虢國墓地墓位圖

卻均為南北向排列，從整個布局看，可分為南北中三組。南組以一座五鼎墓為最大，其西為兩座三鼎墓，而二鼎墓和一鼎墓分散各處。北組以虢太子的七鼎墓居西，另有五鼎墓居其北面。中組以一座三鼎墓居中，八座一鼎墓散置四方。以上的三組區分，各以較小的墓葬拱衛最大而隨葬鼎數最多的大墓，似乎表示有三個支族，各占一組（考古研究所，一九五九：圖一乙；北大歷史系考古教研室，一九七九：一九四）。

西周的族制，自然不是任何人發明的，更不是為了分封制度而設計的。然而，這種以親屬血緣為基礎的宗族組織，超越了地緣性團體。西周的分封諸侯，一方面須與西周王室保持密切的關係，休戚相關，以為藩屏；另一方面，分封的隊伍深入因國的土著原居民之中，也必須保持自群之內的密切聯繫，庶幾穩定以少數統治者凌駕多數被統治者之上的優勢地位。是以現實的考慮，延長了周室的諸姬及異姓親戚的族群意識與族群組織，在中國古代典籍上留下了宗法制度，馴致西周王權式微後，這份親屬的意識成為春秋諸姬間主要的維繫力量。

傳統的說法以為周有五等爵：公侯伯子男，如《春秋》經文所記各國會盟次序，儼然如有這些等級位號。然而傅斯年早已指出，這五等爵的等級制度與《尚書》、《詩經》及金文資料均不能相符合。公伯子男都是一家之內論尊卑長幼的名稱，原義並非官爵，也無班列，侯則是由射侯發展的武士之義。金文中侯伯二稱最常見，傅氏所謂「伯為建宗有國之通稱，侯為封藩守疆之殊爵」，頗可說明分封制下，一方面率領錫賜的族群，是為伯，一方面君臨戍守的因國食邑，是為侯。家指人眾，國指疆土。男之對侯，有隸屬的意義；子之對伯，有庶長的分別。前引沈子，即是魯國的庶子（傅斯年，一九五二：卷四，九七—一二九；又參看陳槃，一九六九：六八六—六八七；H. G. Creel，一九七〇：三二四—三三四）。封國由家族分化演變而來，殆已可以無疑。

西周的封建自是因周室征服中國，分遣其人眾以控禦四方，封建制度的建立，並不伴隨著生產工具的改變。正如上章曾論到，周初生產工具基本上與商代用具，同一水平。賴德懋（Lattimore）曾以為封建制度的發展，與所謂「治水的東方式農業」有關（Owen Lattimore，一九六二：五四七）。然而西周分封，北至燕，南至漢上，西起渭域，東極海濱，農業與給水關係隨處而不同，至今典籍與考古資料，都未見有水利設施。是以周人封建制度的本意，是為了軍事與政治的目的，頗不必用經濟發展的理論當作歷史演化過程中必經的一環（H. G. Creel，一九七〇：三四二—三四五）。

第四節　封建制的層級

西周早期不見封建制度的五等爵位號，並非意味著西周沒有層級的位序。正如顧立雅

（Creel）指出，為了實際需要而發展的分封方式，會逐漸制度化而衍生春秋時代分明可見的貴族禮儀（H. G. Creel，一九七〇：三四一—三四二）。實則嚴整的封建等級化及其禮儀，在西周中葉以後已漸漸發展成形。墓葬習俗即反映這種制度化的等級。

西周早期的墓葬中，至今尚未有商王王陵同級的大墓出現。由現有的資料分類，最高一級的大墓是濬縣辛村的衛侯墓。墓室大而深，都有槨室和南北墓道，殉葬的禮器與兵器都甚豐富，有車馬坑埋車馬。人殉的例子僅一見。中型墓，見於陝西寶雞、岐山、長安，河南洛陽、濬縣，北京房山、昌平諸處，共二十餘座，規模比大墓為小，都有槨有棺，有的並且重槨。河南洛陽東郊的中型墓並有墓道。一般都有隨葬的禮器和車馬器。大多數中型墓中的禮器因被盜而不能確知器類組合。最常見的為鼎、毀及鬲。墓中常有兵器，當屬中等貴族。中小型墓則一般無墓道，墓室皆作長方豎穴。隨葬器物少於中型墓，大部分不出車馬器。這些墓葬的主人大約有末級的貴族，也可能是較富裕的平民。西周早期小型墓，由已發表的資料計算，有一百四十座左右，將近中型墓與中小型墓總和的兩倍，其面積均甚小，長方形豎穴以有棺無槨者為多。隨葬品為數甚少，大都是陶器，一般不見銅禮器。有些全無隨葬品，甚至連附身之棺也沒有，只用席子裹屍。這四種墓葬，代表了社會上的四個階層，但是不見森然有序的禮儀差別（北大歷史系考古教研室，一九七九：一九六—二〇二）。

西周中期以後，亦即穆王以後，墓葬制度呈現系統化的等級位序。各種銅器出土的數量及組合，逐漸形成一定的比例。一般言之，甗、豆、盤、匜只出一器，壺出二器，鼎為奇數，段按鼎數少一器，為偶數，鬲也隨之而增減。同墓諸鼎的形制、花紋及銘文均相似，只是尺寸依次遞減，號為列鼎（郭寶鈞，一九五九：一一，四三—五九）。《春秋公羊傳》桓公二年，何休注：「禮，祭天子九鼎，諸侯七，大夫五，元士三也。」《儀禮》〈聘禮〉和〈公食大夫禮〉都記載了天子九鼎，國君所用。大牢的肉食種類為牛、羊、豕、魚、臘、腸、胃、膚、鮮魚、鮮臘。七鼎大牢是卿大夫所用，比前者的食單中減去鮮魚、鮮臘。五鼎少牢，以羊為首，《儀禮》的〈聘禮〉、〈既夕禮〉、〈少牢〉和〈有司徹〉諸篇均有記載，減去了大牢的牛及膚，是大夫食用的標準。《孟子》〈梁惠王下〉：「前以士，後以大夫；前以三鼎，後以五鼎。」也證實了這一級是大夫所用。三鼎較五鼎的肉類又減去羊及腸、胃，只剩了豕、魚、臘，是士一級的食用標準。《儀禮》〈士昏禮〉、〈士喪禮〉、〈士虞禮〉、〈特牲〉都如此說，只有〈有司徹〉的三鼎是羊、豕與魚。最低的一鼎食則盛豚，屬於士的常食，〈士冠禮〉、〈士昏禮〉、〈士喪禮〉、〈士虞禮〉和〈特牲〉均有記載。段用來盛黍稷，偶數，《禮記》〈郊特牲〉：「鼎俎奇而籩豆偶。」比鼎數少一件。傳世銅器中也有過列鼎，如頌鼎有三件，小克鼎有七件，仲義父鼎有八件。考古資料，可由附表（圖29，圖版16）列出鼎數多少與墓室大小、棺槨層數、銅禮器數字、兵器種類與數量、車馬器與車馬之數量等各項間相應關係（北大歷史系考古教研室，一九七九：二〇四—二〇五；杜乃松，一九七四；鄒衡，一九七四；史明，一九七四）。表中未列陝西張家坡第二二二號墓出土的五件陶質列鼎（考古研究所，一九六二：一二二），及扶風莊白的一批青銅器中的四件銅列鼎（史言，一九七二），這兩處發現，均屬西周中期，在穆王以前，當為列鼎制度開始系統化的時候，也是禮儀反映封建已經在制度化了。

表中所列的九鼎出自湖北京山的曾國國君墓中，墓已殘破，出土九鼎七毀缺了一毀。與曾侯墓相當的是河南濬縣辛村的衛侯墓，墓道及棺槨俱尚可見，但墓中鼎毀已被盜。衛侯三墓中有一墓出土青石編磬的兩件，也只有諸侯方可有之。衛墓附近有車馬坑，埋車十二輛、馬七十二匹，一車六馬，正是國君身分的車仗。九鼎墓無疑是國君一級的墓葬，與典籍所記相符。

七鼎墓可以上村嶺的虢太子墓為代表。隨葬品豐富，車馬坑中有車十輛馬二十匹。該墓出土七鼎六毀，另有一套編鐘，正是國君級稍遜一級的體制。

西周五鼎墓有七座，三座為西周中期，兩周之際兩座，東周初期的兩座。在虢國墓地中，未被盜的五鼎墓有兩座也與虢太子墓一樣，都是雙棺一槨，但規模較小。有車馬坑，各殉五車十馬，減七鼎墓的車馬數為一半。出土五鼎四毀四鬲。這一級墓主當屬中級貴族。

三鼎墓為數不多，總數不到十座。長安斗門鎮普渡村的長由墓出土了成套禮器及一套編鐘。虢國墓地的三鼎墓，兩座規模與五鼎墓相似，一座較小。都有車馬器而無車馬坑。諸墓大都是單棺。墓主身分，大約是卿大夫以下的低級貴族，相當於士的一級，故可用主馬，而不能自具車馬。

圖29　列鼎與墓葬內容的相應表

墓室結構		時期	墓號	地點	鼎級
槨棺	墓室大小				
？ ？	？	東西周	曾侯墓	湖北京山宋河壩	九
一 二	5.8×4.25-13.3	同上	M1052	河南三門峽市上村嶺	七
一 一		西周中	M1甲	陝西寶雞茹家莊	五
一 二	4.4×3.3-11.56	東西周	M1706	河南三門峽市上村嶺	
一 二	4.4×2.95-15.2	同上	M1810	同上	
？ ？	？	東周初	郟墓	河南郟縣太僕鄉	
一 一	5.2×4.5-6.5	同上	M3	陝西戶縣宋村	
一 一	4.2×2.25-3.65	西周中	長由墓	陝西長安普渡村	三
？ ？	？	東西周	曾國墓	湖北隨縣熊家老灣	
一 一	3.62×2-9.15	同上	M1705	河南三門峽市上村嶺	
一 一	4.2×2.7-8.50	同上	M1721	同上	
一 二	4.5×3.55-8.35	同上	M1820	同上	
一 一	3.75×2.1-14.5	東周初	M1	陝西寶雞福臨堡	
一 一	3.4×2.55-5.7	西周中	M5	陝西岐山賀家村	一
？ 一	2.8×1.04-1.65	同上	M2	陝西長安普渡村	
一 ？	3.35×2.5-4.35	同上	M2	北京昌平白浮村	
一 二	4×2.7-8.4	東西周	M1702	河南三門峽市上村嶺	
一 一	2.6×1.1-4	同上	M1707	同上	
一 二	4.4×3.47-11.05	東周初	M2415	河南洛陽中州路	

注：此墓為合葬，墓室大小、車馬坑以及人殉等都不便計算。

備注	車馬坑	車馬器				兵器				銅禮樂器									
	車馬	鑣	銜	轄	軎	其他	劍	矛	戈	其他	盉	壺	匜	盤	豆	甗	鬲	𣪘	鼎
殘墓		10	8							盆3	1	2	1	1	2	1	9	7 -1	9
	10 20	16 4	17	13	2	鏃41	2	6	4	鐘1+9 小罐1	1	2		1	1	1	6	6	7
注																		4	5
	5 10		9	6		鏃52		2	2			2	1	1	1		4	4	5
	5 10	8	10	4	2			1	2		1	2		1	1	1	4	4	5
殘墓			9	6	6			1	5	盆1簠4罍2		2 1	1	1		1		4	5
殉5人	12	4	2	2	2							2	1	1		1		4	5
殉2人 殘墓				1						鐘3觚2爵2	1	1		1		1	2	2	1 3
										卣1勺1罍1 方彝1罍1		1	1	1		1		4 2	3
		3		2	2	鏃15	1	1	2	小罐1		2	1	1				4	3
		1	2			鏃20	1	1	1				1	1					3
										簠2小罐1罐 1		2	1	1	1	1	2	4	3
	？ ？									盆1勺1		2	1	1		1		2	3
		8	4			漆盾4 骨鏃5		1	7									1	1
殘墓										爵2尊1勺1							2	1	1
			2	2	6	盔盾等	2	1	18			1						1	1
													1	1					1
																			1
			2	2	2	鏃5	1		1	盆1舟1勺1			1	1					1

一鼎墓為數最多，共二十餘座，其中五座屬西周中期。墓室較小，單棺有槨。多數隨葬有兵器及車馬器，但沒有車馬坑。出土禮器為一鼎一毀。虢國墓地未經盜掘的一鼎墓有十九座，單棺有槨，有的也有雙棺。出土有一鼎而無毀。少數墓有車馬器，無車馬坑。一鼎墓外，有十餘座西周中期至東周初期的二鼎墓。但二鼎形制不類，不能算是列鼎。墓的規模體制與一鼎墓相近，當只能算是同一級的墓制（以上均見北大歷史系考古教研室，一九七九：二〇四－二一二）。

禮儀的系統化與制度化，一方面意味著一個統治階層的權力已由使用武力作強制性的統治，逐步演變到以合法的地位來象徵。另一方面，規整的禮儀也代表統治階層內部秩序的固定，使成員間的權利與義務有明白可知的規律可以遵循，減少了內部的競爭與衝突，增加了統治階層本身的穩定性。相對的，統治階層也為了安定而犧牲其靈活適應的能力。西周中期開始的禮儀系統化，在春秋時代演變得更繁瑣，同時周東遷以後，王權失去了原有的威望，僭越的事也更常見。在西周的後半期，殆是封建禮儀走向系統化的階段。

第五節　主從關係

禮儀中最重要的自然是策命禮，經由這個典禮，周王對其臣屬，賞賜種種恩命，一次又一次地肯定了主從的關係。事實上，銅器銘文中絕大部分是這種策命禮的記錄。文獻中的資料，《尚書》諸篇，全為誥命，《詩經》〈大雅．江漢〉及〈常武〉兩篇是策命的韻文。《左傳》定公四年周公舉蔡仲一段，也屬策命的節錄。春秋以後，策命仍不乏見於記載，齊桓晉文兩次朝覲，都有王室的策命，其文辭仍一貫地保存了西周策命的格式與語氣。

傳統經學中治禮的學者，根據三《禮》及《左傳》、《尚書》，頗致力於周代王室禮儀的考證。由現存的金文資料，齊思和、陳夢家有系統地重建了周代策命禮的一般細節（齊思和，一九四七；陳夢家，一九五六：九八—一一四）。策命禮通常在王宮的大室或王朝的宗廟舉行，也偶爾可在臣下的宮室舉行。王在天未亮（昧爽）即到達行禮的地點，天一亮（旦）王就在行禮的「大室」接見受賜臣下。所謂大室，當即行禮所在宮室宗廟的正殿，本書第二章描述岐山鳳雛村周代建築，前堂後室，堂前有庭，當即可用以說明大室與中庭的位置。

扶風召陳村的西周建築遺址，時期由西周中期到晚期，正是封建禮制極為嚴整的時代。建築遺址廣大，初步看來。是一群高台上四阿重簷瓦頂的大型宮室。格式雖未必是四合院式的布局，仍有中庭與正堂，兩旁有東西室，堂前有崇階。在這種建築裡舉行策命禮，威儀棣棣，也頗為相稱（周原考古隊，一九八一；傅熹年，一九八一A）。

行禮時，受命的臣下，由其儐相（右）導引入門，立於中庭，王則南向立於東西兩階之間。策命是預先書就的簡冊，由秉冊的史官宣讀，有時秉冊是一人，宣讀是另一人。王在當場命令宣讀，其口頭命令也記入策命中。策命的命詞，則以「王若曰」為起句。策命詳簡不一，其內容通常包括敘述功勞，追述先王與臣下先祖的關係，列舉賞賜實物及官職的項目，以及誡勉受命者善自步武先人功烈。以大盂鼎為例，這幾段即完全不缺。《詩經》〈大雅．韓奕〉：「韓侯受命，王親命之，纘戎祖考，無廢朕命，夙夜匪解，虔共爾位，朕命不易，榦不庭方，以佐戎辟。」接著列舉韓侯覲後受賜車馬服章，也正合上述策命金文的體例。行禮常在宗廟，誡勉之詞常引述祖德，凡此均可反映策命禮是如何的傳統化了。成康之世，周王往往親命，成康以後，則由近臣內史或尹代王宣命，也足以反映策命禮漸走向形式化的方向。

至於賞賜禮物與恩命的內容，如由一百六十餘件有賞賜的金文銘辭統計，賜賞臣下赤市、朱黃、玄衣、赤舄一類服飾有六十餘器，賞賜車馬及其附件（攸勒）或旂章弓矢的各二十餘器，賞賜土地奴僕和玉器的各十餘器。是以賞賜也有一定的差別（史明，一九七四：八八，注4）。在禮儀制度化時，象徵性的賞賜與實物的賞賜同樣可為受者珍視。周人策命禮中大量出現特權象徵的服飾旂章，正說明了封建結構已有明確的階層分化。

不僅王對臣下有策命，諸侯對臣下也可有策命。如《左傳》昭公三年：「鄭伯如晉，公孫段相，甚敬而卑，禮無違者，晉侯嘉焉，授之以策曰……『賜女州田，以胙乃舊勛』，伯石再拜稽首，受策以出。」即是晉侯對臣下的策命。有一件成康時代的麥尊，記載井侯接受了周王的策命與賞賜，井侯為此對於井侯自己臣下作冊麥也賞賜以金，麥為此製作這件銅尊，以為紀念（白川靜，一九六五B：六二九—六四四）。又如耳尊：「侯各於耳□侯休於耳，易臣十家。長師耳對揚侯休，肇乍京公寶隮彝。」（白川靜，一九六五A：五八〇—五八三）「耳」是「京公」封在「長」地的屬下，接受侯的策命。王對諸侯或高級貴族有策命，諸侯及高級貴族對自己臣屬也可以有策命。階層化的結構顯然已逐漸形成了。

「委質為臣」即是確定新主從關係的手續。周禮對於賓主雙方接受贄禮的形式極為注重。平等的兩方互贈禮物，不外肯定友誼。策名委質，則相當於確定君臣的關係。《左傳》僖公二十三年，晉懷公執狐突，要求他召回跟從公子重耳的兩個兒子。狐突答覆：「子之能仕，父教之忠，古之制也。策名委質，貳乃辟也。今臣之子，名在重耳有年數矣，若又召之，教之貳也。」可見策名委質的禮儀，正為了確定主從之間的君臣關係。一旦委質，雖死不貳。《國語》〈晉語九〉，晉師圍鼓，執鼓子，有鼓子的臣屬夙沙釐，自動跟隨故主，他的理由：「臣聞之，委質為臣，無有二心，委質而策死，古之法也。」夙沙釐認自己是鼓子的臣屬，不是「鼓」這個地方的臣屬。其君臣關係不繫於封國，而繫於封君（楊寬，一九六五：三六〇—三六四）。在這一制度下，君臣關係是特定的，不是在宗族血親的關係下衍生。狐突不能干涉二子委質於重耳，正表示君臣關係乃是個人間的約定，不能繼承祖先的關係。

更有可注意者，這種層級隸屬關係的向下延伸，不僅只是個人與個人之間建立主從關係，封建的主從與宗族的關係也是相重疊的。賞賜的恩命，由父子相續，孟𣪘：「孟曰朕文考眔毛公趞仲征無需，毛公易朕文考臣，自厥工，對揚朕考易休，用宦茲彝乍厥，子子孫孫其永寶。」（白川靜，一九六六B：三一—三三）是則父親立的功勞，父親亡故了，遂由兒子代父接受。兄弟對於大宗也是相當於臣屬的地位，𢊁𣪘：「𢊁拜稽首，休朕匋君公伯，易厥臣弟𢊁井五匙，易表冑干戈，𢊁弗敢望公伯休，對揚伯休，用乍且考寶障彝。」（白川靜，一九六六C：九八）此處君公伯與厥臣弟對稱，伯是長支，弟仍「對揚伯休」稱頌長支的福址，再為祖先製作尊彝。大約弟支的祖先並不包含在長支之內，是以弟當不是公伯的親弟，弟大致是小宗對大宗自稱。另一件是父子間賜與的例子，效尊：「隹四月初吉甲午，王雚於嘗，公東宮內鄉於王，王易公貝五十朋，公易厥順子效王休貝廿朋，效對揚公休，用乍寶障彝。烏虖，效不敢不邁年，夙夜奔走，揚公休亦，其子子孫孫永寶。」（白川靜，一九六六C：八六—八九）此「公」錫兒子「效」受之於王的貝，「效」大約不是承嗣的兒子，遂對父親不僅當作父，也當作君。而且自矢忠誠，當係對於大宗的臣屬關係。本章前文曾引了沈子也𣪘，沈子是周宗（即魯族）的小宗，正與效尊之情形相似。凡此諸器銘文，均說明了封建層級關係在成康以後已兼跨於君臣及宗族兩方面了。

單純由金文的策命紀錄中看，似乎周王對於臣屬只是賞賜禮物及土地人民。臣下對君主的回報，在金文中最常見的是恭謹的頌揚與祝福，所謂「對揚王休」，並且自矢子子孫孫永遠以君主的恩命為榮寵，永遠寶用這件器皿，以為紀念。君臣關係應當有比較更實質的內容。臣下由君主處取得的任務，誠然只是由賞賜而肯定。除此之外，諸侯還各別地接奉特殊的使命。如《左傳》定公四年，諸侯的任務是「以藩屏周」，晉侯的使命是「使之職事於魯」，也就是以魯地的資源擔任為周室屏藩。齊侯的使命，據《左傳》僖公四年：「昔召康公命我先君大公曰：五侯九伯，女實征之，以夾輔周室。」諸侯一般性的義務，不外軍賦與貢獻，軍賦是對於周王提供軍力，參加周王的征伐。班毁銘文，呂伯吳伯都須以其族，做主帥「毛父」的左右翼，共同擔任征服東國的任務（郭沫若，一九七二）。又如大保毁銘，王降征命於大保討伐錄子；明公毁銘，王令明公遣三族伐東國，均屬此種征發之例（白川靜，一九六二A：六一；一九六三：一三三）。又如《詩經》〈大雅．韓奕〉，燕師代韓築城；〈大雅．崧高〉，召公為申伯徹土田；也當是守望相助的例證。貢獻之例，如《左傳》僖公四年，齊桓公伐楚，以「爾貢包茅不入，王祭不共，無以縮酒」為口實，楚人也避重就輕，承認有罪。是各國方物之貢，似有常例。又如《左傳》昭公十三年，子產爭貢賦輕重：「昔天子班貢，輕重以列，列尊貢重，周之制也。」更明說周有班貢的制度。對於王廷的臣工，使命尤為明確，重要的職務，如毛公鼎銘文簡直就是任毛公為當朝首輔的職務（白川靜，一九七〇A）；次之則盠方尊，盠奉命職司六師與八師，以及司土司馬司工三有司，儼然文武兼管的大臣（白川靜，一九六七C：三一四—三一七）；更次之，則奉命管理林牧及僕禦臣妾諸項事務（白川靜，一九六七C：三一一）。

據文獻資料，諸侯受王命發遣，有命圭為信物（圖版17）。《詩經》〈大雅．崧高〉：「王遣申伯，路車乘馬，我圖爾居，莫如南土。錫爾介圭，以作爾寶，往近王舅，南土是保。」又如〈大雅．韓奕〉：「韓侯入覲，以其介圭。」據《周禮》〈考工記．玉人〉鄭玄注：「命圭者，王所命之圭也，朝覲執焉，居則守之。」似非無因而發。《國語》〈周語上〉：「古者先王既有天下，……以教民事君，諸侯春秋受職於王，以臨其民，大夫士日恪位著，以儆其官。……猶恐其有墜失也，故為車服旗章以旌之，為贄幣瑞節以鎮之，為班爵貴賤以列之，為令聞嘉譽以聲之。」車服旗章，常見於金文；贄幣為贄；瑞節，即命圭一類的信物。在命圭上，大約明白記載任務及官職的名稱。《國語》〈吳語〉：「夫命圭有命，固曰吳伯，不曰吳王。」則命圭的內容也是眾所周知的。諸侯的命圭，屬「國寶」，如《左傳》文公十二年，「郕……大子以夫鐘與郕圭來奔。」郕太子攜郕國的信物出奔，正如後世官員必須印不離身。甚至卿大夫也有命圭，《左傳》哀公十四年：「司馬牛致其邑與珪焉而適齊。」杜預注：「珪，守邑信物。」征之上文策命也可行於諸侯與其臣屬之間，卿大夫有命圭也就不足奇了（楊寬，一九六五：三五四—三五六）。

夏鼐考察商代玉器，利用發掘得來的資料，作為分類、定名和推測其用途的依據。據其研究結果，商代玉器之中，過去以為是圭的，大多數是一些工具和武器。有的圭形石刻，沒有鋒刃，不能作為武器或工具，但他認為仍可能和尖頭直身的戈、邊刃的刀及上端斜刃的刀有關（夏鼐，一九八三）。如果夏氏之說成立，則文獻中西周的圭，當係由實用的器物，轉變為瑞玉。這種用途，或係與西周發展的封建制度，相伴而生？

諸侯的任務是否完成，據說尚須時時考核。《尚書大傳》：「古者圭必有冒……天子執冒以朝諸侯，見則覆之。故冒圭者，天子所與諸侯為瑞也。……無過行者得復其圭，以歸其國。有過行者留其圭，能改過者復其圭；三年圭不復，少黜以爵；六年圭不復，少黜以地；九年圭不復而地削。此所謂諸侯之朝於天子也。」此處的制度，太過完備，倒像戰國以後有了上計制度後的情形，西周未必如此。王國維考證《尚書》〈顧命〉有〈周書顧命考〉、〈周書顧命後考〉及〈書顧命同瑁說〉三篇（王國維，一九五九：五〇—六七，六九—七〇），以為〈顧命〉中：「太保承介圭，上宗奉同瑁」，其圭瑁即是王的信物。所謂同瑁，即古之圭瓚，用來和圭相合，以驗其真偽，牝牡相合，便是真圭，其制可與戰國秦漢的「符」相比。此說如為真，則周人的命圭即不是僅為了禮儀的目的了（楊寬，一九六五：三五八—三五九）。《白虎通》〈崩薨篇〉：「諸侯薨，使臣歸瑞圭於天子何？諸侯以瑞圭為信。今死矣，嗣子諒闇三年之後，當乃更爵命，故歸之，推讓之義也。」《白虎通》以漢時的制度推測，古代未必如此。但諸侯世子嗣位，須再受命，殆是周室的常規，伯晨鼎：「隹王八月，辰在丙午，王命瓶侯白晨曰，𤔲乃且考，侯於瓶。易女秬鬯一卣，……用夙夜事，勿灋朕命。」（白川靜，一九六八A：二九）瓶當即韓。《詩經》〈大雅．韓奕〉，也有一位再受命的韓侯：「韓侯受命，王親命之，纘戎祖考，無廢朕命，夙夜匪解，虔共爾位。」韓的先祖受命北國，並非這位來覲的韓侯。金文與《詩經》的記載互相比證，極為相像，都有策命，都追述祖德，都勉勵受命者夙夜從事，都有衣服旗章車馬之賜。是可互證周代有這種朝覲以俟命的制度。

介圭是在王與諸侯間持以

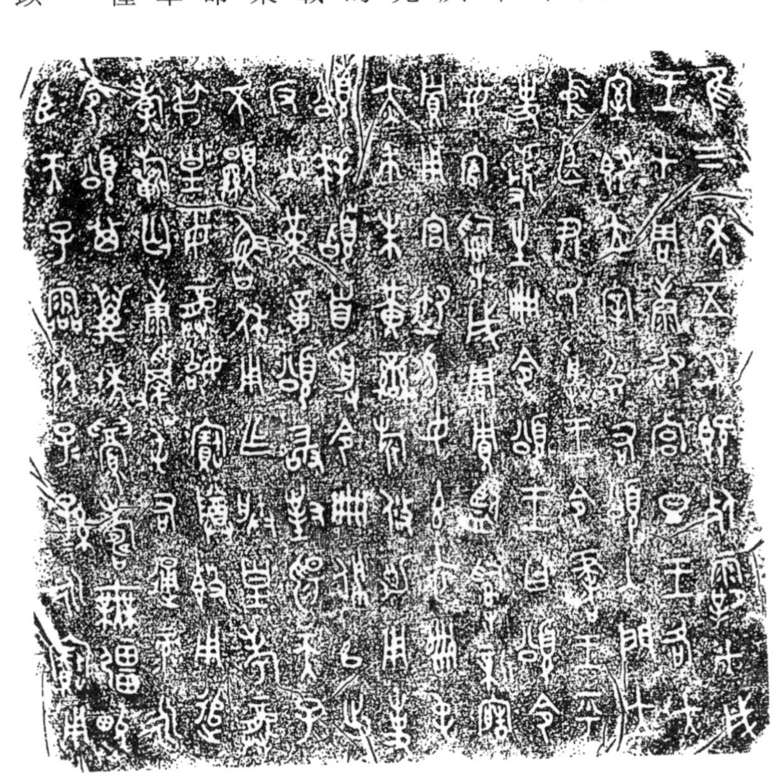

圖 30　頌鼎

為信的玉件，信物卻不限於圭。頌鼎與善夫山鼎兩銘，都提到「反入堇章」的事。頌鼎（圖30）大約是厲宣時代器，頌受命管理成周的倉儲，在受命及奉頒若干服章之賜後，「受令冊，佩以出，反入堇章」，然後稱頌天子，作器以紀念「皇考龔叔，皇母龔姒」（白川靜，一九六八C：一五九—一六四）。善夫山鼎是宣王時器，善夫山在接受管理人員倉儲的命令及頒賜的服章後，也是「受冊，佩以出，反入堇章」，作器以紀念「皇考叔碩夫」（白川靜，一九六九A：三五七—三六一）。兩銘的反入堇章，或同於《左傳》僖公二十八年晉文公受策命後，「受策以出，出入三覲」。《左傳》的三覲，杜注以為作三次見王解。以《左傳》文句與此處二銘對比，都是受策（冊）以後，「出入三覲」或「反入堇章」（白川靜，一九六八C：一六二—一六三）。琱生𣪘二件，第一件提到琱生向召氏進納瑾圭，以報答大宗召氏所贈的大章。第二件中，琱生有典獻，伯氏（召氏）則報之以璧（白川靜，一九七一：八五一—八五三，八七二）。琱生兩𣪘銘文，不易通讀，以可知的部分言，兩銘都有玉件的交換，也提到典冊的紀錄，而玉件的圭，曰大章，曰璧。由此類推，「反入堇章」也與受策（冊）有關係。《尚書大傳》所謂復圭留圭之說，如以各持玉件為瑞信的解釋，「反入堇章」二例，頗可證其不為無據。玉瑞與典策合舉，可能意味著對於受命者可以執策以考核其工作成績。《詩經》〈大雅．江漢〉記錄召虎受策命的事，列數召虎平定江漢的功業，再說到文武受命時，召公的功勞，然後策命召虎，「釐爾圭瓚，秬鬯一卣，告於文人，錫山土田，於周受命，自召祖命。」賜圭瓚的舉動正是肯定召虎合於繼承祖業的資格。周代禮儀，極為繁瑣，其意義也極隱晦。惟以上述諸例梳爬，也可推知策命錫圭之禮，在其雍容進退的表象下，也有執左券以責成功的意義。如以為周代君臣只忙於一些空泛的儀式及套語，只是未作深考的誤解。

周金銘文中有蔑歷一詞，其意義不甚清楚。自來解說甚多，大多在嘉獎勉勵一義上做文章（于省吾，一九五六）。唐蘭以為蔑作功伐，歷作經歷，二字合言，正如後世的伐閱。在彝銘裡被蔑歷或自我蔑歷的人，都不是最上層的貴族，大致只是大夫一級（唐蘭，一九七九）。唐說極有理，穆王時代的長由盉，即有穆王蔑長由及長由蔑歷的語句，長由大約是穆王饗醴井伯時的陪侍大夫，也許還只是井的臣屬，是以有此被誇獎之詞（白川靜，一九六七B：三四二—三四六）。《左傳》襄公十九年：「夫銘，天子令德，諸侯言時計功，大夫稱伐。」其末句正可解釋蔑歷的意義及其限於大夫階層的情形。諸侯不稱功伐，是以周代銅器銘文中沒有蔑歷諸侯的詞句。銘文只記賞賜錫命，不記考核成績，然典策與瑾圭的作用，正寓校課的意義。

結論

彝銘內容王臣受命職司的個例較多，諸侯受疆土人民的個案較少。惟本文列舉諸例，已顯然可見兩種策命在形式上並無二致。如此，則封建諸侯，也是分派特定的職司（李志庭，一九八一）。若以西歐中古封建的契約關係來討論西周分封的封建制度，二者有可以相比處，也有不須相比處。西周諸侯以典策與瑞玉代表相約的任務，以禮物與榮寵申明其責任。這自然已是約定的關係了。諸侯的子孫必須朝覲以再受命，正表示約定的關係仍是存在於王與諸侯個人之間。策命必稱揚祖先功烈及雙方祖先的關係，則又不外重申列代舊約了。西周分封，以姬姜為主，其中已有血親與婚姻的韌帶，休戚相關，其來有自。天子與諸侯，諸侯與臣屬，並不是新發展的投靠與依附。反之，西歐中古歷史，異族一波一波地侵入，舊人與新人之間，及新來的異族彼此之間，原無君臣血親姻婭諸種糾葛。在無秩序中，澄清混沌，建立新秩序，主從之間的權利與義務必須明白規定，也必須在神前立誓許願，以保證彼此信守不渝。這點是西周歷史與西歐歷史相異之處，也因此導致兩種封建制度各有其特殊的形式。

當然，西周的封建社會也有確立個人間主從關係的制度，是即委質為臣的約束。因此，西周的封建制度，一方面有個人的承諾與約定，另一方面又有血族姻親關係加強其固定性。二者相合，遂有表現於彝器銘文的禮儀，禮儀背後，終究還是策名委質的個人關係。上對下有禮，下對上盡忠。史官讀命書，受命者受策。加之以賞賜，信之以瑞玉，正是為了確定雙方的權利與義務。

第六章

西周中期的發展

第一節　康王之世的經營

第五章討論的分封制度，是西周建國工作中重要的一環，基本上，分封諸姬及友姓（如姜姓）的工作，在武王、周公與成王的手上，完成了極大部分。《左傳》昭公二十六年，王子朝追述本朝的歷史，其中敘述西周早期的部分：「昔武王克殷，成王靖四方，康王息民，並建母弟，以蕃屏周，亦曰吾無專享文武之功，且為後人之迷敗傾覆而溺入於難則振救之。至於夷王，王愆於厥身。諸侯莫不並走其望，以祈王身。」在康王夷王之間，空白了一大段。這一段正是西周中期，而在厲王奔彘，共和以後，應算是西周的晚期了。近來出土的史墻盤，對這一段也有簡略的敘述，緊接在成王肇徹周邦的下文：「𣶃𢠸康王，兮尹啻彊。弘魯邵王，廣𢾔楚荊，隹寏南行。𥁕覠穆王，井帥宇誨，䌛寧天子。天子𩰬𡳛，文武長剌……厚福豐年，方緣亡不𡚬見。」（白川靜，一九七九：三四九—三五五）銘中的當今天子，無疑即是共王。本章即以第一段時期內周的大事為主題，尤其著重在西周王室向四方擴張的工作及周人與其他文化的關係。

康王息民，這是一個休息的時代。金文中諸王，共懿的名號，都曾見過，康王的名號卻在此第一次出現，白川靜以為召彝銘中的休王即是康王生號（白川靜，一九六五：四七八），康則是諡號。「休」在周代銘辭中是休善的意思。歷史只說成康之世刑措不用四十年，是西周的太平歲月。史墻盤銘對康王之治只能說「𣶒𢡖」，說他「兮尹啻彊」，看來頗為空泛。其實康王之世並非如此無可稱述。

說到分封，上引《左傳》昭公二十六年，康王也曾並建母弟。以後世可知的國名稽考，陳槃追究春秋列國，諸姬中有三十四國封於武王成王及周公之世。加上姜姓、子姓及召公之後，又有至少五六個列國。陳氏列國爵姓的研究中，可考為康王王子的只有焦賈兩國。成王之子，康王母弟的國，一個也找不著（陳槃，一九六九）。如以這一統計言，康王之世似乎沒有再舉行大規模的分封。但史墻盤中的「兮尹啻彊」，如按裘錫圭解釋為「分君億疆」，亦即分封諸侯鞏固周疆的意思。如此，則康王的功業又顯然以分封疆土為主要可記述的大事了（裘錫圭，一九七八：二七）。其實，周初分封，也本來不僅三四十個姬姓諸侯。《荀子》〈儒效篇〉：「（周公）兼制天下，立七十一國，姬姓獨居五十三人。」《荀子》原文列分封之事於周公名下，大約也只是以周公為建立周朝制度的「箭垜子」，其實這七十一國，當是周初列代所封。周初五十三個姬姓國，現在所知的只有三十多國，其中封地又幾乎都在鎬京到成周一條軸線上及其兩側（李亞農，一九六二：六二七）。其餘的二十個左右的姬姓諸侯到哪裡去了？這些諸姬，可能即是封在稍微偏南的地方。

《左傳》僖公二十八年，「漢陽諸姬，楚實盡之」；又定公四年，「周之子孫在漢川者，楚實盡之」；都已是追述往事。然而至少在僖公二十年，「隨以漢東諸侯叛楚」，則漢東還有一些新服屬於楚而未十分甘心的舊諸侯。隨是否姬姓，是一疑案，高士奇根據《左傳》定公四年，吳人向隨索取逃隨的楚昭王之辭，以為隨是姬姓。陳槃則據僖公二十八年，諸姬已盡的說法，致疑於隨是姬姓之後（陳槃，一九六九：二〇九）。一九七九年，隨的故地，湖北隨縣，出土了一批春秋墓葬和銅器。其中有一件戈，銘文：「周王孫季怠孔」，另一件戈，銘文：「穆王之子，西宮之孫，曾大工尹季怠之用」（隨縣博物館，一九八〇：三六）。這個墓葬，離一九七八年出土的曾侯乙墓相去不遠。其時代應為春秋中期，楚滅陳（西元前四七九年）以前（同上：三八）。是則曾國即是周王之後，傳世頗久的曾侯簠是曾侯為叔姬嫁往黃國所製造的媵器，更可證明曾是姬姓之國（李學勤，一九八〇：五五）。或謂曾即是隨，因為隨縣是隨故地。但古代的國家甚小，疆界未必與後世縣界相同，曾與隨是否同國，猶待更進一步的資料。西周末期到春秋早期的曾國，文物斐然可觀（鄂兵，一九七三；隨縣考古發掘隊，一九七九），《春秋》經傳皆未見及，卻是姬姓諸侯。類此的其他姬姓當仍不少，大約均在楚人擴張過程中被楚併滅了，於是國名不見於典籍。

曾國是穆王之子的後人，漢上淮上的諸侯，包括同姓與異姓，甚可能大都是在康王以後的西周中期分封。在周初武王成王之時，周人經營的方向是東方及北方，而在中期，西周經營的方向是南方。南方又可分為偏東的淮上及偏西的漢上兩個地區，而前哨據點都可遠抵江干。西周中期的王室對於西方與北方，也不是全無行動，只是以周的戰略言，大致是在西北採守勢，在東南取攻勢。

西周對於東南的經營，典籍記載不多。成康南征的事，只有《竹書紀年》康王十六年，「錫齊侯伋命，王南巡狩至九江廬山。」這一段記事，恰和丹徒煙墩山出土宜侯夨毀的記載符合。宜侯夨毀：「□□珷王成王伐商圖，徃省東或圖。」（白川靜，一九六五A：五三四－五三五）陳夢家初以為成王是生稱，則此器是成王時物，但大多數的解讀，都以珷王成王連讀，銘文遂為後世追述武王、成王時立國的事蹟，則此器為康王時物了。宜侯由虎侯徙封南方丹徒附近，發生在康王南巡江上時，自然也頗說得過去。

周初名器有大盂鼎、小盂鼎二件。陳夢家等人根據形制內容各方面考訂，均當是康王時物，尤其小盂鼎銘中用牲於武王、成王的句子，更可知已在康王之世（陳夢家，一九五六A：九三）。大盂鼎記載了盂受賜車服，並受命「敏誎罰訟」及視察疆土的使命（白川靜，一九六五C：六六六）。小盂鼎今已亡失，銘文拓本訛落亦多，不易通讀，但由內容大概仍可知是一項在二十五年獻禮的記載。大致內容：盂征伐鬼方得勝歸來，獻俘於王，也告捷於宗廟，王廷的大小官員都參加這一隆重的儀式。盂呈獻的戰果，包括「執嘼二人，隻聝四千八百□十二聝，孚人萬三千八十一人，孚馬□□匹，孚車卅兩，孚牛三百五十五牛，羊卅八羊」（白川靜，一九六五C：六九一－六九二），戰果列單之後有一段缺泐太多，文意不明，又接下去「執嘼一人，孚聝二百卅又七聝，孚人□□人，孚馬百四匹，孚車兩□□」，似是第二次戰役的戰果

（同上，六九三）。盂征鬼方，有如此大的戰果，可知由商代以來即是北邊強族的鬼方，頗受重創。盂的戰果分為二次呈獻，如果第二役是第一役以後的掃蕩，則由第二役獲馘之數遠少於第一役，當可覘知，第一役之後，鬼方力量已大不如前。同時，征鬼方可以俘獲萬餘人，雙方出動的戰鬥及後勤人力，必然極為龐大。《史記》失載此事，殊為奇怪。康王在位年數，據傳統的說法是二十六年。小盂鼎係年在二十五年，自然已在康世的結束期。大約終康王一生，南巡到過江干，北伐則大敗過鬼方，真要說「天下安寧，刑措四十餘年不用」，可能只指成王後半期及康王前半期而言。

周初青銅器班𣪘，久已失落，十年前又在廢銅堆中找出來（第五章，圖24—26）。銘文字句，得由原件查封（郭沫若，一九七二）。班𣪘銘文記載毛公東征的事蹟。大致意思，周王命令毛公接替虢城公掌管繁、蜀、巢三地的政令，統率「邦冢君、土駿、□人，伐東國痟戎」，並命令吳伯率師為毛公左翼，召伯為右翼，另外由趞率族從征，擔任近衛，三年之後東國平靜了，毛公派人告捷。這位作器者名字為班，自號是文王王姒的聖孫，為了紀功而作（郭沫若，一九七二；白川靜，一九六六B：三四—五九）。班𣪘的時代，有謂成康時器，有謂昭穆時器。斷定此器時代的關鍵是毛公與班為同一人還是兩個人。唐蘭以為班是毛公的子侄輩，則器為康昭之世物（唐蘭，一九六二：三八）。但器雖可晚至昭穆之世，這件東征之事卻是追述毛公任統帥時的戰役，仍可能是早到康王之世的事。黃盛璋以為這件事發生在康王二十五年以後，應屬昭王初年，小盂鼎中反映的國力，周仍可獲得重大戰果，而在昭王之世，周人戰鬥力不如前，於早班毀反應的只是一大堆空話，卻沒有具體的戰果可說。東國反叛，三年才平靜，也可覘見規模之大了（黃盛璋，一九八一：七八）。

第二節　昭王與南征

昭王之世的事情就多了。史墻盤：「弘魯邵王，廣𢿌楚荊，隹寏南行」，著重了昭王南征的事蹟，符合傳統上昭王伐楚的記載。其實昭王之世的北疆，也不很寧靜。新近在河北元氏西張村出土的臣諫毀：「隹戎大出於軝，井侯搏戎，誕令臣諫以□□亞旅處於軝從王□□。□諫曰拜手稽首。」據李學勤考訂，此器為昭王時作。臣諫受命率師駐防軝國，輔助邢侯搏擊「大出」的戎人（李學勤等，一九七九）。是以當時北邊的戎患，頗仗北路諸侯抵擋。

至於昭王南征的記載，史籍金文頗為不少。《史記》〈周本紀〉：「昭王之時，王道微缺，昭王南巡狩不返，卒於江上，其卒不赴告，諱之也。」《竹書紀年》：「（昭王）十六年伐楚，涉漢遇大兕；十九年，……祭公辛伯從王伐楚，天大曀，雉兔皆震，喪六師於漢，王陟。」這一件事，是當時人所周知的公案。《左傳》僖公四年，齊桓公伐楚，楚人來問罪狀。管仲答覆：「昔召康公命我先君太公曰：五侯九伯，女實征之，以夾輔周室，賜我先君履，東至於海，西至於河，南至於穆陵，北至於無棣。爾貢包茅不入，王祭不共，無以縮酒，寡人是征。昭王南征而不復，寡人是問。對曰：貢之不入，寡君之罪也，敢不共給。昭王之不復，君其問諸水濱。」管仲之問，楚人之答，都證明了昭王南征不復的事，無可疑問。

金文中伐楚的銘辭不少。⿱亯壴𣪘：「⿱亯壴從王戍荊，孚，用作鑅𣪘」（白川靜，一九六六A：七七三）；過伯𣪘：「過白從王伐反荊，孚金，用作宗室寶⿰阝尊彝」（同上：七七六）；⿰夫戈𣪘：「⿰夫戈駿從王南征，伐楚荊。又得，用乍父戊寶𣪘彝」（同上：七七八）；及小子生尊：「隹王南征，才□，……小子生易金，鬱鬯，用乍𣪘寶⿰阝尊彝，用對揚王休，其萬年永寶，用卿出內事人」（同上：七八二—七八四）。諸器時代，陳夢家列在成王之世，認為與安州出土的「中」氏諸器，同樣記載武庚之叛，南方熊族響應，成王南征伐楚的事（陳夢家，一九五六A：七七）。唐蘭則以為這些銘文都與昭王南征有關（唐蘭，一九六二：三七）。白川靜根據花紋及書法的特點，也將小子生尊各器歸入昭王時代（白川靜，一九六六A：七七二，七八二，七八六）。中氏諸器記及伐虎方，而荊從未有虎方的稱呼。伐荊之役不能與陳夢家所舉中氏諸銘相涉（同上：七九二）。以上⿱亯壴𣪘諸銘都提了「孚金」，有人遂以為昭王南征的目的即在於打通南方金屬產地的運輸路線，並且舉證曾伯霥簠：「克逖淮夷，卬爕⿱繁邑湯，金道錫行，俱既俾方」；及晉姜鼎相似的銘文，謂晉人曾人曾經同伐淮夷，為了南方多錫金（唐蘭，一九六二：

三七；郭沫若，一九五七：一八六）。這時的南國或南方，大致仍指漢淮之間的地區，還未到春秋以後楚國所在的江漢地區。

另有一組與師雍父師屖父有關的器銘，不少涉及征伐淮夷的事。如競卣：「隹白屖父以成師即東命，戍南夷。」（白川靜，一九六七：一五四）甗鼎：「隹十又一月，師雝父省道，至於䵼，甗從。」（同上：一七八）有人謂䵼即徐舒，淮上大邦，也有人謂䵼是姜姓的甫，為周人南征的支援據點。又遇甗：「隹六月既死霸丙寅，師雝父戍在古𠂤，遇從，師雝父，史遇使於䵼侯，䵼侯蔑遇歷，易遇金，用乍旅甗。」（同上：一八四—一八六）由此銘可知，䵼侯是與周人友好的諸侯，又不在戰地，方才必須有人特地訪䵼為使者；甫是姜姓四大國之一，徐舒正是淮夷一家，則遇奉使的䵼當以甫的可能性較大。另有臤觶，也記師雝父出征事：「隹十又三月既生霸丁卯，臤從師雝父戍於𠭯𠂤之年。」（白川靜，一九六七：一九〇）𠭯即古𠂤，同為師雝父駐戍的地點。稽卣也提到此處：「稽從師雝父，戍於古𠂤。」（同上：一九五）而彔𣪕：「白雝父來自䵼，蔑彔歷。」（同上：一九九）又提到䵼地。錄的另一器錄𢦚卣，更說明了此役的目的：「王令𢦚曰，𠭯淮夷敢伐內國，女其以成周師氏，戍於𠭯𠂤，白雝父蔑彔歷，易貝十朋。」（同上：二〇二—二〇四）聯繫這一批材料，陳夢家以為周軍的師雍父統帥，六月戍於由。命遇使於甫，十一月師雍父省道至於甫。淮夷入侵，彔奉王命戍於由。由即古𠂤。陳氏並以為由即《詩經》〈揚之水〉：「戍許」的許。陳氏的斷代，以花紋中的大鳥形為標準，定諸器為康王時物（陳夢家，一九五六C：一〇七—一一一）。但白川靜則斷代為昭王時代，以為伯㦰卣銘文賜車馬與西周後期同，字體也接近穆王時代的作風（白川靜，一九六七：二二九）。茲以昭王時對於淮漢地區的活動較多，故仍列這一批器於昭王之世。

一九七六年扶風莊白又出土了幾件有關伯㦰的銅器（圖31），其中兩件是㦰追述與淮夷作戰的武功。方鼎二：「㦰曰烏呼王唯念㦰辟刺，考甲公，王曰肇吏乃子，㦰虎臣禦滩戎。」又𣪘一：「隹六月初吉，乙酉才[业土]𠂤，戎伐[君馬又]，㦰率有司師氏[亻弇]追禦戎於棫林，博戎[甚夫]。朕文母競敏啟行，休宕厥心，永襲厥身，俾克厥啻。隻馘百，執[口虎系]二

鼎銘文

𣪘銘文

圖31　伯㦰

夫，孚戎兵、豎、矛、戈、弓、備矢裡、胄，凡百又卅又五叙，孚戎孚人百又十又四人。衣博旡斁於𢦏身。」（扶風縣文化館等，一九七六：五二，五三）唐蘭認為這次濰夷的戰爭，直抵棫林，即西鄭附近，𢦏奉命率王的近衛虎臣堵截，俘獲了敵人百餘，武器稱是。他認為濰戎是居於涇洛一帶的西戎，而不是淮夷（唐蘭，一九七六A：三三—三四，三八）。原報告人則仍以為是伐淮夷的戰事，而且認為是西周中期器（扶風縣文化館等，一九七六：五五）。這一批新出的銘文，足可補正陳夢家集合的南征諸器，說明昭穆之世，周人在淮夷方面也不是完全主動，淮夷也曾遠侵到內地。

昭王十九年南征，在江上淹死了。然而在六師俱喪前，昭王做到了懾服南方的工作，宗周鐘：「王肇遹省文武堇彊土，南國𠬝子，敢臽虐我土，王敦伐其至，𢦏伐厥都，𠬝子乃遣閒來逆邵王，南夷東夷，具見廿又六邦，隹皇上帝百神，保余小子，朕猷又成亡競，我隹司配皇天王，對乍宗周寶鐘。」（白川靜，一九六七A：二六〇—二六九）本銘中的𠬝子，據楊樹達的意見，是經傳中的濮，也就是《左傳》文公十六年提到的百濮（楊樹達，一九五九：一三六）。總之，當是南方一個邦國的君主。周人討伐後，能令東夷南夷二十六邦都來朝見，周的聲威，可謂已到頂點。至於銘中邵王，自然是昭王無疑，或謂「邵」作「見」解，是動詞。但來逆邵三個動詞相疊，詞意不順（郭沫若，一九五七：五二）。昭王此舉，當在十九年南征前，也可能在接見了百濮君長後，繼續南下，疏於防備，遂至有江上的大敗。盛極而覆，西周再經過穆王一代，也就漸次衰微了。

第三節　穆王之世

穆王以喜歡出遊著稱。《左傳》昭公十二年：「穆王欲肆其心，周行天下，將皆必有車轍馬跡焉。」為此，中國第一部小說《穆天子傳》，傳述了穆王駕八駿見西王母的故事，事屬不經，茲不具論。穆王之世，南方仍不很平靜。《後漢書》〈東夷傳〉記載了徐偃王的傳說：「徐夷僭號，乃率九夷，以伐宗周，西至河上，穆王畏其方熾，乃分東方諸侯，命徐偃王主之。偃王處潢池東，地方五百里，行仁義，陸地而朝者三十有六國。」據傳說，穆王在得到善馬後，令造父禦以告楚，一日而至，於是楚人大舉兵而滅徐。白川靜舉班毀銘文毛伯三年靜東國的事與徐偃王傳說相比證（白川靜，一九七七：六七—六九）。然而《穆天子傳》是小說，其中人物未必可信，班毀的班未可遽訂為穆王之世的毛公。即使毛公班為穆世人物，班毀明明追述班受命於統帥毛父的經過，班的輩行低於毛伯，則毛伯靜東國的事，不當在穆世，已如前文所說。

昭公雖在南征中犧牲了，周人在南方的勢力則自此而穩定。淮夷成為經常向成周納貢的屬邦。說將詳於〈西周的衰亡與東遷〉一章。周代的東夷南夷，包括淮漢兩河域的大小夷族，其中也有若干《春秋》經傳的淮上漢上的列國。春秋時代的楚，在西周時還未擴充至此，是以楚人可以把昭征不復的事推諉不知，「君其問之水濱」。西周建國之初，征東夷的目標，包括山東沿海，以至淮上一帶。東邦寧靜了，康昭二世的問題在南淮夷，亦即淮上的夷人。金文東夷南夷互見，其故即在淮夷地當成周的東南方。自昭王以後，淮夷大致賓服。西周再度有東南之患，當已在夷王孝王之世了。

穆王對於西北，也有一番征伐。據《史記》〈周本紀〉及《國語》〈周語〉，穆王將征伐犬戎，祭公謀父認為不可輕舉妄動。祭公謀父除了用耀德不觀兵為理由外，還特地提出犬戎自從大畢伯士二君以後，對周職貢不虧，而彼時的犬戎國君樹敦也能率舊德，必有以防禦周人之道。穆王不從諫。用兵的結果，僅獲得四白狼、四白鹿，外藩卻從此不來朝周了。這一段史事，在金文銘辭中未見有可以比證的史料。存此以見穆王時周人國力的充沛。

穆王獲八駿，遂由造父駕御遨遊的傳說，自然不能據為典要。但當時重視馬匹的蕃息，則有新出的盠駒尊可以作為證明。盠駒尊是在郿縣出土的，器形是寫實的馬形（圖版18）。銘文：「隹王十又二月，辰才甲申，王初執駒於𢊁，王乎師豦，召盠，王親旨盠駒，易兩。」（圖32）尊蓋上有兩銘，一是：「王⿰吮系⿰句馬𢊁，易盠⿰句馬，用厥雷，騅子。」另一銘：「王⿰吮系句騎，易盠⿰句馬，用厥雷，駱子。」（白川靜，一九六七B：三二四—三三三）執駒是周王親自參與的禮儀，象徵對於蕃殖馬匹的重視。為了禮儀而作的銅器作馬形，賞賜的禮物也是兩匹小馬，而還特地標出幼馬的品種（郭沫若，一九六一：三一二一—三一九）。賜馬成兩，似作駕車用，不是作為祭祀的犧牲。大鼎：「隹十又五年三月既霸丁亥。……王乎善夫騣，召大以厥友，入攼，王召走馬雁，令取雒騆卅二匹，易大。」（白川靜，一九七〇：五八三）此器為懿孝時物，易馬卅二匹，恰合八乘，顯然也是駕戎車用的。盠駒尊和大鼎銘都提到「庋」或「攼」，該地大致是周王室的牧場所在，有「走馬」主持。穆王時對馬政的重視，可能遂衍生了造父調養八駿的傳說。今本《竹書紀年》孝王「五年，西戎來獻馬；八年，初牧予汧渭」；未知所據。夷王「七年，虢公帥師伐太原之戎，至於俞泉，獲馬千匹」。則有《後漢書》〈西羌傳〉引佚文，當是汲冢原文。大致西周對西北用兵，獲取馬匹也是原因之一，主要馬源仍仗在牧地蕃息。《史記》

圖 32　駒尊

〈秦本紀〉，周孝王使秦的祖先非子在汧渭之間主持馬政，正是為了這個目的。同時，非子一家既善養馬，又能使「西戎皆服」，遂得封於秦。這段故事適足以反映渭水上游牧地西戎與華人雜處的情形。

第四節　共懿孝夷四世

共王、懿王、孝王、夷王四世，周政乏善可陳。《國語》〈周語〉共王滅密，《史記》〈齊世家〉及《公羊傳》莊公四年，並記夷王烹齊侯哀公於鼎。西周仍頗有力量可以處置諸侯。但共王以下四王的繼承，不循周室長子繼承的傳統。共王死了，子懿王即位，懿王死了，卻由共王弟即位，是為孝王，孝王死了，諸侯復立懿王的太子為夷王。王室多故，諸侯干涉王位繼承。夷王可能頗符人望，《左傳》昭公二十六年，王子朝敘述列王，說到「至於夷王，王愆於厥身，諸侯莫不並走其望，以祈王身」。但王威陵夷，也由夷王開始。《禮記》〈郊特牲〉：「下堂而見諸侯，天子之失禮，由夷王以下。」受諸侯擁戴而得王位，恩出自下，對諸侯也就擺不起天子的威風了。西周中期，這四王的時代，錫命之禮頻繁，官職的制度也時有發展，凡此均見次章。恩命頻繁，職官猥多，國力在浪費中漸漸消耗，都是周政將敗的徵象。

對外關係方面，北邊外患日亟，《漢書》〈匈奴傳〉：「懿王時王室遂衰，戎狄交侵，暴虐中國，中國被其苦。」今本《竹書紀年》懿王二十一年，虢公帥師北伐，犬戎敗逋，及前引夷王七年虢公伐大原之戎，獲馬千匹。大致只記勝利而不記敗績。此時可能為了國力不充，已有培植京畿強藩以資捍衛之事。善夫克即是此中顯著的例子。在克氏諸器中，大克鼎記受賜大批土地人民，小克鼎記受命遹正成周八師，克鐘記載：「王親令克，遹涇原，至於京師」（白川靜，一九六九C：五〇四，五一五，五三六），克氏遂為岐山強族，一時收拱衛的功效，終久則成本末倒置的形勢。這樣的強族越多，周王室的權威也就越小了。

對於南方，周王也有不少事故。新出的啟卣：「王出獸南山，寏迺山谷，至於上医滰川上，啟從征」；啟尊：「啟從王南征更山谷，在洀水上」（白川靜，一九七八A：一八七—一八九）。由關中向南，進入渭南漢中谷地，是為南山，南山的水路，大都為漢水的上游。啟從周王南征，可能由漢水出荊楚。或謂啟南征是扈從昭王（齊文濤，一九七二）。但另一件也有「上医」行宮地名出現的不𣄰鼎，由其花紋器形判斷，當是穆王、共王時器（周文，一九七二）。則啟諸器的時代也當在穆共之世了。周王出漢水上游南征，自然是為了荊楚一帶的經營。

一九七四年在陝西武功出土的駒父盨蓋：「隹十又八年正月，南仲邦父命駒父即南諸侯，逹高父見南淮夷，厥取厥服，堇夷俗，㒸不敢苟畏王命，逆見我厥獻厥服，我乃至於淮，小大邦，亡敢不囗具逆王命。四月，還至於蔡，乍旅盨，駒父其萬年，永用多休。」（白川靜，一九七八：二二三—二二四）原報告人繫此器於宣王，把銘中的南仲邦父認為即是《詩經》〈大雅．常武〉的「南仲大祖，大師皇父」（吳大焱等，一九七六）。然而駒曾在師奎父鼎出現，職務為內史。師奎父鼎是井伯諸器之一，為共王或孝王之時物（白川靜，一九六八：五一五—五一七）。駒受命巡視諸侯，也是西周中期內史常任的差遣。高父大約是主管南淮夷事務的常駐官員，由他率領南淮夷大小邦來見。南淮夷貢獻如命。本銘可貴處，在於第一次有巡察索貢於南淮夷的記載。南淮夷仍保留了邦國的組織，但有周人專司監督的高父常駐。駒回程在蔡停留。蔡是姬姓諸侯比較接近淮上地區的大國。春秋時代，蔡不能抵抗楚國的壓力，折而為楚的附庸。在西周中期，蔡大致仍是周人經營南方的重要據點。

漢水流域以至長江中游的若干小國，在西周中期也服屬周人。伯𣪕：「隹王九年九月甲寅，王命益公征眉敖，益公至告，二月眉敖來見，獻貴，己未，王命中，致歸𠂹白𧊒裘，王若曰，𠂹白朕丕顯玟斌，雁受大命，乃且克桒先王，異自他邦，又芾於大命，我亦弗□享邦，易女𧊒裘。𠂹白拜手𩒨首天子休。弗望小裔拜，歸夆敢對揚天子不丕魯休，用乍朕皇考武𠂹幾王尊𣪕，用好宗朝，享夙夕，好倗友雩百者婚遘，用𢉼屯彔永命魯壽子孫，歸夆其邁年，日用享於宗室。」（白川靜，一九六九：二八三—二九一）此器或以為立於宣王時，但由夷王時有王年諸器的曆朔合算，頗能符合，故仍以為夷王時器（同上：二八三）。𠂹疑為楚國的芈姓，均從羊。歸子（夔子）本是芈姓。據《左傳》僖公二十六年，夔子先王熊摯，以有疾而不能嗣位，自竄於夔。楚與夔的關係並不良好，這一年楚遂滅了夔。楚國國君號為敖之例，所在多有，如莫敖若敖之類。眉敖，當即微國的國君，地當川東。則此銘內容，周人征眉，眉敖來見而且獻納貢賦。中又奉命賜歸伯皮衣，追述其由遠方歸順的先德。芈伯仍自稱小裔邦（小夷邦），足知是蠻夷之國。

結合鴅父盨蓋及𠂔伯鼎銘，可知西到川峽，東到淮上，都已歸屬西周，為獻貢納賦之臣。西周中期能有此威勢，自然是由周初以來列代經營的後果。至於周人經營的路線，大約以蔡為基地，監督淮上，甫呂為基地監督漢上。成周則是兩線的後方支援。由宗周出南山，順漢水東出，折而達川東與鄂西，則是經營後世楚地的一條路線。遠到長江流域的下游，宜侯及吳國當然也代表了周人政治勢力的前哨，但二者離北方平原太過遼遠，恐也不能發揮多少作用。

第五節　文化圈的擴大——北面與西面

以上所說是政治力量之所及。若以文化的影響力而言，周人的文化圈範圍則又不同了。茲先討論北方的情形。一九五六至一九六四年間，在赤峰藥王廟和夏家店的考古工作，逐漸理出頭緒，考古學家認識了沿著後日長城線左右分布的夏家店文化。夏家店文化下層是龍山文化的

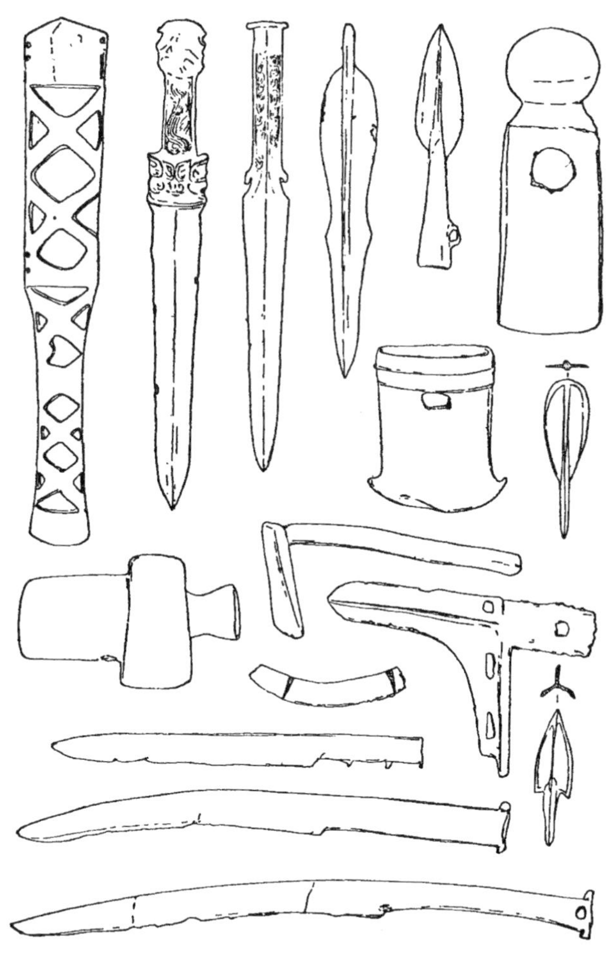

1 劍鞘；2-4 劍；5 矛；6 鎬；7、8 斧；9 鋤；10-13 刀；14 戈；15、16 鏃
1-13 寧城南山根 M101；14-16 赤峰夏家店M 12

圖 33　遼寧夏家店上層文化青銅武器與工具

變種，夏家店上層文化大致與西周相當，但與夏家店下層文化之間沒有明顯的繼承性與連續性。前者是屬銅器時代的一種北方民族文化遺存。青銅器有銅胄、戈、短劍和圓飾牌，銅器常在石槨墓出土。夏家店上層文化基本上是農業文化，兼營一些畜牧業和狩獵業（圖33）。文化的主人大約即是中國史書上的山戎和胡人（文物編輯委員會，一九七九：七一—七二；夏鼐，一九六四）。

在遼西，夏家店下層文化的下限不能晚於晚商，夏家店上層文化的上限不能早於中周晚期（喀左縣文化館，一九八二）。在這個過渡時期，中國的西周文化時時侵入。自一九五五年喀左馬廠溝出土商周銅器窖藏以來，至今在其附近已另有十餘處發現，分布遍及遼西，跨過遼河兩岸。西周早期銅器主要是喀左出土的幾批窖藏，時代都不晚於康王。西周在這幾個地點的大族，顯然都與北京附近燕國有關。器物形態以中原作風為主，又表現若干地方特點。撫順新民一帶的墓葬，也有若干銅製刀斧及車馬器出土，大都是西周早期形態，也有未見於中原的甲飾。遼寧銅器大都能與北京附近出土的西周早期銅器相比。陶器以紅褐色為主，三足器甚發達，凡此都表現接受中原文化影響，但仍保持地方特點。西周晚期到春秋時期，遼寧夏家店上層文化卻呈現了強烈的獨特作風。青銅短劍不僅量多，而且具有當地的發展方式。一般認為這批青銅短劍遺存的族屬是山戎與後世的東胡（文物編輯委員會，一九七九：八八—九二）。整體來說，遼寧的西周文化分布，大約與周初召公建立燕國有關。到西周晚期，地方特色增強，相對的，中原的影響就比較不很突出了。

河北方面，夏家店上層文化分布在北京一帶，但燕國的中心也在這一地區。黃土坡燕國墓地出土了不少銅器，證實了燕在這一帶確是中原文化的中心。昌平白浮村的三座木槨墓中出土了若干鷹首馬首的青銅短劍（圖34），則又是此地中原文化受草原文化影響的證據了（文物編輯委員會，一九七九：四—五）。在沿著渤海的天津一帶，夏家店下層文化的上面，沒有突變的跡象，但也有一些西周文化陶器特徵出現（文物編輯委員會，一九七九：二三—二四）。這一現象說明周人在當年燕國的地區，只移殖開拓了燕國城邑附近及東延到喀左遼河的一線。西周的政治及文化影響，大致都是點狀與線狀的發展，占有了以北京為中心，包括東到遼寧凌源，南到滿城元氏，西到蔚縣的一個地區。元氏以南邢國的邢侯，在昭王時代，還須與戎族作戰（文物編輯委員會，一九七九：三九；

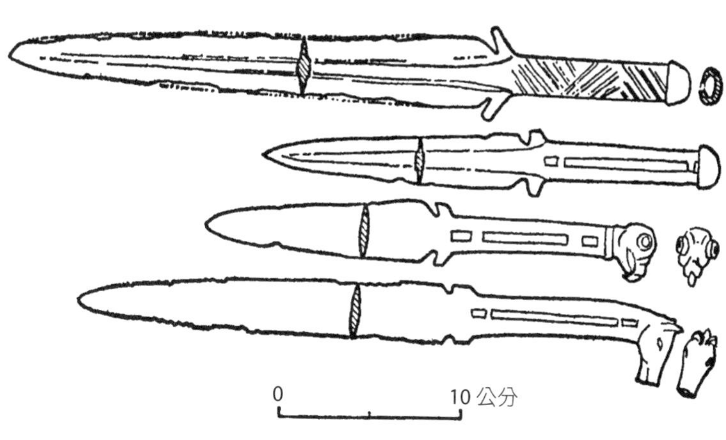

圖 34　北京昌平白浮村西周早期墓出土的青銅短劍（M3：22）

李學勤等，一九七九）。

夏家店上層文化分布的地區，在承德、唐山、張家口等處發現數十個遺址。遺物都與中原文化的遺物不同。灤平苘子溝的土坑墓七十餘座，出土的文物有千餘件，死者頸下多佩有「鄂爾多斯」青銅器，有蹲踞虎形、蛙形、羊形等青銅牌飾及各種形制的青銅短劍、銅泡等，代表了草原文化的特色。夏家店文化的主人是山戎，以該文化分布的情勢言，周初的山戎已控制了老哈河、大淩河、灤河、潮白河等流域，時時會威脅燕國。春秋初期，齊桓救燕救邢，對手都是山戎。足見春秋時代山戎之強大（文物編輯委員會，一九七九：四〇）。是則在西周末年時，周人在今日河北境內，大約只剩下燕國邢國這幾個孤立的據點，中原文化的影響也不能與當地的夏家店上層文化抗衡。在中原東北方的情勢來說，中原文化恐怕從西周早期的開張，已變化為晚期的退縮了。

山西山地是中原直北的地區，西周文化在山西的遺存卻不多。主要的只有洪洞的一批青銅器，此外則是聞喜翼城等處西周晚期的銅器，侯馬有晉國早期到晚期的都邑。凡此只在晉南，最北也不過汾水中游。反之，沿著黃河與陝北相接的保德、靈石、石樓等處，早在商代即已有不少草原文化遺存（文物編輯委員會，一九七九：五八）。大約晉國與若干姬姓諸侯，在山西捍衛黃河北岸，也只能做到保住晉南地區，更北便是戎狄之所居了。

更往西去，在今日甘肅境內，與西周同時代的土著文化有湟水、洮河的辛店文化及洮河、隴山一帶的寺窪─安國文化。兩者都有長遠的新石器文化傳統，其主人當是羌氏（夏鼐，一九六一）。西周文化侵入隴右的考古學證據頗為眾多，其中最重要者是隴西的西周居住遺址，及靈台與平涼兩縣的數十座西周墓葬。靈台遺址有不少西周青銅禮器出土，車馬坑似為燎祭，然後埋入車馬。出土的兵器，構造奇特，不見於別處。青銅短劍，有形狀奇特的劍鞘、鏤孔、飾牛、蛇和纏藤。鑄虎紋的戈也為西周時代所少見。靈台墓葬的時代是西周早期及中期，即康王至穆王的時期。靈台縣春秋時代的遺址，大約是秦國的墓地，排列嚴整，卻只有玉器石器及仿銅的陶明器（文物編輯委員會，一九七九：一四四─一四五；甘肅省博物館，一九七六，一九七七）。靈台居涇水流域，應是周人可以到達的地區，西周遺址的禮器，均為常見之物。但虎紋、燎祭及紋飾奇特的劍鞘，凡此都已帶異文化的色彩了。墓中出土的玉石人形，一件裸身站立，髮髻如盤蛇，飾虎頭；另一件髮上有帶歧角的高冠。二者都不是周人的髮式。原報告人以為奇特的兵器為了處死戰俘，而玉人則是異族俘虜的形象（甘肅省博物館，一九七七：一二五─一二七）。無論如何，這些異族色彩的存在，至少說明了靈台已是周人與異族的接觸點，應是周文化領域的邊陲了。虎在羌人文化中占重要地位，靈台器物多虎飾，可能即因接觸最多的異族是羌人之故。青銅短劍的劍身有紋飾，劍鞘三角形，有鏤孔的牛蛇纏藤的紋飾，鞘背有帶漆木板。西南夷的古劍也正是如此，劍身有動物或幾何紋飾，鞘作三角形，一邊是帶漆木板。兩者之間的肖似，不能謂偶然。西南夷的銅劍，大約在其發展過程中接受了羌族的影響

（童恩正，一九七七：四二—四三，五二—五三）。靈台的銅劍也說明了曾有過同樣來源的異文化影響。

第六節　文化圈的擴大——南面與東面

四川盆地的古代文化成分複雜，巴蜀兩個系統也很不相同。在這個萬山環繞中的盆地中央，卻也有過殷周青銅器。至今最著名的考古發現，一是新繁水觀音遺址，是居住和墓葬相連的遺址。由遺存器物反映，當時經濟生活仍以石器工具為主，狩獵仍是重要的補充。出土的銅器有斧劍矛戈鉞等物，戈矛形制與河南殷器相似。這個遺址的時代大約是殷周之際。另一批重要的商周遺物則是前後均在彭縣出土的窖藏。器物花紋形制與中原青銅器大致相似。有一件渦紋罍，形體、體積、花紋，基本上與遼寧喀左出土的商周器相同（圖版19）。銅觶底的銘文是以干支為名的人名。戈矛兵器的形制，均為西周的特色，未見春秋以後形制出現，更可說明其所屬的時代，最晚也不能晚於西周末季。有銘文的兩觶饕餮紋尊，純粹是中原銅器，不由貿易得來，即由戰爭掠獲。一套列，雖形制與花紋酷肖晚殷和早周器物，但具濃厚的地方風格，當在蜀地本土鑄作（馮漢驥，一九八〇；四川博物館等，一九八一）。成都出土的龜甲獸骨，其鑽孔和燒灼痕，與殷墟骨甲一樣。而廣漢出土的玉件，璋璧圭琮，也是殷周禮器中常見的（文物編輯委員會，一九七九：三五〇—三五一）。

這些發現都在成都盆地出土。成都盆地是四川的精華。由渭水流域入川，須穿越山地，但也不是不可通過。上述殷周文化在四川的據點，可能即反映中原人士輾轉入川，占住了成都盆地的若干地區。也可能蜀地原居民經過交換或掠奪而取得中原文物，又學得鑄銅技術，而在當地鑄造有地方特色的銅器。四川的巴蜀兩系文化，在春秋時代都已建立了國家，其歷史也各有傳說。蠶叢、開明之跡，此處均不贅述。總之，西周文化對四川土著文化影響的程度大約極為有限。即使有若干移民入川，大約也沒有形成有力量的文化據點。

出川江更往東南，即是兩湖地區，這一帶在新石器時代早期有大溪文化，在晚期有屈家嶺文化，在春秋以後則是楚文化的大本營。地方性的發展，可謂源遠而流長。西周在這一地區的經營，是「南國」的更往南方伸展。漢上以至淮水上游的西周列國，到春秋時還有相當的勢力。姬姓的曾國，是最近考古學上的重大發現，或以為曾國實即典籍中的隨國。曾隨是否同一個封國，無關宏旨。但曾國坐落在湖北隨縣，又與附近的江國黃國互通姻婚，凡此都由近來在這一帶發現的春秋青銅器考知。曾國無疑代表西周勢力，為南向經營的據點（李學勤，一九八〇：五四—五六）。這些春秋時代早期的銅器，銘文簡短草率，形制多沿西周之舊，說明這一地區的文化，主要仍是中原文化的延展，等到春秋中期以後，楚文化開花結果，反而籠罩了漢淮地區中原文化的後裔。總之，西周時代的河南湖北接界處，正是周文化的前哨，由此開展，周文化竟遠達嶺南。

中原政治與文化對兩湖的影響，可以遠溯至殷商時代。黃陂盤龍城的殷代遺址，有城垣及宮殿建築，規模宏大，而遺物的形制及埋葬風俗，與鄭州二里崗殷遺址的文化面貌相似。稱盤龍城為殷王國南方的邦國，應無可疑（江鴻，一九七六：四二）。帶有殷人族徽的青銅器，在湖北鄂城、湖南寧鄉也都曾經出現過，可見中原文化已南渡長江伸展到洞庭以南。在湖北江陵萬城一處西周早期墓葬出土的青銅器，也有殷人族徽及殷人的干支人名。這些青銅器主人可能在西周早期，隨

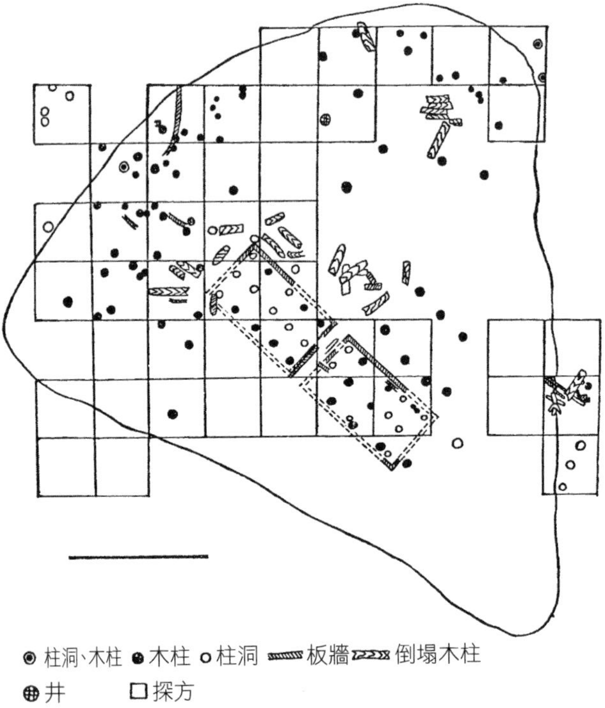

圖35　湖北圻春毛家嘴西周木構建築遺跡平面圖

著周人的開拓而移殖此地（李健，一九六三；湖南省博物館，一九六三；文物編輯委員會，一九七九：二九九）。最值得注意的西周遺存，當推湖北圻春毛家嘴的大型木構建築遺跡（圖35）。遺址面積達五千平方公尺以上，有二百餘根木柱縱橫分布。並發現木板牆、木梯，及儲糧的痕跡。出土遺物則有銅器、陶器、漆器，以及卜甲卜骨，大都屬於西周時期（湖北發掘隊，一九六二）。這個遺址，以其規模及內容言，當是周人在江漢地區的一個據點。

由湖北南下，湖南境內的西周青銅器也常有發現，大都在洞庭湖四周地區，如湘潭花石西周晚期墓葬出土的甬鐘（湖南省博物館，一九六六）。西周器物多出墓葬，殷代遺物往往單獨沉埋，作為祭祀山川之用（衡陽市博物館，一九七八）。兩者相比，殷商器物未嘗不可能是輸入品，而西周器物作為隨葬，墓主就可能是中原的移民了。楚公豙戈，係徵集而來，出土地不明，戈型為蜀式，有「楚公豙秉戈」五字銘文。則又是楚人自鑄的銅器，遂有中原文字與蜀式形制的配合（高至喜，一九五九；高至喜等，一九八〇：五七）。

南方的兩廣，也有若干西周青銅器出現，主要分布在西江流域。廣西灌陽忻城和橫縣的銅鐘與廣東信宜的銅盉，都製作精美，形制花紋均與中原作風相同，顯然是由中原傳進去的。但廣西陸川和荔浦的銅尊，形體高大，作風粗獷，即顯示濃厚的地方色彩。廣東饒平的銅戈，形制未在別處發現，工藝也粗，當是當地鑄造（文物編輯委員會，一九七九：三二九，三四一；高至喜等，一九八〇：五八；廣西壯族自治區文物工作隊，一九七八）。西周文化之遠達兩廣顯然經過湖南而南下。

由淮上南下長江下游一線，周文化也遠及今日的浙江。如前所述，周人經營淮水流域，主要的根據地是蔡國及其附近的諸侯。蔡國在春秋時代也淪為楚人附庸。但在西周時，豫南仍是中原文化進入淮水流域的起點。今日的安徽，在新石器時代有大汶口文化以下到印紋陶文化的傳統，在此地活動的部族主要是徐舒，屬東方的部族大集團。淮南的殷代文化遺存，不在少數，殷商是東方平原的部族，平原邊緣是其自然的尾閭。周克殷後，西周一代淮夷與周人的衝突，史不絕書。文化上的交往，也因此極為頻繁。目前發現安徽地區的西周文化遺存，為數不少。嘉山、潛山、肥西、屯溪，均有大批西周銅器出土。一般言之，安徽西周銅器往往基本與中原器物相似，同時也有一些在當地發展的特色。皖南屯溪離中原很遠了，其銅器紋飾，顯著地模仿了當地幾何印紋陶的編織紋。伴同出土的釉陶與印紋陶，無疑是土著文化的特色。釉陶的硬度高，吸水性低，陝西西安張家坡，河南洛陽，以及江蘇丹徒煙墩山等地出土的西周青瓷，都與皖南的釉陶有相似處（文物編輯委員會，一九七九：二三〇—二三一；李學勤，一九八〇：五七；安徽省文化局文物工作隊，一九五九，一九六四）。到春秋以後，楚文化興起，安徽的周文化色彩，遂更形淡薄，壽縣蔡器不過是楚文化的一支了（安徽省文管會，一九五六）。

江西地區的情形，與皖南甚為相像，也有不少西周青銅器出土，地域遍及清江、新淦、南昌、餘干、萍鄉、東鄉、奉新。凡此諸地都在贛江下游及其接近鄱陽湖的支流河域，當是越長江南來的交通要道。西周青銅器中的精品，與中原器物並無二致；時期往往早到西周初期，中期以後反而較少。同出的陶器是幾何印紋硬陶。幾何印紋硬陶的分布甚為廣袤，廣東、福建、兩湖以及皖、贛、浙江都有之，而以江西皖南為中心。這種硬陶上起新石器時代，下迄戰國時代，長久為江右的土著文化。相對的，西周青銅器文化只是印紋陶大海中的點狀島嶼而已（文物編輯委員會，一九七九：二四三，二四八—二四九；薛堯，一九六三；郭遠謂，一九六五）。靖安出土的春秋徐國銅器，有徐王義楚的名字。徐國原在淮泗一帶，經過西周屢次攻伐，遂逐步南遷。據說周穆王時代，徐國還一度復興，據《禮記》〈檀弓下〉，徐國在春秋時代仍記得「先君駒王西討濟於河」的盛事。但是穆王以後，徐人漸次移入安徽瀨江地區。《春秋》魯僖公三年（西元前六五七）徐人取舒，已在淮南江北。靖安徐器，則更在南遷入贛北之後了（李學勤，一九八〇：五七；江西省歷史博物館，一九八〇）。江蘇省地跨大江南北，蘇北也是淮水流域，情形與安徽相同。西周的文化勢力早就到達了。瀕海及長江沿岸，在新石器時代以來，有大汶口與馬家濱兩個傳統，後期交相影響，形成良渚文化。到了商周青銅文化在中原展開時，長江下游也相應地形成了湖熟文化。湖熟文化基本內涵與中原商周青銅器不同。石器、陶器都有當地的特色。雖有少許印紋硬陶，仍以紅陶為主。湖熟文化的青銅冶鑄技術，已在當地發展，但是工藝水平不高，只能冶鑄小件工具。在這個土著文化的地盤上，西周文化可以有點狀的分布，卻不能有廣泛的影響。丹徒煙墩山出土宜侯夨段的西周墓葬，及儀徵、江寧等地的西周墓葬或窖藏，都是這種點狀分布的例子。許多土墩墓出土的隨葬品，大都仍是夾砂陶及幾何印紋硬陶的當地器物，少見有青銅器出土。長江下游江南地區西周晚期到春秋墓葬中的青銅器，有些器形紋飾都極為別致，不見於中土，殆是當地鑄造，遂致中原與地方風格融合成當地的特色（倪振遠，一九五九；吳山菁，一九七三；劉興，一九七六；南京博物館，一九七七；鎮江市博物館，一九七八，一九七九，一九八〇；文物編輯委員會，一九七九：二〇一—二〇三；南京市文物保管委員會，一九八〇）。由西周晚期及春秋時代長江下游青銅器呈現的地方色彩，反映了中原文化的地方化，也反映了江南地區土著文化的成長。

浙江與江蘇南部不能分割。然而浙江離中原更遠，中原的影響力更不能與土著文化抗衡。在餘杭、海鹽、吳興、安吉等處發現的商代青銅器，和在長興出土的西周青銅器，形制與中原無異，花紋卻明顯地受了印紋陶影響（長興縣博物館，一九七九；長興縣文化館，一九七三；文物編輯委員會，一九七九：二二〇）。福建地處南海，離中原十分遙遠。在閩侯黃土崙，有一處相當於西周時代的遺址，出土的遺物，幾乎全部是幾何印紋硬陶的陶器。這批器物造形奇特，為別處所未見。紋飾簡單，具有鮮明的地方色彩。在南安等地出土了若干青銅器，主要是兵器及工具，通常與印紋硬陶伴同出土；兵器上的裝飾、花紋，也與印紋陶上的幾何線條相似。這些青銅器物的年代，都已晚到春秋戰國時代（文物編輯委員會，一九七九：二五三—二五四）。由此可見，西周文化，根本未能進入這個遙遠的瀕海地區。這裡直到戰國晚期，始終是幾何印紋硬陶獨占優勢的局面。史籍上的越國，以甌越、閩越與南越維持最久，吳越的越被併與楚後，浙南以至珠江流域仍是百越族的領域，幾何印紋硬陶，殆正是與越族的分布重疊的南方文化。

結論

本章的主旨，在討論西周中期的成長。西周由建國分封以後，西周的政權基本上掌握了夏商以來的中國腹地。在這個基礎上，周人運用中原的資源，以支持其商周合流的核心力量，向各方面擴張。大致說來，西周對北方不算很成功。由東北到西北，西周軍事努力以守勢為主。但西周留下的幾個據點，如燕，如晉，都能撐持下去，以待來日的發展。西周對南方，大體上採積極的攻勢。南方的戰爭，周人常是勝利者，終於使淮夷降服，成為貢納南方資源的屬邦。在長江中游及四川一帶，則西周攻勢未必十分顯著，遂使四川的巴蜀及長江中游的楚能有發展為獨立勢力的機會。

西周的文化圈，大致比西周政治力量所及更為廣大。東北到遼西，與夏家店上層文化相接，終於因為戎人的力量強大而不能繼續發展。北到汾水中游，更北又是遊牧民族的草原文化所籠罩。西北到涇水上游，卻不能西越湟水，又被寺窪—安國文化代表的羌氏系統擋住。華夏文化在這三邊，正如西周在北方的軍事活動一樣，採守勢的成分較大。要等春秋戰國以後，由燕、三晉、秦諸國努力開邊，方得推進一步。西南方面，四川雖有西周文化進入，究因地方文化的勢力太強，西周澌滅，四川的巴蜀文化得以充分發展。南方的形勢，又可分兩條路線。在漢上以至長江中游的一條線上，西周文化可以深入兩湖，甚至遠達兩廣，終於與當地土著文化合流，濫觴為春秋時代獨具一格的楚文化。楚文化的勢力，甚至回頭影響了漢淮之間的若干中原地區。淮上一線，西周文化逐步取代了徐舒系統。徐人只有南趨皖南。但長江下游的土著文化，有湖熟文化的後裔與印紋硬陶兩系，始終不失為當地的優勢力量。西周文化在南方只是點狀的文化孤島。可是當地文化終究也因為中原青銅文化的刺激，在各地都發展了具地方色彩的青銅文化。等到春秋戰國時代更多的接觸與交換發生時，以上各邊緣地區地方文化，以其新獲得的活力，遂表現為南有楚吳越，北有燕趙秦，分別崛起的局面。論其文化活力的來源，仍當在西周的擴張過程中尋找。

第七章

西周政府組織

第一節　文獻史料中的官職

周代的政府組織，如以《周禮》為依據，則規模宏大，組織複雜。然而《周禮》一書，內容雖頗有與古史資料相符的部分，全書仍難作為周史的典實。本文討論周代政府組織則以《尚書》、《詩經》與周金文資料為主要的依據。

顧立雅（H. G. Creel）在其研究西周政府組織的著作中，認為周初至少有了官僚制度的初型。在西周的發展過程中，政府組織有若干蛻變，漸漸演變成較複雜的統治機構，而顯著可見的是接近周王的人漸漸得勢。但是西周政府組織中最重要的一項因素是有文書檔案存在，並有一批管理文書的專門人員（H. G. Creel，一九七〇：一一七—一二一）。本章也遵循這個方向探討西周政府組織的成分與演變。

《尚書》中有關周代官職名稱的章節，〈大誥〉：「肆予告我友邦君，越尹氏、庶士、御事，曰：予得吉卜。」同樣的辭句，在〈大誥〉中又屢次出現，「尹氏」、「庶士」、「御事」，顯然是指三類官員。

〈康誥〉：「曰：乃其速由文王作罰，刑茲無赦，不率大戛，矧惟外庶子訓人，惟厥正人、越小臣、諸節；乃別播敷、……亦惟君惟長，不能厥家人，越厥小臣外正；惟威惟虐，大放王命；乃非德用乂……」此中「庶子」、「小臣」、「外正」，都似通名，未必是官職的專號。

〈酒誥〉：「乃穆考文王，肇國在西土，厥誥毖庶邦庶士，越少正、御事……」少正當即小正，則也指邦君屬下的執事人員。與下文「庶士、有正、越庶伯君子」的說法，同為泛稱君長。但同篇「越在外服，侯甸男衛邦伯；越在內服，百僚庶尹、惟亞、惟服、宗工越百姓里居」；及「予惟曰：汝劼毖殷獻臣，侯、甸、男、衛；矧太史友、內史友，越獻臣百宗工；矧惟爾事，服休、服采，矧惟若疇：圻父薄違，農父若保，宏父定辟」；都說明至少有外服諸侯與內服群臣的分別。後者之中又有尹亞一類，宗工一類，基層行政人員（百姓里君）一類，政府中的文書與宮內的文書人員（太史友、內史友），及管理田地農業和勞動力的人員（圻父、農父與宏父，或即司空）。職務的分野就比較清楚了。

〈召誥〉：「越七日甲子，周公乃朝用書命庶殷侯、甸、男邦伯。厥既命殷庶，庶殷丕作。太保乃以庶邦冢君出取幣，乃復入，錫周公。曰：拜手稽首，旅王若公。誥告庶殷，越自乃御事。」周人動員殷族庶民，仍運用殷代原有的管理系統及行政組織，因此邦君、御事也是泛稱。

〈梓材〉：「王曰：封！以厥庶民暨厥臣、達大家，以厥臣達王，惟邦君。汝若恆越曰：我有師師、司徒、司馬、司空、尹、旅。」前半截言王畿眾臣采邑、諸侯封國兩條上達王室的管理系統，其下則有師氏及三有司與尹旅（正長與群士）的職務分類。這才是周室自己的行政系統。

〈立政〉：「周公若曰：拜手稽首，告嗣天子王矣。用咸戒於王曰，王左右常伯、常任、准人、綴衣、虎賁……宅乃事，宅乃牧，宅乃准，茲惟後矣。……其在商邑，用協於厥邑；其在四方，用丕式見德。……立民長伯。立政：任人、准夫、牧，作三事；虎賁、綴衣、趣馬、小尹，左右攜僕，百司庶府；大都、小伯、藝人、表臣百司，大史、尹伯、庶常、吉士；司徒、司馬、司空、亞、旅；夷、微、盧、烝、三亳、阪尹。文王惟克厥宅心，乃克立茲常事司牧。」此中常伯、常任、吉士均是隨侍的貴族，虎賁、綴衣是侍衛，內百司指宮中，表臣百司（外百司）指政府。三有司也是政府職務，亞、旅是軍事人員，夷、微、盧、烝及三亳、阪尹則是管理四族及殷商舊族的人員。整體說來，已顯示有限度作職務分工，文武分途及宮中府中的分野。

〈顧命〉記載康王即位的儀式。太保是最主要的儀式主持人，輔助的是太宗，由太史宣讀新王的冊命。在場的諸侯朝見新王，分別由太保率領西方諸侯，畢公率東方諸侯，奉圭幣致敬。這個儀式中，太保是聖職人員，太宗代表周人宗族的權威，而太史則是記載儀式的證人，也當是撰作及宣讀冊命的文職人員。太保與畢公分別率領西方與東方諸侯，仍承襲周初周召分陝而治的兩分制度。

《詩經》中有關官職的記載不多，〈魏風・汾沮洳〉，有公路、公行、公族的名稱，據云公路掌國君的路車，公行掌戎車，公族則是同姓的大夫。《左傳》宣公二年，晉成公即位，因為同族自相殘殺，無人堪任大夫，遂以卿的嫡子受田為公族，宦其餘子為餘子，其庶子為公行。晉成公的制度推廣原為公室同族的官職以為貴族子弟的職務。在春秋以前，諸侯有此類官職，其性質當與《尚書》〈立政〉中常伯、常任的性質類似。

〈小雅・節南山〉：「赫赫師尹，不平謂何……尹氏大師，維周之氐，秉國之均，四方是維。」此中尹氏與太師，同是秉持國政的重臣。〈大雅・常武〉：「赫赫明明，王命卿士，南仲大祖，大師皇父，整我六師，以脩我戎。……王謂尹氏，命程伯休父，左右陳行，戒我師旅。……三事就緒。」尹氏與太師分別出現，均是統率師旅的將領，而卿士南仲大祖則是輔相的職務。王國維根據金文中大量出現的作冊與尹氏，以為作冊與尹氏，都相當《周禮》內史之職，而尹氏為其長，單稱尹氏，以其位尊而重要。王氏又以為尹氏的職務掌書王命及制祿命官，與太師同秉國政，遂為執政之官。《尚書》〈大誥〉：「肆予告我友邦君，越尹氏、庶士、御事。」〈多方〉：「告爾四國多方，惟爾殷侯尹氏。」（原為尹民，王國維認為是尹氏的筆誤）尹氏在邦君殷侯之次，就當是諸侯的正卿了（王國維，一九五九：別集，二／一）。

西周末葉的〈小雅・十月之交〉列了一串官員的職銜：「皇父卿士，番維司徒，家伯維宰，仲允膳夫，棸子內史，蹶維趣馬，楀維師氏。」又說：「皇父孔聖，作都於向，擇三有事，侯多藏。」卿士、宰、膳夫、內史、趣馬、師氏，都分別在《尚書》及金文資料中出現過。三有事，在與「十月之交」同時代的〈小雅・雨無正〉中是「三事大夫」，當與司徒、司馬、司空三司有關。周初的〈大雅．綿〉：「乃召司空，乃召司徒，俾立室家。」是則周建國之初即已有了司空、司徒的官職，掌管理工役的事務。在「綿」詩中他們的任務就是經手建築周原首都的版築。

第二節　金文資料中的官職

《詩》《書》二經中有關西周政府組織的史料實在不多，金文中的資料則早已有人歸納過。雖然近來新發現的帶銘青銅器為數不少，在職官名稱方面，斯維至、郭沫若二氏所整理的結果，仍屬有用（斯維至，一九四七；郭沫若，一九五四：二一—七五）。今據斯氏之整理結果，擇要介紹各官職守，並分別歸入下列數類。

1. 宮中雜役類

①宰、大宰。《周禮》冢宰官職極富，而所屬則都是宮中近臣，如庖人、宮人、世婦、女御之屬。由蔡𣪘：「昔先王既令女乍宰𤔲王家，今余隹𤕌𩫖乃令，令女眔曶……死𤔲王家外內，毋敢又不聞。𤕌百工，出入姜氏令，厥有見又即令，厥非先告𦰩毋敢疾又入告。」（白川

靜，一九六八B：一〇三—一〇六）宰的職務是宮內的主管，雖說兼管王家外內，但出入王后姜氏的命令，則其實際地位，仍是內廷主管。蔡也管理百工，百工的地位不高，在伊𣪘列在臣妾之下（白川靜，一九六九C：六八）。宰的名稱，後世成為首輔，究其起源，則不外是內廷總管，只因身是近臣，可以出入王命（或后命），遂發展為重要的親信人員。

②善夫、膳夫、膳宰。《周禮》膳夫，司王的飲食，是以名稱與宰夫也常相混。孫詒讓在《周禮正義》〈天官序〉的膳夫條下，疏解甚明白。師晨鼎中善夫與小臣官犬並列，是家臣中仍有善夫一職（白川靜，一九六八A：一八）。但大克鼎，善夫克的職掌已是出納王命，性質與宰相同（白川靜，一九六九C：四九八—五〇〇）。斯維至注意到善夫常是錫命禮中奉王命召喚受錫臣工的人員，正符合「出入王命」的職務（斯維至，一九四七：三）。

③小臣、小子。殷代卜辭中，小臣是頗顯赫的官員。金文中的小臣，則仍是地位不高的家臣，如上文引師晨鼎，小臣與善夫官犬同列。但也有頗為重要的小臣，如靜𣪘的靜，原是小臣，奉命與小子服及夷僕在學宮習射。靜作器頗多，除習射一事外，王也曾賜弓於靜（白川靜，一九六六C：一二四—一三八）。大約是成康間頗得寵的小臣，也許即因射而得寵。「小子」常見，靜習射同人中，也有小子。

④僕、大僕。靜𣪘有夷僕，已見前引文。又趞𣪘：「王若曰：趞，命女乍敿師冢嗣馬，啻官僕射士，訊小大又鄰。」（白川靜，一九六六C：一一五—一一六）僕在軍中為司馬的屬下。

《周禮》司馬官屬有射人、隸僕、司土、司右，官屬與此銘所記正合。僕也見於師旂鼎，師旂的眾僕沒有從王出征，主帥白懋父特命懲罰（白川靜，一九六六：七五三—七五六）。僕的原意為僕役，但在金文中已專事射業。師旂鼎一例，則眾僕似乎自成一個作戰單位，當然也不再是廝役之屬了。

2. 職有專司類

①𤔲土、冢𤔲土。𢦏毁：「命女作𤔲土，官𤔲藉田。」（白川靜，一九六七C：八一四）藉田是王家舉行農事儀式的專用田。《國語》〈周語上〉記述藉田的儀式頗詳。其中司徒負責調動人力。〈周語上〉也記述料民（調查人口）工作時，司徒的任務是「協旅」，也是在動員人力方面。金文中司徒僅二見，一為揚毁的𤔲徒單伯。一為無叀鼎的𤔲徒南仲（白川靜，一九六八B：八三）。《國語》及其他典籍中的司徒都是金文中的司土，原意不在管理人眾，而是管土地。因此免簠：「令免作𤔲土，𤔲奠還𢿝，眔吳眔牧。」（白川靜，一九六八：四六〇）管理的是鄭地區的林野、獵場及牧地。同毁；「王命同，左右吳大父，司易林吳牧，自淲東至於河，厥逆至於玄水。」（白川靜，一九六九A：三三〇）未說明同的官稱，其正官吳大父的職務則與免幾乎相同，也是管轄一定地區內的土地資源。舀壺：「王乎尹氏冊令舀曰：更乃祖考作冢𤔲土於成周六師。」（白川靜，一九六八B：一四九）成週六師是周室在成周的常備軍，

舀的職務大約是管理六師駐地的土地資源。據南宮柳鼎，六師有牧場，也有虞澤及田地（白川靜，一九六九B：四六五）。𤔲土一職，高可至王室三有司之一。十三年𤼷壺：「王才成周𤔲土淲宮。」𤔲土的宅第，可以為王臨幸舉行錫命大典，其地位之高可知。諸侯也有𤔲土，如康侯毁的涾𤔲土（白川靜，一九六三A：一五三），等而下之，分邑也各有其𤔲土，師穎毁：「王若曰：師穎，才先王既令女乍𤔲土官𤔲汃闇，今余隹肇𤕌乃令。」（白川靜，一九六九A：三四六）散氏盤記夨散的土地交涉中，雙方有司中均有𤔲土在場（白川靜，一九六八C：一九九）。

②司工。《詩經》〈大雅．綿〉：「乃召司空，乃召司徒。」司空的職掌已是興築工事。揚毁：「隹王九月……𤔲徒單伯內右𦔻王乎內史史光冊令𦔻。王若曰：𦔻，作𤔲工，官𤔲量田甸眔𤔲立，眔𤔲芻，眔𤔲寇，眔𤔲工司。」（白川靜，一九六八B：八二—八三）司工的任務是經手計量王室籍田的田畝及位次，正與《國語》〈周語上〉所列司空除壇於籍及主道路溝洫的任務性質相近。或說揚攝司寇，或謂因官聯而涉及，均屬可能。至於𤔲工司，自屬司工的分內工作。

③司寇、司士。前引揚毁，已有司寇的名稱。司士，僅見於牧毁：「王若曰：牧，昔先王既令女乍𤔲士，今余隹或𠭯改，令女辟百寮，有同事□乃多亂，不用先王乍井，亦多虐，庶民厥𢆶庶右𢛰。不井不中，乃侯之□□，今𩢂司匐厥辠召故。王曰：牧，女毋敢（弗帥）先王乍

明井用，雩乃⿰吭系庶右朁，毋敢不明不中不井，乃毋政事，毋敢不尹八不中不井。」（白川靜，一九六七C：三六四）銘文屢經傳寫，字多不明。文意也因此難以讀通。大意則謂牧由司士原職改變任務，負責監察百寮，並謂官員行為不檢，命牧督責。司士的名義與《孟子》中的「士師」相當；銘文中的「井」即「刑」，是以牧的使命也司刑罰。銘文特別說明變更了牧的工作，大約司士原來只是督察士這一級，而新王為了官員作風不良，遂擴大了牧的工作範圍。「厥⿰吭系庶右朁」一語，斯維至以為「執訊」一般地位較高的平民（斯維至，一九四七：八—九）。如此，司士的職務更接近司寇了。

④司馬。前引趞毀，冢司馬的職務是啻官僕射士⿰吭系小大又鄰（白川靜，一九六六C：一一五—一一六），是軍中執掌軍法及指揮僕射的官員。師瘨毀：「隹二月初吉戊寅，王才周師司馬宮，各大室即位司馬邢伯司右，師瘨入門立中廷，王呼內史吳冊命師瘨曰：先王既命女，今余隹⿰鬲叀先王命，命女官司邑人師氏。」（白川靜，一九六八A：五一〇—五一一）師瘨的職務是指揮邑人及常備的軍隊師氏，師瘨正是司馬邢伯的部屬，而錫命禮也在司馬的總部舉行。司馬是軍事人員的性質，已可明見。司馬也可能稱為司戎，大盂鼎：「王曰⿱二巛，令女盂井乃嗣且南公，王曰盂乃盟夾死司戎，敏諫罰訟，夙夕盟我一人登四方，雩我其遹省先王受民受疆土。」（白川靜，一九六五C：六六四—六六八）這一節銘文，正說明盂的任務是對付戎地，持守疆土，與司馬的執掌是相符的。不過，周人的貴族階級，人人都是武士，高級官員也多半

可以參加戎行。司馬的職務並未見詳細說明，當也由於文武分途不很明顯。諸侯也有司馬，厥名邦君司馬，豆閉𣪘：「冊命豆閉……用𠊱乃且考事，司窢俞邦君司馬。」（白川靜，一九六七C：四〇一）窢俞是地名，不知是何處。邦君司馬由周王直接任命，當是如齊之國子高子，為天子的守臣。《左傳》昭公四年，魯國叔孫豹的官職是司馬，與孟孫的司空及季孫的司徒，同為魯國三卿。叔孫豹的官職，大約即是邦君司馬。

⑤三有司、三事、三左三右。三有事及三事大夫的說法，已見前引《詩經》〈小雅．十月之交〉及〈雨無正〉兩篇。鄭玄以三公為三有事的解釋，以為司徒司馬司空是三有事，並以為《尚書》〈酒誥〉的圻父、農父與宏父，也正當治民之官。也有人以為三事是《尚書》〈立政〉篇的任人、准夫與牧，分別為任事之官、平法之官及養民之官（馬瑞辰，一八八八：二〇／二八—二九；胡承珙，一八八八：一九／三六—三七；郭沫若，一九五七：六—七；伊藤道治，一九七五：三一八—三二〇）。金文中的三有事或三有司則相當清楚，新近在陝西眉縣李家村出土的盠方尊（圖36，圖版20）：「王冊令尹……用司六師，王行，參有司：司土、司馬、司工，王令盠曰：𤔲司六師眔八師埶。」（白川靜，一九六七B：三一六）王授權盠統領六師，兼管王室的三有司，並管理六師與八師的事務。盠一時之際獲得統攝文武的大權。有了盠方尊的明文，毛公鼎的三有司即有了著落，毛公鼎：「王曰：父厝，今余隹䌛先王命，命女亟一方，圅我邦我家，女雖於政，……善效乃友正，……王曰，父厝，已曰彶丝卿事寮，大史寮，

於父即尹，命女𤔲司公族，雩三有司，小子師氏虎臣，雩朕褻事，以及族干吾王身。」（白川靜，一九七〇A：六八〇）毛公的使命也是內外上下一把抓，此處三有司即不能指小子、師氏、虎臣，而當如盠方尊，三有司指司土、司馬、司空。令彝：「隹八月辰才甲申，王令周公子明保，尹三事四方，受卿事寮。」（白川靜，一九六四A：二七六）明保受命兼統內（三事）外（四方諸侯）及王室的文書機構（卿事寮）。三事也應為司土、司馬、司空。小盂鼎銘文提到三事大夫，但也提到「三左

圖36　盠方尊

三右」：「隹八月望辰才甲申昧爽三左三右多君入服酉……雩若翌日乙酉，三事大夫入服酉。」（白川靜，一九六五C：六八五，七〇五）「三事」的定義，可如前說，不必多論，郭沫若以為三左三右為「曲禮」中的六大：大宰、大宗、大祝、大史、大士、大卜（郭沫若，一九五七：三七）；但陳夢家則引《尚書》〈顧命〉召公畢公分班例，以為三左三右當指諸侯分左右入朝（陳夢家，一九五六B：八五）。銘文三左三右與「多君」聯文，陳氏的說法比較有理。總之，三有司的定義，指司土、司馬、司空，殆已可為定論。不僅王室有三司，諸侯的三卿，大約也是這三司，例如《左傳》昭公四年，叔孫豹因朝周而獲賜路車，這項榮譽，即由司徒（季孫）書名，司空（孟孫）書勳，叔孫氏自己是司馬，遂由工正代表書服（伊藤道治，一九七五：三二六）。

⑥諸雜職。金文銘辭中每有王命某人專司某事的記載，均可列入此類。前文引過同𣪕，同的任務是「左右吳大父，司易林吳牧，自淲東至於河，厥逆至於玄水」（白川靜，一九六九A：三二八），即是管理牧場林野。又如南宮柳鼎：「冊命柳司六師牧陽吳□司義夷陽佃史。」（白川靜，一九六九B：四六五）南宮柳的職務是管理六師駐屯地區的牧場林野及田地。六師八師軍隊駐屯地區，而有土地資源，須設專人經管。此事牽涉到周代幾支常備軍的獨立性。前引盠方尊銘有一句「𤔲司六師眔八師埶」（白川靜，一九六七B：三二六），或釋「埶」為「藝」，指農事言。是則西周的軍隊係自給自足的。也難怪由開國至西周末始終有六師與八師的番號出

現（葉達雄，一九七九：一一一；伊藤道治，一九七七：五九；于省吾，一九六四；郭沫若，一九六一：三一八）。又如微䜌鼎：「王令㪚䜌，𦔻𤔲九陂。」則其職務為管理九個陂塘（白川靜，一九六九：三〇二）。即𣪕：「王……曰𤔲琱宮人虢稻用事。」（白川靜，一九七八A：二五〇）即的任務，一部分是管理琱宮的宮人，另一部分是管理某地的稻產。與即的前項任務相同，伊𣪕：「王乎命尹封冊命伊𦔻官𤔲康宮王臣妾百工。」（白川靜，一九六九C：二五一）伊任務比即明確，列出了管理臣妾與百工。頌壺：「王曰頌，令女官𤔲成周賈廿家，監𤔲新造貯用宮御。」（白川靜，一九六八C：一五九）頌的職務是監督成周的庫儲物質及宮中用途。凡此諸例，都無官名，而有職事，故列入雜司之中。

3. 武職人員

司馬及僕，已見前，不贅述。

①師、師氏。師在金文中每以師旅意義出現，尤以六師八師或成周八師、殷八師為常見。白川靜主張殷八師之類是降周庶殷編組的軍隊。白川氏於是以為凡帶有師氏名號，都是殷商後裔，然而也承認師某父一類人物大致是周人的將領（白川靜，一九七三：二六〇—二七七）。其實，周人師旅不限於殷人後裔改編的殷八師。成周八師雖可能即是殷八師的異名，也未嘗不可能是殷師以外的周人駐防師旅。禹鼎有西六師的記載，西六師與殷八師同時出動以伐東夷南

夷（白川靜，一九六八B：四五〇）。這支西六師可能即是駐守宗周的周人部隊。周人形容王師，每以六師為言，《詩經》中例子甚多，正因六師是王室直屬武力之故（葉達雄，一九七九：七，一二）。成鼎所述用南淮夷與東夷的軍隊征南國東國，除殷八師外，還有所謂揚六師（白川靜，一九七三：二六一），揚六師也許即是南淮夷編成的軍隊。大約不帶特殊地域或部族名號的師旅，就是周人自己的軍隊；地名或族名只是標出若干特別的單位而已。師氏則是統率師旅的官稱，不當視為表示族別的徽號。以此原則，白川靜討論師系人物的十九條銘文中，只有第一條至第八條的師字，或專言成周，或專言殷師，第十九條只有師訇名字，此外均指一般師旅而言，未必僅指殷遺的師系集團（白川靜，一九七三：二六八－二七六）。雩鼎：「隹王伐東夷，濂公命師雩眔史旗曰：以師氏眔有司遂或𢦏伐腺。」（白川靜，一九六三B：一一九）最能表示師氏是軍隊長官的意義。師寰毀，征淮夷之役，師寰受命統領若干部族及左右虎臣，出征淮夷（白川靜，一九七〇：六〇五）。是由師任統帥出征的例證。師氏又可分為左右，師旋毀：「王乎乍冊尹克冊命師旋曰：備於大左官司豐還左右師氏。」（圖37，圖版21）（白川靜，一九六九：二三三）大致周人軍事單位常有左右之分，師虎毀：「啻官司左右戲緐荊。」（圖38）（白川靜，一九六七B：三五六）《說文》：「戲，三軍之偏也。」是則師虎的任務為兼統左右二偏師。師兌毀：「王乎王史尹冊令師兌右師龢父司左右走馬五邑走馬。」（白川靜，一九七〇：七五二）則師兌屬下馬隊有左右之分。師克盨：「令女更乃且考䊷司左右虎臣。」（圖

39）（白川靜，一九六九C：五四三）師克的任務是「干害王身，乍爪牙」，統領的親近衛士（虎臣），也是分作左右二支。師獸毀：「白龢父若曰：師獸乃祖考又𩇯於我家，女有隹小子，今余命女死我家，𦓤𤔲我西偏東偏僕駮百工牧臣妾。」（白川靜，一九七〇B：七四一）則僕御以至臣妾都分隸西偏與東偏，也與分隸左右之制相同。周人軍事組織中還有一些特種部隊，世代按其族類編組，頗似明代的狼兵土兵。師酉毀：「王乎史𦉢冊命師酉曰：司乃且啻官邑人虎臣西門夷、彙夷、秦夷、京夷、畀身夷。」（白川靜，一九七〇：五五五）而在詢毀：「王若曰詢不丕顯文武受命則乃且奠周邦，

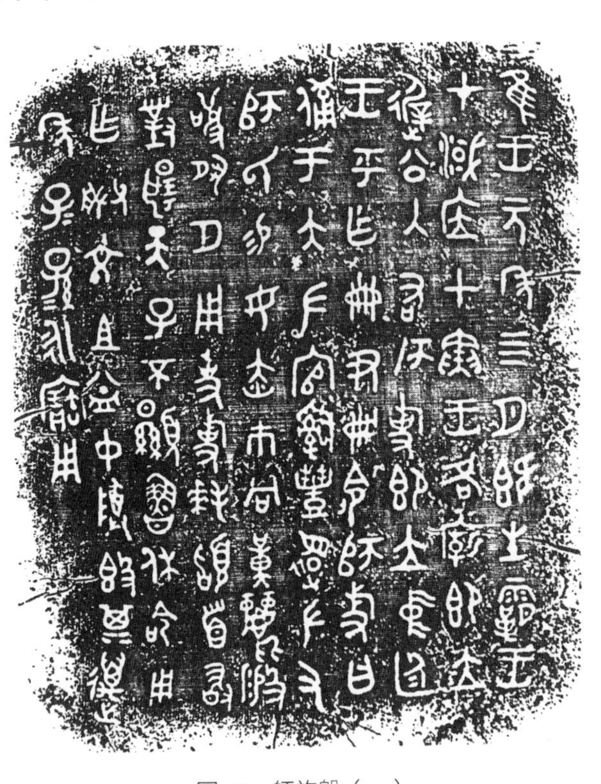

圖 37　師旋毀（一）

今余令女啻官嗣邑人先虎臣後庸、西門夷、秦夷、京夷、彙夷、師笭側新□華夷、由□夷、厈夷、成周走亞、戍秦人、降人、服夷。」（白川靜，一九七〇B：七〇二）師酉的父親是乙伯，詢的祖父也是乙伯，故二人不是父子即是叔侄，世代相承，統率這一大批內外單位。除了諸夷種部隊外，邑人可能指周人的常備軍，虎臣則是衛士。加在一起，幾乎是周王直屬武力的全部或大部了。金文中有「師」號的人物不為少數，白川靜統計有二十四人之多（白川靜，一九七三：二七四－二七五）。然而如上文所引數例，可見「師」的統率範圍，頗有不同。但師為高級武職，殆無可疑。師職所屬分化為左右及各種次級的單位，具見上文例證，而凡此分化諸例，都屬西周中期懿孝夷

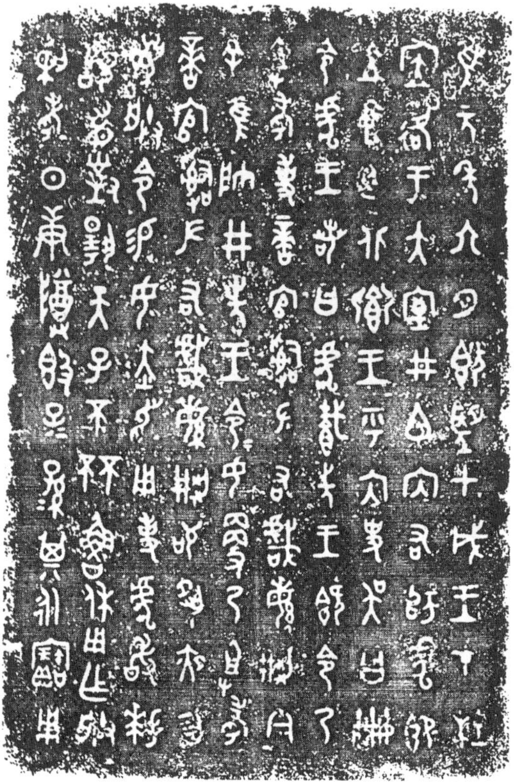

圖 38　師虎𣪘

厲以後，甚至共和之際，基本趨勢反映了政事日繁後的分化。

②走馬、趣馬。《周禮》主馬政者有校人、趣馬、圉師、圉人等官，周用兵車，馬政與戎事不分，故趣馬也當列為武職人員。如上文論師、師氏節中，「師」屬下有趣馬、左右趣馬、五邑走馬諸職銜。大鼎：「王召走馬雁，令取雒䮚卅二匹，易大。」（白川靜，一九六七C：四九二）大㲃銘文，則大又受錫「芻𦍩犅」，足知大與畜牧事業有關係。走馬應雁能撥出馬卅二匹，可知也是管馬政的。走馬的職務不低，元年師兌㲃及三年師兌㲃，都記載師兌以師的地位，奉命專司「左右走馬，五邑走馬」的工作（白川靜，一九七〇B：七五二，七五九；葉達雄，一九七七：二一—四）。一九五六年陝西眉縣出土駒尊，銘文記載周王執駒的典禮，周代

圖39　師克盨蓋

馬政的重要性，可由王親自舉行執駒禮知之（郭沫若，一九六一：三二二—三二四）。

③虎臣。師氏一節中，師克盨、師酉𣪘、詢𣪘諸銘都已見虎臣。由師克盨文義，可知是捍衛王身的近衛隊，毛公鼎銘毛公統率內外諸官中，有虎臣一項，列在小子之後，仍是近衛性質。但師寰𣪘銘，征伐淮夷之後，「今我肇令女率齊幣、㠱𠩺、僰𡰥、左右虎臣，正淮夷」（白川靜，一九七〇：六〇五），是以虎臣也是可以出征的。

4. 文職人員

①作冊。冊的字樣原始或以為成束的簡冊，或以為成束的龜版，或以為豢犧牲的牢柵（董作賓，一九二九：一八二；白川靜，一九七三：一一五—一二二）。金文中的「作冊」一詞，則明白地只用於官名，是參與冊命典禮的專人。有些作冊（如作冊般、作冊友史、作冊令、作冊翻、作冊大）又都曾自己接受頒賜賞賚。西周中期以前諸作冊受錫的器銘，有為王作冊的，有為王姜作冊的，也有為周公子明保及井侯作冊的。顯然不僅王室有作冊之官，王后及卿士也有作冊在側。作冊參與的典禮則包括作器、捨命、用牲、覲見、建廟、祭祀各項，都可說與宗教儀禮有關（白川靜，一九七三：一五〇—一五五）。共王以後，金文中的作冊，據白川靜的統計，主要出現於冊命的廷禮；同時冊命任務的官員也分別為作冊尹、尹氏、命尹、作命內史、作冊內史、內史、內史尹、作命臣工，諸種職銜，一方面反映了職務的分化，另一方面，

也反映了與史職的混淆（白川靜，一九七三：一五八—一六〇）。

②史、內史、外史、大史。史官在典籍中出現的頻率甚多，由前文引《書》《詩》諸例，已可覘知。史字原義，一般都以為持籌算，是以為職司記錄的專門官員（王國維，一九五九：二六三—二六九）。王國維以為，《說文解字》，事，職也，從史；吏，治人者也，也從史。殷人卜辭以史為事，是殷時還沒有「事」字，金文中卿事的事仍是史的繁文，與史本字略有差別，然而仍是一字。殷周間官名，卿事、卿士、卿史，均由史字衍演。天子諸侯的執政在《尚書》中通稱御事，如〈大誥〉、〈酒誥〉、〈梓材〉、〈召誥〉、〈洛誥〉諸篇中所見。而殷墟卜辭則稱御史，更可證御事仍由史來。《尚書》〈酒誥〉：「有正有事」，又「茲乃允惟王正事之臣」；〈立政〉：「立政立事」。「正」與「事」往往相對，是長官謂正，庶官謂事。庶官稱事，即是稱史。後世分化，於是持書的是史，治人的是吏，職事是為事，其實都由「史」字變化（王國維，一九五九：四）。

在金文中，史的任務，最常見的自然仍是錫命禮的參與官員。然而史也有擔任其他任務的例證。史獸鼎：「尹令史獸，立工於成周，十又一月癸未，史獸獻工於尹，咸獻工，尹商史史獸勞。」（白川靜，一九六四A：三六六）史獸擔任的是督工任務。在雩鼎及員卣銘文中，史旟是一員戰將，接受溓公的指揮，統率師氏，員只是史旟伐會之役的部屬（白川靜，一九六三B：二一七，二二三）。史頌𣪘，史頌奉命省視穌地，輯撫當地的「里君百姓」，是史的職務不僅出入王命，還可代表周王巡省（白川靜，一九六八C：一七九）。史官本行的職務，除了在錫命禮中記錄及傳達命令外，還可以銜命去別處傳達王命，如中甗，中是征伐南國的將領，史兒奉差傳達王命，授中以征討之權（白川靜，一九六六A：七九一）。史也代表周王去別處從事宗教性的儀禮，如臣辰卣銘文，史叓即與士上奉命主持在成周的殷祭（白川靜，一九六四A：三四四）。史官也任監軍的職務，如善鼎：「王曰：善，昔先王既令女左疋𧷤侯，今余唯肇䰜先王令令女左疋𧷤侯，監𢿛師戍，易女乃且旗，用事。」（白川靜，一九六八B：九七）。

史官仍以執掌記錄為專業，靜氏盤銘記載散與夨之間田地交換的協議，最後這件文件仍須由史官保管，「厥左執纓，史正中農」（白川靜，一九六八C：一九九）。用籌計算，更是史字的本義，史懋壺：「王在𦚏京溼宮，親命史懋路筭，咸，王呼伊白錫懋貝。」（白川靜，一九六八：四八四—四八九）究竟史懋計算的什麼，解釋眾說紛紜，但其工作為計算則無疑問。史既有如許多的任務，隨王伴駕，自屬必然。史免簠即是史免為了從王遠行而作器（白川靜，一九六八：四七七），這位免，在別器上不名為史免，職務較多。他擔任司土，管理林野牧場，也曾任司工的工作（同上：四五六，四五九）。可見史因位居周王左右，由掌書的工作，頗延展其任務於其他方面。這種情形，正符合中國後世內廷文書官員漸漸變成外朝要職的情形。王國維以為史、事、吏三義同源，即由這個現象所演變。

作冊與史兩項職務，在西周一代，一方面有二職的混合，另一方面也有工作的分化。大致成康之世，作冊與史是兩個系統，史又有大史、內史、中史的異辭。作冊不宣王命，王后公侯各有自己直屬的作冊，史官宣王命，「王若曰」以下，大約即史官宣讀。成康以後的史官，史、大史、內史仍舊，作冊已罕見，卻增加了作冊內史、作命內史、作冊尹、內史尹、命尹、尹氏諸職。這幾項新出現的史官，與內史一樣，都代王宣讀策命。尹顯然是內史之長，史只是尹的僚友。官職的分化已很明顯。陳夢家作表以示成康之世及其後的史官系統。陳夢家以為這番演變的程序，作冊制策命的權，因史官代王宣王命而由史官代王發言，西周中葉，史官中的內史取得了代宣王命的權力，西周晚期又由尹氏取代（陳夢家，一九五七：一四七—一四九）。

初期	中期	晚期
作冊	作冊尹、命尹	
內史	內史、作冊內史、作命內史	內史尹
	尹氏、尹氏友	尹氏
史	史	史

這個現象，其實說明了周王室政權的轉變。作冊作策命，原是禮儀的制度化，史官代王宣

命，則王個人的恩威可以表現於其個人的意志。內史之為內史，即因其居王的左右，內史取得了代宣王命的權力，也象徵王權漸由左右代行，是另一階段的制度化。尹氏的出現，則象徵內廷制度化的程度已有長官僚屬的分化了。但是晚至厲宣之世，史官宣讀王命之後，仍有王自己加以改變的個例，如輔師嫠𣪘，即是在作冊尹宣讀王命及賞賜的禮單後，王又增加了若干賞賜的項目（白川靜，一九六九A：三三五—三三七；郭沫若，一九六一：三二八—三三二）。

5. 雜項

①音樂人員。周代的樂師，職名與師氏的師完全相同，白川靜以為西周的師氏是殷人後裔，編為特殊的師旅，由於他們有殷商先進文明的遺產，對於後進的周人不僅任戰鬥的任務，而其長老也負起了宗教聖職及教導周人青年貴族的工作，於是在師氏之外，師兼具德教與宗教音樂的意義（白川靜，一九七三：二九〇—三〇〇）。白川靜的說法甚有意致，至少殷八師的來歷可能如此。但是周人在開國以前必已有武事和音樂，實無須一切均由殷商教導。「師」的原義，大約是長老，故可兼具領軍、祭祀與教育諸般功能。後世分化為師旅與教師、樂師三種意義。在西周的朝廷上，音樂人員也以師為職名，不必與師旅之師混淆。有兩件銅器的器銘充分說明樂師系統的工作。輔師嫠𣪘：「王在周康宮，各大室即位，焚伯入右輔師嫠，王乎作冊尹冊命嫠曰：更乃且考𤔲輔。」（白川靜，一九六九A：三三五）輔是擊鎛的樂師。師嫠𣪘：

「王若曰：師嫠才昔先王小學女，女敏可吏，既令女更乃且考𤔲小輔，今余隹𤕦𩫏乃令令女𤔲乃且舊官小輔眔鼓鐘。」（白川靜，一九七〇B：七七〇）這位宮廷樂師，由副手升為正手，由管一種樂器轉職為管兩種樂器，明明白白是音樂專業，既不能歸入師旅之職，也不能歸教育之職。「師」為樂師的傳統，進入春秋以後，繼續未斷，倒是師氏軍職，似乎只在西周有之。

②五邑官員及地方官員。西周晚期厲王時代左右有若干係於「五邑」的官稱。柞鐘：「仲大師右柞，柞易載朱黃䜌，司五邑甸人吏……對揚仲大師休。」（白川靜，一九七一：八九九）鄸𣪕：「王曰：鄸，昔先王既命女乍邑䌛五邑祝，今余隹𤕦乃命。」（白川靜，一九七〇B：七三七）師兌𣪕：「隹元年五月初吉甲寅，……王乎內史尹冊令師兌疋師龢父司左右走馬，五邑走馬。」（白川靜，一九七〇B：七五二）由這三器的職務看，五邑有祝，有甸人，有走馬，似是一個行政單元。五邑為哪五個都邑，不可考，但由師兌兼職言，左右走馬是王室主馬政的官員，也屬近衛的武職，則五邑走馬的職務，也不能離京畿太遠。西周在西方的都邑，曾有岐下、程、豐、鎬、西鄭、槐里六處，若其中五處算五個都邑，未嘗不可能。岐下舊都，太王所居，文王遷豐以後，岐下未必全棄。最近在召陳村出土的大型建築，未易確定是否宮殿。但即以召陳建築為宮室邸宅言，這個聚落由周初以至西周末期，岐下始終是都邑。不過，金文中常見𦮎京，是否當列入五邑之中亦未可知。五邑也可能是首都附近有離宮別苑的地點，漢代有三輔，指京畿附近直屬地區。要之，五邑可能即是京畿地區。究竟五邑何所在，就難以肯定了。

無論如何，五邑有其獨特的行政系統，卻又似乎直屬周王朝廷。

在周室一般封建組織中，這樣的地方行政單位，也並非全無相當的例子。成周的行政工作即是自成單元的。𧆞毁：「唯王正月辰才甲午，王曰：𧆞，命女司成周里人眔諸侯大亞，訊訟罰，取遺五寽。」（白川靜，一九六九：二七一）這位𧆞的工作，有點像治理東部的「欽差大臣」，成周的諸侯與百姓，均在轄下，不過，𧆞的中心任務似乎在聽訟，而不是在行政。師穎毁：「王若曰：師穎，在先王既令女乍司土官𤔲汸闇，今余隹肇䌛乃令。」（白川靜，一九六九A：三四六）汸闇是地名，師穎奉派為該地的司土。恆毁蓋：「王曰：恆，令女更𡵂克司直鄙。」（白川靜，一九七八A：二五二）恆奉命管理直鄙。直是地名，直鄙是直地的郊鄙，則這樣的有司單位更低於一般地方行政人員了。卯毁，焱白派遣卯承襲祖先的職務，「𢦏乃先且考死司焱公室，昔乃且亦既令乃父死司莽人，……余懋爯先公官，今余隹令女死司莽宮莽人，女毋敢不善。」（白川靜，一九六九A：三一七）莽，既有宮室，當即是莽京，是周的諸京之一。如何到了焱伯手裡？已無可追考。銘文中卯的祖先是焱伯家的總管陪臣。他能派遣子孫中的一支治莽人及莽宮，則也是地方行政層級化的現象。

散氏盤銘列了矢有司十五人，散有司十人，名字前面，有的冠以官稱，如師氏、小門人、宰、司土、司馬。有的冠以地名，如原人、豆人。有的冠以地名與官名，如䣕人司土、散人小子。有的則直呼為某地有司，如淮人有司，襄之有司（白川靜，一九六八C：一九九—二〇〇）。冠地名及直呼某地有司，大約都是地方官；地名與官名並見者，大約是該地的某一職官。由這些材料推度，西周晚期在地方一級，已有行政系統，不再是單純的分封制度了。五邑的行政人員及直鄙與散、夨的行政人員，都見於西周晚期的器銘上，當並非完全出於巧合。

第三節　西周政府的若干特點

以上列舉的西周官職，顯示西周政府的分工原則，同時也顯示了若干演變的趨向。王室內廷的服務人員已演變成政府的官員（例如宰、膳夫）；作冊與史官系的變化，不僅說明了內廷（內史）官員漸漸掌權，尹的出現也說明史官系統逐漸擴大，以致內部產生層級的分化。三有司的出現，是朝政分工的重要指標。軍隊由師氏演變為有左右，而有各項特種兵種的單位，以致軍隊可在駐地「屯田」，也反映了軍隊的漸趨專業化。春秋時代各國大致仍是文武不分途，可能由於西周王室的傳統隨著西周的覆滅而消失，東方列國都在新的形勢下再度發展其演變的過程。西周晚期出現了若干可能是地方行政人員的官稱，也許正是分封制度轉變為分級管理的端倪。凡此諸項，在證據不充分的情況下，至多只能視作合理而可能的推測。

西周政制的若干特點，也須在此分項討論。首先該提出討論的是世官制度。周代銅器銘文中，凡冊命之辭幾乎一定包括繼承祖先的職位一語，茲只舉幾個最明顯的例子。師克盨：「王若曰師克，丕顯文武，膺受大令匍有四方，則隹乃先且考，又亶於周邦，干害王身，乍爪牙，王曰：克，余隹巠乃先且考克黔臣先王，昔余既令女，今余隹𩁹𩫖乃令，令女更乃且考，𤔲司左右虎臣。」（白川靜，一九六九C：五四三）又如同𣪘：「王命同，左右吳大父，司易林吳牧，自淲東至於河，厥逆至於玄水，世孫孫子子，左右吳大父，毋女又閑。」（白川靜，一九六九A：三二八）上述兩例，一個上推祖先，一個下延世澤，都是代表世官制度的用語。金文中最常見的情形，新王即位後，重新任命某人擔任此人已在任職的工作，如師瘨𣪘：「王乎內史吳，冊命師瘨曰：先王既令女，今余唯𩁹先王令，令女官司邑人師氏。」（白川靜，一九六八：五一〇—五一一）為了重新建立君臣之間的主從關係，這一番手續也未嘗沒有相當於肯定「契約關係」的意義。《尚書》〈顧命〉記載康王新即位，諸侯分班依次入見，獻上贄幣，正是為了確立新王與前王諸臣的關係。作冊魖卣：「隹公大史，見服于宗周年，才二月既望乙亥，公大史咸見服于辟王，辨於多正。」（白川靜，一九六五A：五九〇）陳夢家以為此銘記即是與〈顧命〉篇所記類似，公大史率領「多正」，亦即各位正職官員，朝見新王（陳夢家，一九五五A：一一一）。

不但王與臣子之間有這種再任命，諸侯貴族對於屬下的官員，也有同樣的儀式。卯𣪘：「燮白乎令卯曰：𩁹乃先且考，死司燮公室，昔乃且亦既令乃父死司𦍠人不盄，取我家，寀用喪，今余非敢夢先公。又𢓊𢔶余懋爯先公官，今余隹令女死司莽宮莽人，女毋敢不善。」（白川靜，一九六九A：三一七）銘文有不少文句不能通讀，大意則不外𤇾伯委任卯接續祖先的職務，管理莽地的土地與人民。

任命官職的冊命禮，也不是必然率由舊章。至少有一件銘文記載了更改任命的事。牧𣪕，牧在先王時擔任司士的官職，但在今王的新冊命中，牧的任務改為監察百僚（白川靜，一九六七B：三六四）。同一人的官職，在同一周王的手上有所增減，也是可能的事。師兌在元年作的𣪕銘，記載他的工作是擔任師龢父的助手，主管左右走馬及五邑走馬。三年作的𣪕銘，卻只說師兌任師龢父的助手，兼管走馬（白川靜，一九七〇B：七五二，七五九）。師兌可能由管三處走馬而升為總管走馬官職的職務。又有一位師嫠，在第一次的策命中，受任的職務是副樂師，負責小鎛（白川靜，一九六九A：三三五）；第二次策命時，嫠管理的樂器，除小鎛外，又加了鼓鐘（白川靜，一九七〇B：七七〇）。兩件策命中都說任命師嫠繼承祖先的職位。除非嫠的祖先也經歷同樣的升遷過程，否則很難解釋。師酉與詢二人，在策命中都奉命繼承祖先的職位，管理若干軍事單元。由他們作器的對象都是乙伯，但師酉稱乙伯為文考，詢稱之為文且。師酉與詢的關係不是父子，即是伯叔侄。二人指揮的軍事單位，有七項是相同的，但詢的屬下有八項未見於師酉的職務。乙伯的職務原為如何，頗難決定，也就不易說明繼承的是哪幾項了。

上述幾例，還僅是性質類似的職位有高下與多少之分。也有同一人曾任完全不同性質的工作，策命中仍以繼承祖先祖父為說。曶在曶鼎銘文中記載策命的職務是「若曰：曶，令女更乃且司卜事」（白川靜，一九六八B：一一五）；在曶壺中，策命則是「更乃且考乍冢司土於成周八師」（同上：一四八）。由太卜改任成周八師的冢司土，官位及工作性質、工作地點，都極為不同，很難說曶的若祖若父，都經歷同樣的升轉過程。另一個可能性，所謂繼承祖先的職務已變成公文中的套語。過去慣行的世官制，只剩了形式。曶的時代，約在孝王前後，師酉約為懿王時人，詢可能為厲王時人，師嫠也在厲王時，都屬於西周中期以後。大約此時人事遷轉，已有比較靈活的運用（Cho-yuu Hsu，一九六六：五一九—五二〇）。有一件銘文記載策命前，王對於該人的「蔑歷」，免觶：「王蔑免歷，令史懋易免……乍司工。」（白川靜，一九六八：四五六）蔑歷的意義已見上章，此處當可解為審閱其資格及經歷，是人事制度中不可缺的一番手續。免也是懿王時代人。蔑免曆的事若不是偶然，世官制度當在西周中期開始變為任官制了。

夷厲之世的柞鐘：「仲大師右柞，柞易載朱黃䜌，司五邑甸人吏……對揚仲大師休。」（白川靜，一九七一：八九九）柞擔任的是王官，接受的是王命，仲大師參加策命禮，站在柞的右邊，當是柞的推薦人或上司，柞作器「對揚仲大師休」而不再「對揚王休」，與銅器頌揚的文詞慣例不合。這種受職公堂謝恩私門的情形，可能是王政陵夷，也可能由於世官制已搖搖欲墜，任官的候選人必須有人保薦，有人賞識，有人考評；於是得官者對這位恩人感激涕零了。

銅器銘文中有若干證據，說明西周的政府已有相當專業的僚屬（Cho-yun Hsu，一九六六：五二〇—五二一）。在本章前文已引過《尚書》〈酒誥〉：「侯、甸、男、衛；矧太史友、內史友，越獻臣百宗工。」師奎父鼎：「王乎內史駒冊命師奎父……用嗣乃父官友。」「友」可作出入相友的朋友解，可以作族姓相同的百姓解，也可作僕屬解（劉家和，一九八一：一二九）。這二處的「友」，在令彝與「寮」聯言，還提到卿事寮的組織：「隹八月辰在甲申，王令周公子明保，尹三事四方，受卿事寮，丁亥，令夨告於周公宮，公令徃同卿事寮。隹十月月吉癸未，明公朝至於成周，徃令，舍三事令，舍卿事寮，眔者尹，眔里君，眔百工，眔者侯，侯田男舍四方令，既咸令。甲申，明公用牲於京宮，乙酉，用牲於康宮，咸既，用牲於王。明公歸自王。明公易亢師鬯金牛曰用褅，易令鬯金牛曰用褅。乃令曰：今我惟令女二人，亢眔夨，奭左右於乃寮以乃友事。」（白川靜，一九六四：二七六—三〇三）公彝作器人的長官明保，受命主持「三事」「四方」。三事指政府，四方指中央以外的各地方。在明公東去成周主持祭典時，先吩咐屬員出京與卿事寮會合。在成周，明保奉行王命於內外兩批人員，內是以三事令，管領卿事寮，各主官（尹）以及東都的地方首長（里君）、大小官員（百工）；外是以四方令管領諸侯包括侯、田、男三類封君。祭祀完畢後，明公吩咐亢與夨負責僚友的工作，最後這一段的乃寮乃友，大約是明公自己的幕僚，而前文的卿事寮則是王室政府中的僚屬（相當於秘書處），因為明保的特殊任務，這些僚屬也須向他報告工作情形。本器的時代相當早，既是周公兒子時事，自然離周初不遠，西周政府已有相當複雜的組織。單論卿事寮而言，晚於令彝的番生𣪘也有之：「丕顯皇且考，穆穆克誓厥德，嚴在上，廣啟厥孫子於下，勵於大服。番生不敢弗帥井皇且考不𠀠元德，用䌛圝大令，甹王立，虔夙夜。專求不䜌德，用諫四方，𢦏遠能㹜。王令𢍯𤔲公族、卿事、大史寮。」（圖40）（白川靜，一九六九B：四二四）番生顯然也是居高位的大臣，才能以調和重臣（大服）自居，也才能自稱輔弼王位。他的工作是主管公族

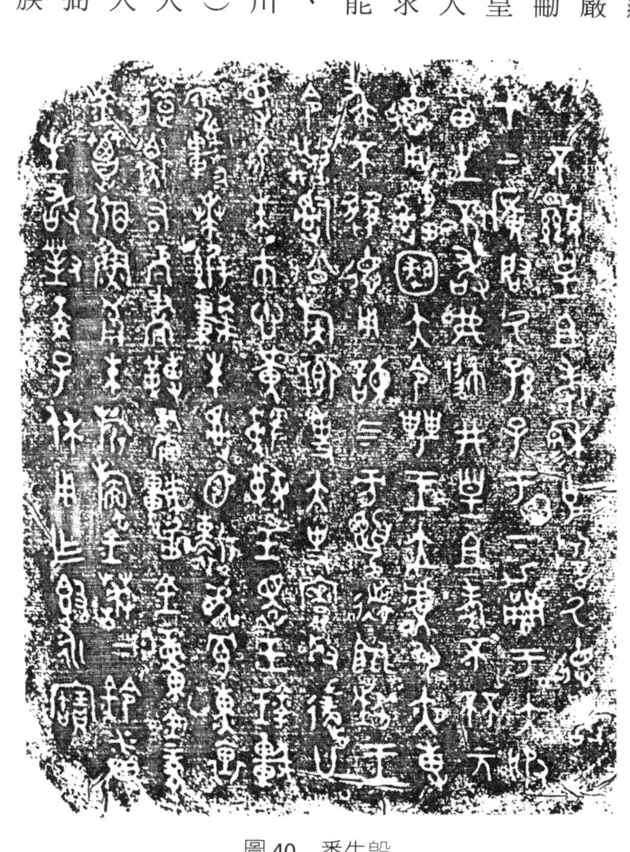

圖40　番生𣪘

及卿事與太史寮。大約因為番生是王族，是以有相當於宗伯的身分。卿事及太史寮一語，可能指卿事寮與太史寮已經分化的兩個單位。更晚的毛公鼎銘，其中卿事寮、太史寮已明白分開：「王曰：父厝，今余唯醽先王命，命女亟一方，圅我邦我家；女顀於政……善效乃友正。王曰：父厝，已曰彶兹卿事寮，大史寮，於父即尹，命女䎸司公族，雩三有司，小子，師氏，虎臣；雩朕褺事，以乃族干吾王身。」（白川靜，一九七〇A：六八〇）毛公奉命主持兩寮，反映周王朝已有外朝與內朝兩套幕僚組織。寮友，也就是今日的「公務員」。《詩經》〈邶風．北門〉：「出自北門，憂心殷殷，終窶且貧，莫知我艱，已焉哉，天實為之，謂之何哉。王事適我，政事一埤益我。我入自外，室人交遍讁我。已焉哉，天實為之，謂之何哉。王事敦我，政事一埤遺我。我入自外，室人交遍摧我。已焉哉，天實為之，謂之何哉。」這大約正是公務員的感嘆。他們不會是番生、毛公一類人物，不會是「尹」與「正」的主官人員。他們只能是僚屬，一批「常務」人員。政府事務日繁，單由貴族中的若干高級人員治理，已是不可能的事。僚友組織的發生，正是政事日繁的反映。一個僚屬系統分化為兩個，又反映了政府組織日益擴大。

太史寮，自然由史官系統衍生。史官的工作，不論其宗教的功能（如祝宗卜史）或記錄的功能（如掌書的職務），都代表傳統的知識與掌握知識的能力。周代殷為中國的主人，殷代的史官挾其知識，仍在王室服務。白川靜認為史官是殷遺，大體上是對的（白川靜，一九七三：三—六八）。這種工作人員不難構成一個世襲的僚屬團體，屬職務，不屬個人。師奎父鼎，「用嗣乃父官友」（白川靜，一九六八：五一七），正因為承襲了官職，也就承襲了父親的僚屬。

周代史官的譜系，可能起源更在殷代以前。《國語》〈楚語下〉，觀射父敘述祝宗的起源，前者是「能知山川之號，高祖之主，宗廟之事，昭穆之世」；後者是「能知四時之生，犧牲之物，玉帛之類，采服之儀，彝器之量，次主之度，屏攝之位，壇場之所，上下之神，氏姓之出，而心率舊典者」。其實這些職務，正是史官的工作。祝宗卜史連言，不為無故。觀射父又接下去敘述由堯至於夏商，祝宗的系統不斷，而在周代則有程伯休父是其後人，據說「當宣王時，失其官守，而為司馬氏」。《詩經》〈大雅．常武〉：「王謂尹氏，命程伯休父，左右陳行，戒我師旅。」詩中的程伯休父，雖然統領師旅，官職卻是尹氏。王國維指出，內史尹、作冊尹獨稱尹氏，以其位尊。陳夢家以為尹氏是史官系統的首長。均已見前文。程伯休父由史官之長統兵，遂使觀射父感慨為「失其官守」。由程伯一例，一方面可見史官世職淵源之長遠，另一方面也可見西周晚期世官制度的漸漸崩解。本文前面提到舀世掌卜事，卻又是成周八師的冢司土，其情形與程伯的例子正同。太史寮與卿事寮的分立以及史官系統又分化為大史、內史、作冊三系，而最後演變為內史最有權。這個現象使居於幕僚職位的世襲史官在實際政務上獲得空前的影響力。其中若干成員由祝宗卜史轉任卿士，也就不足為奇了。

西周策命金文中，常見有詳細列出新任官員的任務，不僅有此人的職位，還有他該管的事務。在本文前節已列舉不少例證。任務的性質大小繁易不等，有行政職務，有軍事職務；有長期性的職務，也有一時的差遣。即使是承襲祖先的工作，策命中仍不厭其煩地列舉，例如前舉師酉與詢二人，受命指揮的軍事單位，一個一個地列出。如果政治組織已經相當制度化了，某人任某職，其權力及職掌都已在規定之中，不煩一次一次重複說明。另一方面，西周政府中明明已有三有司等等職銜，似乎職官的工作範圍及性質已有大致的約定。一人的任命卻又常包括許多不相關聯的官職。同時，史官系統的官員，如上節所述，可以遷轉於其他工作，則職務的劃分，顯然不如「人」的因素重要。大致西周由世官制度逐漸演變，走向制度化的方向，王朝的政府組織越來越確定化。可是這個過程並未完成，西周的統治即已結束。由西周金文策命文件中呈現的，遂不免是上述的過渡與混合現象。

上文曾錄下毛公鼎的銘文，其中「我邦」「我家」並列，可見當時人的心目中，邦國與王室，已不能畫一個等號。宮中與府中的分野，在漢代有明確的規定。大司農管國家財政，少府管王室的財務。毛公鼎銘以邦家分開為兩個單位，殆是漢代觀念的濫觴。蔡毀銘記載蔡任「宰」的記錄。策命禮中，另有一位宰舀襄禮，銘文：「王若曰：𥜹，昔先王既令女乍宰，司王家。今余佳䌛𥜹乃令，令女眔舀，𦖞疋對各，死司王家外內，毋敢又不聞。司百工，出入姜氏令，厥又見，又即令，厥非先告𥜹，毋敢疾又入告，女毋弗善效姜氏人，勿吏敢又疾止從獄。」（白川靜，一九六八B：一〇一—一〇七）當時已有宰舀任職，可是蔡（𥜹）也早在先王時即已任「宰」的職務，其任務是「司王家」，足見舀與蔡並不是前後任的關係，而是同時任宰。今王的任命也是吩咐舀與蔡分工合作，司理王家「外」「內」。下文對蔡的工作性質，則明確地釐定為出納王后姜氏的命令，管理百工，有人要見王后姜氏，必須經過蔡，蔡也負責督察「姜氏人」——當是宮中的百工臣妾。本銘的二宰，舀的工作是大宰或宰，蔡的工作是內宰或宮宰。《禮記》〈月令〉：「仲冬命奄尹申宮令，審門閭，謹房室，必重閉。」鄭注：「奄尹於周則為內宰，掌治王之內政宮令，幾出入及開閉之職。」正與蔡的工作性質相符（郭沫若，一九五七：一〇三）。蔡毀是懿孝以後器，比毛公鼎早，是則在西周中期，大宰與內宰的分工，已象徵邦國與王室有別了。

毛公鼎銘有卿事寮與太史寮同時出現。如陳夢家所說，史官系統的分化，使內史部分成為最有權力的機構（見本章前文）。令彝銘文中明保卿事寮及「舍三事令」，是以卿事寮當是三有事的僚屬。相對的，史官由於常在王左右而漸變為王的私僚屬，內史名稱，即由此而來。卿事寮當為漢代所謂「府中」的工作人員，而太史寮（實即內史）則是「宮中」的系統。中國歷史上內朝與外朝的區分，列朝都有之。整個中國政府制度演變的趨勢，常由內朝逐漸奪取了外朝的權力。宮中與府中的分野，及宮中的得勢，其實在西周中期已經肇始。

結論

在周代開國之初，若干領袖人物擔任了政府中最重要的工作。周公、召公、明保、師懋父……都是本書前幾章中常出現的名字。他們的職位是太保、太師……一類的官職。《尚書》〈酒誥〉列舉的官職，在內服還只是相當簡單的百僚庶尹，惟亞惟服宗工，在外服也是彷彿殷制的侯甸男衛邦伯。到周公兒子明保當政時，由令彝銘文代表的西周政府就比較複雜了，內有三事及卿事寮，外有四方諸侯。《尚書》〈立政〉篇的官名正是令彝銘所見政府組織的補充。大約西周在天下安定後，王朝的政府就開始制度化。世官制度給周人貴族以充分共享政權的機會，史官系統（包括祝宗卜史與樂官）由於其承受知識的聖職性格，成為王朝政府中的專門人才，舉凡典故、記錄與檔案方面的事務，王室必須依仗他們的服務。殷士膚敏，祼將於京，這一系統的殷遺多士，應即官府幕僚的主要成分。中期以後，制度化的趨勢日強，世官制度漸起變化，可見的跡象則是共和時代毛公鼎銘代表的政府組織。宮中及府中的權力在卿事寮與太史寮，三有司的執掌，與小子虎臣是並列的。舀由太卜而任軍中司土，以及程伯休父由史官而任領兵大將，都可象徵內朝人物的出頭。《詩經》〈小雅．十月之交〉中，掌權的官員有卿士、司徒、宰、膳夫、內史、趣馬、師氏，蘭有司中的成員遠少於內朝直接控制的文武官員。這一現象，不同於以家內臣僕參政的原始狀態。「十月之交」描述的掌權人物，毋寧是政府制度化過程中的一種變態：內朝人物的出頭。

第八章

周人的生活

第一節　農作物及農具

民以食為天，因此在物質生活方面，先敘述農業及飲食。中國人的食物，分主食與佐餐食物二類，今日猶分別稱為飯與菜（Kwang-chih Chang，一九七七A：七—八）。古籍中常見的主食作物，大別之，可有黍、稷、粟、禾、粱、麥、麻、稻、菽等種（齊思和，一九四八A；萬國鼎等，一九五九：三五）。關於各種作物，自新石器時代到殷代的發展史，已具見拙作《兩周農作技術》，茲不贅述（許倬雲，一九七一）。稷的學名是 Setaria italica，是中國最古老的栽培作物。周人稱其始祖為后稷，而這個稱號又繼續沿用為農官的職稱，可知稷在周人農業中的地位了。黍也是重要主食，其學名是 Paricum miliaceum，與稷有親屬關係，但並不是同樣的作物（許倬雲，一九七一：八〇四—八〇六）。

麥類則是西亞的土生栽培生物。在安徽亳縣釣魚台的龍山文化遺址曾出土盛有一斤十三兩麥粒的陶鬲，據鑑定是古代小麥（Tricticum antiquorum）。以鬲的形制而言，屬西周遺物（安徽省博物館，一九五七；楊建芳，一九六三）。麥字見於卜辭者為數不多，據于省吾統計，除用作地名外，麥字僅十餘見。有關來字的卜辭也不過二十餘見，而黍稷類的卜辭則有百餘見。據卜辭，麥僅是新年的特別食品，殆不過為貴族的食物，平民尚不能享用（于省吾，一九五七）。據篠田統統計，中國古籍中麥字出現次數甚多，單舉或類舉，合計有三十八處之多，且麥作豐歉也每入史乘，足見麥在中國古代作物中的地位。錢穆以為，西周以前，中國農業文化初啟，種植以黍稷為主，而自春秋以下至戰國，農作物始漸漸轉變為以粟（粱）麥為主，錢氏之說殊可解釋麥收豐歉在春秋以後常入史乘的原因（于景讓，一九五七：八三—八九；錢穆，一九五六：二七）。

稻是南方作物，然而《詩經》中也頗有詠稻的詩句，如〈小雅．白華〉：「浸彼稻田」；〈豳風．七月〉：「十月獲稻」。足見稻也可在北方種植。稻的主要產地，仍應在漢水、淮水及長江流域。湖北圻春西周遺址中，曾發現成堆的粳稻穀粒遺跡，可能是儲存糧食的地方（北大歷史系考古教研室，一九七九：一六八）。

麻，在今日是為了榨油及取纖維而種植的經濟作物，但是《詩經》中有〈豳風．七月〉：「禾麻菽麥」；〈大雅．生民〉：「麻麥幪幪」的詩句。《禮記》〈月令〉：「孟秋之月，天子食麻與犬。」足知麻也是主食。

周代金文中豆字寫尗，字形似乎看重豆類植物的根瘤。周人對於豆科植物顯然也頗認識（胡道靜，一九六三）。春秋時代，只有山西一帶山地居民以豆菽為主食，戰國時代則是常見的平民食物（許倬雲，一九七一：八〇七—八〇八）。

周人在很早的時候，就發展了農業，后稷的功業即是以農業為主。周初農耕的方式，似是大規模的集體耕作，《詩經》〈周頌．噫嘻〉：「噫嘻成王，既昭假爾。率時農夫，播厥百穀。

駿發爾私，終三十里。亦服爾耕，十千維耦。」這是經常為人徵引以描寫周代農耕方式的詩句。「十千維耦」一語，也不必膠柱鼓瑟，解釋為萬人的確數。在〈載芟〉一詩中就只說到「千耦其耘」。這種大規模的耕作，也許只見於封建領主直屬的田莊上，由其直接管領的奴隸（所謂「夫」或「鬲」），從事成對成對的耦耕（天野元之助，一九五九：九五；貝塚茂樹，一九六二；李亞農，一九六二：七〇—七五）。

這種大規模的耕作，是否為周初各地的普遍現象，仍然在待證之列。至少在《詩經》〈豳風．七月〉中敘述的情形，似乎已是個體小農的經營，農夫有自己的居室，妻兒隨著農夫同去田間，而農夫對於主人的義務，是出於實物和勞力的雙重配合，除主要作物外，農夫供獻實物，包括紡織品與獵物。勞務則包括修屋、搓繩、取冰等雜項工作。這首詩的原文過長，只摘錄如下：「七月流火，九月授衣……三之日於耜，四之日舉趾，同我婦子，饁彼南畝，田畯至喜。……八月載績，載玄載黃，我朱孔陽，為公子裳。……一之日於貉，取彼狐狸，為公子裘。二之日其同，載纘武功，言私其豵，獻豜於公。……十月蟋蟀，入我床下。穹窒熏鼠，塞向墐戶。嗟我婦子，曰為改歲，入此室處。六月食郁及薁，七月亨葵及菽。八月剝棗，十月獲稻，為此春酒，以介眉壽。七月食瓜，八月斷壺，九月叔苴，采荼薪樗，食我農夫。九月築場圃，十月納禾稼。黍稷重穋，禾麻菽麥。嗟我農夫，我稼既同，上入執宮功。晝爾於茅，宵爾索綯。亟其乘屋，其始播百穀。二之日鑿冰沖沖，三之日納於凌陰，四之日其蚤，獻羔祭韭。

九月肅霜，十月滌場，朋酒斯饗，曰殺羔羊，躋彼公堂，稱彼兕觥，萬壽無疆。」這是領主領地上的附庸人口，經營的是分配給一家的小農莊，不是在大面積上集體耕作的大農場。

〈七月〉一詩的時代，說者意見不一，但以在西周晚年到東周初為長。天野元之助根據《詩經》中「室家」一辭出現的篇章，認為在西周晚期到東周之間，共同耕作的大片田地才開始由私有的個別農場取代，而獨立的家，也由氏族析出，成為以家族勞動作獨立小農經營主體（徐中舒，一九三六；傅斯年，一九五二：卷一，九五。天野元之助，一九五九：一〇五。對於〈七月〉一詩的時代，持異見的諸家，參看許倬雲，一九七一：八二二，注66）。

西周有無井田制度，及其確切的性質，至今仍紛爭難決。自從孟子提出井田制度一說後，學者一直在努力彌縫各種互相抵觸的敘述。本文是綜合性的敘述，不擬在此作技術性的討論，如果簡單一點說，井田制不過只是封建經濟下一種勞役服務的形態。領主分田給農民耕種以自贍，同時由農民耕種主人的保留地以為報償。基本形態正相當於各級領主與其從屬間的對等性權利與義務。上述勞役之中，卻又不僅在於耕種，還可包括佐獵、修繕……諸般工作。〈七月〉一詩的描述，足可說明這些工作的性質。土地的所有權，仍在領主，農夫家戶，只是在這塊農地上耕種以自給，也供給主人所需。這是天野氏所謂個體小農的經營方式，卻不能說是私有的農莊（關於井田制的各家討論，許倬雲，一九七一：八二三，注69及70）。

關於農具方面的史料，無論文獻或考古的資料，都不算多。前引《詩經》〈周頌・噫嘻〉

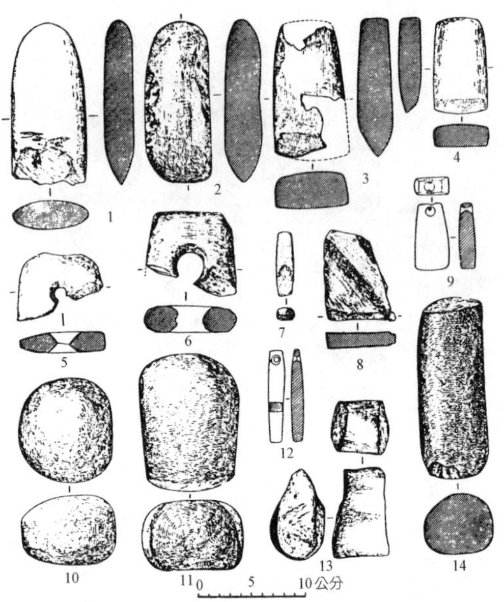

1-3、5、6 石斧（T38:2B:35，T32：2A，T44:4，T32:2B:17，H76）；4 石錛（T22:3）；7 石鑿（T19:3:7）；8、13 磨石（T32:2B:30，T32:2B:44）；9、12 磨刀石（T1:2A:31，T38:2B:31）；10、11、14 研磨器（T32:2B，T32:2B:31，T32:2B:48）

圖 41　客省莊西周生產工具（一）

與〈載芟〉，都提起成「耦」的耕作方式。又如《左傳》昭公十六年，鄭國子產敘述鄭國與商人的約定：「昔我先君桓公與商人皆出自周，庸次比耦，以艾殺此地，斬之蓬蒿藜藋而共處之。」也是形容以耦耕翻掘植被的情形。大率由西周以至戰國，發展用犁以前，這種二人合作刺土鬆土的動作，是農耕中的重要部分。二人為耦，如何並力，則有以為二人對面合作，及一拉一推前後合作，兩種可能（程瑤田，一八二九：四三—四四；孫常敘，一九六四：五一）。二人

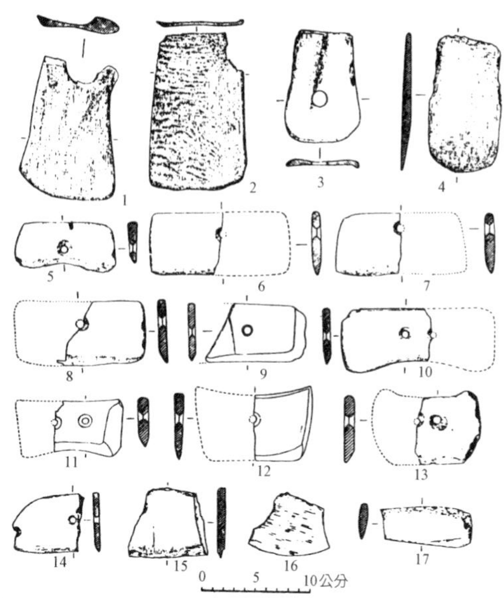

1-3 骨鏟（T13: 2:16, T50:2:15, T52:2A:1）；4 石鏟（T38:2B:32）；
5-16 石刀（H10:1, T28:2:5, T15:2:6, T22:2, T6:2A, H76:1, T17:2:7,H3:3, T23:2, T38:2A:30, T20:2, T38:2B:22）；17 石鐮（T14:2A）

圖42　客省莊西周生產工具（二）

協作互助的方式，當也須視實際的工作情形而定。挖掘樹根，必須二人對掘；開溝作壟，則無妨二人並肩卻行。大可不必堅持某一種方式。

刺土鬆土的工具，最原始的不過耒耜，是單首或歧首的挖掘棒，上有柄，下有踏足橫杆（徐中舒，一九三〇；關野雄，一九五九，一九六〇）。挖掘工具的尖端，可以用石製、骨製。凡此石製骨製蚌製的農具（圖41、42），許多西周遺址，所在都有。以灃西遺址出土器具的比例言，最多的是以牛馬下顎骨或肩胛骨製成的骨鏃，其次為石鏃，蚌鏃為數最少。在西周遺址中，也出現過青銅鑄成的鎛和臿，但數量極少（圖43）。湖北圻春毛家嘴西周早期遺址中發現的一件青銅臿，作凹字形，與春秋時代的臿形制相同。在河南三門峽上村嶺虢國墓葬出土的西周晚期的青銅臿，其形制又與商代的銅臿一樣。由此可知，西周農具的水平，與其前其後，均無十分變化。其他農具如收割用的鐮和刀，也是形制無大變化，而且也是以骨製、石製、蚌製為多（北大歷史系考古教研室，一九七九：一六七）。

青銅農具及工具，出土者為數甚少。最近安徽貴池、江蘇蘇州、浙江永嘉三處，都有窖藏的青銅農具出土。這些器物中，有耘田的耨、收割的鐮，以及許多種類龐雜的農具。諸器均已破舊殘毀，與銅料一起儲存，顯然是準備銷熔的廢料。這批器物的時代，當在春秋時代，甚至戰國晚期。由這批材料待銷的情形判斷，青銅農具在不堪使用時，即予回爐。同時，古代禮制不以農具隨葬，墓葬中不見農具，也就不足為奇了。戰國中期，鐵器已流行，遂有這些青銅殘件留下，西周時，青銅農具必定回爐重鑄，出土的機會就更少了（李學勤，一九八〇A：三九）。

由各種農具的形制來看，西周的農具大致只有挖掘及收割兩大類。農具更進一步地分化為整地、中耕、犁地等等專門用途的形制，還有待春秋戰國時代的突飛猛進，也許與用鐵鑄製有相當的關係（許倬雲，一九七一：八一〇—八一三；劉仙洲，一九六三：五八—六二）。

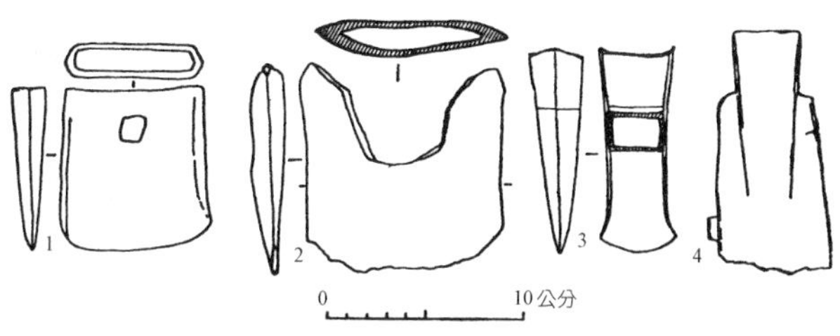

1. 臿，河南三門峽市上村嶺虢國墓 M1602:73
2. 臿，湖北圻春毛家嘴 T1-1H（1）
3. 斨，湖北圻春毛家嘴 IV20/1:3:1
4. 鎛，河南洛陽下瑤村 M159:65
(1為西周晚至東周初，餘皆西周早期）

圖 43　西周至東周初青銅農業工具

中國古代農業的大規模灌溉工程，也尚須待春秋中葉以後始出現（許倬雲，一九七一：八一三－八一六）。西周的人工給水，大致由水井供應。灃西張家坡西周遺址的井，井深達九米以上。用古代的工具挖掘九米深的水井，已相當不易。井口呈長方形或橢圓形，足以並置兩只容器，也許暗示已有兩只容器一上一下的滑車裝置（考古研究所，一九六二：七七－七八；劉仙洲，一九六三：四六－四八）。

西周時代的農田，有所謂「菑田」、「新田」、「畬田」的名稱。如《詩經》〈周頌．臣工〉：「嗟嗟保介，維莫之春，亦又何求，如何新畬。」〈小雅．采芑〉：「薄言采芑，於彼新田，於此菑亩。」《尚書》〈大誥〉：「厥父菑，厥子乃弗肯播，矧肯獲。」這三種田畝，徐中舒以為是三圃制的輪耕法。楊寬以為「菑」是第一年初開墾的荒田，「新」是第二年剛好可用的新田，而「畬」是第三年已墾好的熟田（徐中舒，一九五五；楊寬，一九六五：一二—一一四，四五—四八）。二說相比，楊說較為合理。輪耕拋荒，在刀耕火種階段，原為常見。但在西周的核心地帶，人口已多，農具未見改良，單位面積產量不增加，只有依仗增加墾田面積，方足解決人口太多、土地不足的難題。中國古代使用綠肥以及其他肥以改良土壤，可能早到商代（陳良佐，一九七一）。分三次改良土地，也已見於商代（張政，一九七三：九八—一〇〇）。用翻耕來開墾，在中國古代有可能，也有必要。反之，輪耕拋荒，在西歐農業史上是常見，但未必能適合西周中心地區的情況。何炳棣對菑、新、畬三詞的瞭解，正與楊寬相同。但他把這種墾田方式置之於新石器時代的仰韶文化，而且意味著在第三年以後，熟田繼續用於耕種，則用來說明周代的水平，遠比用來說明仰韶時代的農業為佳（Ping-ti Ho，一九七五：五〇—五二）。

第二節　飲食——食物與烹調

人類由茹毛飲血而至熟食。熟食之中，以中國傳統言之，又可分為飯食、菜饌及飲料三方面。食具則在討論這三方面時分別由其隸屬附及。

中國自古以來，以穀食為主食。周代的主食，如前所舉，為黍稷稻粱，麥麻菽豆。黍稷同為民食之主，《詩經》與《左傳》中黍稷連言，隨處可見。黍又比稷貴重，祭祀以黍為上乘，待客也以雞黍為饌。先民之詩，以黍中的秬和粱中的穈芑同號嘉種。錢穆以為「黍為美品，然而亦僅是較美於稷耳，待其後農業漸進，嘉種嗣興，稻粱麥諸品並盛，其為食皆美於黍，而後黍之為食，遂亦不見為美品。然其事當在孔子前後，以及春秋之中晚期，若論春秋以前，則中國古代農業，固只以黍稷為主，實並無五穀並茂之事也」（錢穆，一九五六：一〇）。

稻之普及，可能比麥還早些。西周銅器有名為「簠」的長方淺器，往往自銘，「用盛稻粱」，則貴族宴席上已用稻粱了。《左傳》僖公三十年，「王使周公閱來聘，饗有昌歜，白黑，形鹽，辭曰……薦五味，羞嘉穀，鹽虎形，以獻其功，吾何以堪之。」此中白是「熬稻」，黑是「熬黍」。但由周公閱辭謝之詞看來，這仍是比較珍貴難得的食物。麥比稻更適合於中國北方，但顯然到西漢初年還未普遍種植。豆類也早見文獻，孟子時菽粟連言，是最起碼的食物，比之如水火。在西周時代，豆似尚未為人所重（許倬雲，一九七六：五〇九）。

烹治穀物的方法，以古器物言之，有煮飯及蒸飯二類。前者用鬲，後者用甑甗，有一層箅子隔在水上。古人煮飯，大約近於今日的「乾粥爛飯」，濃稠的稱為饘，稀而水多的稱為粥。孔子的祖先自稱「饘於是，粥於是，以餬余口」，顯然日常飲食，不外啜粥。《詩經》〈大雅．泂酌〉：「泂酌彼行潦，挹彼注茲，可以餴饎。」行潦是雨後地面的積水，若用來直接煮飯，未免不潔，但若夾層蒸煮，卻也無妨了。固然北方水源不及多湖泊水泉的南方，如只有高貴人家用蒸，似還不須取水行潦。由此推論，蒸治當也相當普遍。但蒸飯究屬費時費事，而且顆粒鬆散，不能「漲鍋」，也因此比較費糧食。也許為此之故，古人仍以煮食為主。出土古物中，陶鬲所在皆是，而甑甗就少多了，其故大約即在於煮食比較普遍。

穀類可以粒食，也可以粉食。若只是粒食，去皮揚殼的手續，在所必然，杵臼之用，自新石器時代即已常見。壓穀成粉，西漢以後用石磨。先秦遺址中尚未見石磨，但新石器時代的早期磁山裴李崗文化中，磨盤磨棒已是標準器物。用碾棒壓穀，仍一樣可以製粉（天野元之助，一九六二：八〇—八一，八四三—八五〇）。

次言菜饌，《禮記》成書較晚，但是禮儀向來是文化中最保守傳統的一環，《禮記》所記也就很可能即是周代實際食用的項目了。據《禮記》〈曲禮〉，祭祀用食物有牛、羊、豕、犬、雞、雉、兔、魚。《禮記》〈內則〉所舉公食大夫，正式的宴席，包括膷臐膮、牛炙醢、牛胾醢、牛膾、羊炙、羊胾醢、豕醢、豕胾、芥醬、魚膾、雉、兔、鶉鷃。本書在論封建等級時，已述及貴族階級區分其鼎食的數量種類。最考究的天子太牢，所盛的肉食為牛、羊、豕、魚、臘、腸胃、膚、鮮魚、鮮臘。由天子以次遞降，士的一級羊、豕、魚是隆重的少宰，一鼎的豕則是婚冠喪虞的特牲。《國語》〈楚語下〉：「天子舉以太牢，祀以會；諸侯舉以特牛，祀以太牢；卿舉以少牢，祀以特牛；大夫舉以特牲，祀以少牢；士食魚炙，祀以特牲；庶人食菜，祀以魚。」基本上與考古所見列鼎制度頗為吻合。肉食者鄙，那是貴族的特權，庶民至多食魚，平時只是吃菜而已。除了上述種種正式場合的肉類外，《禮記》〈內則〉還述及一些平時燕食的食物範圍，包括蝸、雉、兔、魚卵、鱉、腶、蚳、牛、羊、豕、犬、雁、麇、麋、爵、鷃、蟲、范。其中頗多今日不食之物，如螞蟻、蟬、蜂之類。《禮記》也記了一些當時不可食用的項目：狼腸、狗腎、狸脊、兔尻、狐首、豚腦、魚乙、鱉醜。這些特定的部分不可食，則特定部分以外的項目，大概都屬可食之列了。

平民日常飲食，不會有如許異物。大約魚類是上下都可享用的食物。平民以魚類為盛食，已如上引《國語》〈楚語下〉的記載。《儀禮》〈有司徹〉：「卒熱，乃升羊豕魚三鼎。」可知魚也是貴族的常食。《詩經》中提到魚類的例子甚多。黃河中的魴與鯉，是陳人心目中的美味。〈小雅．魚麗〉列了鱨、鯊、魴、鱧、鰋、鯉，當作燕客的下酒。〈大雅．韓奕〉，鮮魚是送行盛宴中一道好菜。〈周頌．潛〉：「有鱣有鮪，鰷、鱨、鰋、鯉」，可作為享禮的佳餚。大致中國的農業發展，在周代田野日闢，牧地及山林都漸漸墾為新畬的農田，牧養及野生動物的供應勢必減少。雞豚羊犬，都不占農田的土地，便可豢養。魚類更可由河川湖泊中獲取。這幾類食物遂成為戰國以後肉食的主要項目，孟子的井田理想，即包括農家飼養雞豕狗彘。梁惠王以羊易牛，還須解釋不是為了省錢。大約西周的食單，比之戰國時代的項目，牛羊及野物的比重是比較大些。

蔬果方面，按照《周禮》〈醢人〉，朝事之豆，盛放有韭菹、昌本、菁菹、茆菹四類，用來與庶屬的肉醬相配。又，「饋食之豆」則盛放有葵菹及一些雜項菜肴。加豆之中有芥菹、深蒲、箈菹、筍菹。諸色蔬食中，只有韭、葵、芥、菖蒲、筍仍為今日常用食物。菁可能為蔓菁，茆可能為茅芽，但自來注疏家不能肯定，此處也不必強為解人（《周禮注疏》：六／一一二）。《禮記》〈內則〉所舉諸項食物中，蔬菜有芥、蓼、苦、荼、薑、桂。調膾的蔬菜則有蔥、芥、韭、蓼、薤、蘈作為調味的佐料。諸色中以香辛味烈者為多，顯然當配料使用，也許為了禮經主要敘述天子諸侯的食單，蔬菜就無緣上席了。

若以《詩經》作為史料，情形又不同了。〈關雎〉有荇菜；〈卷耳〉有卷耳；〈芣苢〉有芣苢；〈采蘩〉有蘩；〈采蘋〉有蘋及藻；〈匏有苦葉〉有匏；〈穀風〉有葑、菲、荼、薺；〈園有桃〉有桃棘；〈椒聊〉有椒聊；〈七月〉有虋、鬱、薁、葵、菽、瓜、壺、苴、荼、樗；〈東山〉有苦瓜；〈采薇〉有薇；〈南有嘉魚〉有甘瓠；〈采芑〉有芑；〈我行其野〉有蓫葍；〈信南山〉有蘆、瓜；〈采椒〉有芹、菽；〈瓠葉〉有瓠；〈綿〉有堇荼；〈生民〉有荏菽、瓜；〈韓奕〉有筍、蒲；〈泮水〉有芹、茆。凡此諸品，有今日常用的蘿蔔、苦瓜、葫蘆、荏椒、葵、芥之屬，卻也有不少採集的野生植物，而水生植物，在今日蔬菜中較少，在當時似頗為重要。大約周代園藝未必像秦漢以後發達，固然已有在田間栽培瓜菜，不少菜蔬仍須由水陸野生植物中選擷。

水果乾果之屬，《禮記》〈內則〉列有芝、栭、蔆、椇、棗、栗、榛、柿、瓜、桃、李、梅、杏、楂、梨。《周禮》〈籩人〉列有棗、㮚、桃、乾穚、榛實及菱芡。大致這些果實，也以採集得來為主。是以《禮記》〈月令〉，仲冬之月，農夫收藏聚積，牛馬不得散佚，「山林藪澤有能取蔬食，田獵禽獸者，野虞教導之。」足見果蔬來自山澤，而不在農夫種植範圍。總之，果蔬在周代貴族的食單中，重要性遠不如肉類，遂致〈月令〉中天子嘗新，除櫻桃一見外，僅有穀食與肉類，不及於時鮮果蔬。考古學家及植物學家，也都只能列出十餘種果蔬，認為是古代中國人食用的項目（Kwang-chih Chang，一九七七A：二八—二九；Huilin Li，一九六九，一九七〇）。

烹飪的方法，古不如今。古人不過用蒸、煮、烤、煨、乾臘及菹釀諸法，後世的烹調術中爆炒之法，在西周似尚未及見。中國食物烹調過程中，切割與烹調同樣重要。因此伊尹以「割」「烹」要湯，兩個過程是連言的。周代治肉的方式，有帶骨的殽，白切的胾，碎剁的醢與雜有碎骨的臡（《爾雅注疏》：五／八）。《禮記》〈內則〉列有「八珍」的烹調法。約而言之，炮豚是烤小豬，烤好後，裹粉深油透炸，再水蒸三日三夜，最為費時費事。搗珍，是用牛羊鹿麋麇五種裡脊肉，用棰搗擊，去筋調成肉醬。此法不經火化，大約是相當古老的方法。漬是酒浸牛肉片，加梅醬同食。熬是牛肉棰搗去筋，加薑桂鹽醃乾透的醃肉。糝是牛羊肉細切，加上六份米，作餅煎食。肝膋是油炙的狗肝。黍酏是稻米熬粥，如狼膏。淳熬淳母，是肉醬連汁加在黍米或稻米的飯上。日常的饌食仍以「羹」為最重要，所謂羹食自諸侯以下至於庶人無等

（《禮記正義》：二八／四—五）。雖說如此無等，農夫的生活到底只是陳年的穀粒（《詩經》〈小雅．甫田〉）及採來的苦荼（《詩經》〈豳風．七月〉）。這樣的羹食，離「八珍」就是天地之別了。

調味的佐料，太古連鹽也談不上，是以「大羹不和」，即指祭祀大典的肉湯不放鹽，以遵古禮。普通的羹，卻須加上多種調味品。《左傳》昭公二十年：「公曰和與同異乎？對曰異，和如羹焉，水、火、醯、醢、鹽、梅，以烹魚肉，燀之以薪，宰夫和之，齊之以味，濟其不及，以泄其過；君子食之，以平其心。」以梅為佐料，是後世所不用的方法。惟其調味之道不精，古人不能不借助於香草香菜之屬，除昌韭之類外，所謂鍘筆，亦即肉羹中的菜類，為「牛藿、羊苦、豕薇，皆有滑」。夏天還要加上堇葵，冬天加上荁菜。三牲用藙也是帶一些苦辛的植物（《儀禮正義》：一四／三〇—三一；《禮記正義》：二八／一）。這些植物，大都野生，由此也可看出，古人的園藝不十分發達。古人無蔗糖，但已有麥芽糖可以製成甜料。「誰謂荼苦，其甘如飴」，足見麥糖是日常可見的食品。

《禮記》〈內則〉記載的飲料，有醴酒、酏漿、醷、濫諸品。醴酒大約是穀物發酵的酒類，酏漿是湯水，也許稍稍發酵。濫或涼，據說是「寒粥」，當類似今日涼粉一類凝結的澱粉（《周禮注疏》：五／一〇）。酒類則至少有五種，依其清濁而分等級。最濁的是泛齊。高一級是醴齊，汁滓相將，大約相當於今日的酒釀。更高一級是白色的盎齊和紅色的緹齊。最高一級是沈齊，亦即酒滓澄清的清酒了（《周禮注疏》：五／六）。濾清酒中沉澱，用茅過濾，管仲責貢於楚，所謂「苞茅不入，無以縮酒」，即是指楚地出產用來濾酒的一種茅草。周代錫命禮中，每有賞賜秬鬯之類的記載。秬是黑黍，鬯是香料。《說文》鬯：「以秬釀郁草，芬芳攸服，以降神也。」是以這是一種黑黍為酒，再加上香料的祭酒。周金銘文有秬鬯之賜，此物每名列賞賜禮單之首，足見其貴重。秬鬯也見於文獻，如《詩經》〈大雅．江漢〉：「釐爾圭瓚，鬯一卣，告於文人。」《尚書》〈洛誥〉：「以秬鬯二卣，曰，明禋，拜手稽首休享。」及《左傳》僖公二十八年：「秬鬯一卣，虎賁三百人。」金文銘文中所見就更多了。有⿱規鬯鬯、⿰鬯巨鬯、⿰鬯夬鬯等不同書法，其中有無差別，則不得而知了（黃然偉，一九七八：一六六－一六八）。

周人飲酒之風，遠遜於殷商。〈酒誥〉告誡周人不得聚飲。並且以飲酒為商人亡國的罪名之一。由青銅禮器成批出土的墓葬來看，西周早期，禮器的組合情形與殷商相似。西周早期以後，禮器中食器的比重，逐漸加大；相對的，酒器則比例變少。到了西周晚期，最常見的禮器是鼎、𣪘、盤、匜、壺五類，鬲、甗、豆次之，酒器則處於更次要的位置。各器的組合，也往往是一定的。從西周中期以後，一組銅器大致有甗、豆、盤、匜各一件，壺二件；鼎成單數，按階級遞升，𣪘數為雙數，比鼎數少一件；鬲也隨此而增減。列鼎制度是封建禮制上等級的象徵，也因此反映了封君飲食的豐嗇，有禮儀性的意義，不完全由口味及財力決定（北大歷史系考古教研室，一九七九：二〇三）。各種器皿的用途，鼎鬲甗甑釜，用以烹調，小鼎也用來盛

用途	食器			
名稱	鼎	方鼎	鬲	甗
陶器		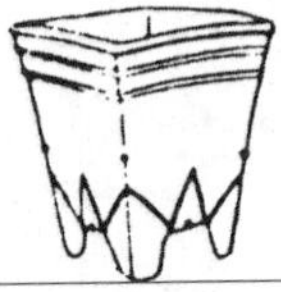	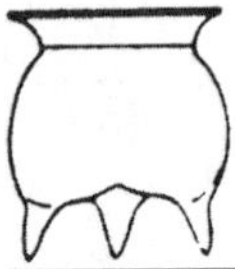	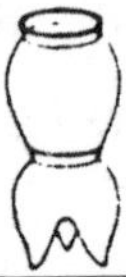
西周銅器				
東周銅器				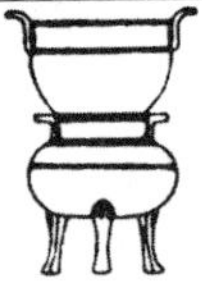

用途	食器			
名稱	簋	盂	豆	簠
陶器				
西周銅器				
東周銅器				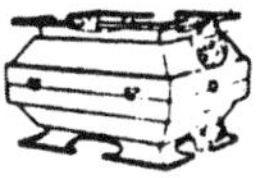

圖 44　周代飲食用具示意圖

用途	酒器			
名稱	爵	斝	盉	觚
陶器				
西周銅器				
東周銅器				

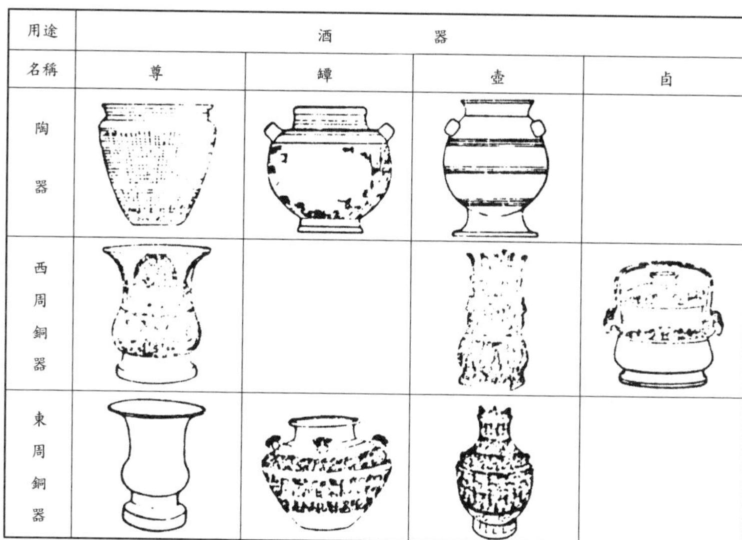

用途	酒器			
名稱	尊	罇	壺	卣
陶器				
西周銅器				
東周銅器				

用途	酒器		水器	
名稱	卣	方彝	盤	
陶器				
西周銅器				
東周銅器				

放肉食進呈，謂之升鼎。進食時，用鉶俎置肉類，簋置五穀，籩豆盤置菜肴，壺盛酒漿（圖44，圖版22—28）（《儀禮正義》：一九／一一）。勺匕載食，箸則挾食，匜以盥洗。在實際生活中，各項用途是否如此細分，也就無從考定了。平民食器以陶製為主，西周前後也有差別，大致趨向，是以盂豆代替簋，多少也有分化的現象（圖45）。

總之，周人的食物種類不算很豐富，飲食的方式也似乎禮儀的意義大於美食的口味。周人農業的水平較低，畜牧、園藝二項也不發達，殆是飲食不能十分進步之原因。

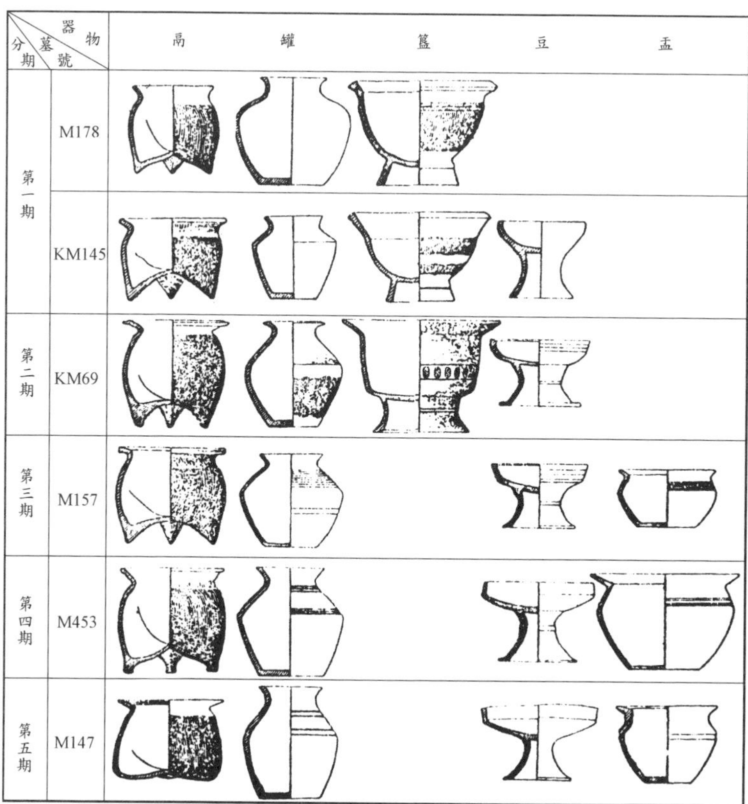

圖45　西周墓葬隨葬陶器比較圖

第三節　居室——建築與起居

《詩經》〈大雅．綿〉記載古公亶父甫到達周原時的情形，是「陶復陶穴，未有家室」。據鄭箋，所謂「陶穴」是「鑿地曰穴，皆如陶然」。自從新石器時代以來，中國古代的居住遺址，處處有半地下式的窟穴，當即鄭玄所謂「鑿地為穴」的居室。殷墟半地下居室，及客省莊二期的居室（圖版29），也甚多例證。

灃西張家坡發現的十五座西周早期居室，都是這種挖在地面下的土穴（圖版30、31）。土穴有深淺二類。淺穴為長方形，只殘存一間。房間的大小是二．二公尺×四．一公尺，坑壁即室牆，最高處為一．四公尺，高及人肩。牆根及地面都用火燒硬。房中偏東有一圓柱的柱洞，當係架設屋頂之用。西壁偏北，當係寢臥之所，稱為「奧」的角落，此處壁上有小龕，當係置放物件之用。靠南牆中部有一凹下的橢圓形小火坑，是「灶」的地方。房內北部有路土，可能出口

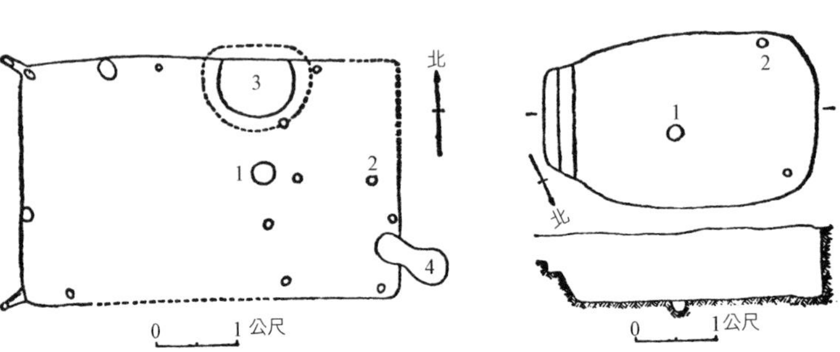

左：F4 平面圖　1 大柱洞　2 小柱洞　3 窖穴　4 灶
右：F3 平、剖面圖　1 大柱洞　2 斜柱洞

圖 46　河北磁縣下潘汪西周長方形半地穴式房基

在北邊。

深穴作圓形，直徑都在五公尺以上，深二公尺以上。有一個橢圓形居住遺存，口徑七・八—九・五公尺，坑壁最高處有三公尺。房間的面積是淺穴的三四倍，深度加一倍。出入口是一條向南斜坡走道。坑底北壁下有一半圓形淺火坑，是炊食及取暖之所。坑底偏南有一條隔牆的牆根，分居室為南北兩半，中間有一寬一・二公尺的小門，以資互通。這是外堂內室的雛形了。居住遺址附近還有很深的深穴，或為長方形，或為橢圓形，長方形的口部為長一・六—二・四公尺，寬〇・七—一・〇五公尺，橢圓的直徑一・三—一・九五公尺。有深穴，深達九公尺，尚未到底。深穴坑口規整，四壁也頗光滑，並有對稱的腳窩。這種深穴，有的可能是水井，有的可能是儲物的窖穴。因為口部甚小，出入不方便，必非居住之用（考古研究所，一九六二：七三—七八）。

河北磁縣下潘汪發現的西周房基，也都是半地下穴。其形狀有長方形和圓形兩種。長方形房基兩座（圖46），其中之一的面積是三・九八公尺×

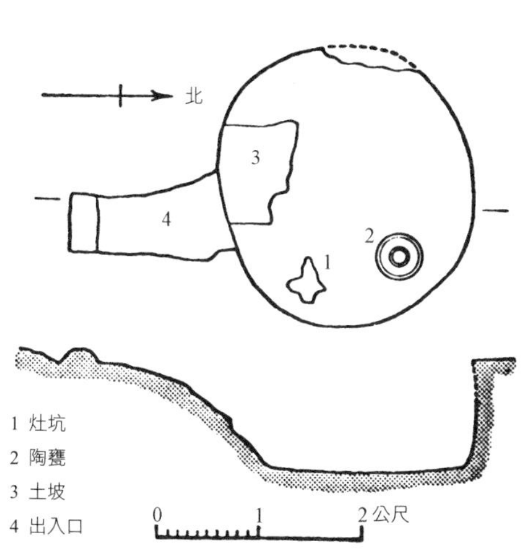

圖47　西周晚期房屋的平面、剖面圖

二·四七公尺，穴深一公尺。穴地上塗草泥，經火燒硬。在房內和牆外發現大小柱洞十六個，分布並不成規律。中間偏東有一大柱洞，直徑二十二公分，深三十八公分，可以植入不小的木柱。房基四周各有一小柱洞，西北西南又各有小柱洞。這一組柱洞足可撐起屋頂。灶坑在東南角，挖入土牆。北牆根的地面有一個圓穴，內存工具，大約是儲物的窖。另外一座房基，略成圓角的瓢形，長三·四公尺，寬二·一三公尺，深〇·八四公尺，房內地面也經火燒，堅實光滑。東部有兩級台階，應是出入口。柱洞九個，中間一柱洞最大，直徑十八公分，深十四公分。西南與西北角有斜支的柱洞。圓形房基三座。其中一座直徑只有二·五公尺，門向東北，有台階，中心柱洞直徑十六公分，深八公分。穴壁經修飾，塗有黃土細泥。另一個圓形土穴，直徑二·六五公尺，坑壁殘高一·一六公尺，原來的深度可能還深些。南牆有門，門外經土坡斜入門內。室內靠東壁有小灶，並有一陶甕，半埋在地面下，當是水缸，或糧缸（河北省文物管理處，一九七五：九九）。類似的屋室遺存，在北京劉李店、邯鄲邢台寺、洛陽王灣、灃西張家坡等地西周早期以至東周初期的遺址，常有發現（圖47）。遺址內常有簡單的生活用具及工具出現，灃西張家坡的土穴遺址附近就有手工業作坊出現。大概這種土穴是西周農民工人的住所（北大歷史系考古教研室，一九七九：一八八—一八九）。

由柱洞的大小及部位推測，土穴的上面應是四阿式的或圓錐式的木柱草頂，房屋低矮簡陋。現存西周文獻史料中，沒有對於平民居室的描述。《左傳》襄公十年，貴族譏微賤人家為

「篳門閨竇之人」。篳門是柴扉，閨竇是在夯土牆上鑿壁透光，上銳下方，甚至沒有窗框。這是春秋中葉，一般貧戶的屋室情形。西周淺土穴在地面與屋頂之間，也很可能有一段土牆，作為「閨竇之處」。戰國時代的情形，有比較清楚的描寫，可借來推想西周時代一般貧戶的生活。據《莊子》〈讓王篇〉：「原憲居魯，環堵之室，茨以生草，蓬戶不完，桑以為樞，而甕牖二室，褐以為塞，上漏下濕。」以這一段文句來懸想半地下穴的情形，雖不中亦不為遠：小小土室，柴扉零落，用桑樹的樹幹作為門軸，上面是草束覆蔽的屋頂，破了底的瓦罐放在夯土牆中，當作窗戶，用破麻布或破毛毯塞在門縫窗縫裡擋寒氣，也掛在二室之間，稍微分別內外。下雨天，屋頂漏水，地面也因為是挖掘在地面以下，進水是免不了的。大致由新石器時代以至戰國，最差的居室，就始終停在這個水平之上（許倬雲，一九七六：五一九）。在西周，大致是最窮的人住這種半地穴的居室了。

地面上的建築，以夯土為最重要的建築方式。中原的黃土，土質細密，加力壓緊，就可堅致。《詩經》〈大雅．綿〉形容周人在岐下建都的情形，已在本書第二章引述：先用繩子量畫地基的直線，然後運「版」來築堵，建築宗廟與宮室。運土的小車軋軋的響，夾雜著投土入版的轟轟聲，版築時的咚咚聲，削平土牆上凹凸不平處的砰砰聲。近百座宮牆都在夯築，鼓聲不絕，讓工人跟著節奏工作。

岐山鳳雛村出土的大型建築遺存，大約正是周室在未至岐下建都時的宗廟或宮室。〈綿〉

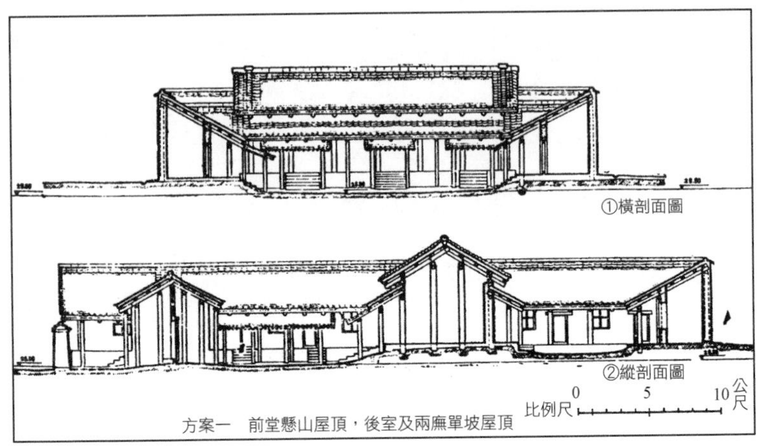

圖 48　鳳雛村西周甲組建築基址復原圖　方案一

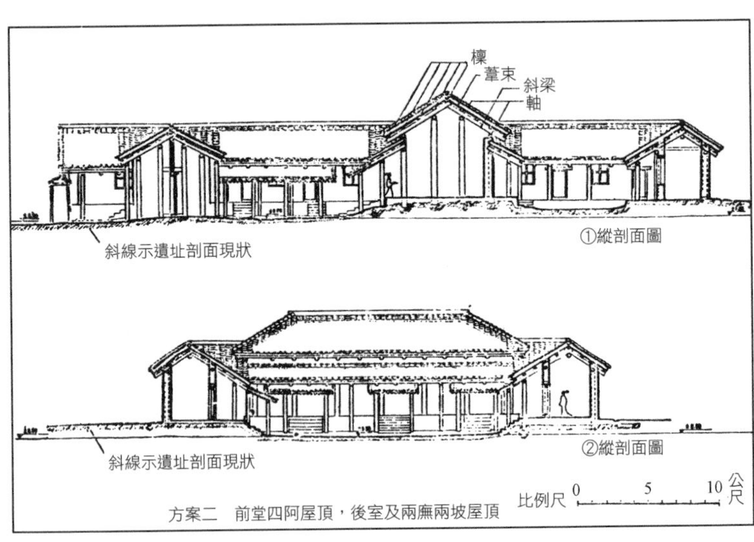

圖 49　鳳雛村西周甲組建築基址復原圖　方案二

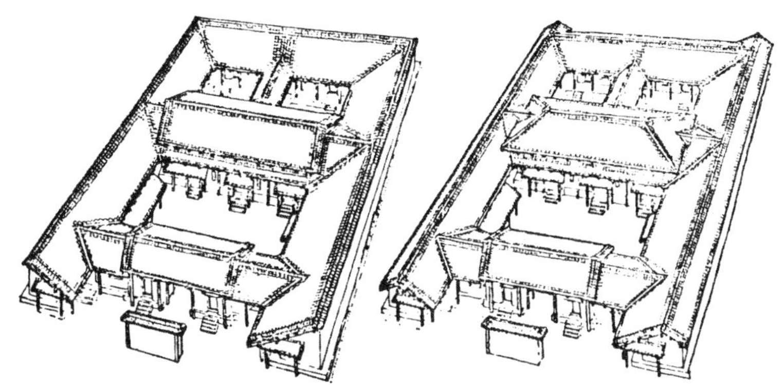

方案一　前堂懸山頂，後室及兩廡單坡頂　方案二　前堂四阿頂，後室及兩廡兩坡頂

圖 50　鳳雛村西周甲組建築復原鳥瞰圖

詩中描寫的建築工作，也許就包括這一座房屋的工程。本書第二章，已對這座早周宮室的遺存，有了詳盡的介紹。若以假想的復原來看，鳳雛村的甲組建築遺存是一座四邊可以走通的大院落。前面有門塾，兩邊東廡西廡，各有八間小室。中央是堂，面對著前庭，堂後面經過廊道穿越後庭，而連接後面的內室三間。牆是夯土堅築，堂室都在築高的房基上，房基也經夯實。房屋是用複雜的柱網，構成高聳的屋架，在中堂是一個四阿的屋頂，兩廡是兩廈的屋頂（所謂兩坡懸山頂）。整座建築，格局規整，前中後三進，左右對稱，堪稱中國傳統建築方式的早期典範（圖48、49、50）（傅熹年，一九八一）。

王恩田用鳳雛村建築遺址來比對古籍中材料，斑斑可考。鳳雛村的宮室占地南北深四十五．二公尺，東西廣三十二．五公尺。按古籍中所用的名詞，這座宮室建築由屏、門、塾、中庭、大室、東西庭、寢、闈、東西廂、闕、廡共十一個部分構成。大門外的一道短牆，應即《爾雅》〈釋宮〉的屏或樹。屏與門之間的地步，「釋宮」稱之為「寧」，又稱為「著」，《詩經》〈齊風．著〉，那位女郎吩咐情人等候的地方，即是門屏之間的著。屏外的廣場，則是大庭，也可稱為外朝，是大朝會時聚會的地方，平時則任人通行。大門兩側有柱，當然也就有屋頂覆被。門道中間有三個柱洞，當是安置門扉及門所用。門塾是門旁兩側各有房三間，與《爾雅》〈釋宮〉相符，也是《儀禮》〈士冠禮〉、〈士喪禮〉舉行卜筮的地方。中庭即是門內的大院子，金文中屢見「中庭」，是舉行冊命及賞賜的地點。中庭北有三組台階，東為阼階，西為賓階，均見禮經。東西各二組台階則是側階。那座大堂則是大室，是整個建築的中心，也是禮儀活動中最主要的地點。堂後兩個小庭，亦即所謂東西庭。堂後的一排房屋，可隔為三間或五間，是即「前堂後寢」的寢，如係宗廟，自然不是燕處之所，而是「薦新」的地方。金文中也有在宗廟的寢舉行「鄉禮」的記載（如師遽彝）。寢的兩側，北牆上升兩個小門，稱為闈，婦人出入經此便門，東西兩廂各有七間房門，或稱廂，或稱亇，是待事之所。東西兩列房舍，最南一室，突出門塾之外，據王氏假定，當是對峙雙闕的位置。中庭及堂四周圍繞的迴廊，則稱為廡，也是宮室宗廟建築常見的部分（王恩田，一九八一：七五—七七）。鳳雛村甲組遺址的東邊已發現寬大的宮牆遺址，足見甲組位在東側。甲組的西邊發現了乙組建築，甲乙兩組之間有牆隔開。乙組的前堂基礎更具規模，比上述甲組的前堂更大，兩側前方則並無房屋。如按傳統「廟在寢東」的

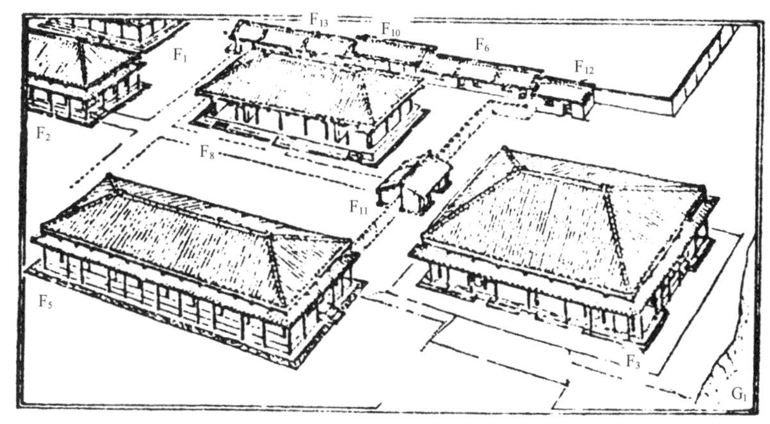

圖 51　扶風召陳西周建築遺址各建築外觀示意圖

四阿瓦屋：從擎擔柱推測或繼承殷人重屋形制

圖 52　召陳 F5 復原設想平面之一

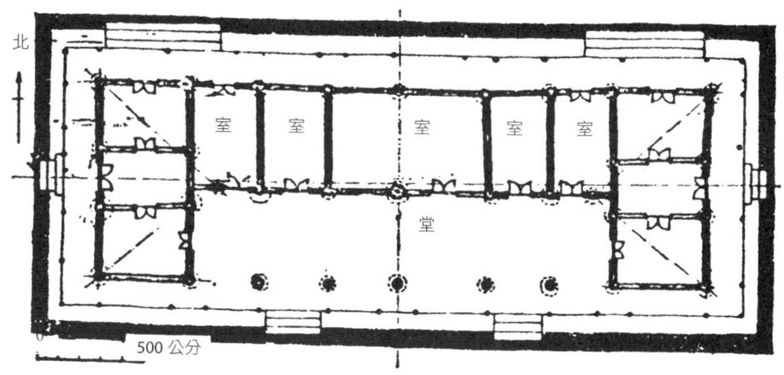

圖 53　召陳 F5 原狀初步設想——四阿瓦屋

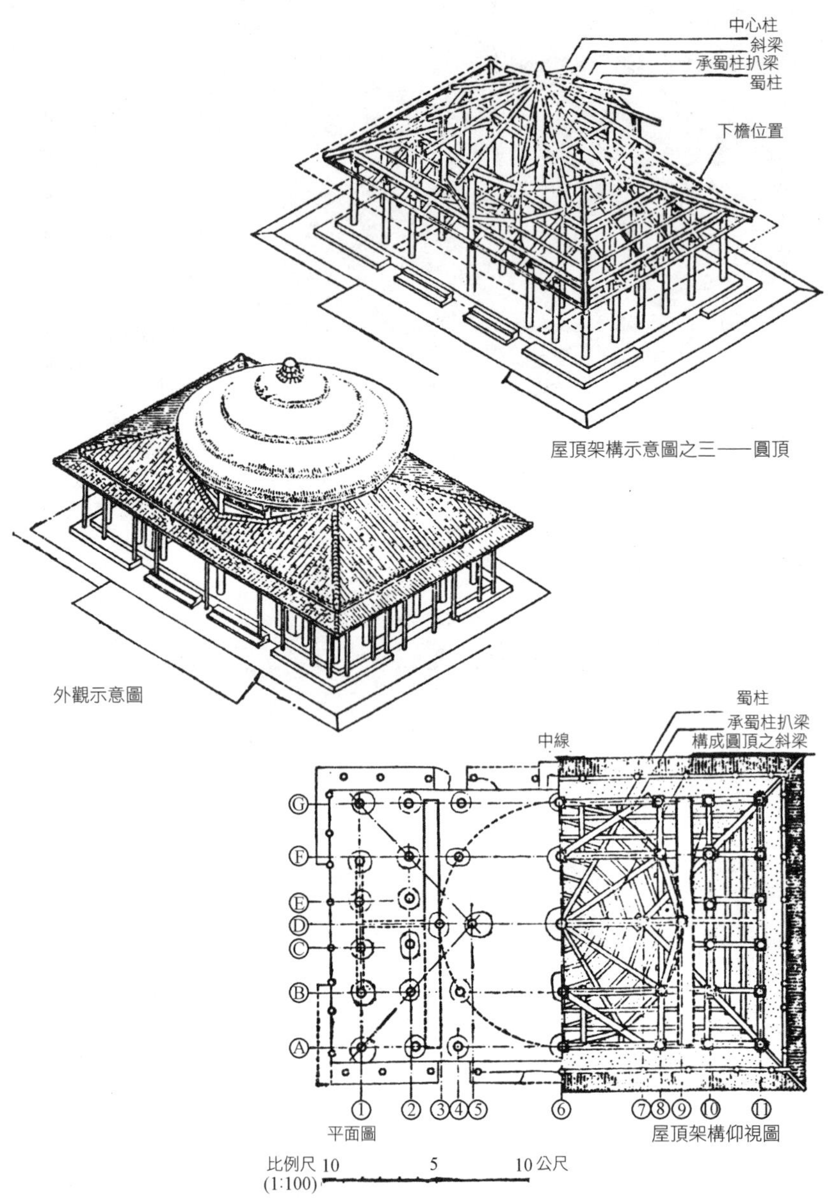

圖 54　召陳 F3 遺址復原圖之二——上層圓頂

說法，上文描述的甲組建築，應是宗廟，而發掘報告尚待發表的乙組建築，應是先人居住的寢宮。鳳雛房屋的規模廣大，其出土卜骨似為王室文書；由此兩點推測，鳳雛村的遺址群大約是周代早期的王家宮室（尹盛平，一九八一：一三，一五）。

離鳳雛村遺址二公里半的扶風召陳村，也出土了一群大型建築基址（圖版32）。遺址範圍很大，現在還只整理了一小部分。遺址也當是王室宮殿，時代為西周中晚期，正可接續鳳雛村早期遺址的線索。召陳村建築遺存，至少可以有兩組前堂後室的組合，及一個單獨的大堂（尹盛平，一九八一：一三）。現在發表的資料是這一座單獨的三號房基，是一座高台建築，夯土台基高出地面七十公分以上，房基面積二十二公尺×十四公尺。房基上有四排柱礎，礎底是大塊卵石，礎徑約一公尺，可見其原來支柱之高大。中室是方形，以中柱為圓心畫圓形，可以通過八個柱基，而且中柱特別粗大，直徑達一・九公尺。由此推測，這一間大堂的中堂部分，在四阿頂的上面另有一層重疊的圓屋頂，當是金文中所謂太室（圖51、52、53、54）（尹盛平，一九八一：一七；周原考古隊，一九八一；傅熹年，一九八一A）。

召陳村遺址有幾處卵石鋪成的散水面，是沒有排水暗溝以前的排水設備。召陳建築群出土的瓦種類很多，有板瓦及筒瓦，都有瓦釘或瓦環以固定其位置。不僅召陳有瓦，客省莊、洛陽王灣、北京董家林等地都有泥條盤築拍製的瓦片；客省莊更有尚未燒製的瓦坯（圖版33、34）。凡此均說明了西周中期至東周初期，建築用瓦，已相當普遍。大致西周以前房頂用草，西周早中期可能開始在屋脊等重要部位用瓦，西周晚期以後則大部分蓋瓦了（周原考古隊，一九八一；北大歷史系考古教研室，一九七九：一八六—一八七）。最近在扶風雲塘的西周灰窖中，又發現大型陶磚，體積是三十六公分×二十五公分×二．五公分，質地堅硬，與陶瓦同樣的陶質。磚的反面四角都有乳釘，據推測可能是用來貼在土牆外面，以保護牆面。這是西周磚塊的第一次出土，更增加了有關西周建築的知識（羅西章，一九八〇）。

上文介紹了簡陋的半地下居住穴及複雜的宮室宗廟建築群。兩者的中間，應有普通的平房。只是至今西周考古資料中還缺這一環節。最近商丘出土的平房，屬商代早期。這一批九座房址，可分為三類，第一類是先在地面夯築一個台基，略略高出地面，四周是斜面，作為散水用。夯土台上則是三間排房，中間高於兩側的邊間。土牆是先挖牆壁基槽，順槽用草泥垛成牆壁，內外壁修平，內壁面抹一層草泥，表面用火燒烤，成為紅色，然後再塗抹黃色泥漿，各間並不互相通連，都各自向外開門。屋頂先用原木為檩，用蘆葦束作為屋椽，緊密疊壓，上面再加塗草泥屋面。以其中一座排房為例，中間的面積是南北寬三．三公尺，東西長五．四—五．八公尺，內有短牆，隔出西北一間小間。東南角是長方灶坑。地面都用草泥抹塗再經火燒硬。東西兩側間，都只有東西長二．六公尺，南北寬二．三—二．七公尺，地坪低，面積小，估計其屋頂也比正室為低矮。

第二類房屋無夯土台基，只在地面用黑色草泥土垛成牆壁，地面也經火烤。第三類房屋是一座建在生土上的圓形小房子，直徑僅二．六公尺，但室內有灶坑，顯然也是居住用的建築（考古研究所等，一九八二：四九—五四）。商代的建築不能當作西周建築。然而商周的窖穴居住形式並無大改變，西周宮室建築則大有進步，西周的平民居住的平房，應在商代這個形式上有所改進，卻也不見得有很大的變化。

北方用夯土及垛泥建屋。東南潮濕，土質又不夠堅致，泥屋未為適宜。因此長江流域至今有木結構建築的傳統。在湖北荊門、圻春等地都曾發現西周木構建築的遺跡（圖版35）。茲以圻春毛家嘴的木構建築為例。這批遺存在水塘底部發現。在五千平方公尺的範圍，發現了兩處遺址。一處有三組房屋，每組都為八公尺長，四、五公尺寬。木柱呈縱列及橫列排列，相距二、三公尺。另有幾十根細木柱，及一節木板牆，地上有大塊平鋪的木板，並有木製樓梯的殘跡，當是成組的木構樓房（考古研究所等，一九六二A）。

西周房屋的內部陳設，大致以席與几為主。室內設席，是以登堂入室都須去屨。古人量度房間面積，也以几筵（席）為單位。一筵九尺，《周禮》所謂「室中度以几，堂上度以筵，宮中度以尋。」（《周禮注疏》：四／一五—一六）以《尚書》〈顧命〉為例，堂上鋪設的情形，門內設屏風與幄帳，靠南的窗間設篾席黼純（桃枝竹製的席，飾以白黑雜繪）、華玉仍几（飾彩玉的憑几）；西面是底席綴純（鑲邊的蒲席）、文貝仍几（飾以貝殼的几）；東邊是豐席畫純（彩色為畫的莞席）、雕玉仍几（刻玉的几）；靠北邊的是筍席玄紛純（黑邊的篾席）、漆仍几（漆几）。陳設不外是一些竹席蒲席，即使天子御用，也不能說是舒服。室有幄帳，則大約不但西周有之，晚至春秋戰國甚至秦漢，都有此設備。室外更不用說，必以帷帳為幄了（許倬雲，一九七六：五一九）。

第四節　服飾與衣料

敘述服裝，當由頭上的首服開始。古代首服有冕、弁、冠、巾、幘多種。冕是王公諸侯的首服，而弁卻是由天子至士的常禮之用。二者的差別，據《周禮》〈夏官．弁師〉，爵弁前後平，冕則首低一寸餘，冕前面的旒，也因爵位高低而有多少。

冠是有身分的人共用的首服，小孩成年時即須行冠禮，表示他已能肩負成人的責任。《儀禮》〈士冠禮〉：「棄爾幼志，順爾成德。」從此這個孩子是有名字的成年人了。平時冠的顏色是用玄黑色，有喪服則用縞素（《儀禮正義》：二九／一〇）。冠的形制，尚少實物為參證。既須束髮受冠，冠必高聳。所謂峨冠，即是高帽子，中間用髮笄貫簪。傳統喪禮中服御的麻冠，雖是禮經注疏家考證的結果，當仍與古制相近。但冠制總會因地方習尚與個人喜好而有不同的樣式，西周的冠式，也未必處處時時完全相同。

一般人則御巾幘，據說是卑賤執事不冠的首服（尚秉和，一九六六：二九）。然而庶人也未嘗不能御冠，《禮記》〈郊特牲〉說到野夫蠟祭時，也是「黃衣黃冠」。野夫是農夫野老，也仍可衣冠行祭。

風日雨雪，但憑冠巾不足以禦寒。古人有台笠，《詩經》〈小雅．都人士〉：「彼都人士，台笠緇撮。」意謂以莎草製的笠帽，加在緇布的冠上。牧人長時在野，自然更須披蓑戴笠，《詩經》〈小雅．無羊〉：「爾牧來思，何蓑何笠，或負其餱。」正是寫實的描述。婦女有的用笄簪處理頭髮，有的以飄帶束在髮端，有的以髮尖梳合上指，如《詩經》〈小雅．都人士〉：「彼君子女，綢直如髮……彼君子女，卷髮如蠆……匪伊垂之，帶則有餘；匪伊卷之，髮則有旟。」髮式變化，也不輸於今日。

次說衣裳。古人上衣下裳，上衣右衽，由胸前圍包肩部，由商代石刻人像到戰國木俑，基本上並無大差別。裳的形制，似是以七幅布圍繞下體，前三幅後四幅，兩側重疊相連，狀如今日婦女的裙子，不過折襉在兩旁，中央部分則方正平整。《儀禮》〈喪服〉：「凡衰，外削幅；裳，內削幅。幅三袧。」鄭玄注云：「袧者，謂辟兩側，空中央也。祭服朝服，辟積無數。凡裳，前三幅，後四幅也。」正是說明裳的制度。裳的下面是芾蔽膝。《詩經》〈小雅．采菽〉：「赤芾在股，邪幅在下。」據鄭玄引漢制解釋：「芾，大古蔽膝之象也，冕服謂之芾，其他服謂之韠，以韋為之。其制上廣一尺，下廣二尺，長三尺，其頸五寸，肩革帶博二寸。」脛本曰股。邪幅如今行滕也。幅束其脛，自足至膝。」由此看來，邪幅是相當於今日軍中的「綁腿」。同時，裙下有長長的遮蔽，於觀瞻及保護兩方面，均屬有用。

金文中賞賜之物，很多衣物。衣，或稱「玄衮衣」，當是繪有卷龍圖物的命服。或稱「戠衣」，戠即織的本字，當為以練絲織成的命服。或稱「玄衣黹屯」，黹為如銅器上雲雷紋的鉤聯紋，當是用這種紋飾緣邊的赤黑色命服。或稱冂衣，當是以苘麻織成的命服。市，《詩經》〈小雅．采芑〉：「服其命服，朱芾斯皇」，屬於命服的一部分。金文銘辭中提到賜市時，有赤市、朱市、8市、載市、叔市等項。朱赤各如其意，指顏色，8可能是染黃，也可能指有連環形的繡紋。載可能指黑布，也未嘗不可能是皮韋。叔，可能是「素」的音借（黃然偉，一九七八：一七〇—一七二）。這後面三種市的本義，到底還難肯定。總之，不外以顏色或花紋來表示榮耀而已。

衣裳芾幅，究竟穿著不便，於是有深衣之制，衣裳相連，被體深邃。據《禮記》〈深衣〉篇的說明，這種衣服寬博而又合體，長度到足背，袖子寬舒足夠覆蓋肘部，腰部稍收縮，用長帶束在中腰，在各種正式場合都很有用。

最後說到鞋子。古人鞋分屨舄兩種。據《周禮》〈天官．屨人〉鄭注，復下曰舄，禪下曰屨，則顯然依雙層底與單層底而有區別。金文所記賞賜禮物中，赤舄也是常見的項目。《詩經》〈豳風．狼跋〉：「公孫碩膚，赤舄几几」；又〈大雅．韓奕〉：「王錫韓侯……玄衮赤舄」；

都與金文銘辭所見相符（黃然偉，一九七八：一七二—一七三）。紅色的靴，似乎須經特賜，則平日大致也有更平常的顏色了。最近河南拓域孟莊的商代遺址，出土了一片樹皮纖維織的鞋底，其編制方法與今日草鞋相似（考古研究所等，一九八二：六六）。這是考古發現的第一件織成鞋底。商代有之，西周也就可能有類似的行屨，供普通人日常使用。否則單憑那種雙層底單層底的紅鞋子，恐怕未必經得起長時的跋涉。

衣著的附件不少。西周最多的是佩帶的玉件。金文銘辭有賜「黃」一項，也是命服的一部分。名稱則有幽黃、匆黃、悤黃、朱黃之類。或謂黃即佩玉，與珩衡為一物。但也有人以為上述諸種「黃」的形詞，均為顏色，遂以為黃不是佩玉本身，而是繫玉的帶子。如係繫帶，是各種可染之色，自較合理（郭沫若，一九三二：一八〇；黃然偉，一九七八：一七二）。無論是佩玉，抑或是繫玉的帶，西周貴族玉佩隨身，則無可疑問。男子須佩劍搢笏，劍象威武，笏備錄忘，漢以後成為朝服的一部分，但在古代則是日常衣飾的附件。據《禮記》〈內則〉，一個人隨身攜帶的大小物件，還有佩巾、小刀、佩刀、火石、火鑽，男子的搢笏帶筆，女子的針線包。雖然《禮記》〈內則〉專指子女事父母時的隨身物品，平時大約也須有這些小工具在手頭的。

衣服的材料，不外皮毛、麻、葛及絲織品。皮毛蔽體，在太古已然。西周金文中，近來出土的裘衛諸器即屬一個專製皮毛裘的家族。九年衛鼎銘文，提到的各式皮裘衣服及原料，有虡咬、貀裘、盞幎、羝皮、豵皮、業舄蹋皮、虡幎、瑱賁、韇鞃、羔裘、下皮等等，以今日的語言說之，此中可有鹿皮、披肩、圍裙、車幔、鞋桶子、虎皮罩、革繩、皮把手，以及老羊皮、羔羊皮、次等皮等項。皮件用途之多，及種類之繁，也就可想而知了（周瑗，一九七六：四五—四六；杜正勝，一九七九：五八六）。用粗毛製成的毛褐，也是皮毛製品之一，可能以其粗短觸人，顯然只用來作工作服，《詩經》〈豳風・七月〉：「無衣無褐，何以卒歲。」據鄭箋，褐正是毛布，則褐是農夫常用的冬衣了。

絲是中國文化中的一個重要項目。早在新石器時代，即有西陰村的家蠶蠶繭出土。吳興錢山漾的新石器文化遺址，也出土了絲織品的殘片。西周考古資料中，關於蠶絲及絲織的發現，過去曾有河南浚縣辛村的玉蠶及若干留在銅尊口上的細絹紋痕（郭寶鈞，1964：70）。最近則有寶雞茹家莊西周中期墓葬中的重要發現。這批遺物中的玉蠶數量較多，大小不一，最大的長約四公分，最小的不及一公分。絲織物的遺痕，或則貼附在銅器上，或則壓在淤泥上（圖版36），三層四層疊在一起。絲織方法大多是平織紋。但是有一塊淤泥印痕是斜紋提花織物，是菱形圖案（圖版37）。刺繡印痕有鮮豔的朱紅和石黃兩種顏色，大約是刺繡後平塗的。繡法則是用辮子股繡的針法，先用單線勒輪廓，再在個別的部分加上雙線。據原報告人說，線條舒卷自如，針腳均勻整齊，反映了熟練的技巧（李也貞，一九七六：六〇）。西周的絲織及刺繡，繼承了商代的發展成果。商代的墓葬，也頗有玉蠶。平紋織法和用提花裝置的文綺，都已有相當的水平繡。刺繡品在商代也有發現，能作菱形紋和波紋，花紋的邊緣則用絞拈的絲線（夏鼐，一九七二：一四；北大歷史系考古教研室，一九七九：一七四—一七六）。

僅次於絲織品的是麻葛纖維的織物。吳興錢山漾新石器文化遺址，出土過苧麻織品的殘片，是平紋組織，密度很密。西周的麻料，有陝西涇陽高家堡早期墓葬的麻布及河南浚縣辛村墓葬木槨頂上的數片麻布（葛今，一九七二：七；郭寶鈞，一九六四：六四）。葛料是夏天的衣料。《詩經》〈周南・葛覃〉：「葛之覃兮，施於中谷；維葉莫莫，是刈是濩。為絺為綌，服之無斁。」看來葛草纖維，由野生葛草採集。葛絲織物，精者為絺，粗者為綌。葛絲綿綿，是以詩人在〈王風・葛藟〉中比喻為剪不斷理還亂的鄉愁親思。〈魏風・葛屨〉是新娘送給新郎的禮物，可想也必是珍貴之物。除麻葛之外，還有一些植物纖維。《左傳》成公九年引逸詩：「雖有絲麻，無棄菅蒯」，菅蒯是茅草之屬，據說菅宜於作繩索，蒯宜於作屨，想來即是草履了。

綜合地說，西周時代的衣著，上承商代傳統，下接春秋戰國的一般形制，須到戰國的胡服及楚制，與中原服式相融合，中國的服裝始有大改變。以衣服的原料而言，西周已能掌握中國衣料的大部分，有皮、毛、絲織、麻、葛各類。直到棉花纖維加入衣料之中，中國的衣服原料也不過這幾類而已。

第五節　工藝與工業

先說青銅工業。西周的青銅文化是殷商青銅文化的延長。周克商以前，商人的青銅工業是當時的主流，克商以後，商人的技術工人由周人整批整批地接過來，其中有的工人賞給分封的姬姓諸侯，但是西周王室無疑地保留了不少，為生產王室需要的物件而工作（佐藤武敏，一九七七：二〇—二五）。因此，西周早期的青銅工業成品，宛然殷器，無論技術或作用，很難有明白可見的區別。西周銅器的鑄造，仍沿用晚商已發展的方法，包括製模、翻範及澆鑄三個步驟。通常以淘洗過的淨泥做坯，塑造成形，在坯上刻畫花紋，或以泥條貼附凸紋。第二步在坯外塗一層陶土，乾燥後切割取下，再以各個部分拼成整件的外範。第三步則以坩堝熔化成合金的液體，灌鑄入範。如果器形不大，可以整體渾鑄。如果有一些零件，或則先鑄好零件，貼在坯上製範；或則先鑄好主體，再以零件的範貼在主體上鑄合。此外用殷商晚期的範鑄法和東周的範鑄法示意（圖55—60）（石璋如，一九五五；張萬鐘，一九六二：三七—三九）。兩個例子，一在西周之前，一在西周之後；西周的鑄銅技術與這二例的水平相侔。

在洛陽北窯的西周鑄造遺址，可能是西周宗室的鑄造作坊，其年代大約始於西周初年；而至於穆王共王以後，沿用的時間相當漫長，留下來的遺物也很多。可惜數以萬計的陶範，大多破碎不堪，只有四五百片，可以作為考察的對象。這些陶範和爐的成分，都是由石英砂和黏土

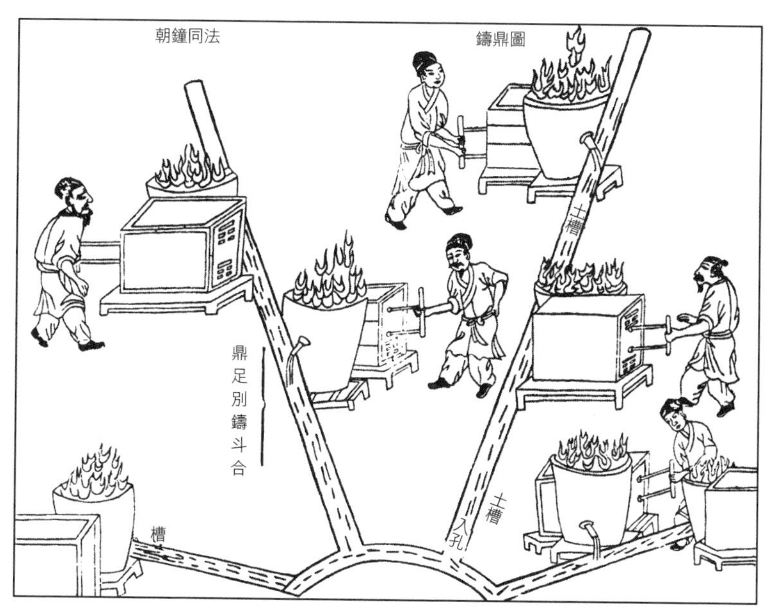

圖55　《天工開物》鑄鐘鼎圖

組成，顆粒細小均勻，顯然經過仔細地粉碎、篩檢的過程。陶範分外範內範和母範，而以外範最多。大型的器範，以一件鼎範為例，是由六片範合成一完整的鑄型，每片都包括口腹足三部位，再黏合底範，即為整範。器耳部位留有凹槽，可知器耳是另鑄，再鑲嵌在範上，然後方澆鑄為一體。另有一件卣範，則係四片外範合成。器形複雜的爵，可以多到十片範片合成。然而小型的器物，則只有一個範。發掘報告中，稱這些範鑄的方式為分鑄法和分片合範法（圖版38）。出土的熔銅爐壁殘塊，數以千計，爐徑大致在一公尺左右，厚約三四公分。爐壁係泥條盤築製成。殘塊大多在內壁有「燒流」的銅粒及木炭。有一

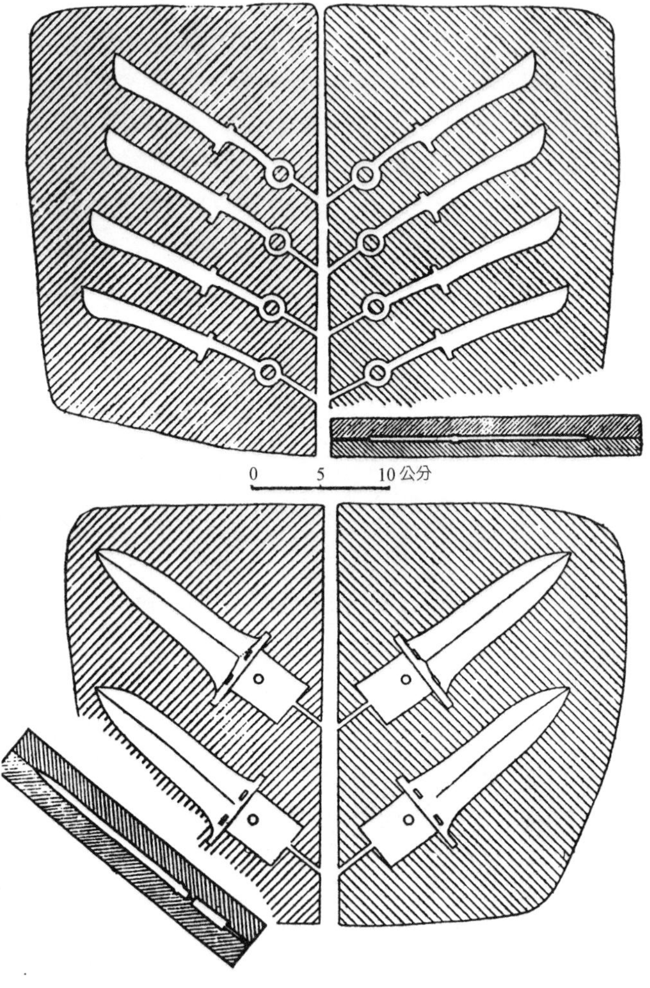

圖 56　單範鑄件

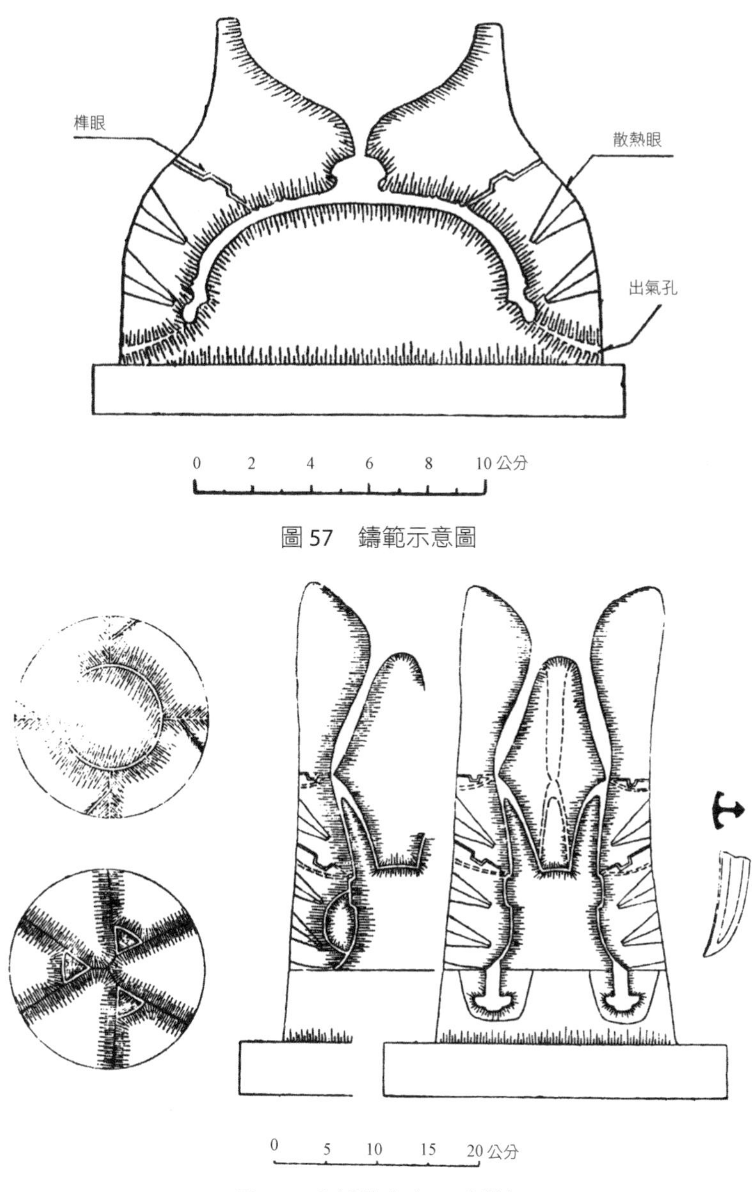

圖 57　鑄範示意圖

圖 58　分部鑄合之一（斝）

些爐壁下緣，發現有鼓風口。坩堝的殘片，內壁呈鍋底狀，尚附上銅渣。據報告，熔爐溫度高達攝氏一千二百—一千二百五十度，當係經過鼓風始能到達如此高溫。出土的骨製及銅製錐、鑿、刮削之工具不少，大致用來修整陶範及雕刻花紋之用。遺址中有幾座燒窯，自然係為了燒範。另有若干卜甲卜骨及非正常死亡的人骨，或身首異處或經過捆綁，據報告推測，可能有占卜和人祭、牲祭一類的儀禮（洛陽市文物工作隊，一九八三）。整體地說，西周的鑄銅過程，與其前（殷商）後（東周）互相連續。最近新聞報導，四川廣漢出土了西周的大批青銅人像與動物像。其人像大如真人，十分寫實。因未見考古報告，未能妄揣。如果斷代無誤，則西周鑄銅工藝的水平，比目前所知為更高。

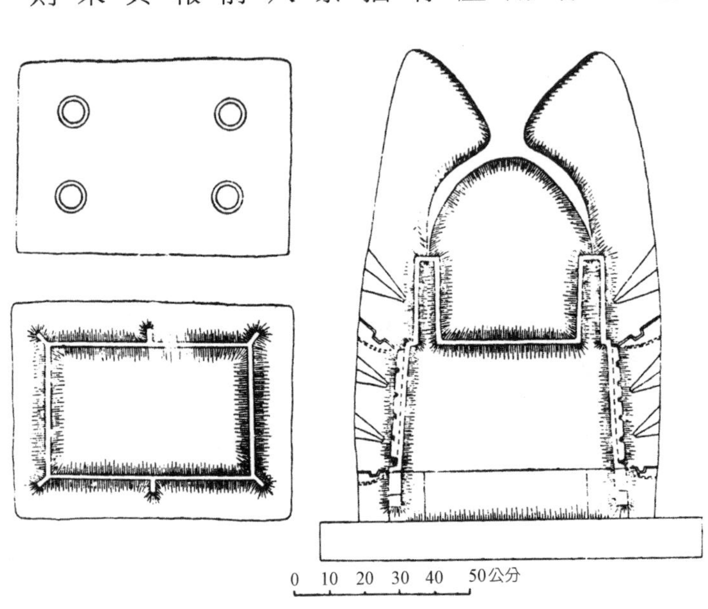

圖59　分部鑄合之二（方鼎）

但基本上，掌握了分範合鑄及分鑄坩接的原則，大型鑄件也非難事。

在春秋戰國時，青銅工業可能已掌握了脫蠟法，可以鑄造極為精細的銅器。曾侯乙墓葬出土的盤尊，有非常精細的鏤空浮雕，非用脫蠟法不能奏功。脫蠟法本身的發展，頗需時日，方能達到曾侯盤尊的水平。西周是否已有脫蠟法萌芽？至少至今在考古資料上，猶不可能做肯定的推論。大致西周的青銅鑄造技術，還是以陶模澆鑄為主（Li Xueqin，一九八〇：六三—六四；北大歷史系考古教研室，一九七九：四七二；松丸道雄，一九七七：六六—九〇）。

西周的青銅工業，最主要的中心自然在豐鎬畿輔與洛邑成周。洛陽附近發現大規模銅器作坊的遺址，出土了石陶範。豐鎬地區現已發現的若干作坊，規模都不算大，但已看出有分工的趨向。馬王村的作坊，陶範都是禮器，而張家坡的作坊，則有不少銅泡的外範和填範，當是專鑄車馬器的工場。

西周中期以後，青銅器的數量越來越多，一些窖藏，動輒數十器、百餘器，而大型墓葬遺址，在上村嶺虢國墓地，出土禮器即達一百八十件，工具武器車馬飾件，相加的總數，多到五千餘件。數量的增加，是西周青銅工業的特色，動物寫實，式樣也多變化（圖版39、40）。為了增加產量，西周的鑄造技術也有了相應的進步。殷商及周初制範方法，是一模翻一範，在西周中期以後，出現了一模翻製數範的方法。西周銅器有甚為肖似的數器，即由於這種大量生產方式的出現，零件不再渾鑄，改為焊接在器身上。這也是提高生產效率的方法（北大歷史系考

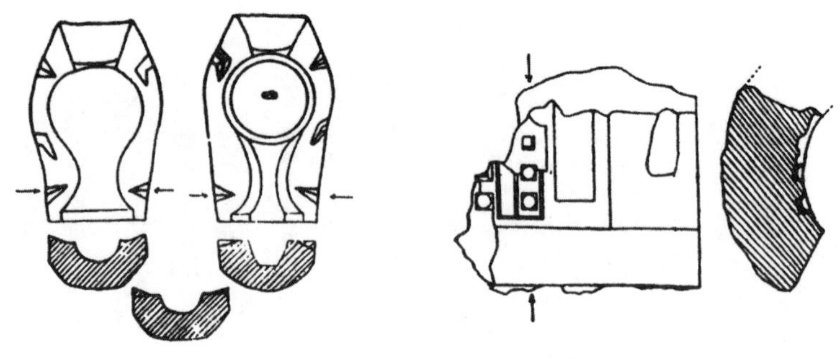

（1）鼎腿外範結合處的榫卯正視及剖視圖　　（2）鐘枚鑲嵌圖

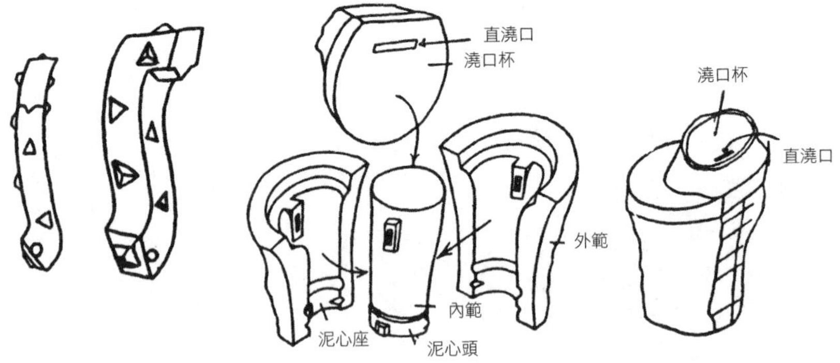

（3）鼎內耳範　　（4）車　範泥心座固定法示意圖

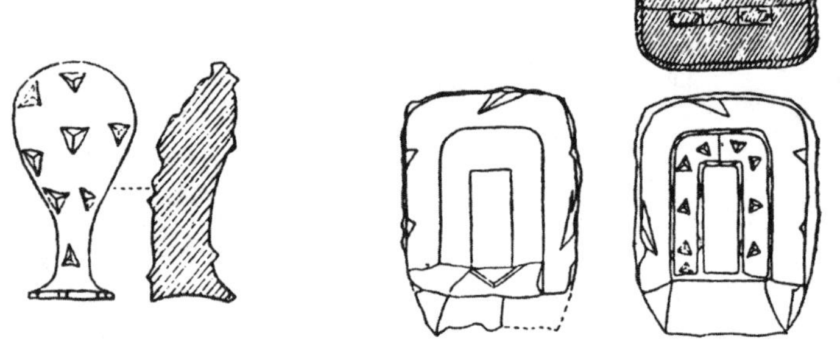

（5）鼎腿內範的支釘正視及剖視圖　　（6）鼎耳範

圖 60　東周鑄銅陶範分部及拼合示意圖

古教研室，一九七九：一六九—一七〇）。

除了王室鑄器外，諸侯也可能有自己鑄造銅器的作坊。松丸道雄仔細審察若干銘文的內容及器物上的位置，認為接受王室賜器的諸侯，往往翻鑄同式的器皿，但是修改了銘文的內容（松丸道雄，一九七七）。青銅工業的擴散，無疑會產生各地有地方性發展的現象，在本書第七章中，若干邊緣地區青銅工業的特色，當即是這一過程的後果。

數量上的增加，也可以意味著青銅成品的商品化。一方面，銅器的品質可能因量多而差了。西周銅器的早期，承繼商器的傳統，堪稱為青銅時代的鼎盛期。中期以後，花紋漸趨簡單，除了昭穆時期有顧鳳紋，可算時代特色外，西周一代器形與花紋，都比不上商器的多姿多彩，精美細密。商品化的另一方面，則是消費者的普遍化。到晚期時，裘衛的家族，原本社會地位並不高，可是以其富力已可以自鑄銅器。西周晚期有長銘的銅器不少，也反映工作技術的進步。若干「契約」性質的銘文，鑄刻在銅器上，也反映了銅器的鑄造，不再限於儀禮的目的。世俗化與商品化，本是相關聯的現象。散氏盤、裘衛鼎之類銘文，正是銅器作用擴大的表現。銅器商品化了，也就可能當作貨品運售別處，遼寧喀左北洞出土的一件銅器，與四川彭山出土的一件銅器，形制酷肖，而地隔千里（Li Xueqin，一九八〇：七七；四川省博物館等，一九八一）。此中緣故，因為出自同一作坊，分賜不同人物？還是因為當作禮品交換？還是由商賈貿販兩處？究竟哪一個原因最為可能，至今仍只能存疑。

再說製陶工業。西周的陶業，可由不少考古資料覘見其發展水平。以灃西張家坡的製陶工場為例，陶窯的規模不大，火膛挖在地面以下，有煙囪和窯底相連。窯內應有窯箅，置放陶坯。至於製坯過程，西周的技術發展方向，在早期採用輪模合製，進步到中期以後的快輪法，產品也趨於規格化。這一趨勢正與青銅業經歷的商品化的現象頗為吻合。西周早期，已出現原始瓷器及帶釉陶（圖版41、42）。陝西、河南、山東、河北各地墓葬，普遍出現原始瓷。灃西張家坡遺址中出現的原始瓷片，表面有青色或黃綠色的釉。經過顯微鏡觀察和X光透視以及化學和物理性的測定，據專家判斷，這些原始帶釉瓷的燒成溫度已達攝氏一千二百度，硬度高，吸水性低，礦物組成已接近瓷器。瓷質和長江流域發現的青瓷，基本上很相似（北大歷史系考古教研室，一九七九：一七一—一七二；考古研究所，一九六二：附錄二）。

骨器也是周人生活中重要的器用，小到裝飾用的髮笄，箭上的箭鏃，大到耕田用的骨鏟，幾乎無不可用動物的骨角或蚌殼製成（圖61、62、63，圖版43、44）。最近發現的扶風雲塘骨器作坊遺址，出土了兩萬多斤廢骨料和蚌製品，無疑是一個規模極大的工場。這些骨料大多帶有鋸削銼磨的加工痕跡。出土的銅刀銅鋸銅鑽，也正是製骨器的工具。製造骨器的過程，第一步選取骨材，大致以新鮮骨為主。第二步是按適用的部位鋸割，例如以肩胛骨截去肩臼作為製鏟的材料。第三步削銼成形，第四步在礪石上打磨光滑。如果是細緻的工業品，還須加工雕鏤工作甚至鑲嵌松綠石，以增加美觀。由出土廢料及半成品看，同類骨材的切割面很相似，可見

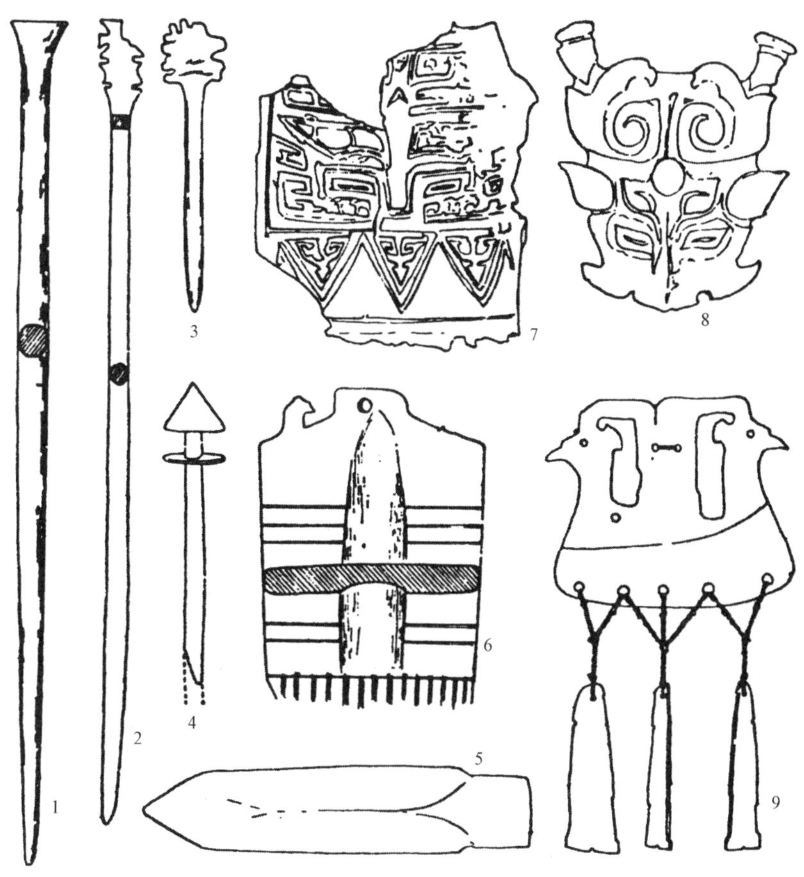

1-4 骨笄（陝西長安灃西張家坡西周遺址）（T41:3:7，H9:1，T4A ④ :8，H423:3）
5 蚌戈（河南三門峽市虢國墓 M1670:7）
6 骨梳（陝西長安馬王村西周遺址）
7 雕花殘骨器（河南濬縣辛村西周墓 M28:12）
8 蚌刻饕餮（濬縣辛村 M1:113）
9 蚌飾復原圖（灃西張家坡 M466）

圖 61　西周至東周初骨、蚌器

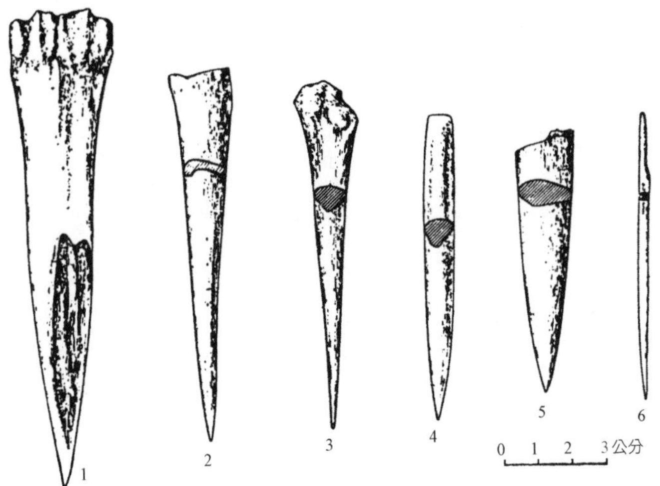

1-5 骨錐（T32:2B:37，T33:2A:1，H145，T41:2A:1，T14:2A:13）6 骨針（T39）

圖 62　客省莊西周的骨錐和骨針

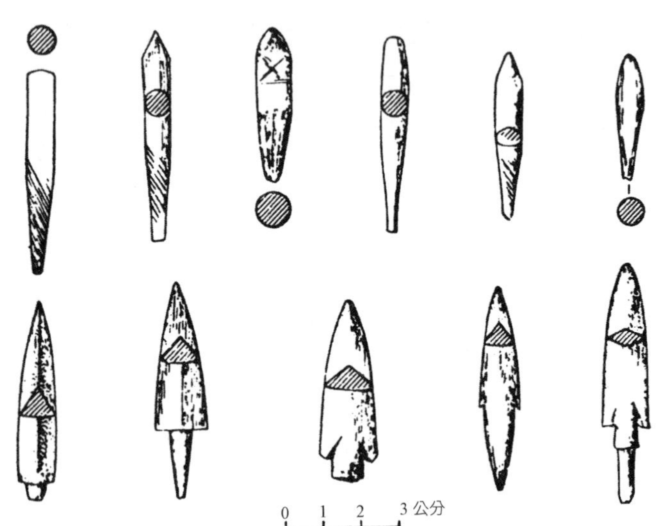

（T26:3:6，T43:4B，T38:2:4，T32:2A:8，H27:4，T37:2:3，T38:2A:28，T13:2A:5，T38:2A:2，T30:2A:1，T16:2A:4）

圖 63　客省莊西周骨角鏃

經過分工後，由同一批工人操作，工作的過程大約也循一定規則達到相同的標準。張家坡的製骨工場，只生產鏃及笄兩種小型骨製品，雲塘的產品也以骨笄占百分之九十，反映了分工化及專業化的現象。雲塘作坊的規模龐大，用料眾多。據骨料來源估計，在21號灰坑出土八千多斤骨塊，須用一千三百零六頭牛，二十一匹馬！由這一現象看來，周人牛隻的供應相當豐富（周原考古隊，一九八〇：二九—三五）。

玉石雕刻（圖版45—47），為飾物及禮儀用的兵器（如戈、斧、戚、刀）、禮器（如璧、圭、璋、琮、環、瑗），也有專門製造的作坊工場。有一處遺址即離上述骨器作坊不遠。以鳳雛、召陳兩大型建築遺址附近分布的作坊而言，有冶銅遺址，有製陶作坊遺址，有骨器作坊遺址及玉器作坊遺址。雲塘骨器作坊坐落在鳳雛、召陳兩大遺址的中間，東西相距各一公里半。召陳遺址出土的鑲嵌松綠石骨笄，與雲塘生產的骨笄品類相同（周原考古隊，一九八〇：三五）。這些手工業作坊工場，密邇宗廟宮室又有專業的分工。凡此現象說明了西周都邑內部貴族與百工的共生互倚，也證明了論周代官制的第七章中所述嗣理百工，所指者即為管理這些各種各類的生產事業（佐藤武敏，一九七七：二五—二九）。

車的製造，是綜合性的工業技術。《周禮》〈考工記〉：「故一器而工聚焉者車為多。」是以〈考工記〉中有車人、輪人、輿人、輈人，均說明車工的細節。〈考工記〉的記載，未必完全是西周制度，然也可由此說明車制的一般情形。車以曲輈架馬，以直轅服牛，輪綆形成碟狀的箄。乘車橫軨，有較軾可以扶持。牛車直廂，以載重物。車輪木製，以火烤定型，務求其勻稱。車身各部的相合，用斗榫、用革、用筋、用漆、用膠。車上的裝飾，漆飾、皮包，甚至玉石鑲嵌，還須有銅製的配件，軸須有銅軎、銅轄，及其他軸飾。衡端有銅矛，軛上有銅鑾。駕車的馬匹，也有銅製的頰飾、當盧、銅泡等，以革條穿系。絡頭、轡帶、韁繩、鞭策，無不用皮革製作。因此，一車之製作，須動員木工、青銅工、革工、玉工諸項手工業。

車馬在西周，除了實用意義外，還有禮儀的意義。一個貴族能使用的車馬數量及其裝飾，都按等級而增減。一國一家能動員的兵車數字，反映的不僅是兵力強弱，也說明其掌握資源的大小。

考古資料中所見的周代乘車遺物有長安、寶雞、洛陽、浚縣、上村嶺各處。不乏真車真馬，如原形出土的例證（圖版48—49）。這些車子的基本構造，與殷商車制無甚改變，大體上也與〈考工記〉所描述的構造相符，都是長方形的車廂，兩輪之間相當寬。輈的曲度則相當有限，多為直木兩前端上揚（圖64、65、66）。以輻數而言，大致趨於增多。殷車十八輻，西周車由十一輻至二十二輻。洛陽東郊的西周車有二十二輻至二十四輻。到東周時，車輻更多了。春秋車可有二十五輻（許倬雲，一九七六：五二二—五三二；郭寶鈞、林壽晉，一九五四：一一五；林巳奈夫，一九五九）。

西周的水上交通工具，文獻上只有一些零碎的記載，如《詩經》〈邶風・谷風〉：「方之

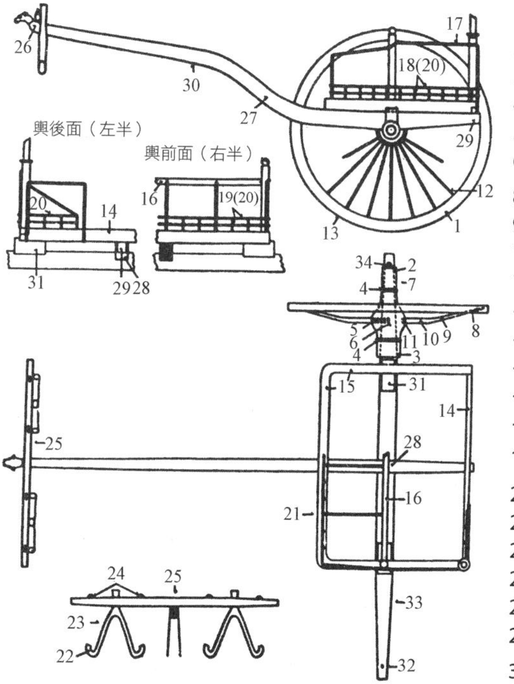

輿後面（左半）
輿前面（右半）

1 牙（輞）
2 軹
3 賢
4 篆（軝）
5 鑿
6 藪（壺中）
7 轂（2–6）
8 蚤（爪）
9 骹
10 股
11 菑（弱）
12 輻（8–11）
13 輪（1–12）
14 軫
15 軓
（軫）（14–15）
16 軾
17 較
18 軹
19 轛
20 軨（18–19）
21 輿（14–20）
22 軥……23 軛
24 轙……25 衡
26 頸
27 侯（胡）
28 當兔
29 踵
30 輈（26–29）
31 轐（伏兔）
32 軎（轄）……33 軸
34 轄

圖 64　車身各部分名稱

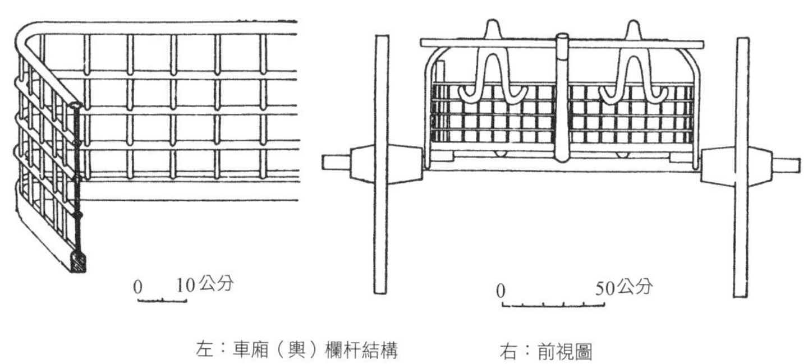

左：車廂（輿）欄杆結構　　右：前視圖

圖 65　河南三門峽市上村嶺虢國墓 M1727 第 3 號車復原圖

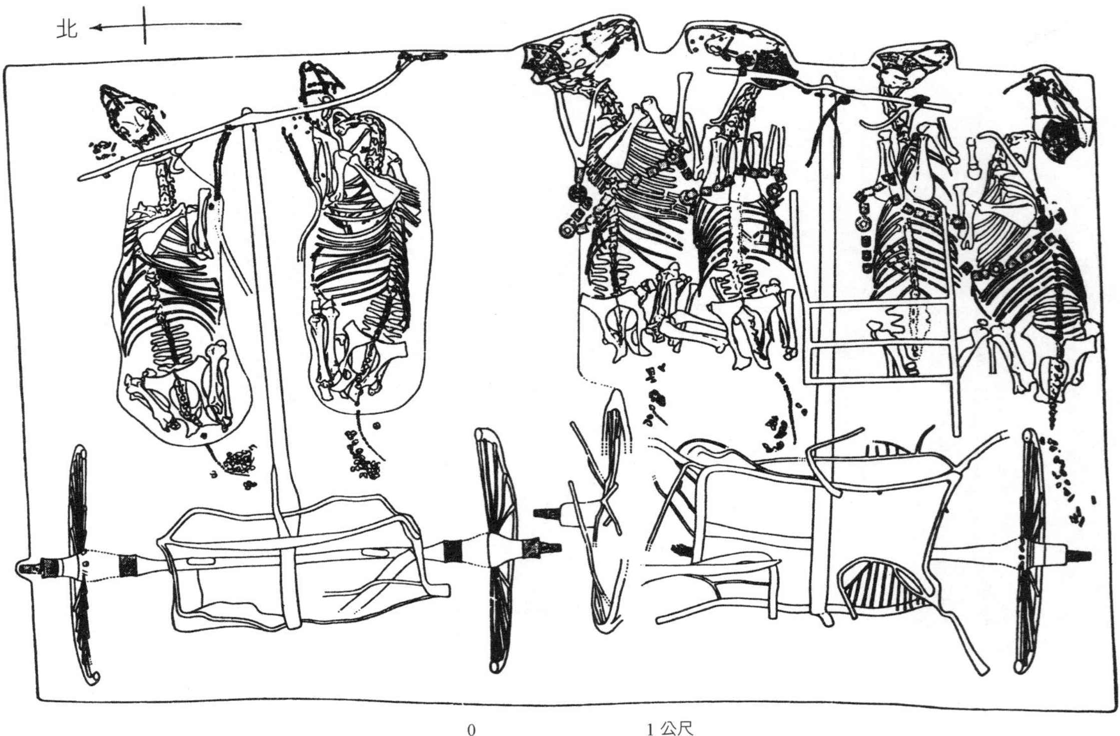

圖66　張家坡第二號車馬坑平面圖

舟之」之類。考古資料中更未見西周的舟船遺物。因此，本文也只能缺略這一段了。

第六節　歲時行事

日常生活中，除了衣食住行，可論者則是歲時行事（節慶）及一生之中幾件大事：出生、婚嫁及喪葬。古代禮書中所載也大多與此相關。而《詩經》之中，也多的是在各種慶典時吟唱的歌謠。因此，這方面的材料，頗不為少，只是文字記載，大致屬社會上層生活，一般平民的生活資料，相對的就較為少見了。

時序的記載，現存最早的一批史料，當推《夏小正》，其中列舉氣象、動植物代表的物候、星辰的位置及凡此自然條件與人類農耕、蠶桑、狩獵、採集各項生產活動的關係。文句簡短古拙。農史學家認為《夏小正》保存了春秋以前的觀念及生活資料（夏緯瑛，一九八一）。以《夏小正》與《禮記》中的〈月令〉對比，前者代表了樸素簡單的原型。《禮記》〈月令〉之中，頗多插入戰國時代的資料；因此，〈月令〉中的歲時行事，不能作為西周生活的依據。《詩經》及銅器銘文中，則還不乏歲時行事的記載，可為參考。

古代文獻資料中，「藉」是與農業有關的行事，其來源可能甚早。《夏小正》中的藉，列在正月（夏緯瑛，一九八一），可算是農事之始。金文銘辭中，藉也見於令𣪘「王大藉農於諆田」及𢦏𣪘「令女乍𤔲土，官𤔲藉田」諸銘。令𣪘所述，大藉之後，更有射禮（白川靜，一九六六A：八一一—八一七；一九六七C：八一四—八一六）。《國語》〈周語〉則有王室藉禮的詳細說明。春初，「土氣震發」，其實是土壤中的水分，因為解凍而因毛細管作用提升到上層，這是該開始耕土的時候了。在「立春」前九日，太史即當將時令報告農官稷，庶幾周王及有關臣工，都及時籌備藉禮。立春前五日，「瞽」（盲目的樂師）感覺春風微動了，周王必須住入齋宮，君臣都齋戒三日。到了立春那天，先舉行祭禮，然後在稷、膳夫及農正的贊襄，太史引導周王在「千畝」行藉禮。「王耕一墢，班三之，庶民終於千畝」，象徵周王與公卿都親自參與耕作。藉的收穫，存儲在專用的神倉，作為祭祀之用。藉禮之日，也舉行饗禮，上下都共享酒食。「畢，宰夫陳饗，膳宰監之，膳夫贊王，王歆大牢，班嘗之，庶人終食。」宣王即位，不藉千畝，藉禮荒廢，虢文公諫諍，追敘了藉禮的儀式，而感慨藉禮之廢，將導致「匱神乏祀」，而困民之財。《詩經》〈豳風·七月〉：「三之日於耜，四之日舉趾」，記載的可能不僅是單純下田工作，而也可能指涉初耕的儀禮。〈七月〉一詩中的收穫禮，包括了收納各種莊稼及釀酒狩獵各種活動，而最後則是「躋彼公堂」，農夫到領主的宮殿祝賀的典禮。前述令𣪘，藉田之時，也行射禮，則典禮之隆重可以想見。

《禮記》〈郊特牲〉，有稱為大蠟的收穫祭。十二月歲終，天子合聚萬物，大蠟所祭的人神，包括先嗇、司嗇、農、郵表畷、貓虎、坊、水庸及昆蟲。先嗇、司嗇及農，均是農神；貓虎與昆蟲，當是動物神（貓虎食田鼠及野獸，為農作驅害；祭昆蟲，祈其不為害）；而其他三神，均為農田附近的設備（分別為表志、水溝及堤岸），則所祭為主司的神靈了。

狩獵也是季節性的儀禮。〈豳風．七月〉一詩：「一之日於貉，取彼狐狸，為公子裘；二之日其同，載纘武功。言私其豵，獻豜於公。」即是領主封邑裡，上下都動員的集體活動。《春秋》中，大狩，大獮，史不絕書，均是將檢閱與狩獵配合著舉行的儀禮。在這種場合，不僅操練軍隊，檢查武備，貴族們也藉此討論國事，獎黜一國的高級官員（楊寬，一九六八：二六八—二七四）。金文衛盉銘文中記載周王有爯旗的大典，矩伯是周室大臣，必須到場，為了出席建旗的儀式，矩伯向裘衛家借貸以置辦必需的裝備（白川靜，一九七八A：二五七—二五九）。王爯旗於豐，不知究為何種儀禮。旌旗為狩獮所必用，建旗大典，可能是與狩獵活動有點關係。

歲時活動中，冬去春來，大地回蘇。春天也當是青年男女尋覓配偶的時節。Marcel Granet 遂以求偶活動解釋《詩經》國風中〈鄭風〉、〈陳風〉若干篇詩歌（Marcel Granet，一九七五：一四七—一五三）。例如〈鄭風．出其東門〉：「出其東門，有女如雲；雖則如雲，匪我思存，縞衣綦巾，聊樂我員。」又如〈溱洧〉：「溱與洧，方渙渙兮，士與女，方秉蕑兮，女曰觀乎，士曰既且，且往觀乎，洧之外。洵訏且樂，維士與女。伊其相謔，贈之以芍藥。」鄭國東門外的溱洧之濱，似乎正是士女雲集笑語、互贈鮮花的地方。〈陳風・宛丘〉：「子之湯兮，宛丘之上兮，洵有情兮，而無望兮。坎其擊鼓，宛丘之下。無冬無夏，值其鷺羽。坎其擊缶，宛丘之道，無冬無夏，值其鷺翿。」〈陳風・東門之枌〉：「東門之枌，宛丘之栩，子仲之子，婆娑其下……谷旦於逝，越以鬷邁。視爾如荍，貽我握椒。」東門宛丘，是陳國青年男女唱歌舞蹈的地方。大約到了黃昏時節，約會也就開始了，所以，「東門之楊」有「昏以為期，明星煌煌」的句子，而「東門之池」既可漚洗紡織的原料（如麻、紵及菅），也正是與「彼美淑姬」相晤唱和的地點。

甚至王室也有他們自己的春天，春分，已在春意正盛的季節。《禮記》〈月令〉中的高禖，即在二月進行，王與后在南郊祭祀玄鳥——商人的祖先神。在這一個季節，合男女，奔者不禁；甚至牛馬也是在此時交配。巫祝戴著面具，祛除不祥，而鄉飲禮則為社區的歡宴，尊敬長者，也在此時。楊寬以為「鄉」字具備了饗宴及社區的意義，隱含社群共享饗宴，甚至統治者也以鄉飲禮加強貴族的從屬感，而鄉飲也是確認群中等級的場合（楊寬，一九七五：二八〇—三〇九）。

《詩經》〈小雅・賓之初筵〉形容饗禮：「賓之初筵，左右秩秩。籩豆有楚，殽核維旅。酒既和旨，飲酒孔偕。鐘鼓既設，舉醻逸逸。大侯既抗，弓矢既張，射夫既同，獻爾發功，發彼有的，以祈爾爵。籥舞笙鼓，樂既和奏。烝衎烈祖，以洽百禮。百禮既至，有壬有林，錫爾純嘏，子孫其湛。其湛曰樂，各奏爾能。賓載手仇，室人入又，酌彼康爵，以奏爾時。……既醉而出，並受其福。醉而不出，是謂伐德。飲酒孔嘉，維其令儀。……」此中有樂、有舞、有射、有祭祀，顯然是盛大的儀禮，屬貴族的。

小規模的聚會，可能只有炮燔的菜蔬及野物，而其借酒食歡聚的精神，則並無二致。〈小雅．瓠葉〉：「幡幡瓠葉，采之亨之。君子有酒，酌言嘗之。有兔斯首，炮之燔之。君子有酒，酌言獻之。」中國人在今天仍主要利用飲宴聯歡，可謂其來久矣。

第七節　人生儀禮

本節敘述的是出生、婚嫁及喪禮。由於資料所限，大致是限於士大夫階層的生活。先說出生。在降生的時刻，男子已享有特殊的待遇。《詩經》〈小雅．斯干〉：「下莞上簟，乃安斯寢，乃寢乃興，乃占我夢。吉夢維何，維熊維羆，維虺維蛇。大人占之，維熊維羆，男子之祥。維虺維蛇，女子之祥。乃生男子，載寢之床，載衣之裳，載弄之璋。其泣喤喤，朱芾斯皇，室家君王。乃生女子，載寢之地，載衣之裼，載弄之瓦。無非無儀，唯酒食是議，無父母詒罹。」

古代生活條件不如今日，小孩的存活率頗低，因此孩子長大到青年時，其象徵將要成年的冠禮，甚為重要。《儀禮》〈士冠禮〉及《禮記》〈冠義〉都是古代成年儀禮的好資料。照常規，冠禮應在二十歲時舉行，但是有時在特殊情況下，也可提前舉行冠禮。冠禮的全部過程，由筮卜吉日開始，既定了日期，冠者的父兄即須邀請來賓作為青年成人的見證。冠禮中，加冠三次，一次是爵弁，一次是皮弁，一次是玄端，分別是男子參加祭祀、視朔及朝會的首服。三冠都由請來的貴賓為青年加冠，並加一番勉勵及告誡。既冠之後，冠者見於兄弟，再入見母姊諸姑，然後摯見於君，成為君臣，摯見於鄉大夫、鄉先生，成為貴族社會的一個成員。有其宗廟朝會的位置，也有其應盡的責任與義務。成年的男子，不能再用幼時的名，冠禮時遂也包括命字的儀禮。周人的字，包括伯、仲、叔、季的長幼次序，而成年人的字，總有「甫」的稱謂，如伯某甫，表示成年之後已可為人父了。在宗法制度下，長幼次序也是社會坐標之一，有了伯仲叔季的字樣，一個成年男子在社群關係的地位遂得定位（楊寬，一九六五：二三四—二五三）。

婚禮是另一重要的生命儀禮。以下的儀節，均據《儀禮》〈士禮〉。婚禮的第一步是訂婚，由男子用雁納采，表示一個家族向另一家族要求建立婚姻關係。納采在先，問名在後，正可覘見家族的聯姻較之兩人間的結合更為重要，是以兩家同意結姻之後，才顧及詢問女子的私名。此後的納吉、納徵與請期，不過是肯定婚姻的贈禮及確定結婚的日期。婚禮均在黃昏，由新郎至婦家親迎。離家時，新婦的母親對新婦有一番告誡與勉勵。婚禮次日，新婦見舅姑，「廟見」則在禰廟舉行。新郎奉父命娶婦時，父親的醮辭是「往迎爾相，承我宗事，勖帥以敬先妣之嗣，若則有常」。支子則稱其宗，弟稱其兄。凡此都可覘見，婚姻是為了結兩姓之好，而不是為了兩個個人的結合為伴侶。婚姻可說是為了延續宗嗣，將過去的祖先與未來的子孫，由當世的男女結合，而得以永遠延續。

喪禮是極為複雜的儀禮。《儀禮》一書中，有一半的篇幅討論與喪禮有關的各種儀節；因此，在本節也難以交代細節。根據〈士喪禮〉，人屬纊時，必先有招魂復魄之舉，由人持死者的衣服，登屋面，三次呼死者的名字。招魂無效之後，喪家方開始辦喪事。此時親人及同宗兄弟畢集，國君也使人來弔唁致襚。柩上有銘，書寫死者的姓名，是為魂魄之所依。商祝（習商禮的祝，當是由商代即屬專業的祝）則以米及貝蒲實死者口中，然後為死者襲覆。夏祝（習夏禮的祝）將二鬲粥飯，放在西牆，作為未設銘以前，魂魄之憑依。此後小殮，為死者備衣物，大殮入棺，凡此過程都有哭誦，也都須獻祭食物，如在生時。葬日則由族人宗親聚集占卜。國君弔唁及宗族的集會，事實上也有立嗣，或承認已立嗣子地位的作用。喪服因親疏遠近而有嚴格的等級。因此，喪禮也是釐定社會關係的場合。葬禮的等級在前章封建關係一節中已有敘述。整個喪葬事實上表現社會關係的意義，大於個人的情感意義。喪葬一方面表現了縱的封建等級，另一方面也表現了橫的宗族聯繫。

宗廟之設，也為了同樣的社會功能。宗廟並不僅是崇拜神明的地方。宗廟中的典禮及儀節，都是為了收同族之誼。同族同宗的兄弟，既然其親族的關係由已死的祖先為同源，是以祖先與子孫的聯繫，也肯定了生者之間的親戚情義。為此，周人在祭祀時必須有人擔任祖先的替身，所謂「尸」，具體地參加人間祭禮。

《詩經》〈小雅．楚茨〉正可代表宗廟祭祀中神人交接、親族聯歡的景象：「楚楚者茨，言抽其棘。自昔何為，我蓺黍稷。我黍與與，我稷翼翼，我倉既盈，我庾維億。以為酒食，以饗以祀，以妥以侑，以介景福。濟濟蹌蹌，絜爾牛羊，以往烝嘗。或剝或亨，或肆或將，祝祭於祊。祊事孔明，先祖是皇，神保是饗。孝孫有慶，報以介福，萬壽無疆。執爨蠟蠟，為俎孔碩，或燔或炙。君婦莫莫，為豆孔庶，為賓為客。獻酬交錯，禮儀卒度，笑語卒獲。神保是格，報以介福，萬壽攸酢。我孔熯矣，式禮莫愆。工祝致告，徂賚孝孫。芬孝祀，神嗜飲食。卜爾百福，如幾如式，既齊既稷，既匡既敕，永錫爾極，時萬時億。禮儀既備，鐘鼓既戒，孝孫徂位。工祝致告，神具醉止。皇尸載起，鼓鐘送尸，神保聿歸。諸宰君婦，廢徹不遲。諸父兄弟，備言燕私。樂具入奏，以綏後祿。爾殽既將，莫怨具慶。既醉既飽，大小稽首。神嗜飲食，使君壽考。孔惠孔時，維其盡之。子子孫孫，勿替引之。」這一首長詩中，第一章敘述收穫已豐，可以為祭祀為酒食。第二章敘述牛羊犧牲，兩章都為祭祀致福做準備。第三章，賓客與神保（由活人扮演祖先）飲食交歡。第四章，由工祝向祖先的替身致告，請求降福。第五章，皇尸退位，眾人再敘燕私。第六章，祖先與眾人都醉飽，祝禱祖先的福澤將永遠不絕。在這一首詩中，祖靈十分具體地參加了人間的聚會，祖靈嗜好飲食，正如活人一樣，而且也因為享受了好酒好飯，祖靈保證子孫們福澤不斷。不僅〈楚茨〉如此，〈鳧鷖〉一詩也歌詠「公尸」（祖靈的代表）來降燕饗飲食的情形，而〈既醉〉一詩，則敘述「公尸」在醉飽之後，宣告子孫，嘉獎祭祀得體，獻祭的食物潔淨而好，如此子孫將獲得祖先的賜福。

周人的生命儀禮中，不論哪一種，事實上都由族群成員共同參加，其重要性也是群體的。一個男性貴族的出生，是為了延續祖先的子嗣，婚姻是為了結兩姓之好，也為了延續宗嗣。死亡，是在祖先與生者之間的過渡。死者的靈魂，必須長有依憑；暫時的依憑，竟可棲息在粥飯之上，而長久的依憑，則是以姓名為代表的銘及主。祖靈在祭祀時，不是象徵性地存在，卻是具體地由子孫中某人扮演。生人與死者，都可在飲宴時共同享受豐收，祖靈醉飽，更可庇佑子孫永遠享有同樣的福祉。燕饗遂具有聯繫過去與現在，人間與靈界的作用；當然，參加燕饗的宗親，也為此而有強烈的認同。

結論

綜合本章所說的物質生活，由於資料本身的偏倚，不免詳於社會上層，而略於下層。整個說來，不論衣食居住或器用，大致在上層的精緻生活方面，西周的水平較之殷商有不少進步。而在貧戶平民的生活方面，大約比前代也未有很大的改變。上層生活，物質生活的實質意義之外，禮儀層級化的社會意義，也增加了生活中的繁文縟節及由此衍生的分化。生產器用的手工業專業化，及生產數量的增加，二者都反映西周生產能力的提高。西周末葉，無疑因為生產能力的提高，使生活的層級差異相對地減少了。下級貴族也可以「僭越」地享用以前只保留給上層人物的東西。專業手工業者本是貴族豢養的百工，但由於生產能力提高了，生產的數量多了，生產物件漸有商品化的趨向，最終將減弱貴族對百工的壟斷。——那一變化，將在春秋戰國時代完成，但也可說在西周已肇其端倪了。

西周的歲時行事及人生儀禮，大致可由《詩經》及禮書見其梗概。同樣由於資料本身的偏倚，也不免只反映了社會上層男性人員的生活。基本上，周人的生活儀禮，具有強烈的社會功能，群體性遠超過個人的情感。西周的儀禮，大致繼續見於春秋。宗族的社會組織，長期為中國古代的社會基石。

第九章

西周的衰亡與東遷

第一節　西周末葉的外族

本章所述，是厲王至西周末年。其中厲幽二代國命再絕。然而周衰實自夷王之世即已開始。《後漢書》〈西羌傳〉引古本《竹書紀年》，夷王曾經命令虢公帥六師伐太原之戎，至於俞泉，獲馬千匹。據《後漢書》〈東夷傳〉，厲王時，淮夷入寇，厲王也曾命虢仲討伐。宣王中興，西北西南，頻有戎事。綜合《國語》〈周語〉、《史記》〈周本紀〉，及《後漢書》〈西羌傳〉的記載，秦人的祖先秦仲，曾受命伐西戎，戎為之少卻。又先後伐太原戎及條戎奔戎，王師卻都以敗績聞。晉人伐北戎於汾水流域，戎人則滅了周厲姜侯之邑。宣王曾征申戎，得到勝利。千畝之役，姜戎又敗周師。宣王對西北方面，至多做到勝負互見。但《詩經》〈小雅・六月〉及「出車」，詩人頌詠尹吉甫及南仲的功勞。玁狁入侵，經過鎬及方，直侵畿輔附近的涇陽。尹吉甫「薄伐玁狁，至於太原」，在北方修築城堡，南仲也討伐了西戎。幽王之世，據《後漢書》〈西羌傳〉引《竹書紀年》，及《史記》〈秦本紀〉，幽王曾命伯士伐六濟之戎，軍敗而伯士戰死，同時戎圍犬丘，俘獲了戍守西垂的秦世父。幽王自己最後被申侯與西夷犬戎連結，死在驪山之下。《史記》〈周本紀〉：「幽王二年，西周三川皆震，伯陽父曰：『周將亡矣……』三年，幽王嬖愛褒姒。褒姒生子伯服，幽王欲廢太子。太子母申侯女，而為后。後幽王得褒姒，愛之，欲廢申后並去太子宜臼，以褒姒為后，以伯服為太子……褒姒不好笑，幽王欲其笑，萬方，故不笑。幽王為烽燧大鼓，有寇至，則舉烽火，諸侯悉至，至而無寇，褒姒乃大笑。幽王說之，為數舉烽火。其後不信，諸侯益亦不至。幽王以虢石父為卿，用事，國人皆怨。石父為人佞巧，善諛好利，王用之。又廢申后去太子也，申侯怒，與繒、西夷犬戎攻幽王。幽王舉烽火而徵兵，兵莫至。遂殺幽王驪山下，擄褒姒，盡取周賂而去。」西周的終結，極為戲劇化。這位風流天子的戲耍，落得自己賠了一條性命，還送掉了西周的根本地盤。總之，西周的末葉數王，西北邊患幾乎未曾斷絕。

金文的記載，頗能補文獻的不足。兮甲盤、虢季子白盤和不嬰毁三器銘文，都說到周與玁狁之間的戰事。兮甲盤：「唯五年，三月既死霸，庚寅，王初格伐厰䡋於罯盧，兮甲從王，折首執訊，休亡敃。王易兮甲馬四匹，駒車。」（白川靜，一九七○C：七八七）虢季子白盤：「唯十有二年正月初吉丁亥，虢季子白作寶盤，丕顯子白，庸武於戎工，經縷四方。薄伐厰䡋，於洛之陽。折首五百，執訊五十，是以先行。趄趄子白，獻戒於王，王孔嘉子白義，王格周廟，宣榭爰饗，王曰伯父，孔顯有光。王賜乘馬，是用左王。賜用弓，彤矢其央；賜用戉，用政蠻方。子子孫孫，萬年無疆。」（白川靜，一九七○C：八○二—八○四）不嬰毁：「唯九月初吉戊申，白氏曰，不嬰駁方厰允，廣伐西俞，王令我羞追於西，余來歸獻禽。余命女禦追於畧，……弗以我車函於囏，女多禽折首執訊，白氏曰，不嬰女小子，女肇誨於戎工，易女弓一，矢束，臣五家，田十田，用從乃事。」（白川靜，一九七○C：八一七—八二九）三器時代，考證家雖有異說，當以宣王之世為長。尤其兮甲盤與虢季子白盤均有年月、月相、干支，與宣王的年曆相合。

配合三器銘文，及〈小雅・采薇〉、〈出車〉、〈六月〉、〈采芑〉四詩，玁狁與周人之間的戰事，大約有過兩次。第一役在宣王五年四五月至冬季。參加者是吉甫、南仲、張仲、兮甲諸人。戰事在朔方、太原、焦獲、涇陽、鎬、嚣膚諸地。南仲戍方，以為偏師。吉甫兮甲一軍，敗玁狁於嚣膚，北追至於太原；南仲一軍，也北至朔方，二人分別築城防塞。第二次玁狁之役在宣王十一年，參加者有方叔、虢季子白、不嬰諸人。戰事在略、西俞、高陵、洛陽諸地，均在王畿西俞一隅。〈采芑〉詩中以荊蠻與玁狁連舉，大約二者之間，多少有些呼應，是以有「征伐玁狁，荊蠻來威」的詩句，而虢季子白盤全篇敘述玁狁戰事，末尾卻加上「用征蠻方」字眼。方叔是主將，兵力有三千乘，故〈采芑〉：「方叔涖止，其車三千。」虢季子是方叔部將，殺敵五百人俘虜五十人。不嬰又是虢季子白的部下，是以十二年周王賞虢季子白，次年不嬰受賞於白氏，志其轉戰西俞高陵的功績（白川靜，一九七〇C：八三四以下）。

由文獻與金文的材料，綜合言之，周對西北二方的外族，採防禦政策，即使追奔逐北，也只是對於入侵的反擊。「城彼太原」及「城彼朔方」，都是建築北邊的要塞，而玁狁入侵的地點，可以深入到涇洛之間，直逼西周的京畿（王國維，一九五九：五九五—五九九）。

周室對於東方與南方的外族，則採取積極的態度，開拓經營，不遺餘力，已見第六章。周代南國範圍，主要是召伯虎經營的地區。據傅斯年的意見，南國當是在厲宣二代逐步開拓的新疆土，地望在河以南，江以北，今河南中部到湖北中部一帶。其中諸侯即漢陽諸姬。中國建立於謝地，正處王畿與南國之間。南國文物，後來成為東遷後的文化憑藉。《詩經》中的「二南」及〈大雅〉、〈小雅〉，其中一部分當即南國文化的產物（傅斯年，一九五二：卷二，三四—三八；丁山，一九三〇；屈萬里，一九七一）。

一九九二至一九九四年，山西曲沃天馬出土晉國銅器不少。其中有一套十六件的編鐘，銘文記載晉侯穌的事蹟。

> 隹（唯）王卅又三年，王寴（親）遹省東或（國）、南或（國）。正月既生霸戊午，王步自宗周。二月既望癸卯，王入各（格）成周。二月既死霸壬寅，王屒（殿）往東。三月方（旁）死霸，王至於菄，分行。王寴（親）令（命）晉侯穌逹（率）乃𠂤（師）左洀濩北洀□伐夙夷，晉侯穌折首百又廿，執噝（訊）廿又三夫。王至於匔城。王寴（親）遠省𠂤（師），王至晉侯穌𠂤（師），王降自車，立（位）南卿（向），寴（親）令（命）晉侯穌自西北遇（隅）𦎫（敦）伐匔城。晉侯逹（率）氒（厥）亞旅、小子、戜人先敀（陷）入，折首百，執噝（訊）十又一夫。王至，淖淖列列（烈烈）夷出奔。王令（命）晉侯穌逹（率）大室、小臣、車僕從逋逐之，晉侯折首百又一十，執噝（訊）

廿夫，大室、小臣、車僕折首百又五十，執噝（訊）六十夫。王隹（唯）反（返），歸在成周。公族整𠂤（師），宮。六月初吉戊寅，旦，王各（格）大室，即立（位）。王乎（呼）善（膳）夫曰：召晉侯穌入門，立中廷。王窺（親）易（錫）駒四匹。穌拜䭫（稽）首，受駒以出，反（返）入，拜䭫（稽）首。丁亥，旦，王鄅於邑伐宮。庚寅，旦，王各（格）大室，嗣工（空）揚父入右（佑）晉侯穌，王窺（親）儕（賚）晉侯穌𩰫鬯一卣，弓矢百，馬四匹。穌敢揚天子不（丕）顯魯休，用乍（作）元和楊（錫）鐘，用邵（昭）各（格）前文人。前文人其嚴在上，廙在下，數數彙彙，降余多福。穌其邁（萬）年無疆，子子孫孫永寶茲鐘。

鐘銘內容記述晉侯穌從周天子遹省疆土及伐宿夷事，其中涉及紀年與曆日者有以下六條：

1. 唯王卅又三年，王親遹省東國、南國；
2. 正月既生霸戊午，王步自宗周；
3. 二月既望癸卯，王入格成周；
4. 二月既死霸壬寅，王殿往東；
5. 三月旁死霸，王至於莱，分行；
6. 六月初吉戊寅，旦，王格大室；

丁亥，旦，王鄬於邑伐宮；

庚寅，旦，王格大室。

據考證，這是周宣王時事，周王三十三年二月，周王巡視東國南國，先由宗周到達成周，在成周停留了一段時期，又繼續東行，命令晉侯穌率師伐夙夷，晉侯立了戰功，有所斬獲，周王親自省視晉侯師旅，嗣後晉侯又征伐匔城，又有斬獲。晉侯率大室、小臣、車僕追逐，晉侯又有斬獲。上述統率的部隊，都各有戰功（馬承源，一九九六；馮時，一九九七：四〇七—四四二，尤其四〇七—四一〇）。這一事件，當是在周宣王三十四年（西元前七九四年）。《國語》〈周語上〉所記錄千畝之戰，王師敗績於姜氏之戎，是在周宣王三十九年；則伐夙夷之戰，周王仍能用晉侯之師取得勝利；晉侯在戰役之中，也能指揮大室、小臣、車僕。這些部隊特見於王室紀勛的銘文，則可能是王師。由上可見，宣王中興，周王借東巡南巡，有效地掌握東方領土，並能調動諸侯武裝力量。諸侯不但親自上陣，還可以指揮其他部隊；周王室的封建制度，仍能發揮功能。

西周中期，周人對淮上漢上，已有相當程度的控制力。大約厲王之世，南方有一次極大規模的戰事。有一位噩侯，先前曾降服於周人。噩侯鼎：「王南征，伐角鄱唯還自征，在礦，噩侯馭方，內豐於王，乃僳之，馭方晉王，王休匽，乃射。馭方鄉王射。馭方休闌，王宴，咸、酓，王親易馭（方）玉五瑴，馬四匹、矢五（束），馭方拜手頴首，敢對揚天子丕顯休贅，用乍障鼎，其邁年，子孫永寶用。」（白川靜，一九六九：二六一—二六四）據考證，噩侯當即鄂侯，姞姓，曾與周王室通婚姻。有一件噩侯毀，是噩侯為了嫁給周王室的王所作（白川靜，一九六九：二六三；郭沫若，一九五七：一〇七）。南征班師歸來的周王，曾接受噩侯的招待，雙方關係很好。但是後來噩侯卻率領南方部族叛周了。禹鼎：「烏虖哀哉，用天大降大喪於二國，亦唯噩侯馭方率南淮夷東夷，廣伐南國東國，至於歷內。王乃命西六𠂤、殷八𠂤，曰：□伐噩侯馭方，勿遺壽幼。肄師彌宋匌匡，弗克伐噩，肄武公乃遣禹，率公戎車百乘，斯馭百，徒千，曰：於匡聯肅慕，叀西六𠂤、殷八𠂤，伐噩侯馭方，勿遺壽幼。雩禹以武公徒馭至於噩𦎫伐噩，休，只厥君馭方。」（白川靜，一九六九B：四五〇—四五六）這一次戰役，東國南國全為戰場。周人動員了兩京的常備部隊。一支分遣隊由禹帶領，即有戎車百乘步卒千人，斯馭二百人。作戰命令中，居然可以有「勿遺壽幼」（老少不饒）的嚴峻語句，戰況大約也是殘酷的，最後則噩侯被擒。徐中舒推斷噩地望為西鄂，即今日河南鄧縣；更由此推論，認為宣王中興時，方叔及召虎的經營南國，以至討申伯於謝，都由懲於這次大動亂的經驗（徐中舒，一九五九）。

另一件虢仲盨的銘文，說到周王曾命虢仲南征，伐南淮夷（白川靜，一九六九：二七六）。此事可能即與《後漢書》〈東夷傳〉所說淮夷入寇，虢仲征詩為同一役。但《後漢書》說此役不克，則是否和擒噩侯的戰事為同一件史事，則未易考知。

宣王之世，《詩經》中頗多對於南方開拓的記錄。〈大雅．江漢〉歌詠召虎經營江漢一帶的淮夷，「式辟四方」，「至於南海」。「常武」記載周王命程伯休父，「率彼淮浦，省此徐土」，以致「鋪敦淮濆，仍執醜虜」。然後，「徐方來庭」，出征的軍人才凱旋北還。〈常武〉詠淮浦之役在先，接下去方才敘述「濯征徐國」，似乎同一支軍隊，轉戰二役。形容師旅之盛，詩人以江漢為比。如比興以有關之事為之，則徐夷淮夷也在江漢之間，正是後世荊楚之地。可能徐淮諸夷，犬牙相錯，住居相間，也未可知。上節敘述噩侯之叛，以西鄂而率淮夷東夷同起，也可知居地相去不遠了。

宣王時，南淮曾內犯成周，及於伊班。據敔毀：「隹王十月，王才成周，南淮夷遷及內伐浥昴參泉，裕敏陰陽洛，王令敔追禦於上洛炂谷，至於伊班。長榜識首百，執噝卌，奪孚人四百囗於嫈伯之所，於炂衣諱，復付厥君。隹王十又一月，王各於成周大廟。……王蔑敔歷，吏尹氏受，贊敔圭鬲囗貝五十朋，易田於敜五十田，於早五十田。敔敢對揚天子休，用乍隣毀敔其萬年，子子孫孫，永寶用。」（白川靜，一九六九B：四七一—四七七）敔的戰果是斬首百，擒獲四十人，奪回被俘的四百人。楊樹達考證，以為作戰的地區在河南淅川、商縣一帶山地，淮夷顯然沿著伊水河谷，深入到兩周之間了（楊樹達，一九五九：二五）。此役的斬獲不算多，但是周王在太廟獻捷，敔也受賜土田甚厚，主要原因殆在於淮夷深入，危及行在成周之故。

淮夷在周室武力控制下，大約以貢賦方式，經常向周室進納東南的出產。第六章已說過鴨父奉命索貢的事。西周末葉，淮夷入貢已視同當然的義務。兮甲盤：「王令甲政嗣成周四方賚，至於南淮夷。淮夷舊我貟畮人，毋敢不出其貟其賚。其進人，其賨；毋敢不即餗即𡴂。敢不用令，鼎即井𢥗伐。其唯我者侯百生，厥賨毋不即𡴂，毋敢或入蠻宄賨，鼎亦井。」（白川靜，一九七〇C：七九〇—七九六）師寰𣪘：「王若曰：師寰𡰥，淮夷繇我貟畮臣，今敢博厥眾叚，反厥工吏，弗速我東𢦚。今余肇令女，率齊帀、曩𠭯、僰屌、左右虎臣，正淮夷。即質厥邦嘼，曰冉，曰𦥑，曰鈴，曰達。師寰虔不㒸，夙夜卹厥牆事，休既又工，折首執訊。無諆徒馭，毆孚士女羊牛，孚吉金。今余弗叚組。余用作朕後男□隮𣪘。其萬年，孫孫子子，永寶用享。」（白川靜，一九七〇：六〇一—六〇九）兩銘主要意思，都以淮夷歷來有貢獻的義務，兮甲盤銘是嚴令索貢。師寰𣪘銘則因淮夷叛東國而受命征討，他索取的物資包括士女、羊、吉金，及南方的銅。

略去其中細節不具論。可知者，周人視淮夷為利藪。這些財富似乎集中在成周貯存。兮甲即奉命主持收集四方的貢賦。淮夷若反抗，周人即大兵壓境，俘虜其酋長首領。對照金文，則「小東大東，杼軸其空」的詩句，未必是譚大夫獨具有感慨，倒頗可能是東方人士，包括淮夷在內，對周人剝削的哀鳴了。

第二節　宗周與成周的消長

周初建立東都，原為了控禦東方。周室的真正基地，毋寧仍在豐鎬。自從昭穆之世，周人對於東方南方，顯然增加了不少活動。昭王南征不復，為開拓南方的事業犧牲了性命。穆王以後，制服淮夷，當是周公東征以後的另一件大事。西周末年，開闢南國，加強對淮夷的控制，在東南持進取政策。東都成周，遂成為許多活動的中心。衛挺生由成周的重要，創為新說，以為穆王以後，周室已經遷都洛陽。這個理論，仍頗多待商之處，茲不具論。但衛氏指出許多在成周的活動——例如發兵、錫命……則為對於古史的一個貢獻（衛挺生，一九七〇）。

單以控制財富言，成周積存有不少東方與南方的委輸。兮甲盤說到甲奉命管理成周的「四方賨」。頌壺也記道：「隹三年五月既死霸……王曰：頌，今女官嗣成周賨廿家，監嗣新造賨用宮禦。」此銘中的賨，舊說以為當賜予解。但由前引兮甲盤銘，可知成周有積儲。倗生毀的「其賨州田」又顯然為征賦的意思。故白川靜以為是賦貢（白川靜，一九六八C：一五八－一六一）。是則頌壺銘文所指，當謂成周有儲存物資的倉庫。有大量的囤積，有常備的武力（成周八師），成周自然具備活動中心的實力。周王常來駐節，東南軍事行動常由成周發動，則也是可以想像的事了。

反過來看宗周的情勢。西北的守勢，未必能完全阻遏戎狄的侵略。上節所敘述周室所面臨的若干戰役，敵蹤往往深入都城附近。幽王舉烽火以博妃子一笑，其事頗涉戲劇化，然而至少也反映了烽燧直抵都下的現象。

周人為了防守京畿，必須厚集兵力。有些原在東方，而未必屬周人嫡系的武力，大約也會調集畿輔左右。《史記》「秦本記」記載，秦人前世，是原來世居東方的嬴姓，屬於風偃集團。秦人祖先犬丘非子，以善養馬見知於周孝王，非子遂主持汧渭之間的養馬工作。非子的父親大駱曾娶申侯的女兒，生子成，其時已為大駱嫡子。申侯因不願周王以非子奪嫡，向周孝王進言：「昔我先驪山之女，為戎胥軒妻，生中潏，以親故歸周，保西垂。西垂以其故和睦。今我復與大駱妻，生適子成。申駱重婚，西戎皆服，所以為王，王其圖之。」孝王於是封非子為附庸，號為秦嬴，但不廢子成，「以和西戎」。可注意者，申侯、犬丘與西戎之間的婚姻關係，成為安撫西戎的重要因素。厲王之世，西戎反王室，滅犬丘大駱之族。周宣王以秦仲為大夫，誅西戎，西戎殺秦仲。其子五人率周宣王授與的兵力七千人，破西戎而復仇，為西垂大夫。後來秦襄公又以其女弟妻豐王——豐王據說是戎王薦居岐豐的名號。襄公的伯父犬丘世父，曾一度被戎人俘虜，旋被釋放。犬戎、西戎與申侯襲殺幽王於驪山之下。秦襄公將兵勤王，戰鬥甚力。平王東遷，襄公以兵送平王，平王封以岐西之地，答應秦能攻逐戎，即為其地諸侯。

由這一大段敘述，可知周人戍邊的諸侯或將領，無論是申，是秦，都與戎狄有婚姻關係。平時，邊疆可以因此平靜。但是一旦內外相結，周人不免遭逢噬臍之患。上文述及西戎與申秦聯姻，及戎王可以在岐豐立足。由這兩點推論，戎狄浸濕滲透，大約已深入內地。這番情勢，殆與西晉末亂前，戎胡已在邊地繁殖的現象類似。《後漢書》〈西羌傳〉謂：平王之末，戎逼諸夏，自隴山以東，至於伊洛。所謂渭首有狄豲、邽冀之戎，洛川有大荔之戎，渭南有驪戎，伊洛有揚拒泉皐之戎，潁首以西有蠻氏之戎。誠可說處處有戎跡。雖然《後漢書》記載這些戎人的分布，屬平王之末；然而由上文秦與西戎的關係推斷，戎狄入居當不由平王之世始。

秦人先世為西垂大夫，父子兄弟昆季相繼與西戎周旋，當是以部族為戰鬥單位。周人軍隊中原有秦夷一種，與其他夷人同列，似乎都是作戰單位，或後勤服務的單位。金文中至少有兩器銘文，提到這個周人以外的族類，一件是師酉𣪘：「隹王元年正月，王在吳，格吳大廟。公族瑾釐入，右師酉立中廷，王呼史嗇，冊命師酉，嗣乃且啻官邑人、虎臣、西門夷、𩵦夷、秦夷、京夷、畁身夷。」（白川靜，一九七○：五五五）另一是詢𣪘：「王若曰：詢，丕顯文武受命，則乃且奠周邦，今余令女啻官嗣邑人，先虎臣、後庸、西門夷、秦夷、京夷、𩵦夷，師等側新，□華夷、由□夷、𠤳夷、成周走亞、戍秦人、降人、服夷。」（白川靜，一九七○B：七○二）兩器時代值厲宣二代，師酉與詢似乎不是父子，即是叔侄，所管的軍事單位，是他們家庭世襲管領的武力。詢𣪘提到的單位，比師酉𣪘更多，而且明說有降人服夷。舉一反三，其中當也有不是降人服夷，而是調來的少數民族戰士，如秦嬴之屬。以後世史事推論，漢有胡騎、越騎，明有土兵、狼兵，清有蒙旗、漢軍，以及回子牛錄；則周人部伍中，雜有諸種外夷戎狄，也並非不可能的事。若周人為了捍衛首都，大集東南降夷，「熟番」，以抵抗西北戎狄，則畿輔之內，民族成分難免複雜了。與成周的興旺對比，宗周雖然號為京畿，周室倒未必能有堅實的掌握與控制。

此種情形可由散氏盤銘文觀之。散氏盤是周金中的名器，記敘矢人侵散失敗，於是矢人割地付散，正其疆界。兩家處置的土地均在渭南，包括眉豆等處田地。銘辭中參加劃界的人有夨人的有司十五人及散人的有司十人。銘辭的末尾，由夨及有關人員盟誓，不再爽約，至以地圖交授史正仲農，顯然留作記錄，以資信守。此銘中夨稱王號（白川靜，一九六八C：一九三一二〇三）。

王國維由散氏盤中夨散二國在厲王之世的情形，論及周室的式微，認為南山的古代微國，及周初所建井、豆、稟諸國，已為散夨兩國並為領地。天子親信大臣膳夫克，其分地跨渭水南北，原是岐下強族。鬲攸從也都是能自達於天子的人物。而二人皆受脅於散氏，列名有司，失去王臣的地位。夨器出土，銘文自稱夨王者，除此件外，還有數器。王氏以為周室及渭北諸國，困於玁狁，僅堪自保。夨散兩國，依據南山，旁無強敵，遂致坐大，於是夨居然在輦轂之下，僭稱王號。散人因夨人侵軼，而力能使之割地，亦不是弱者。邦畿之內，兼併自如。兩國簽約，也目無王紀。王氏因此歎息，「周德之衰，於此可知矣。」（王國維，一九六八：二〇二三一二〇四四）

綜合本節，成周因東南的開拓而日益重要。相對言之，宗周原是周室根本，卻因逼于戎狄，四郊多壘，仍難免戎狄的滲透，甚至有戎狄與邊將通婚姻的事。畿輔之內的諸侯，也有專擅自恣者。周室在東南的成功，竟未能對於王室的式微，發生強心的作用。

第三節　西周末葉的封建制度——國、邑與田

周初的分封制度，已在第五章中論及，基本上是「封人」的授民制度。疆土倒不是原始分封制度下的要件。本章前節引證師酉毀、詢毀二銘，列舉邑人虎臣及諸種夷屬，可知二人繼承的祖業，以領屬的部族為主要成分。邑人當指周人組成的「周人」。虎臣是虎賁士一類的親衛，而西門夷之屬，正同第五章所提的殷民六族、七族、商奄之民、懷姓九宗之類。是以到了周代末期，「授民」的特點依然存在。

授民的分封諸侯，其「國」中的成分，因時而異。但一個諸侯管領的屬民，至少是二分（周人及殷人），甚至是三分（周人、殷人及土著），是即杜正勝所謂「武裝殖民」的邦國（杜正勝，一九七九A：二二—三一）。「國」即是由城牆圍築的防禦基地。國的原意不是疆域，也不是僅指首都。《左傳》隱公五年：「鄭人以王師會之伐宋入其郭。……公聞其入郭也，將

救之，問於使者曰：師何及？對曰：未及國。公怒，乃止。」焦循據此，以為郭以內方為國。焦氏遂以經典，「國有三解，其一，大曰邦小曰國，如惟王建國，以佐王治邦國是也；其一，郊內曰國，國語、孟子所云是也；其一，城中曰國，小司徒稽國中及四郊之都鄙夫家……是也。蓋合天下言之，則每一封為一國，而就一國言之，則郊以內為國，外為野。就郊以內言之，則城內為國，城外為郊。」（焦循，一八八八：一／一三—一四）這三重意義，大約城邑為國的用法最早，而邦國的用法最晚。三重意義象徵了封國成長的過程。第一步是殖民隊伍的築城邑自保；第二階段擴充管內的領地到近郊；第三步則封國與封國接界了，界內的領土就都認為國中的土域。

國的意義在第一階段時，國人或邑人也就是原先殖民隊伍的成員及其子孫。對於分封的國君，這批人是親信的自己人；對於當地原來的居民，這批人是統治者。君子野人有別，「先進於禮樂者野人也；後進於禮樂者君子也」，則到孔子的時代，兩者之間的分野仍舊存在。楊寬以此觀點，討論鄉遂制度，指出了西周及春秋時代國野兩分的現象，邑與野（田）的居民具有不同的權利和義務（楊寬，一九六五：一四五—一六五）。杜正勝則用「城邦」一詞稱周代的封國，國人與邑人並有問政的權力（杜正勝，一九七九A：二一九—二三五）。楊、杜二人都以為都邑以外的田野、聚落是在古代村社，或古代「氏族共同體」的基礎上建立的農莊。這種農村，也叫做邑（楊寬，一九六五：一二四—一二九；杜正勝，一九七九A：五六—六四）。

誠然中國古代的城邑，具備了城市國家（城邦）的性質。李宗侗在討論中國古代社會時，即往往引希臘羅馬的古代城邦為比證（李宗侗，一九五四）。然而西周邦國城邑，實與希臘羅馬的城邦有很大的不同。希臘羅馬城邦與兩河流域的古代城邦，屬同類，在統一帝國崛起前，個別的城邦都是獨立的政治單元，上無統屬，下無分支。西周的城邑則不然。由姬姜分封而產生的封國，固是周王朝體系中的一部分。即使原來獨立的中原古國，在西周建立之後，也從此納入王朝的體系。春秋時代，王綱不振，諸侯紛紛競爭，王朝體系已無約束力。但是這些事實上已獨立的邦國城邑，均已是相當不小的領土國家，發展的方向更是走向戰國的君主制的領土國家，其情形不能與希臘羅馬的古代城邦相提並論。如有可以比較處，大約也只是古代城邑殘留下的一些遺存（宮崎市定，一九六五：一五五）。

西周的邦國城邑，不僅上有統屬，而且還下有分支。《左傳》莊公二十八年，「凡邑有宗廟先君之主曰都，無曰邑」，是以都與邑無極大的差別。邑為分封的基本單位，一個春秋時代的卿大夫有數十邑及至數百邑，不為罕見。這種邑當只是很小的聚落，可以小至十家之邑，也可以大到百家之邑（杜正勝，一九七九A：五七—五九）。春秋之初，都邑之中，有些地位特殊的邑，或因地居衝要，或因次級分封出去的小貴族較善經營，諸侯的封國之內「大都耦國」（《左傳》閔公二年）的現象十分常見。《左傳》隱西元年「都城過百雉，國之害也」。正是為了鄭國國內有了足以與都城頡頏的大邑。《國語》〈楚語上〉：「國有大城，未有利者：昔鄭有京、櫟，衛有蒲、戚，宋有蕭、蒙，魯有弁、費，齊有渠丘，晉有曲沃，秦有徵、衙。」一個諸侯的領地內，已至少有了兩層城邑，構成了行政系統的層級。晉獻公派遣兒子們分別出鎮重邑，「使大子居曲沃，重耳居蒲城，夷吾居屈，群公子皆鄙」（《左傳》莊公二十八年）。正是反映晉國城邑的屬級化。鄙，又在邑的下一級，則晉國至少有三級城邑了。

春秋時代初期的城邑層級化，在西周末葉已有其萌芽。如在第五章討論官制時曾提過，王官中已有若干管理地方城邑的官員。「五邑」雖不知確切地望，但有金文中五邑祝、五邑走馬，及五邑甸人（白川靜，一九七〇B：七五二，七三七；一九七一：八九九），也有管理「直鄙」的專人（白川靜，一九七八A：二五二）。

有名的散氏盤銘，記載夨散劃界事，雙方參加的有司，包括「夨人有嗣，眉田鮮且、散、武父、西宮襄、豆人虞考、彔貞、師氏右眚、小門人䌛、原人虞艿、淮嗣工虎、孝冊、豐父、琟人有嗣荊考，凡十又五夫。正眉舍散田，嗣土屰寅、嗣馬單𢍰、凱人嗣工、駷君、宰德父、散人小子眉田戎散父、效果父、襄之有州、從，凡散有嗣十夫。」（白川靜，一九六八C：一九九）二十五人中，大半系地方，如眉、豆、原、琟、凱、淮、襄，這些地名即是夨與散在接界地區的邑。尤可注意者，雙方都有眉田。若不是指一方將接收地區的官員與另一方原任官交接，即是邊界兩方都有地名為眉的田邑。散氏盤銘中還說「眉邢邑田自根木道，左至於邢邑封道」（同上：一九八）。邢邑，當即是大克鼎的「邢家𩵦田」（白川靜，一九六九C：五〇五）。

是則邢侯舊地，改變隸屬很久了，仍以邢邑為號。這個「邑」字不能再以「采邑」為解，只能作為「城邑」的意義了（伊藤道治，一九七五：一八五－一九五）。

伊藤道治又討論鬲從盨銘。此銘中也是土地交換的契約，牽涉十三個邑，田邑都分言：「章厥翼夫□鬲從田，其邑□□□，復友鬲從其田，其邑復歊言二邑臾鬲從。復厥小宮□鬲從田，其邑彶眔句商兒眔讎，戈復限餘鬲從田其邑競楙才三邑州瀘二邑，凡復友。復友鬲從邑十又三邑。」（白川靜，一九七〇：六一五－六二二）田謂田野，而必須指認所系的邑名。是則田邑並不是對立兩分，事實上，田屬邑，邑屬封主的「家」。田是由邑為中心展開的農耕區，而邑則是管理田野的治所（伊藤道治，一九七五：一九八－二〇〇）。

總之，西周的城邑，當是金字塔形的層級結構。宗周成周是頂點的大邑，諸侯的國是次級的邑，國以下有貳宗大都，有卿大夫的家邑，最下層則是直接控制田野的邑，如散氏盤、鬲從盨二器銘文所代表「某」地的邑，這種層級結構，與分封制度相伴而生。隨著封國由中心城邑向四周擴散，一級一級的次級城邑也陸續控制了原居民的田野。城邑的擴散，在春秋時猶繼續不斷進行。比較西周城邑的分布、春秋城邑與東周古城遺址的分布，其變化立刻可見（圖67、68、69）。然而西周的城邑分布也不是由開始即是如此的，附圖所示，也是數百年演變的結果。當然，許多金文中的次級城邑及更小的田邑，事實上根本無法確定其位置，勢難在附圖中容納了。

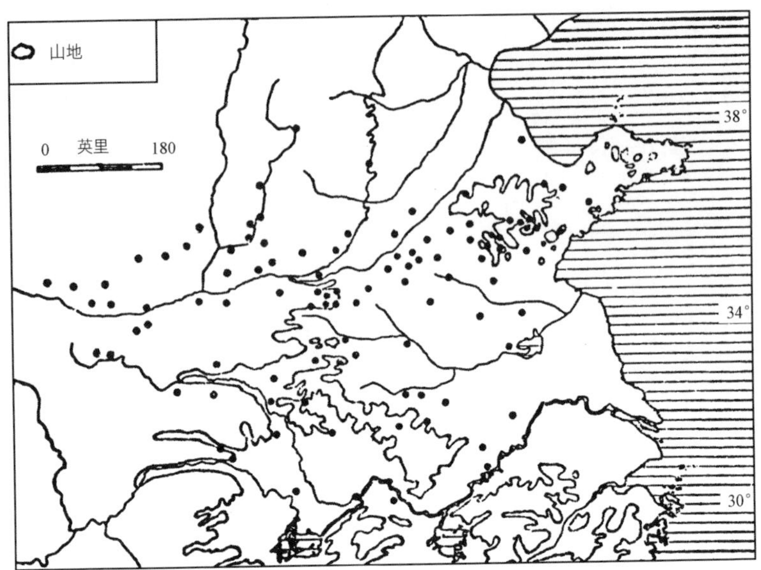

圖 67　西周城邑分布圖

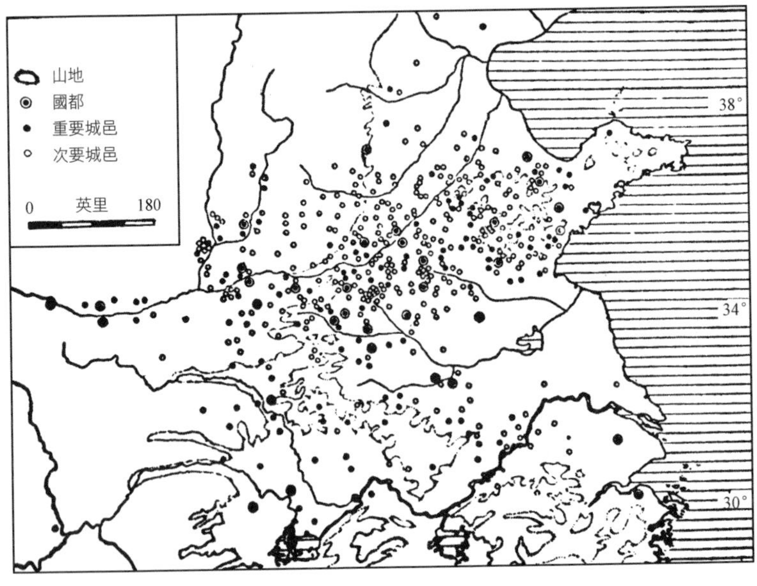

圖 68　春秋城邑分布圖

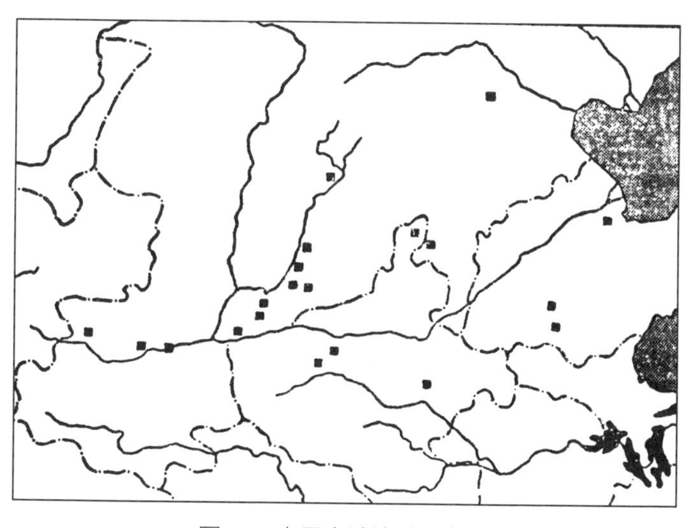

圖69　東周古城遺址分布圖

城邑層級分化的現象，也正反映了授民的封建已漸漸轉變為授土地的封建。揆以人情，諸侯在當地定居日久，不再以駐防自居。據《禮記》〈檀弓〉，太公封於營丘以後，「五世皆反葬於周」。第六世以後，顯然已與當地「認同」了。城邑日多，田野日闢，由點而擴展為面。舊日國都與國都之間，榛莽遍佈，點與點之間，不必有清楚的分界。西周末葉的封建，由《詩經》與金文的史料觀之，授土地的觀念，已比授民觀念強烈。《詩》〈大雅．嵩高〉與〈韓奕〉兩篇，都是韻文的錫命策。〈嵩高〉：「王命召伯，定申伯之宅……王命申伯，式是南邦，因是謝人，以作爾庸，王命召伯，徹申伯土田；王命傅御，遷其私人，……王命召伯，徹申伯土疆，以峙其粻，式遄其行。」其中固有「因是謝人」及「遷其私人」，代表授民的意義，也強調了「徹土田」、「徹土疆」的意義。〈韓奕〉：「王親命之，纘戎祖考。無廢朕命，夙夜匪解，虔共爾位。朕命不易，幹不庭方，以佐戎辟……奄受北國，因以其伯。實墉實壑，實畝實籍。」韓侯再受錫命，未見授民，倒是強調了對田畝與賦役的權利。兩詩對於土地與人民的語氣，已異於以前徵引周初策命之偏重授民了。

西周末克氏作器傳世頗多，克盨：「隹十又八年，十又二月初吉庚寅，王才周康穆宮，王令尹氏，友史趛，典善夫克田人。」大克鼎：「王若曰：克，昔余既令女，出內朕令，今余隹亶堇乃令，易女叔市，參冋茾悤，易女田於埜，易女田於渒，易女井家𤔲田於㽙，以厥臣妾，易女田於康，易女田於匽，易女田於陴原，易女田於寒山，易女史小臣，霝龠鼓鐘，易女井退𤔲人𦓎，易女井人奔於量。敬夙夜，用事，勿灋朕令。」（白川靜，一九六九C：四八六，五〇一—五〇四）這二銘中，土地人民都在賞賜之列。至於錫土地的仔細明確，竟是一片一片田土列舉不遺。據王國維考證，克的領土，建都渭水南岸，然而其封地遠在渭北，北至涇水，奄有渭河南北，儼然岐下一個大領主（王國維，一九五九：八八七—八八八）。

上節曾說到散氏盤所記矢散立界約的事，銘文詳記各處分界線，由一個定點分述向東、南、西三方面的界限。以封為界標，以陵泉、道路為界限，並說明鄰封接界的田邑。散矢的田邑接壤比鄰，界限勢須清楚，然而也正因如此，才有侵奪行為發生。

時代可能稍早的曶鼎，記載曶與匡爭訟的事。據說：「昔饑歲，匡眾厥臣廿夫，寇曶禾十

圖 70　衛瞭銘文

秭。」（白川靜，一九六八B：一三一）原銘中未記寇禾經過，可能是偷糧倉，也可能是搶割田中收成。如屬後者，則舀與匡領地之間的田地，也應接界，始有可能。原史料不詳，未宜妄說。

倗生文辭佶屈，不易通讀，但大意可知：格伯與倗生，以良馬一乘（四匹）交換三十田的事。接下去是按行甸野，經過一串地方，地名均是山林川谷，大約

圖71　衛鼎（甲）銘文

也是勘定四至，然後以契約存放史官，與散氏盤的格式一樣。文末謂格伯的田已「典」，當指已經「登記在案」（白川靜，一九六七C：四二六—四三二）。此銘可謂土地買賣的證據。田地可以買賣，一則田地代表財富，二則領主已有充分的處置權。封建制度下，周王應是天下共主，一切封土的最高所有者。封君自己買賣田地，未嘗不表示周王最高所有權及封建體制，已有了極大的轉變。

岐山董家村新出土的裘衛諸器中，衛盉與五祀衛鼎兩銘都提到「貯」或「貯田」的字眼。兩銘方出現時，各家的注釋即有出入（林甘泉，一九七六；唐蘭，一九七六A，一九七六B；周瑗，一九七六）。大致以貯為租，唐蘭主之；一以貯為賈，林甘泉、周瑗二人主之。衛盉（圖70）銘文如下：「隹三年三月既生霸壬寅，王爯旂於豐，矩白庶人取堇章於裘衛，才八十朋，厥賮，其舍田十田；矩或取赤虎兩、麀𠦪兩、𠦪韐一，才廿朋，其舍田三田。裘衛乃彘告於白邑父、燮白、定白、琼白、單白，白邑父、燮白、定白、琼白、單白乃令參有𤔲，𤔲土㪉邑、𤔲馬單旟、𤔲工邑人服，眔受田：燹、趞，衛小子𪆫，逆者其饗。衛用作朕文考惠孟寶盤，衛其萬年永寶用。」（岐山文化館，一九七六：二七；白川靜，一九七八A：二五七—二五九）王祀衛鼎（圖71）銘文如下：「惟正月初吉庚戌，衛以邦君厲告于井白、白邑父、定白、琼白、白俗父曰，厲曰余執王龏卹工，於邵太室東逆燮二川，曰余舍女田五田。正乃𠱾厲曰，女賮田不。厲乃許曰余審賮田五田。井白、白邑父、定白、琼白、白俗父乃顜吏厲誓。乃令參有嗣：嗣土邑人趙、司馬頌人邦、司工附矩、內史友寺芻，帥履裘衛厲田四田，乃舍寓於厥邑，厥逆疆眔厲田，厥東疆眔散田，厥南疆眔散田，眔政父田，厥西疆眔厲田。邦君厲眔付裘衛田，厲叔子夙，厲有嗣醽季、慶癸、豩表、荊人敢、井人倡屖，衛小子者其饗朕，衛用作朕文考寶鼎，衛其萬年永寶用，隹王五祀。」（岐山縣文化館，一九七六：二七—二八；白川靜，一九七八A：二六二—二六三）黃盛璋根據銘文口氣，確定賣田既不是出租，也不是價購，而只是以田地交換另一片田地，或者別的物資（黃盛璋，一九八一A）。

黃說比較合理，因為在封建制下，土地只能由周王頒賜，不能由私人買賣。租賃制度也與西周封建的貢賦體制相當混淆，會發生領主身分變易的問題。只有交換，有買賣之實，而無買賣之名，比較能在已建立的封建制度下發生。西周分封，如第五章所述，主要發生於文武成康四代。麥鼎記載井侯的侯于井，及伯晨鼎所記甗侯封甗，都是承襲祖業。《詩經》〈大雅．嵩高〉與〈韓奕〉兩篇，分記封申封韓事，也似乎是承襲。周人開闢南國，可能在漢上又分封了若干諸侯，大體言之，到了晚周時，可封的土地已封盡了。尤其畿內的領土，又加上許多防邊的新來武力，分封土地已不可能。是以若干舊封君的土地，如上文所舉邢侯的冟田，即不免改封給別人。新起的有勢力的豪家大族，要獲得土地，除出之交換的方式外，另無他法。交換行為剛開始時，雙方必須報告執政大臣，執政們也慎重處理，派員勘察，記錄存付史官。倗生毀與五祀衛鼎的銘文，正說明這種手續。甚至散氏盤記載的劃界，也還交付史官存案。不過，一旦這種交換事件多了，王室大臣不勝其煩，也就不能一樁樁，一件件，全經報備、勘察、存案的程序進行。同樣在董家村發現的九年衛鼎，也有土地與物資的交換行為，約中既未有王官出席，甚至沒有報告王室的大臣。五祀衛鼎是共王時代器，大約正是土地交易行為方興未艾之時，遂有此過渡現象。

在東方，諸侯之間是否也在進行換田易土的事，因史料不足，無法討論。不過據《史記》〈鄭世家〉及《國語》〈鄭語〉，鄭桓公原封在京兆，後來寄孥於虢鄶之間，東遷雒東。虢鄶二國無緣無故獻出土地，必有所報償，基本上當也是一種交換土地的方式。又，《左傳》桓西元年，鄭以璧假魯國的許田，又以泰山之祊田易許田。所謂以璧假田，及易許田以祀周公，大致都是門面上的交代。鄭魯交換土地，是此事的實際內容。

本節所說，大體謂周代諸侯，已由「點」的戍守，逐漸演變成「面」的主權。諸侯戍守駐防，有賴於彼此的合作。諸侯各為領有地區的主人，情形就不同了。農田開拓，一旦兩片領地接壤時，比鄰之間的關係，遂不免由互相支援轉變為彼此競爭。周代封建網維繫的秩序，於是也面臨嚴重的考驗。宗周畿內，情形更嚴重。地方有限，而王臣一代一代都勢必占有土地，日積月累，王室直接掌握的土地，越來越少。晚周之際，邊患日亟，許多新領主，原為保衛京畿的駐防，其由駐防而變成割據，對於西周王室的實際力量，當然也構成嚴重的影響。厲王之世，又經過一番內亂，國力受損，王室權威更受打擊，宗周王畿內外斫傷，東方諸侯離心離德，西周的覆亡，真可說朝不保夕了。

第四節　西周的末世諸王

厲王之世是西周崩潰的開始。《國語》〈周語〉記載兩節厲王的故事，一條謂厲王虐，國人謗王。王使衛巫監察謗者，用死罪來止謗。召公用「防民之口甚於防川」的道理規勸，王不聽，又據說厲王信任榮夷公，為他斂財，芮良夫因此感嘆：「夫榮夷公好專利而不知大難。夫利，百物之所生也，天地之所載也，而或專之，其害多矣。天地百物皆將取焉，胡可專也？所怒甚多而不備大難，以是教王，王能久乎？夫王人者，將導利而布之上下者也，使神人百物，無不得其極，猶日怵惕，懼怨之來也。……今王學專利，其可乎？匹夫專利，猶謂之盜，王而行之，其歸鮮矣。榮公若用，周必敗。」終於諸侯不享。三年後，國人放逐厲王，王奔於彘。周室的統治有一段由貴族集團執政，號為共和。這是中國有可靠紀年的開始，是西元前八四一年。

「共和時代」的執政者，《史記》〈周本紀〉說是由王室重臣召公和周公二人聯合，這是傳統的說法。但《史記索隱》引《汲塚紀年》：「共伯干王位」，而《莊子》〈讓王篇〉、《呂氏春秋》〈開春篇〉，及《史記正義》引《魯連子》，都說在厲王奔彘期間，有一位共伯和擔任執政。厲王死後，共伯奉王子靖為王，是為宣王。共和究是周召共同執政抑或是共伯和執政？周召執政之說，在金文史料中，未見佐證。至今還未見西周晚期金文中有大臣周公。只有召穆公（召虎）確是當時重要人物。另一方面，共伯和執政的傳說，至少有一點金文的線索。師獸𣪘：「隹王元年正月初吉丁亥，白龢父若曰，師獸，乃且考又賫於我家，女有隹小子，余令女死我家，𦖞𤔲我西偏東偏僕馭百工牧臣妾，東栽內外，毋敢否善。……獸拜䭫首，敢對揚皇君休，用乍朕文考乙仲將𣪘，獸其萬年，子子孫孫，永寶用享。」（白川靜，一九七〇B：七四一—七四九）由本銘「白龢父若曰」的口氣，白龢父有可能即是代王執政的共伯和（郭沫若，一九五七：一一七；楊樹達，一九五二：一三八，二二五）。此說尚不能認為定論，楊氏諸人的意見，還有人置疑（白川靜，一九七〇B：七四五—七四七）。然而較之周召共同執政之說，此說仍比較可信（屈萬里，一九七一：七八四—七八五）。

厲王的罪名中，「專利」一項，《國語》本文並無正面交代。但細玩文義，有數點可以析出。第一，利大約指天然資源，是以謂之「百物之所生」，「天地之所載」。第二，利須上下均沾，是以王人「將導利而布之上下」。惟有以賞賜的方式，廣泛地分配利源，始使「周道」延綿至今。第三，榮夷公專利的結果，是「諸侯不享」。循此推測，周人在分封制度下，山林藪澤之利，由各級封君共享。即使以賞賜或貢納方式，利源仍可上下分治。厲王專利，相對的也就使諸侯不享。本文上節曾指出，西周王室頗有緊迫的情形。外有國防需要，內有領主的割據。周室可以措手的財源，大約日漸減少。費用多，而資源少，專利云乎，也許只是悉索敝賦的另一面。這是時勢造成的情況，厲王君臣未必應獨任其咎。然而，這種情勢，也意指封建領主間，那座寶塔式的層級分配制度，已瀕臨崩解了。

宣王即位，西周號為中興。南征北伐已見前節。西周的國力，無疑因征討而受損。《國語》〈周語上〉記載了宣王料民的故事：「宣王既喪南國之師，乃料民於太原。仲山父諫曰：『民不可料也。夫古者不料民而知其少多。司民協孤終，司商協民姓，司徒協旅，司寇協奸，牧協職，工協革，場協入，廩協出。是則少多、死生、出入、往來者，皆可知也。於是乎又審之以事。王治農於籍。搜於農隙，耨獲亦於籍，獮於既烝，狩於畢時，是皆習民數者也。又何料焉？不謂其少而大料之，是示少而惡事也。臨政示少，諸侯避之。治民惡事，無以賦令。且無故而料民，天之所惡也，害於政而妨於後嗣。』王卒料之，及幽王乃廢滅。」

仲山父的一番議論，透露了若干消息。一方面，他指出「古者」如何如何，說明不必經過戶口調查，人口統計的資料，已在掌握之中。另一方面，他又指出，戶口的數字已經少了，何必再大舉調查以示弱。實則宣王在喪師之後，要作一次「國勢調查」，若仲山父議論的古制仍未失去功能，宣王自然不必多此一舉。大約實際人口與官府記錄，已有了差距，宣王始不得不「料民」。很可能仲山父也預見「料民」的後果是人口太少，或人口減少了，遂有何必示人以弱的議論。由這一段史料推論，宣王時，周室可能經歷了戶口減少的危機，至少也是周王室直接控制下的戶口，比應有之數為少。

戶口減少總不外兩端：或由天災，或由人禍。人口增殖趨於負值，也可能由於人口的逃避登記。前者目前無史料可為討論依據，茲不具論。後者的可能則有一段金文可為佐證。大克鼎的銘文列了一連串賞給克氏的田地人夫，其中有一項是「井人奔於量」。白川靜以為可解釋為原屬邢氏而逋播的臣僕（白川靜，一九六七C：五〇七）。這段解釋如果成立，則不僅有人逋逃，而且緝獲之後，逃戶可降為賞賜的人口。至於料民之舉是否也隱含緝捕逃戶，則史料不足，未敢妄說。又有人以為宣王料民與另一件不藉千畝的事都指宣王解放了奴隸，使他們變成了有戶籍、納地租的農奴（李亞農，一九六二：七四三—七五五）。但是史料原文，實無絲毫可以引申為此種「政治改革」的證據。增字解經，學者所不取，故亦置而不論。

宣王之後，幽王即位。在幽王手上，送了西周的終。幽王二年，周地有一次巨大的震災，涇水、渭水、洛水三條河流都曾涸竭。岐山也有崩塌的地方。《詩經》〈小雅．十月之交〉，形容一時罕見的天災：日蝕、地震、百川沸騰、山塚崩摧，高岸為谷，深谷為陵。有人以為「十月之交」一詩可能屬厲王之時（劉啟益，一九八〇A），但以各項史料配合而言，仍以幽王之世為合理。《國語》〈周語上〉，伯陽父所謂「源塞，國必亡。夫水土演而民用也。水土無所演，民乏財用，不亡何待？」顯然意指因水源乾竭而造成旱災，妨礙了農業生產。西周地處陝西的黃土高原，土層深厚，汲水必須下達河谷，始及水源。如無灌溉系統，農耕用水，即需依仗黃土層的毛細作用，吸引水頭，上達地表。地震可使三川塞竭，岐山崩坍，地層變動，則地下水分布的情況，也必受極大的干擾。西周時代的農作物，以黍稷為主。黍稷即使比麥類耐旱，仍須吸收相當水分。地下水不足，就只能依靠天落水。於是，雨量稍不足，便造成旱災了。古人對於天災極為畏懼，總認為天災是上帝對下民的懲罰。天災在心理上所造成的打擊，往往比實際的經濟效果更為沉重。《詩經》〈大雅．雲漢〉一詩，據詩序屬之宣王之時。但其中所提到冢宰、趣馬、師氏、膳夫，大約與「十月之交」一詩中的近臣是同一批人物，而且「周餘黎民」一語，也像驪山之難後的口吻，不像是宣王中興氣象。如此，〈雲漢〉所詠嘆的旱象，也當是幽世大亂前後的事。呼天不應，先祖的神靈也不施援手，詩人只有悲嘆「旱既太甚」，「饑饉薦臻」了。〈召旻〉一詩，蹙國百里，必然是幽王時代的現象，詩人也提到「池之竭矣」、「泉之竭矣」，草也枯槁，以致「瘨我饑饉，民卒流亡」。描寫災荒，至為痛切。

若只是西戎在驪山下襲殺幽王，一旦戎人退卻，新王即位，西周非不可收拾。然而周室治下的京畿，天災人禍之外，原有的社會秩序，也正在逐漸改變。高岸為谷，深谷為陵，不單是震災的描寫，也是社會大變動的比喻。最近岐山董家村出土的一批銅器，其銘文頗可表現矩伯裘衛兩個系族的消長，及其在周室封建社會秩序上的影響。

這批銅器，出自窖藏，屬一個家族屢代的製作。銘文中的器主，裘衛是最早的一代，公臣大約是第二代，旅伯、旅仲和儹是第三代，時代最晚的是榮有司爯。裘衛的職務，根據銘文中提到的不少皮件，大約是西周中晚期掌管製皮作裘的小官。屬裘衛的四器，大約在共王、懿王時代。公臣可能與裘衛世代相接。旅伯的官位是膳夫，旅仲是其兄弟，他們的時代是宣王時。儹匜中的伯揚父也是西周晚期人物。榮有司爯則在幽王時。這個家族，由其嫁女媵器的銘文判斷，屬嬴姓。秦趙的先祖都是嬴姓，如前節已說過，這一姓族，可能是由東方調來防邊的部族，與畜牧事業有相當的關係。製作皮裘，也就很可能是嬴姓畜牧工作中的一個部門（周瑗，一九七六：四五—四六）。

矩伯是周室的貴族，號為邦君，又有「矩內史友」，足見是周室的重要大臣。這位矩伯卻窮得必須向裘衛家借貸。衛盉的銘文，已見前節徵引。主要的意思：周王建旗大典上，矩伯必須到場，矩伯用田地向裘衛家換來了必須用的瑾璋和幾件虎皮、鹿皮的皮飾。這些物品顯然很貴重，玉件價值八十朋，皮貨價值二十朋。交換的物品是田地，可是卻用貨貝的數量來計算代價。兩年以後，五祀衛鼎的銘文又記載了第二件交換行為。銘文也已在前節徵引，不再舉。銘文主要的意思是，裘衛為了替王室服務，得到了「邦君厲」的同意，用五片田地，換取後者靠近兩條河川的四片田地。

九年衛鼎（圖72）的銘文，則是裘衛矩伯間第三次交換的記錄。「隹九年正月既死霸庚辰，王才周駒宮，各廟，眉敖者膚為吏，見於王。王大黹。矩取省車：較、㯱卤、虎冟、𥿄幃、畫

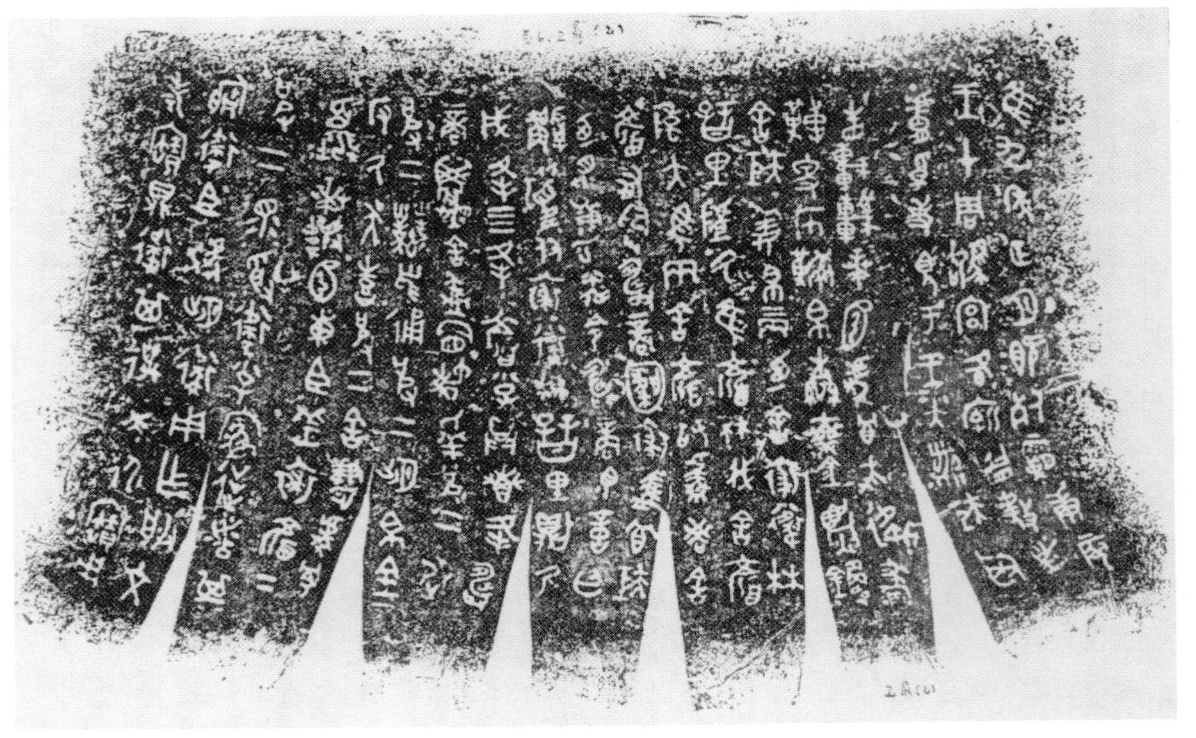

圖72 衛鼎（乙）銘文

轉、鞭、㡀、鞣、帛轡乘、金麃鞁。舍矩姜帛三兩。乃舍裘衛林曶里。𠭯氒隹顏林。我舍顏陳大馬兩，舍顏姒虞各，舍顏有𤔲壽商貈裘、盠冟。矩乃眔濂粦令壽商眔意曰：顜。履付裘衛林曶里。則乃成夆四夆。顏小子具叀夆，壽商勠。舍盠冒梯羝皮二，縱皮二，𤕌舄俑皮二，朏帛金一反，氒吳喜皮二。舍濂虞冟、璪䓞韔𠃢、東臣羔裘、顏下皮二，眔受。衛小子家逆者其賸。衛臣虣朏。衛用乍朕文考寶鼎。衛其萬年永寶用。」（岐山縣文化館，一九七六：二八）

銘文細節，因有不少奇字，不能完全解釋。主要的大意：周王接見眉敖獻俘的使者，矩伯又向裘衛索取了車輛、車馬用的皮革飾件和用品。裘衛又送給矩伯的夫人三兩帛，換取了裘衛在顏林中獵獸的權利。裘衛又送了顏林的直接領主夫婦兩匹馬和不明物品為禮物。顏家的有司（管理人員）幫助裘衛獵獸。事畢後，裘衛又贈送這些有司一大堆各式各樣的皮貨（周瑗，一九七六：四八）。

由這三次交換看來，周室的大臣窮乏不堪，甚至不能擁有像樣的車馬、玉飾、衣著。為了撐場面，矩伯必須用田產和山林的狩獵權，向不足稱道的小官，交換來貴重的物品。裘衛是暴發戶，不僅能供給封君所需的物品，並且還可以製作銅器，以為紀念，其實際的財力也就可想而知了。裘衛的後人，地位一代比一代高。旅伯是旅邑人膳夫，當已是旅地的地方官員。如果是王室的膳夫，則更是出內王命的內廷高官了。公臣是虢仲手下「司朕百工」的大總管，而虢仲正是厲王時代的執政，榮有司爯則是榮公手下的家臣。榮公當即《國語》中的榮夷公，是厲王極為信任的大臣。旅伯的妻子是毛仲姬（旅伯鼎），裘衛的曾孫女（或孫女）浸嬴嫁給成伯孫父（成伯孫父鬲）。毛伯與成伯，都是西周姬姓的頭等世家。裘衛一族以司裘小官起家，數代之後，竟然能與毛成通婚，其社會地位之高，已可想見（周瑗，一九七六：四九；杜正勝，一九七九：五八六—五八七）。

結論

急劇的社會升降，好處在新陳代謝迅速，社會增加了活力；壞處在社會成員一時會有失調的感覺。社會結構中居領袖地位的舊時貴族，更會為此失去信心，新興分子中不能得到預期升遷的人，則又不免有怨望之心。西周末葉，正是這樣的時代。《詩經》中抱怨的詩歌，多在末世，殆是此故。西周上層社會成員，在晚期已頗有逃難的想法。〈小雅．十月之交〉：「皇父孔聖，作都於向。擇三有事，亶侯多藏，不憖遺一老，俾守我王。擇有車馬，以居徂向。」屈萬里解釋為皇父預先安排避難之所（屈萬里，一九七一：一二）。同樣的情景，也可由鄭伯早作東遷之計一事觀之。《國語》〈鄭語〉：「桓公為司徒，甚得周眾與東土之人，問於史伯曰：王室多故，餘懼及焉，其何所可以逃死？」終於遷國在虢鄶之間。

有一些未做充分準備的西周貴族，大難來時，惟有倉促逃難，而將重器寶物窖藏在地下。若干窖藏到今天又重見，仍完整如新入土。早在一九四〇年時，陝西扶風有農民發現一個深洞，內藏各種銅器百餘件。據說深洞是一有建築性的懸坑，不是埋藏的土穴。諸器整齊排列，金色燦爛，儼然如新，據推測是宗周貴族遭遇變亂時的窖藏（不著撰人，一九五一：一四三—一四四）。一九六一年，陝西長安張家坡，出土銅器五十三件。諸器時代不一，有早到成王時代的，有在西周中葉或更晚的。諸器也並非作於一家，有作於他姓，似為媵贈。埋藏情況，不似殉葬，而是窖藏（郭沫若，一九六一）。上文已徵引的裘衛諸器，一九七五年出土於岐山董家村，是一批三十七件銅器的窖藏。諸器作於三四代，時限由西周中期到宣王幽王之時（岐山縣文化館，一九七六：二六）。扶風縣莊白的微史一家銅器一百零三件，也是窖藏（圖版50），時代由共王時起，下限在西周末（周原考古隊，一九七八：一）。凡此窖藏，若是厲王奔彘時所藏，宣王復辟，一切恢復正常，原主會啟封。惟有幽王驪山之禍，有些貴族倉促逃難，窖藏才永未再啟。

《詩經》〈大雅〉和〈小雅〉中，頗有一些憂愁怨嘆之詞。若拋開詩序的刻板解釋，有不少詩句顯然是描述逃難的痛苦。這些周餘黎民，在顛沛流離中的心情，頗可以〈小雅．小弁〉的幾章作為代表：「弁彼鸒斯，歸飛提提，民莫不穀，我獨於罹。」自己的命運，比不上有巢可歸的烏鴉，難怪他要仰首向天，問自己「何辜於天，我罪伊何」。平易可行的周道，已長滿了茂草，自己卻不得不離開桑梓，離開父母。流亡生涯，譬如河上漂浮的小船，不知何處可以屆止。末尾兩句，「我躬不閱，惶恤我後」，大約所有流亡的人士都不難有此體會。在〈大雅．桑柔〉一詩中，難民感嘆亡國之痛，無人能先去兵寇之害，「亂生不夷，靡國不泯。民靡有黎，具禍以燼。」人民棲棲遑遑，不知何往，「國步蔑資，天不我將；靡所止疑，雲徂何往」，「自西徂東，靡所定處。」他們怨嘆天道無情，降下災難，他們也詛咒人謀的不臧，及執政的非人。例如〈大雅．瞻卬〉、〈小雅．雨無正〉、〈小雅．北山〉諸篇，都充滿了呼天不應，不免怨恨人事的情緒。終日不得一飽，流亡的人會興起「生不如死」之感。亂世之音怨而怒，亡國之音哀以思。西周的覆亡，當時人的哀傷，由不朽的詩句，長為後人有相同經歷的人掩卷悲泣：「知我如此，不如無生！」

結論

周人以蕞爾小邦，崛起渭上，不僅代替文化較高的大邑商，成為古代中國的主流，而且開八百年基業，為中國歷史上重要的一個時代。在新石器時代的中國，若干平行發展的文化，各在一個地區滋生發達，相互影響，彼此交流，遂使各個地方文化的面貌逐漸接近。但是今日號為中國的東亞大陸，在新石器時代並未出現任何一個主文化，其勢力範圍可以籠罩全域。商王國的文化圈可能遠超過其政治權力所及的範圍，但是商人與各方國之間，大多有戰爭及貿易的交往，商以大邑商自居，大約只有商王畿之內的人以此認同。在王畿之外，未必有一個廣泛的共同意識。

殷商時代可以看作一個主軸的政治力量，逐步擴張充實其籠罩的範圍，卻還未能開創一個超越政治力量的共同文化。因此殷商的神，始終不脫宗族神、部落神的性格。周人以小邦蔚為大國，其立國過程必須多求助力，因此在先周時代，周人崎嶇晉南陝右的山地，採擷了農耕文化及北面草原文化的長處，終於與姜姓部族結為奧援。此後翦商經過，也是穩紮穩打地一步步逼向殷都。天下歸仁，也未嘗不是多所招撫的另一種說法。及至克商以後，歷武王周公及成康之世的經營，周人的基本策略，不外乎撫輯殷人，以為我用，再以姬姜與殷商的聯合力量，監督其他部族集團，並以婚姻關係加強其聯繫，同時進用當地俊民，承認原有信仰。新創之周實際上是一個諸部族的大聯盟。周人在這個超越部族範圍的政治力量上，還須建立一個超越部族性質的至高天神的權威，甚至周王室自己的王權也須在道德性的天命之前俯首。於是周人的世界，是一個「天下」，不是一個「大邑」；周人的政治權力，摶鑄了一個文化的共同體。周人克商，又承認商人曾克夏。這一串歷史性的遞嬗，代表了天命的交接，代表了一個文化秩序的延續。這是周人「華夏」世界的本質。中國人從此不再是若干文化體系競爭的場合。中國的歷史，從此成為華夏世界求延續，華夏世界求擴張的長篇史詩。中國三千年來歷史的主旨是以華夏世界為文化主流。四周的四裔必須逐漸進入這個主流，因為這個主流也同時代表了天下，開化的天下。西周中期以後，周人對西北採守勢，當係由於以草原文化為主的西北，本來不是農耕的華夏文化所能進入。周人對東南採攻勢，則因為當地農耕文化的地盤，原與華夏農耕的本質只有程度的高低，沒有根本性的互斥。

分封在外的諸侯，一方面是華夏的代表，一方面也與各地方原有的文化接觸與交流。西周三百多年來，華夏意識滲入中原各地，自西徂東，無往而沒有分封網的觸角伸入各地，當地文化層次，一方面吸收取新成分，一方面反哺華夏文化，經過三千多年的融合，西周代表的華夏世界終於鑄成一個文化體系，其活力及韌度，均非政治力量可以比擬。這一段過程中，政府不復僅以人治為本而趨於組織化與制度化。封建的分封制度不再只是點狀的殖民與駐防，而趨於由邦國與田邑而形成層級式的組織。甚至世官世祿的貴族社會，也因若干新興力量的出現，而較為開放。華夏世界的韌力，經厲王幽王兩度喪亂的考驗，王室的威權削弱了，但是華夏世界凝聚性之強，足以維護其世界於不墜。平王東遷，王綱不振，這一個政治體系竟可由強大的諸侯接過去，依舊維持了對外競爭的團結。齊晉先後領導華夏世界抵抗戎狄，攘禦荊楚，只能歸之於華夏世界內部因共同意識而產生的文化凝聚力。

另一方面，西周文化不斷擴散，其文化的同化力也極為強大。任何文化體系本身若不具有普遍性和開放的「天下」觀念，這個體系就難以接納別的文化成分，也難以讓別的文化體系分享其輸出的文化成分。華夏文化在西周形成時，先就有超越部族的天命觀念以及隨著道德性天命而衍生的理性主義。為此，華夏文化不致有強烈的排他性。西周一代，周人文化的擴散，正由其不具排他性。春秋時期，南方的楚文化與中原華夏文化相激相蕩而終逐漸融合，為華夏文化增添了更豐富的內涵，對南方文化的吸納而統攝為更廣大的華夏文化，這一成就，也當歸功於華夏世界有廣大的包容性及開放性。

華夏文化體系，兼具堅韌的內部摶聚力，及廣大的包容能力，遂使中國三千年來不斷成長不斷擴大，卻又經常保持歷史性共同意識。世界上若干偉大文化體系中有些有內聚力強的特質，如猶太文化系統；也有的包容力特強，如回教與基督教的兩大系統。中華民族的華夏文化卻兼具兩個特點，而且都異常強勁。

西周，是孔子心目中的典型，「郁郁乎文哉，吾從周」。孔子是中國文化的代言人，也正因為他體認了華夏文化的性格。儒家學說是華夏文化的闡釋，儒家理想人格是擇善固執，是以仁恕待人，這種性格，可稱為外圓（包容）內方（執善），也正是華夏性格的化身。儒家文化的基本性格成為中國文化的基本性格，而其成形期，正是在西周形成華夏文化本體的時候。

引用書目

一、中日文部分

二里頭工作隊

一九七四　〈河南偃師二里頭早商宮殿遺址發掘簡報〉，《考古》一九七四（四），二三四—二四八。

丁　山

一九三〇　〈召穆公傳〉，《中央研究院歷史語言研究所集刊》第二本，頁九一—一〇〇。

一九三〇A　〈𠭯夷考〉，《中央研究院歷史語言研究所集刊》第二本，頁四一九—四二二。

一九三五　〈由三代都邑論其民族文化〉，《中央研究院歷史語言研究所集刊》第五本，頁八七—一三〇。

一九五六　《甲骨文所見氏族及其制度》（北京：科學出版社）。

丁　穎

一九五九　〈江漢平原新石器時代紅燒土中的稻穀考查〉，《考古學報》第二六期，頁三一—三四。

丁福保

一九二八　《說文解字詁林》。

于省吾

一九五六　〈釋蔑歷〉，《東北人民大學人文科學學報》一九五六（二）。

一九五七　〈商代的穀類作物〉，《東北人民大學人文科學學報》一九五七（一），八一—一〇七。
一九六四　〈略論西周金文中「六𠂤」和「八𠂤」及其屯田制〉，《考古》一九六四（三），一五二—一五五。
一九七七　〈利簋銘文考釋〉，《文物》一九七七（八），一〇—一二。

于景讓
一九五七　《栽培植物考》（台北：臺灣大學農學院）。

萬國鼎等
一九五九　《中國農學史》（初稿）（北京：科學出版社）。

上原淳道
一九六五　〈齊の封建の事情および齊と萊との關係〉，《中國古代史研究》二（東京：吉川弘文館，一九六五），頁八五—一一〇。

山西省文管會
一九五五　〈山西洪趙縣坊堆村古遺址墓群清理簡報〉，《文物參考資料》一九五五（四），四六—五二。
一九五九　〈山西長子的殷周文化遺存〉，《文物》一九五九（二），三六。

山東省文管處
一九五九　〈濟南大辛莊遺址試掘簡報〉，《考古》一九五九（四），一八五—一八七。

山東省文管處、濟南市博物館
一九七四　《大汶口》（北京：文物出版社）。
山東大學歷史系
一九七九　《大汶口文化討論文集》（濟南：齊魯書社）。
廣西壯族自治區文物工作隊
一九七八　〈廣西出土的古銅器〉，《文物》一九七八（一〇），九三。
衛挺生
一九七〇　《周自穆王都洛考》（台北：中華學術院）。
馬承源
一九七六　〈何尊銘文初釋〉，《文物》（一），六四—六五，九三。
一九九六　〈晉侯穌編鐘〉，《上海博物館集刊》第七期。
馬瑞辰
一八八八　〈毛詩傳箋通釋〉，《皇清經解續編》（江陰：南菁書院）卷四一六—四四七。
歷史研究編輯部
一九五五　《中國奴隸與封建制分期問題論文選集》（北京：三聯書店）。
一九五七　《中國古代史分期問題討論集》（北京：三聯書店）。
王玉哲

一九五〇　〈楚族故地及其遷移路線〉，《周叔弢先生六十生日紀念論文集》（香港：龍門書店）。
王思治
一九八〇　〈中國古代史分期問題分歧的原因何在〉，《歷史研究》一九八〇（五），二七—三六。
王恩田
一九八一　〈岐山鳳雛村西周建築群基址的有關問題〉，《文物》一九八一（一），七五—七九。
王國維
一九四〇　〈毛公鼎銘考釋〉，《海寧王靜安先生遺書》（上海：商務印書館）。
一九五九　《觀堂集林》（台北：中華書局影印本）。
一九六八　《王觀堂先生全集》（台北：文華出版公司）第六冊，頁二〇二三—二〇四五。
天野元之助
一九五九　〈中國古代農業の展開〉，《東方學報》三〇（一九五九），六七—一六六。
一九六二　《中國農業史研究》（東京：御茶の水書房）。
木村秀海
一九八一　〈西周金文に見ぇゐ小子にっぃて——西周の支配機構の一面〉，《史林》卷六四第六號，頁六二—九三。
不著撰人
一九五一　《文物參考資料》一九五一（一〇），一四三—一四四。

中國社會科學院考古研究所涇渭工作隊
一九八九　〈陝西長武碾子坡先周文化遺址發掘紀要〉，《考古學集刊》一九八九（六），一二三—一四二。

貝塚茂樹
一九六二　〈金文に現た鬲の身分について〉，《東方學》二三（一九六二），一—一五。

長興縣文化館
一九七三　〈浙江長興縣的兩件青銅器〉，《文物》一九七三（一），六二。

長興縣博物館、夏星南
一九七九　〈浙江長興出土商周銅器〉，《文物》一九七九（一一），九三。

文物編輯委員會
一九七九　《文物考古工作三十年，一九四九—一九七九》（北京：文物出版社）。

尹盛平
一九八一　〈周原西周宮室制度初探〉，《文物》一九八一（三），一三—一七。

石璋如
一九四八　〈傳說中周都的實地考察〉，《中央研究院歷史語言研究所集刊》第二〇本，下冊，頁九一—一二二。
一九五一　〈小屯C區的墓葬區〉，《中央研究院歷史語言研究所集刊》第二三本，頁四七七—

四八七。
一九五二　〈周都遺跡與彩陶遺存〉，《大陸雜誌特刊》第一輯，下冊（一九五二），三五七－三八〇。
一九五四　〈殷代地上建築復原之一例〉，《中央研究院院刊》第一期，頁二六七二－二六八〇。
一九五五　〈殷代的鑄銅工藝〉，《中央研究院歷史語言研究所集刊》第二六本，頁九五－一二九。
一九五六　〈關中考古調查報告〉，《中央研究院歷史語言研究所集刊》第二七本，頁二〇五－三二三。
一九五九　《殷墟建築遺存》（台北：中央研究院）。
一九七〇　〈殷代地上建築復原的第二例〉，《民族學研究所集刊》第二九冊，頁三二一－三四一。
一九七六　〈殷代地上建築復原的第三例〉，《臺灣大學考古人類學系刊》第三九－四〇期合刊，頁一四〇－一五七。

左忠誠
一九八〇　〈渭南縣南堡村發現三件商代銅器〉，《考古與文物》一九八〇（二），一六，四。

甘肅省博物館
一九七六　〈甘肅靈台縣兩周墓葬〉，《考古》一九七六（一），三九－四八。

北大歷史系考古教研室
一九七九　《商周考古》（北京：文物出版社）。
北京市文物管理處
一九七六　〈北京地區的又一重要考古收穫——昌平白浮西周木槨墓的新啟示〉，《考古》一九七六（四），二四六—二五八。
一九七七　〈北京市平谷縣劉家河發現商代墓葬〉，《文物》一九七七（一一），一—八。
北洞文物發掘小組
一九七四　〈遼寧喀左縣北洞村出土的殷周青銅器〉，《考古》一九七四（六），三六四—三七二。
葉達雄
一九七七　〈西周馬政初探〉，《臺灣大學歷史學系學報》第四期，頁一—一二。
一九七九　〈西周兵制的探討〉，同上第六期，頁一—一六。
一九八〇　〈䍙尊的啟示〉，同上第七期，頁三一—四一。
四川省博物館、彭縣文化館
一九八一　〈四川彭縣西周窖藏銅器〉，《考古》一九八一（六），四九六—四九九，五五五—五五六。
田宜超
一九七七　〈甘肅靈台白草坡西周墓〉，《考古學報》一九七七（二），九九—一三〇。

一九八〇　〈虛日齋金文考釋〉，《中華文史論叢》第四輯（一九八〇），一—一〇。

史　言

一九七二　〈扶風莊白大隊出土的一批西周銅器〉，《文物》一九七二（六），三〇—三五。

史　明

一九七四　〈西周春秋時代「禮制」的演變和孔丘「克己復禮」的反動實質〉，《考古》一九七四（二），八一—八八。

史念海

一九六三　《中國史地論集》（又名《河山集》）（北京：三聯書店）。

白川靜

一九六二　《金文通釋》第一輯，《白鶴美術館志》第一輯。

一九六二A　同上第二輯。

一九六三　同上第三輯。

一九六三A　同上第四輯。

一九六三B　同上第五輯。

一九六四　同上第六輯。

一九六四A　同上第七輯。

一九六四B　同上第八輯。

一九六五　同上第九輯。
一九六五A　同上第一〇輯。
一九六五B　同上第一一輯。
一九六五C　同上第一二輯。
一九六六　同上第一三輯。
一九六六A　同上第一四輯。
一九六六B　同上第一五輯。
一九六六C　同上第一六輯。
一九六七　同上第一七輯。
一九六七A　同上第一八輯。
一九六七B　同上第一九輯。
一九六七C　同上第二〇輯。
一九六八　同上第二一輯。
一九六八A　同上第二二輯。
一九六八B　同上第二三輯。
一九六八C　同上第二四輯。
一九六九　同上第二五輯。

一九六九A　同上第二六輯。
一九六九B　同上第二七輯。
一九六九C　同上第二八輯。
一九七〇　同上第二九輯。
一九七〇A　同上第三〇輯。
一九七〇B　同上第三一輯。
一九七〇C　同上第三二輯。
一九七一　同上第三三輯。
一九七五　同上第四四輯。
一九七三　《甲骨金文學論集》（京都：朋友書店）。
一九七七　〈西周史略〉，《白鶴美術館志》第四六輯。
一九七八　《金文補釋》，同上第四八輯，頁一七一—一八四。
一九七八A　同上第四九輯。
一九七九　同上第五〇輯，頁三三三—三四〇。
馮漢驥
一九八〇　〈四川彭縣出土的銅器〉，《文物》一九八〇（一二），三八—四七。
馮　時

一九九七　〈晉侯穌鐘與西周曆法〉，《考古》一九九七（四），四〇七—四四二。

考古研究所

一九五九　《上村嶺虢國墓地》（北京：科學出版社）。

一九六二　《灃西發掘報告》（北京：文物出版社）。

一九七九　《文物考古工作三十年》（北京：文物出版社）。

考古研究所、湖北發掘隊

一九六二A　〈湖北圻春毛家嘴西周木構建築〉，《考古》一九六二（一），一—九。

考古研究所、西安半坡博物館

一九六三　《西安半坡：原始氏族公社聚落遺址》（北京：文物出版社）。

考古研究所、河南一隊等

一九八二　〈河南柘城孟莊商代遺址〉，《考古學報》一九八二（一），四九—七〇。

伊藤道治

一九七五　《中國古代王朝の形成》（東京：創文社）。

一九七七　〈盠彝銘考〉，《神戶大學文學部紀要》六（一九七七），四七—六六。

一九七八　〈周武王と雒邑——[illegible]尊銘と逸周書度邑〉，《內田吟風博士頌壽紀念東洋史論集》（東京），頁四一—五三。

劉仙洲

一九六三　《中國古代農業機械發明史》（北京：科學出版社）。

劉興、吳大林

一九七六　〈江蘇溧水發現西周墓〉，《考古》一九七六（四），二七四。

劉家和

一九八一　〈書梓材人宥人鬲試釋〉，《中國史研究》一九八一（四），一二七—一三四。

劉啟益

一九七九　〈西周金文中月相名詞的解釋〉，《歷史教學》一九七九（六），二一—二六。

一九八〇　〈西周金文中所見的周王后妃〉，《考古與文物》一九八〇（四），八五—九〇。

一九八〇A　〈西周厲王時期銅器與十月之交的時代〉，《考古與文物》一九八〇（一），八〇—八五。

齊文濤

一九七二　〈概述近年來山東出土的商周青銅器〉，《文物》一九七二（五），三—一八。

齊思和

一九四〇　〈燕吳非周封國說〉，《燕京學報》第二八期，頁一七五—一九六。

一九四六　〈西周地理考〉，《燕京學報》第三〇期，頁六三—一〇六。

一九四七　《周代錫命禮考》，同上第三二期，頁一九七—二二六。

一九四八　〈西周時代之政治思想〉，《燕京社會科學》第一期，頁一九—四〇。

一九四八A　〈毛詩谷名考〉，《燕京學報》第三六期，頁二七六—二八八。

江西省歷史博物館

一九八〇　〈江西靖安出土春秋徐國銅器〉，《文物》一九八〇（八），一三—一五。

江　鴻

一九七六　〈盤龍城與商朝的南土〉，《文物》一九七六（二），四二—四六。

江頭廣

一九七〇　《姓考：周代の家族制度》（東京：風間書房）。

池田末利

一九六四　〈中國に於ゐ至上帝儀禮の成立——宗教史的考察〉，《日本中國學會報》一六。

關野雄

一九五九　〈新耒耜考〉，《東洋文化研究所紀要》一九（一九五九），一—七七。

一九六〇　〈新耒耜考餘論〉，同上二〇（一九六〇），一—四六。

宇都木章

一九六五　〈西周諸侯系圖試論〉，《中國古代史研究》二（東京：吉川弘文館），頁一一一—一五二。

安志敏

一九七九　〈裴李崗磁山和仰韶——試論中原新石器文化的淵源及發展〉，《考古》一九七九

（四），三三五—三四六。
一九七九A　〈略論三十年來我國的新石器時代考古〉，《考古》一九七九（五），三九三—四〇三。

安陽發掘隊
一九六一　〈一九五八—一九五九年殷墟發掘簡報〉，《考古》一九六一（二），六三—七六。

安徽省文管會
一九五六　《壽縣蔡侯墓出土遺物》（北京：科學出版社）。

安徽省博物館
一九五七　〈安徽新石器時代遺址的調查〉，《考古學報》第一五期，二一—三〇。

安徽省文化局文物工作隊
一九五九　〈安徽屯溪西周墓發掘報告〉，《考古學報》第二六期，頁五九—八八。
一九六四　〈安徽舒城出土的銅器〉，《考古》一九六四（一〇），四九八—五〇三。

許宗彥
一八二九　〈鑒止水齋集〉，《皇清經解》，卷一二五五—一二五六。

許倬雲
一九六八　〈周人的興起及周文化的基礎〉，《中央研究院歷史語言研究所集刊》第三八本，頁四三五—四五八。

一九七一　〈兩周農作技術〉，同上第四二本，頁八〇三—八二七。
一九七六　〈周代的衣食住行〉，同上第四七本第三分，頁五〇三—五三五。

牟永抗、魏正瑾
一九七八　〈馬家濱文化和良渚文化〉，《文物》一九七八（四），六七—七三。

孫星衍
一八一五　《尚書今古文注疏》（四部備要本）。

孫海波
一九三四　《甲骨文編》（北平：哈佛燕京學社）。

孫常敘
一九六四　《耒耜的起源及其發展》（上海：上海人民出版社，一九五九年初版，一九六四年再版）。

杜正勝
一九七九　〈封建與宗法〉，《中央研究院歷史語言研究所集刊》第五〇本第三分，頁四八五—六一三。
一九七九A　《周代城邦》（台北：聯經出版公司）。
一九七九B　〈西周封建的特質——兼論夏政商政與戎索周索〉，《食貨月刊》復刊卷九第五、六期，頁一九四—二一六。

杜乃松
一九七四　〈從列鼎制度看克己復禮的反動性〉，《考古》一九七四（一），一七—二〇。
楊希枚
一九五二　〈姓字本義析證〉，《中央研究院歷史語言研究所集刊》第二三本，頁四〇九—四四二。
一九五四　〈左傳因生以賜姓解與無駭卒故事的分析〉，《中央研究院院刊》第一輯，頁九一—一一五。
一九五五　〈先秦賜姓制度理論的商榷〉，《中央研究院歷史語言研究所集刊》第二六本，頁一八九—二二六。
楊青山、楊紹舜
一九六〇　〈山西呂梁縣石樓鎮又發現銅器〉，《文物》一九六〇（七），五一—五二。
楊　泓
一九七七　〈戰車與車戰——中國古代軍事裝備雜記之一〉，《文物》一九七七（五），八二—九〇。
楊建芳
一九六三　〈安徽釣魚台出土小麥年代商榷〉，《考古》一九六三（一一），六三〇—六三一。
楊　寬

一九六五　《古史新探》（北京：中華書局）。

楊紹舜

一九八一　〈山西石樓褚峪曹家垣發現商代銅器〉，《文物》一九八一（八），四九—五三。

楊鴻勳

一九八一　〈西周岐邑建築遺址初步考察〉，《文物》一九八一（三），二三—三三。

楊樹達

一九五二　《積微居金文說》（北京：中國科學院）。

一九五九　《積微居金文說餘說》（同上）。

蘇秉琦

一九五四　《鬥雞台溝東區墓葬》（北京：中國科學院）。

一九七八　〈略談我國東南沿海地區的新石器時代考古〉，《文物》一九七八（三），四〇—四二。

勞　榦

一九七八　〈金文月相辨釋〉，《中央研究院成立五十周年紀念論文集》（台北：中央研究院），第二輯，頁三九—七四。

李也貞

一九七六　〈有關西周絲綢和刺繡的重要發現〉，《文物》一九七六（四），六〇—六三。

李仲操

一九七八　〈史墻盤銘文試釋〉，《文物》一九七八（三），三三—三四。
李孝定
一九六五　《甲骨文字集釋》（台北：中央研究院）。
一九七九　〈再論史前陶文和漢字起源〉，《中央研究院歷史語言研究所集刊》第五〇本第三分，頁四三一—四八三。
李宗侗
一九五四　《中國古代社會史》，（台北：中華文化出版事業委員會）。
李志庭
一九八一　〈西周封國的政區性質〉，《杭州大學學報》卷一一，第三期，頁四八—五三。
李亞農
一九六二　《欣然齋史論集》（上海：人民出版社）。
李　健
一九六三　〈湖北江陵萬城出土西周銅器〉，《考古》一九六三（四），二二四—二二五。
李劍農
一九六二　《先秦兩漢經濟史稿》（北京：中華書局）。
李學勤
一九五七　〈眉縣李家村銅器考〉，《文物參考資料》一九五七（七），五八—五九。

一九五九　《殷代地理簡論》（北京：科學出版社）。
一九七八　〈論史墻盤及其意義〉，《考古學報》一九七八（二），一四九—一五八。
一九八〇　〈論漢淮間的春秋青銅器〉，《文物》一九八〇（一），五四—五八。
一九八〇A　〈從新出青銅器看長江下游文化的發展〉，《文物》一九八〇（八），三五—四〇，八四。
一九八一　〈西周甲骨的幾點研究〉，《文物》一九八一（九），七—一二。
李學勤、唐雲明
一九七九　〈元氏銅器與西周的邢國〉，《考古》一九七九（一），五六—五九，八八。
李　峰
一九九一　〈先周文化的內涵及其淵源探討〉，《考古學報》一九九一（三），二六五—二八四。
李伯謙
一九九七　〈從晉侯墓地看西周公墓墓地制度的幾個問題〉，《考古》一九九七（一一），五一—六〇。
扶風縣文化館、陝西省文管會
一九七六　〈陝西扶風出土西周伯㦰諸器〉，《文物》一九七六（六），五一—六〇。
吳大焱、羅英傑
一九七六　〈陝西武功縣出土駒父盨蓋〉，《文物》一九七六（五），九四。

吳山菁
一九七三　〈江蘇省文化大革命中發現的重要文物〉，《文物》一九七三（四），二—四。

吳振錄
一九七二　〈保德縣新發現的殷代青銅器〉，《文物》一九七二（四），六二—六六。

岐山縣文化館
一九七六　〈陝西省岐山縣董家村西周銅器窖穴發掘簡報〉，《文物》一九七六（五），二六—四四。

岑仲勉
一九五六　《西周社會制度問題》（上海：新知識出版社）。

佐藤武敏
一九七七　《中國古代工業史の研究》（東京：吉川弘文館，一九六二年初版，一九七七年再版）。

佟柱臣
一九七五　〈從二里頭類型文化試談中國的國家起源問題〉，《文物》一九七五（六），二九—三三。

鄒　衡
一九七四　〈從周代埋葬制度化剖析孔子提倡「禮治」的反動本質〉，《文物》一九七四（一），一—四。

一九八〇　《夏商周考古學論文集》（北京：文物出版社）。

島邦男

年代不詳　《祭祀卜辭の研究》（油印本年月不詳）。

一九五八　《殷墟卜辭研究》（溫天河、李壽林譯，中譯本，台北：鼎文書局）。

一九七一　《殷墟卜辭綜類》（東京：汲古書院增訂本）。

汪寧生

一九七九　〈釋臣〉，《考古》一九七九（三），二六九—二七一。

沈剛伯

一九七四　〈齊國建立的時期及其特殊的文化〉，《中華文化復興月刊》卷七，第九期（一九七四年九月），頁二一—二七。

沈振中

一九七二　〈忻縣連寺溝出土的青銅器〉，《文物》一九七二（四），六七—六八。

張光直

一九六三　〈商王廟號新考〉，《民族學研究所集刊》第一五期，六五—九四。

一九六五　〈殷禮中的二分現象〉，《慶祝李濟先生七十歲論文集》（台北：清華學報社），頁三五三—三七〇。

一九七〇　〈商周青銅器形裝飾花紋與銘文綜合研究初步報告〉，《民族學研究所集刊》第三〇期，頁二三九—三一五。
一九七六　〈殷商文明起源研究上的一個關鍵問題〉，《沈剛伯先生八秩榮慶論文集》（台北：聯經出版公司），頁一五一—一七九。
一九七八　〈從夏商周三代考古論三代關係與中國古代國家的形成〉，《屈萬里先生七秩榮慶論文集》（台北：聯經出版公司），頁二八七—三〇六。
一九八〇　〈殷周關係的再檢討〉，《中央研究院歷史語言研究所集刊》第五一本第一分，頁一九七—二一六。

張忠培
一九八〇　〈客省莊文化及其相關諸問題〉，《考古與文物》一九八〇（四），七八—八四。

張朋川
一九七九　〈甘肅出土的幾件仰韶文化人像陶塑〉，《文物》一九七九（一一），五二—五五。

張政烺
一九七三　〈卜辭裒田及其相關諸問題〉，《考古學報》一九七三（一），九三—一二〇。
一九七六　〈何尊銘文解釋補遺〉，《文物》一九七六（一），六六—六七。
一九七八　〈利簋釋文〉，《考古》一九七八（一），五八—五九。

張長壽

一九八〇　〈論寶雞茹家莊發現的西周銅器〉，《考古》一九八〇（六），五二六—五二九。

張亞初、劉　雨

一九八一　〈從商周八卦數字符號談筮法的幾個問題〉，《考古》一九八一（二），一五三—一六三。

張秉權

一九七〇　〈殷代的農業與氣象〉，《中央研究院歷史語言研究所集刊》第四二本，頁二六七—三三二。

張　劍

一九九七　〈談西周燕國殷遺民的政治地位〉，《北京建城三〇四〇年暨燕文明國際學術研討會會議專輯》（北京：北京燕山出版社），頁二六九—二七三。

陳　平

一九九七　〈克器事燕六族全釋考證〉，《北京建城三〇四〇年暨燕文明國際學術研討會會議專輯》（北京：北京燕山出版社），頁二五二—二六八。

陳全方

一九七九　〈早周都城岐邑初探〉，《文物》一九七九（一〇），四四—五〇。

陳世輝

一九八〇　〈墻盤銘文解說〉，《考古》一九八〇（五），四三三—四三五。

陳良佐
一九七一　〈中國古代農業施肥之商榷〉，《中央研究院歷史語言研究所集刊》第四二本第四分，頁二〇一—四七。
陳邦福
一九五五　〈夨段考釋〉，《文物參考資料》一九五五（五），六七—六九。
陳夢家
一九五四　〈西周金文中的殷人身分〉，《歷史研究》一九五四（六），八五—一〇六。
一九五五　〈西周銅器斷代（一）〉，《考古學報》第九期，頁一三七—一七五。
一九五五A　〈西周銅器斷代（二）〉，《考古學報》第一〇期，頁六九—一四二。
一九五五B　〈宜侯殳和它的意義〉，《文物參考資料》一九五五（五），六三—六六。
一九五六　《殷墟卜辭綜述》（北京：科學出版社）。
一九五六A　〈西周銅器斷代（三）〉，《考古學報》第一一期，頁五六—一一四。
一九五六B　〈西周銅器斷代（四）〉，《考古學報》第一二期，頁八五—九四。
一九五六C　〈西周銅器斷代（五）〉，《考古學報》第一三期，頁一〇五—一二七。
一九五七　《尚書通論》（上海：商務印書館）。
陳　槃
一九六九　《春秋大事表列國爵姓及存滅表撰異》（台北：中央研究院）。

一九八〇　〈泰山主死亦主生說〉，《中央研究院歷史語言研究所集刊》第五一本第三分，頁四〇七—四一二。

羅西章

一九八〇　〈扶風雲塘發現西周磚〉，《考古與文物》一九八〇（二），一〇八。

尚秉和

一九六六　《歷代社會風俗事物考》（新北：臺灣商務印書館）。

松丸道雄

一九七七　〈西周青銅器製作の背景——周金文研究序章〉，《東洋文化研究所紀要》第七二冊，頁一—一二八。

松田壽男

一九六五　〈汾水流域における原始農耕の問題〉，《石田博士頌壽紀念東洋史論叢》（東京：東洋文庫），頁四二五—四四三。

林巳奈夫

一九五九　〈中國先秦時代的馬車〉，《東方學報》（京都）二九（一九五九），一五五—二八三。

一九六八　〈殷周時代の圖像記號〉，《東方學報》（京都）三九（一九六八），一—一一七。

一九七〇　〈殷中期に由來する鬼神〉，《東方學報》（京都）四一（一九七〇），一—七〇。

林甘泉

一九七六　〈對西周土地關係的幾點新認識〉，《文物》一九七六（五），四五—四九。

周　文

一九七二　〈新出土的幾件西周銅器〉，《文物》一九七二（七），九—一二。

周法高

一九五一　《康侯𣪘考釋》（台北：中央研究院歷史語言研究所）。

一九七一　〈西周年代考〉，《香港中文大學文化研究所學報》卷四，第一期，頁一七八—二〇五。

周原考古隊

一九七八　〈陝西扶風莊白一號西周銅器窯藏發掘簡報〉，《文物》一九七八（三），一—一八。

一九七九　〈陝西岐山鳳雛村西周建築基地發掘簡報〉，《文物》一九七九（一〇），二七—三四。

一九七九A　〈陝西岐山鳳雛村發現周初甲骨文〉，《文物》一九七九（一〇），三八—四三。

一九八〇　〈扶風雲塘西周骨器製造作坊遺址試掘簡報〉，《文物》一九八〇（四），二七—三五。

一九八一　〈扶風召陳西周建築群基址發掘簡報〉，《文物》一九八一（三），一〇—二二。

一九八一A　〈扶風縣齊家村西周甲骨發掘〉，《文物》一九八一（九），一—六。

周萼生

一九五七　〈眉縣周代銅器銘文初釋〉，《文物參考資料》，一九五七（八）。

周　瑗

一九七六　〈矩伯裘衛兩家族的消長與周禮的崩壞〉，《文物》一九七六（六），四五—五〇。

金祥恆
一九五九　《續甲骨文編》（新北：藝文印書館）。
一九七四　〈從甲骨卜辭研究殷商軍旅中之王族三行三師〉，《中國文字》五二（一九七四），一—二六。
金　鶚
一八八八　〈求古錄禮說〉，《皇清經解續編》（江蘇：南菁書院），卷六六三—六七七。
河北省文物管理處
一九七五　〈磁縣下潘汪遺址發掘報告〉，《考古學報》一九七五（一），七三—一一六。
河南省博物館、鄭州市博物館
一九七七　〈鄭州商代城址試掘簡報〉，《文物》一九七七（一），二一—三一。
竺可楨
一九七九　《竺可楨文集》（北京：科學出版社）。
單周堯
一九七九　〈牆盤「[illegible]」字試釋〉，《文物》一九七九（一一），七〇。
屈萬里
一九六五　〈讀周書世俘篇〉，《慶祝李濟先生七十歲論文集》上冊（台北：清華學報社），頁三一七—三三二。

一九七一　〈西周史事概述〉，《中央研究院歷史語言研究所集刊》第四二本第四分，頁七七五—八〇三。
鍾柏生
一九七八　《武丁卜辭中的方國地望考》（台北：書恆出版社）。
鍾鳳年、徐中舒等
一九七八　〈關於利簋銘文考釋的討論〉，《文物》一九七八（六），七七—八七。
保　全
一九八一　〈西安老牛坡出土商代早期文物〉，《考古與文物》一九八一（二），一七—一八。
南京市文物保管委員會
一九八〇　〈南京浦口出土的一批青銅器〉，《文物》一九八〇（八），一〇—一一，三四。
南京博物館
一九七七　〈江蘇句容縣浮山果園西周墓〉，《考古》一九七七（五），二九二—二九七。
姚仲源、梅福根
一九六一　〈浙江嘉興馬家濱新石器時代遺址的發掘〉，《考古》一九六一（七），三四五—三五一。
洛陽市文物工作隊
一九八三　〈一九七五—一九七九年洛陽北窯西周鑄銅遺址的發掘〉，《考古》一九八三（五），四三〇—四四一。
洛陽發掘隊
一九六五　〈河南偃師二里頭遺址發掘簡報〉，《考古》一九六五（五），二一五—二二四。
胡承珙
一八八八　〈毛詩後箋〉，《皇清經解續編》（江蘇，南菁書院），卷四四八—四九四。
胡順利
一九八一　〈對晉寧石寨山青銅器圖像所見辮發者氏族考的一點意見〉，《考古》一九八一（三），二三八。
胡道靜
一九六三　〈釋菽篇〉，《中華文史論叢》第三輯（上海：中華書局），頁一一一—一一九。
臨潼縣文化館
一九七七　〈陝西臨潼發現武王征商簋〉，《文物》一九七七（八），一—七。
濟南市博物館
一九七四　《大汶口》（北京：文物出版社）。
宮崎市定
一九五〇　〈中國上代は封建制か都市國家か〉，《史林》卷三三第二號。
一九六五　〈東洋的古代（上）〉，《東洋學報》卷四八，第二號，頁一五三—一八二。

一九七〇　〈中國上代の都市國家とその墓地——商邑は何處にあったか〉，《東洋史研究》二八（四），二六五—二八二。

蕭　璠

一九八一　〈殷墟甲骨文眔字試釋〉，《食貨月刊》復刊卷一〇，第一二期，頁五二一—五二四。

夏緯瑛

一九八一　《夏小正經文校釋》（北京：農業出版社）。

夏　鼐

一九六一　〈臨洮寺窪山發掘記〉，《考古學論文集》（北京：科學出版社）。

一九六四　〈我國近五年來的考古收穫〉，《考古》一九六四（一〇），四八五—四九七，五〇三。

一九七二　〈我國古代蠶桑絲綢的歷史〉，《考古》一九七二（二），一二—二七。

一九八三　〈商代玉器的分類、定名和用途〉，《考古》一九八三（五），四五五—四六七。

顧頡剛

一九六三　〈逸周書世俘篇校注寫定與評論〉，《文史》二（一九六三），一—四二。

殷瑋璋，曹淑琴

一九九一　〈周初太保器綜合研究〉，《考古學報》一九九一（一），一—二一。

錢　穆

一九三一　〈周初地理考〉，《燕京學報》第一〇期，頁一九五五—二〇〇八。

一九五六 〈中國古代北方農作物考〉，《新亞學報》卷一，第二期，頁一—一二七。

倪振遠

一九五九 〈淹城出土的銅器〉，《文物》一九五九（四），五。

唐　蘭

一九五六 〈宜侯夨毀考釋〉，《考古學報》第二期，頁七九—八三。

一九六二 〈西周銅器斷代中的康宮問題〉，《考古學報》一九六二（一），一五—四八。

一九七六 〈䰤尊銘文解釋〉，《文物》一九七六（一），六〇—六三。

一九七六A 〈用青銅器銘文來研究西周史〉，《文物》一九七六（六），三一—三九。

一九七六B 〈陝西省岐山縣董家村新出西周重要銅器銘辭的釋文和注釋〉，《文物》一九七六（五），五五—五九。

一九七七 〈西周時代最早的一件銅器利簋銘文解釋〉，《文物》一九七七（八），八—九。

一九七八 〈略論西周微史家族窖藏銅器群的重要意義——陝西扶風新出牆盤銘文的解釋〉，《文物》一九七八（三），一九—二四。

一九七九 〈蔑曆新詁〉，《考古》一九七九（五），三六—四二。

徐中舒

一九三〇 〈耒耜考〉，《中央研究院歷史語言研究所集刊》第二本第一分，頁一一—五九。

一九三六 〈豳風說〉，《中央研究院歷史語言研究所集刊》第六本第四分，頁四三一—四五〇。

一九三六A　〈殷周之際史跡之檢討〉，同上，第七本第二分，頁一三七—一六四。
一九五五　〈試論周代田制及其社會性質〉，《四川大學學報》第二期（又收入歷史研究編輯部《中國奴隸制與封建制分期問題論文選集》，北京：三聯書店，一九五六，頁四四三—五〇八）。
一九五九　〈禹鼎的年代及其相關問題〉，《考古學報》第二三期，頁五三—六六。
一九七八　〈西周墻盤銘文箋釋〉，《考古學報》一九七八（二），一三九—一四八。

徐旭生
一九五九　〈一九五九年夏豫西調查夏墟的初步報告〉，《考古》一九五九（一一），五九二—六〇〇。
一九六〇　《中國古史的傳說時代》（北京：科學出版社增訂版）。

徐錫台
一九七九　〈早周文化的特點及其淵源的探索〉，《文物》一九七九（一〇），五〇—五九。
一九八〇　〈岐山賀家村周墓發掘簡報〉，《考古與文物》一九八〇（一），七—一二。

晏　琬
一九七五　〈北京遼寧出土銅器與周初的燕〉，《考古》一九七五（五），二七四—二七九。

浙江省文管會及浙江省博物館
一九七八　〈河姆渡遺址第一期發掘報告〉，《考古學報》一九七八（一），三九—九四。

浙江省博物館
一九七八　〈河姆渡遺址動植物遺存的鑒定研究〉，《考古學報》一九七八（一），九五—一〇八。
高至喜
一九五九　〈楚公冢戈〉，《文物》一九五九（一二），六〇。
高至喜、熊傳新
一九八〇　〈楚人在湖南的活動遺跡概述——兼論有關楚文化的幾個問題〉，《文物》一九八〇（一〇），五〇—六〇。
高鴻縉
一九六二　〈大盂鼎考釋〉，《南大中文學報》（一九六二），四—三二。
郭沫若
一九三二　《金文叢考》（東京：文求堂）。
一九五四　《金文叢考》（北京：科學出版社）。
一九五六　〈矢毀銘考釋〉，《考古學報》第一期，頁七—九。
一九五七　《兩周金文辭大系考釋》（北京：科學出版社增訂本）。
一九六一　《文史論集》（北京：人民出版社）。
一九六一A　〈長安縣張家坡銅器辭銘文匯釋〉，《考古學報》一九六一（一），一一三。
一九七二　〈班毀的再發現〉，《文物》一九七二（九），二—一三。

郭　勇
一九六二　〈石樓後蘭家溝發現周代青銅器簡報〉，《文物》一九六二（四、五），三三—三四。
郭寶鈞、林壽晉
一九五四　〈一九五二年秋季洛陽東郊發掘報告〉，《考古學報》第七期，頁九一—一一六。
郭寶鈞
一九五九　《山彪鎮與玻璃閣》（北京：科學出版社）。
一九六四　《浚縣辛村》（北京：科學出版社）。
郭遠謂
一九六五　〈江西近兩年出土的青銅器〉，《考古》一九六五（七），三七二—三七三。
琉璃河考古工作隊
一九七四　〈北京附近發現的西周奴隸殉葬墓〉，《考古》一九七四（五），三〇九—三二一。
琉璃河考古隊
一九九〇　〈北京琉璃河一一九三號大墓發掘簡報〉，《考古》一九九〇（一），二〇—三〇。
梅福根
一九五九　〈浙江吳興邱城遺址發掘簡報〉，《考古》一九五九（九），四七九。
黃盛璋
一九五七　〈保卣銘的時代與史實〉，《考古學報》第一七期，頁五一—五九。

一九八一〈班簋的年代地理與歷史問題〉，《考古與文物》一九八一（一），七五—八三。
一九八一Ａ〈衛盉鼎中貯與貯田及其牽涉的西周田制問題〉，《文物》一九八一（九），七九—八二。

黃然偉
一九七八《殷周青銅器賞賜銘文研究》（香港：龍門書店）。

鄂　兵
一九七三〈湖北隨縣發現曾國銅器〉，《文物》一九七三（五），二一—二五。

梁思永、高去尋
一九六二《西北崗一〇〇一大墓》（台北，中央研究院）。

隨縣考古發掘隊
一九七九〈湖北隨縣曾侯乙墓發掘簡報〉，《文物》一九七九（七），一—二四。

隨縣博物館
一九八〇〈湖北隨縣城郊發掘春秋墓葬和銅器〉，《文物》一九八〇（一），三四—三八。

張萬鐘
一九六二〈侯馬東周陶範的造型工藝〉，《文物》一九六二（四、五），三七—四二。

韓嘉谷
一九九五〈燕史源流的考古學觀察〉，《燕文化研究論文集》（北京：中國社會科學出版社），頁六一—八二。

斯維至

一九四七　〈西周金文所見職官考〉，《中國文化研究彙刊》卷七，頁一—二六。

葛　今

一九七二　〈涇陽高家堡早周墓葬發掘記〉，《文物》一九七二（七），五—八。

董作賓

一九二九　〈新獲卜辭寫本後記〉，《安陽發掘報告》第一期（北平：中央研究院歷史語言研究所），頁一八二—二一四。

一九二九A　〈商代龜卜之推測〉，《安陽發掘報告》第一期，五九—一三〇。

一九五二　〈周金文中生霸死霸考〉，《傅故校長斯年先生紀念論文集》（台北：臺灣大學），頁一—一四。

一九六四　《殷曆譜》（台北：中央研究院影印本，一九六四）。

一九六五　《甲骨學六十年》（新北：藝文印書館，一九六五）。

黑光、朱捷元

一九七五　〈陝西綏德墕頭村發現一批窖藏商代銅器〉，《文物》一九七五（二），八二—八七。

喀左縣文化館

一九八二　〈記遼寧喀左縣後墳村發現的一組陶器〉，《考古》一九八二（一），一〇八—一〇九。

傅築夫
一九八〇　《中國經濟史論叢》（北京：三聯書店）。
傅斯年
一九三五　〈夷夏東西說〉，《慶祝蔡元培先生六十五歲論文集》下冊（南京：中央研究院歷史語言研究所），頁一〇九三—一一三四。
一九五二　《傅孟真先生集》（台北：臺灣大學）。
傅熹年
一九八一　〈陝西岐山鳳雛西周建築遺址初探〉，《文物》一九八一（一），六五—七四。
一九八一A　〈陝西扶風召陳西周建築遺址初探〉，《文物》一九八一（三），三四—四五。
焦　循
一八八八　〈群經宮室圖〉，《皇清經解續編》（江蘇：南菁書院），卷三五九—三六〇。
程瑤田
一八二九　〈溝洫疆理小記〉《耦耕義述》，《皇清經解》（廣州），卷五四一。
童恩正
一九七七　〈我國西南地區青銅劍的研究〉，《考古學報》一九七七（二），三五—五五。
逯耀東
一九七九　《中共史學的發展與演變》（台北：時報文化出版公司）。

游修齡
一九七六　〈對河姆渡遺址第四文化層出土稻穀和骨耜的幾點看法〉，《文物》一九七六（八），二〇—二三。
湖北省博物館、盤龍城發掘隊
一九七六　〈盤龍城一九七四年度田野考古紀要〉，《文物》一九七六（二），五—一五。
湖北發掘隊
一九六二　〈湖北圻春毛家嘴西周木構建築〉，《考古》一九六二（一），一—九。
湖南省博物館
一九六三　〈介紹幾件館藏周代銅器〉，《考古》一九六三（一二），六七九—六八二。
一九六六　〈湖南省博物館新發現的幾件銅器〉，《文物》一九六六（四），一—六。
謝端琚
一九七九　〈試論齊家文化與陝西龍山文化的關係〉，《文物》一九七九（一〇），六〇—六八。
蒙文通
一九三三　《古史甄微》（上海：商務印書館）。
裘錫圭
一九七八　〈史墻盤銘解釋〉，《文物》一九七八（三），二五—三二。
解希恭

一九五七　〈山西洪趙縣永凝東堡出土的銅器〉，《文物參考資料》一九五七（八），四二—四四。

一九六二　〈光社遺址調查試掘報告〉，《文物》一九六二（四、五），二八—三三。

蔡鳳書

一九七三　〈濟南大辛莊商代遺址的調查〉，《考古》一九七三（五），二七二—二七五。

潘其鳳、韓康信

一九八〇　〈我國新石器居民種系分布研究〉，《考古與文物》一九八〇（二），八四—八九。

衡陽市博物館

一九七八　〈湖南衡陽市郊發現青銅犧尊〉，《文物》一九七八（七），八八。

鎮江市博物館、金壇縣文化館

一九七八　〈江蘇金壇鱉墩西周墓〉，《考古》一九七八（三），一五一—一五四。

鎮江市博物館浮山果園古墓發掘組

一九七九　〈江蘇句容浮山果園土墩墓〉，《考古》一九七九（二），一〇七—一一八。

鎮江市博物館

一九八〇　〈江蘇丹陽出土的西周青銅器〉，《文物》一九八〇（八），三—九。

薛　堯

一九六三　〈江西出土的幾件青銅器〉，《考古》一九六三（八），四一六—四一八，四二二。

戴春陽

一九九七　〈論克罍、盉銘文與燕國始封的有關問題〉，《北京建城三〇四〇年暨燕文明國際學術研討會會議專輯》（北京：北京燕山出版社），頁一五二—一六三。

二、古籍部分

《毛詩正義》（四部備要本）

《史記會注考證》（台北：新興書局影印本）

《竹書紀年》（四部備要本）

《全唐文》（台北：匯文書局影印本）

《周易正義》（四部備要本）

《周禮正義》（四部備要本）

《周禮注疏》（四部備要本）

《尚書正義》（四部備要本）

《春秋左傳正義》（四部備要本）

《國語》（四部備要本）

《逸周書》（四部備要本）

《儀禮正義》（四部備要本）

《後漢書集解》（新北：藝文印書館影印本）

《漢書補注》（新北：藝文印書館影印本）
《爾雅注疏》（四部備要本）
《禮記正義》（四部備要本）

三、西文部分

Barnard, Noel

1958 “A Recently Excavated Incribed Bronze of Western Chou Date”, *Monumenta Serica* XVII, pp. 12-45.

Chang Kwang-chih

1977 *The Archaeology of Ancient China*（New Haven: Yale University Press. Third edition）.

1977 *A* *Food in Chinese Culture*（New Haven :Yale University Press）.

1980 *Shang Civilization*（New Haven: Yale University Press）.

Clark , Grahame

1977 *World Prehistory*（Cambridge:Cambridge University Press, Third edition）.

Childe,V. Gordon

1942 *What Happened in History*（Harmondworth:Penquin Book, Inc.）.

Coulborn, Rushton（ed.）.

1956 *Feudalism in History*（Princeton: Princeton University Press）.

Creel, H. G.

1970 *The Origins of Statecraft in China*, Vol. I（Chicago: University of Chicago Press）.

Eberhard, Wolfram

1942 "Kultur und Siedling der Randvolker Chinas", supplement to *T'oung Pao, Vol. 36*（Leiden: Brill）.

1965 *Conquerors and Rulers: Social Forces in Medieval China*（Leiden: Brill, revised edition, 1965）.

Fong, Wen（ed.）

1980 *The Great Bronze Age*（New York:Metropolitan Museum）.

Granet, Marcel

1975 *Festivals and Songs of Ancient China*（tr. by E. D. Edwards. New York: Gordon Press）.

Ho, Ping-ti

1975 *The Cradle of the East*（Chicago: University of Chicago Press）.

Hsu , Cho-yun

1965 *Ancient China in Transition*（Stanford: Stanford University Press）.

1966 “Notes on the Western Chou Government”, *Bulletin of Institute of History and Philology* No. 26, pp. 513-524.

1979 “Early Chinese History: The State of the Field”, *Journal of Asian Studies* 38（3）: 453-475.

1981 “Stepping into Civilization: The Case of Cultural Development in China”, *The National Palace Museum Quarterly*, XVI（1）: 1-20.

Kao, Chu-hsun

1960 “The Ching-lu Shen Shrine of Han Sword Worship in Hsiung-nu Religions”, *Central Asiatic Journal* V（3）.

Keightley, David N.

1978 *Sources of Shang History*（Berkeley: University of California Press）.

Lattimore, Owen

1962 *Studies in Frontier History*（London: Oxford University Press）.

Li, Hui-lin

1969 “The Vegetables of Ancient China”, *Economic Botany* 23, pp. 253-260.

1970 “The Origins of Cultivated Plants in Southeast Asia”, *Economic Botany* 24, pp. 3-19.

Li,Xueqin

1980 *The Wonder of Chinese Bronzes*（Peking: Foreign Languages Press）.

Nivison, David S.

1980 "The Ho Tsun Inscription and the Beginning of Chou", Paper presented at Annual Meeting of the American Oriental Society（San Francisco, 1980）.

1980A "Datable Western Chou Inscriptions", Paper presented at Conference on Great Bronze Age in China（New York）.

Oppenheim, A. Leo

1977 *Ancient Mesopotamia: Portrait of a Dead Civilization*（Chicago: University of Chicago Press, revised edition）.

Shaughnessy, Edward L.

1981 "New Evidence on the Zhou Conquest", *Early China* 6, pp. 57-79.

Sherratt, Andrew（ed.）

1980 *The Cambridge Encyclopedia of Archaeology*（New York: Crown Publisher and Cambridge University Press）.

Walker, Richard L.

1953 *The Multi-State System of Ancient* China（Hamden: The Shoe String Press）.

Watson, William

1971 *Cultural Frontiers in Ancient East Asia*（Edingburgh: Edingburgh University Press）.

Wilson, John A.
1951 *The Cultures of Ancient Egypt* （Chicago: University of Chicago Press）.

附錄

西周考古的新發現和新啟示

——跋許倬雲教授《西周史》

李峰*

三聯書店計劃再版許倬雲先生的《西周史》，這是一個喜訊！許先生的這部名著一九八四年由台灣的聯經出版公司出版；一九九八年耶魯大學的英文版對原書內容進行了擴充，並據此完成中文的增訂本，分別由聯經（一九九〇）和北京的三聯書店（一九九四，二〇〇一）出版。這部大著視野廣闊，思路縝密，今天讀來仍是處處銳意。它能在海峽兩岸一版再版，足見其在海內外讀者心目中的地位，也可見許先生在中國史學界的深遠影響。許先生命我作一篇長跋，

* 李峰，美國哥倫比亞大學東亞語言和文化系教授。著有《西周的政體：中國早期的官僚制度和國家》（三聯書店，二〇一〇）和《西周的滅亡：中國早期國家的地理和政治危機》（上海古籍出版社，二〇〇七）等。

概述《西周史》（增訂本）出版以後這二十餘年來西周時期的考古發現及其新啟示。能得到許先生如此的信任，為這部對西周研究有奠基之功的學術殿堂添磚加瓦，我感到非常的榮幸。許先生既是師長，我們同時也是芝加哥大學畢業的校友，能為他做這點小事，即使從個人角度也是一件十分愜意的事！

綜觀這二十餘年西周時期的考古發現，可以用「峰迴路轉」這幾個字來形容。八〇年代以前的考古工作大致集中於西周王朝中心地區的陝西渭水流域和河南省西部以洛陽平原為中心的地區。前者是周人故地，有豐京、鎬京和周原等都城遺址，後者則有周王朝的東都洛邑和王城，是其在東部平原的統治中心。兩個區域均出土了豐富的考古資料，通過研究使我們取得了西周時期的考古編年和對西周物質文化的一個基本認識。這也是《西周史》初版所依據的考古學基礎。至於中心地區以外的地方封國，也就是諸侯國，雖有河南浚縣辛村衛國墓地和北京房山琉璃河燕國墓地的新發現，除此之外我們實際知之甚少。八〇年代中期西周考古的重點開始由中心地區向邊緣地區轉移，特別是到了九〇年代，隨著晉侯墓地等一系列重要遺址的發現，西周考古遂進入了一個地方諸侯國的大發現時期。這些發現一方面加深了我們對邊遠地區的青銅時代文化的瞭解，同時也為我們重新考慮諸侯國與中央王室的關係，以至西周國家整體政治結構和其統治的性質提供了一個新的考古學基礎。到了新世紀，隨著周原考古工作的重新展開和隨之而來的周公廟的發現，中心地區再次成為西周考古學上備受矚目的重點。特別是眉縣李家村等地銅器群的發現，更引起了我們對西周中心地區政治文化生態的重新關注。

上述的發展軌跡看來像是偶然，但實際上又有它作為一個學科自身發展的內在邏輯，因為對一個政治文化體系的中心和邊緣地區的認識是互為表裡、相互促進的。沿著這樣一個發展途徑，我們對西周時期歷史文化的認識可以得到不斷的加深，也能實現不斷的自我超越。下文將首先討論80年代中期以來西周考古的重要發現；第二節則逐類介紹新發現的重要西周青銅器銘文。考慮到《西周史》廣闊的讀者面，本文將採取簡要概述的方式，並重點指出各項發現的意義所在。有專業興趣的讀者可以根據注釋中的信息作進一步深入閱讀。第三節將分議題討論上述發現的新啟示及我們所獲得的對西周國家及其政治和文化的新認識。

西周考古的新發現

《西周史》初版之際正是西周地方諸侯國的發現如火如荼之時，因此書中對西周國家的整體結構，特別是邊遠地區文化和人群組成有特別的關注。[1] 北京琉璃河燕國墓地的發掘是八〇年代中期西周考古的亮點。燕國遠離周人中心地區，其在周初以後到西周晚期之前的歷史在文

1 許倬雲，《西周史》（北京：三聯書店，二〇〇一），頁一三一—一五九（本文引用《西周史》頁碼均以三聯二〇〇一年重印本為準）。

獻中完全失載。因此，琉璃河的發現不僅在考古學上揭示了一個邊緣諸侯國物質文化的實像，同時也為揭開史學上燕國之謎提供了重要線索。該遺址在七〇年代首先由北京市文物工作隊進行了調查和試掘，確定了墓地的範圍及殘存城牆的位置；這是當時發現的屬西周時期的獨一城牆。[2]八〇年代中期由中國社會科學院考古研究所和北京市文物工作隊組成的聯合考古隊在這裡連續工作，發掘了數座大型西周墓葬及車馬坑，其中M一一九三帶有四條墓道，是西周時期考古中所首見。特別重要的是該墓出土了克罍和克盉兩件銅器，其銘文直接記載了周初燕國始封的經過。[3]而出土這篇銘文的M一一九三很可能即是燕國始君之墓，這隨即引起了學術界有關這位國君究竟是誰，及封於何時的激烈爭論。總之，琉璃河燕國城址和墓地的發現揭示了西周地方諸侯國研究的潛力，也真正把學者們的注意力引向了周人世界的邊緣地區。

同樣肇始於七〇年代，北京大學對山西境內的西周遺址進行了調查，在曲沃和翼城之間發現了天馬—曲村遺址，後來學者們推測晉國始封之唐城應該就在這一帶。[4]從一九八〇到一九八九年，考古工作者在這裡進行了六次發掘，共揭露西周到春秋時期墓葬六百四十一座及大面積的居住遺址，其中四十七座墓葬出土了青銅容器，全面展現了汾水流域西周文化的面貌。[5]一九九一年由於盜墓又發現了天馬、曲村和北趙三個自然村之間的晉侯墓地，隨後幾年考古工作者在這裡發掘了八組共十七座大墓，整齊排為兩列，據銘文可知，每組包括一代晉侯及其夫人的墓葬（圖1）。[6]二〇〇〇年末在兩列之間又發現了M一一四和M一一三一對墓葬，並出土了極可能為唐叔虞所作的一件方鼎，而所出墓葬則可能是由唐改封晉後第一代晉侯燮父的墓葬。[7]關於這九組大墓的排列順序及每組晉侯的認定目前還沒有一致意見，但它們無疑包括了自燮父到文侯的九位晉侯，年代自西周早期延續到春秋早期，為我們提供了西周諸侯墓地的一個完整典型的例子。其次，八〇年代發掘的六百四十一座中小型墓葬中極少被盜，是一批珍貴

---

2 北京市文物研究所，《琉璃河西周燕國墓地》（北京：文物出版社，一九九五）。

3 琉璃河考古隊，〈北京琉璃河一一九三號大墓發掘簡報〉，《考古》一九九〇年第一期，頁二〇—三一；又見許倬雲，《西周史》，頁一三七。

4 北京大學考古專業商周組等，《晉豫鄂三省考古調查簡報》一九八二年第七期，頁一—四；李伯謙，〈天馬—曲村遺址發掘與晉國始封地的推定〉，載《中國青銅文化結構體系研究》（北京：科學出版社，一九九八），頁一一四—一二三（重點引自頁一一七）。由於覭公簋的新發現，天馬—曲村遺址為唐城之說現在看來需要更正，即晉國始君叔虞初所封之唐可能另有其地。見朱鳳瀚，〈覭公簋與唐伯侯于晉〉，《考古》二〇〇七年第三期，頁六四—六九。

5 見鄒衡主編，《天馬—曲村一九八〇—一九八九》，全四冊（北京：科學出版社，二〇〇〇）。

6 見北京大學考古系、山西省考古研究所，〈一九九二年春天馬—曲村遺址墓葬發掘報告〉，《文物》一九九三年第三期，頁一一—三〇。以後四次發掘的報導分別見：《文物》一九九四年第一期，頁四—二八；《文物》一九九四年第八期，頁一—二一；《文物》一九九四年第八期，頁二二—三三、六八；《文物》一九九五年第七期，頁四—三九。

7 見商彤流、孫慶偉等，〈天馬—曲村遺址北趙晉侯墓地第六次發掘〉，《文物》二〇〇一年第八期，頁四—二一，五五。另見李伯謙，〈叔夨方鼎銘文考釋〉，《文物》二〇〇一年第八期，頁三九—四二。

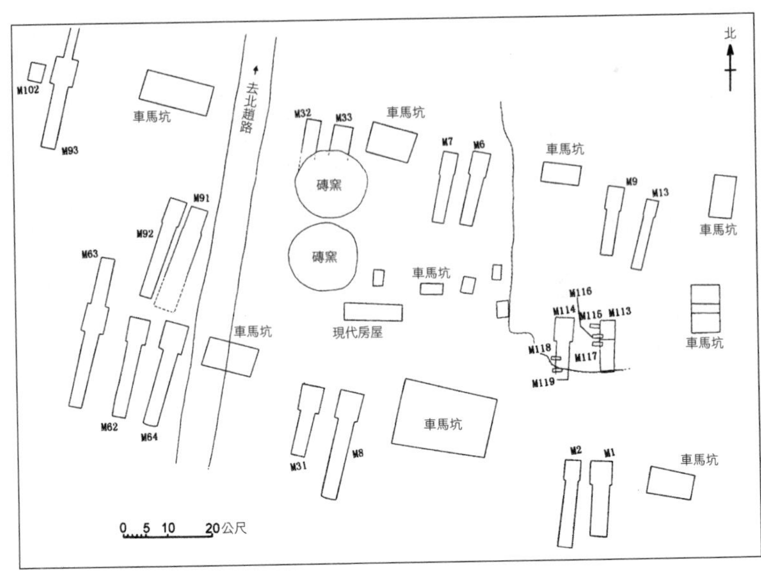

圖1　北趙晉侯墓地（《文物》二〇〇一年第八期，頁四）

的完整墓葬資料，它們允許我們在考古學上對其墓葬規制、器類組合和演變進行系統的排比，也允許從歷史學角度對晉國的社會結構和習俗，甚至包括人口結構方面進行考察。第三，由於每組墓葬均出土了晉侯的銘文，特別是M八中還出土了刻有長篇銘文的晉侯蘇編鐘，[8]可以與文獻中記載的晉國世系作比對，從而使我們看到西周傳統文獻（主要來自王室系統）中的問題，也為我們重新考慮西周晚期周王室和地方諸侯的關係提供了契機。從曲村一帶向南越過絳山即到了絳縣橫水鎮。二〇〇四年考古工作者在這裡發掘了三座帶墓道的大墓，其中兩座保存完好，出土了有「倗伯」銘的青銅器。[9]據其他銘文可知倗國為媿姓，其族源可能與山西和陝西北部的鬼方有密切關係，並曾嫁女於陝西鎬京附近的畢氏宗族和位於山東西部的郕國。倗國不見文獻，可能並非周人封國。二〇一〇年又在翼城縣城以東約六公里的大河口發現了霸國墓地。霸國亦不見於文獻，但據出土銘文可知它和位於北京的燕國及陝西東部的芮國均有來往，詳情尚有待進一步報導。這些新發現對研究西周國家內異姓小國的來源及與周王朝的關係有重要意義。

位於河北邢台的邢國和位於河南平頂山的應國是分別從北方和長江中游進入中原的門戶，在西周國家的防禦體系中是有重要地位的。[10] 邢台地區古代即曾出土過五件邢侯夫人姜氏所作的鼎。[11]

一九九三年起，河北省文物研究所在邢台市西端的葛莊清理了二百三十多座西周墓葬，多屬西周早中期，個別屬晚期，其中包括五座帶一條斜坡墓道的甲字形大墓，按等級應屬國君及

8 馬承源，〈晉侯蘇編鐘〉，《上海博物館集刊》七（一九九六），頁一—一七。晉侯蘇編鐘的長篇銘文在《西周史》贈訂本中已有引用，見頁二九四。

9 山西省考古研究所等，〈山西絳縣橫水西周墓發掘簡報〉，《文物》二〇〇六年第八期，頁四—一八；〈山西絳縣橫水西周墓地〉，《考古》二〇〇六年第七期，頁一六—二一。

10 關於這點，參見李峰，《西周的滅亡：中國早期國家的地理和政治危機》（上海：上海古籍出版社，二〇〇七），頁八三。

11 柯昌濟，《金文分域編》，卷二（餘園叢刻本，一九三五），頁一二。

其配偶的墓穴。[12]由於歷史上的猖狂盜掘，這批墓葬基本沒有出土有銘文的青銅器，從而也無法判定具體墓主；但結合文獻記載，再聯繫到一九七八年邢台市北七十公里處的西張村墓葬出土的邢國銘文資料，[13]基本可以判定葛莊這些大墓即是邢侯之墓。屬應國的青銅器過去已有不少發現，其中最重要的是出自陝西藍田的應侯鐘，並早有學者作過討論。[14]一九八二－一九九二年間，河南省文物研究所在平頂山市滍陽鎮以西的滍陽嶺一帶連續發掘出了一百三十多座墓葬，年代自西周早期偏晚一直到東周早期。這批墓葬中出土了多件由應國貴族鑄造的銅器，作器者包括應侯爯、應伯等。目前這批資料只有其中的M一、M八四和M九五正式發表，有關墓地的正式報告尚在整理之中。[15]結合古代文獻推測，應國都城的「應城」即在今滍陽鎮的附近。

西周東方的地方封國以齊、魯為最大，另有滕和郕兩個姬姓國，和魯國一起分布在魯西山前地帶。齊、魯兩國都城的臨淄和曲阜古城在六、七〇年代曾經過系統的探查，但是兩處均未發現明顯的西周早期現象，因此可能均不是該國在西周早期的都城，這是一個基本認識。相反，由於滕公銅器和滕侯墓葬在山東滕縣的一座古城附近出土，年代均屬西周早期，因此可以基本推定這一帶即是滕國早期的中心。[16]

齊國早期的遺跡近年來有重要發現。由於「南水北調」工程之故，山東省考古研究所於二〇〇八年起在山東省高清縣陳莊發掘了一處重要的城址，南北、東西長各約一百八十公尺。城內中部偏南有圓形夯土台基，可能為祭壇遺址，其北側發現兩座帶斜坡墓道，為規格較高的墓葬。城內共發現墓葬九座，均在東南部，其中M一八出土有「豐般作文祖甲齊公尊彝」一銘文。[17]而另一座墓葬則出土了一件引所作的銅簋，銘文約七十餘字，顯然是受周王冊命，駐守所謂「齊師」的將領所作（見下文）。從這座城址的規模和內部建築布局判斷，它作為齊國早期都城的可能性並不大。但它無疑是齊國西元前八五九年遷都臨淄之前的一處重要遺址，其性

---

12 任亞珊、郭瑞海、賈金標，〈一九九三－一九九七年邢台葛家莊先商遺址、兩周貴族墓地考古工作的主要收穫〉，載《三代文明研究（一）》（北京：科學出版社，一九九九），頁七－二五。

13 見河北省文物管理處，〈河北元氏縣西張村的西周遺址和墓葬〉，《考古》一九七九年第一期，頁二三－二六。該墓出土了記載「邢侯搏戎」的臣諫簋。

14 周永珍，〈西周時期的應國鄧國銅器及其地理位置〉，《考古》一九八二年第一期，頁四八－五三。

15 河南省文物考古研究所等，〈平頂山市北滍村兩周墓地一號墓發掘簡報〉，《華夏考古》一九八八年第一期，頁三〇－四四；〈平頂山應國墓地九十五號墓的發掘〉，《華夏考古》一九九二年第三期，頁九二－一〇三；〈平頂山應國墓地八十四號墓〉，《文物》一九九八年第九期，頁四－一七。

16 滕縣文化館萬樹瀛，〈山東滕縣出土西周滕國銅器〉，《文物》一九七九年第四期，頁八八－九一；滕縣博物館，〈山東滕縣發現滕侯銅器墓〉，《考古》一九八四年第四期，頁三三三－三三七。

17 鄭同修等，《山東高青陳莊西周城址》，文化中國網，二〇一〇年九月三日（http:// culture.china.com.cn/2010-06/13/content_20255951.htm）。

質可能主要與齊國早期的祭祀活動有關。

山東地區族姓繁雜，除了周人所封的姬姓和姜姓諸侯國外，尚存在為數眾多的土著人群，他們在西周時期紛紛自立為國，有一個廣泛的二次國家形成過程。其中與周人關係最為密切的有萊和紀（己）兩國，均曾參加周人對南方淮夷的戰爭。[18]萊國都城文獻一致認為在山東龍口市（舊黃縣）的歸城遺址；在離歸城東南約十五公里的魯家溝過去曾經出土過「萊伯」所作的銅鼎。[19]為了研究萊國的形成過程及與西周國家的政治和文化關係，二〇〇七年由哥倫比亞大學、中國社會科學院考古研究所和山東省考古研究所組成中美聯合考古隊，對龍口歸城遺址和黃水河流域進行了為期四年的系統調查和試掘。現已查明歸城內城南北長四百九十公尺，東西寬五百二十五公尺，城內發現兩區共十七座夯土基址。歸城外城則呈橢圓形，在萊山北麓隨山勢而建，總面積約八平方公里，與曲阜的魯國故城大致相當。[20]根據試掘，我們基本可以確定內城建築在西周時期，而外城的建築則有可能較晚一些。這是近年來西周考古工作的另一項重要收穫，正式報告目前正在編寫之中。

在西周國家的西部，秦國早期的考古是九〇年代的一個重大發現。一九九四年六月，兩件成對的青銅壺突然出現在紐約拉利（James J. Lally）公司的東方藝術展廳中，同銘為「秦公作鑄尊壺」，年代屬東西周之際，比之已知的任何秦器都早。[21]稍早，另有八件大型的黃金飾片出現在巴黎的古董市場，為韓偉先生赴法國時所見，據說來自甘肅省禮縣。[22]一九九四年夏甘肅省文物考古研究所隨即對禮縣大堡子山盜餘之墓進行了清理，確定有兩座帶雙墓道的大墓，南北相距約四十公尺，其南並有兩座車馬坑，而所出地域正當文獻中所講秦人本宗大駱部族所居住的「犬丘」。[23]出自這兩座墓葬的青銅器目前可知器形和（或）銘文者至少有二十二件之多，分藏於中國（包括台灣和香港）、美國的公私藏家。另據說有銅編鐘流入日本，但至今未見正式報導。大致來講，這批器物均作於東西周之際的幾十年中，它們的發現確定了歷史上秦國早期活動的中心。但是，兩座大墓究竟屬哪兩代秦公，這在學術界引起了熱烈的討論。筆者認為有充分的理由將這批銅器定在大駱被犬戎滅族，由秦莊公於西元前八二一年重新攻取犬丘以後到秦文公於西元前七六二年由犬丘遷至陝西之前。這期間在犬丘實施過統治的只有莊公

---

18 見許倬雲，《西周史》，頁一三九—一四二；李峰，《西周的滅亡》，頁三五八—三五九。

19 見林仙庭，〈萊國與萊都〉，《煙台考古》（濟南：齊魯書社，二〇〇六），頁一三一—一四〇。

20 中美聯合歸城考古隊，〈山東龍口歸城遺址二〇〇七—二〇〇九年度調查簡報〉，《考古》二〇一一年第三期，頁三〇—三九。

21 這兩件重要的青銅器隨即由李學勤和艾蘭教授著文介紹回了中國。李學勤、艾蘭（Sarah Allan），〈最新出現的秦公壺〉，《中國文物報》一九九四年十月三十日。

22 韓偉，〈論甘肅禮縣出土的秦金箔飾片〉，《文物》一九九五年第六期，頁四—一一。

23 參見戴春陽，〈禮縣大堡子山秦公墓地及其有關問題〉，《文物》二〇〇二年第五期，頁七四—八〇。

（卒於前七七八年）和襄公（卒於前七六六年）兩位秦公，他們應當就是大堡子山兩墓的墓主。[24]

為了進一步瞭解大堡子山所在的西漢水上游古代文化的分布及與早期秦人的關係，甘肅省文物部門邀集甘陝兩省及北京的五個考古單位，於二〇〇四年起對禮縣、西和地區進行了廣泛的調查，發現周—秦文化遺址三十七座，寺窪文化遺址二十五處，並確定大堡子山、西山、山坪三處中心城址。[25] 這項工作隨即引來二〇〇六年對大堡子山的全面鑽探和「秦子」樂器祭祀坑的發掘。[26] 該祭祀坑北距秦公大墓僅二十公尺，從中出土了整齊排列的三件鎛鐘、八件甬鐘和一組十件的石編磬，其中最大的一件鎛銘文二十六字，為「秦子」所作，這是大堡子山上又一次重大的考古發現。但是，這項重要的發現也引起了學者們對大堡子山秦公身分的重新疑惑。筆者最近撰文，認為這批秦子銅器的年代大致相當於一九七八年寶雞太公廟出土的秦武公鐘或略晚，應該是西元前六八八年秦人西征重新占領隴南故地後上祭大堡子山兩位先公時的遺存。再聯繫到大堡子山上其他中小型墓和附近圜頂山秦國墓葬的年代，我們可知秦人於春秋早期晚段以降在西漢水上游的活動又變得相當頻繁。[27]

靠近西周國家的中心，晉、豫、陝三省交界地帶是九〇年代以來西周考古的另一個重要地區。虢國在西周初年即分為數個支系，虢叔一支被派往中原，建立了所謂東虢，在滎陽一帶。留在陝西王畿內的虢氏後裔以宗族的形式存在，其中虢季氏一支最為繁盛，中心居地在陝西寶雞縣即今虢鎮一帶。西周晚期，虢氏東遷今河南三門峽一帶，即上村嶺的虢國墓地。一九九〇年同一墓地北部又發現十八座墓葬，其中多座墓葬規格較高，出土了大量的青銅器和玉器。特別是出自M二〇〇一的二十餘件青銅器上均有「虢季」銘文，其中一件並直稱「季氏」，再次說明三門峽的虢國墓地應屬虢季氏一支，從陝西的寶雞地區遷來。[28]另外一座大墓M二〇〇九出土有長銘文的編鐘，並出土有「玉遣策」和大量的精美玉器及四件鐵刃的銅兵器，可能也是一代國君之墓。[29]這些發現不僅為研究虢國的歷史提供了新資料，同時也對研究西周宗族的組織方式和分化遷徙的一般規律具有重要的意義。

位於這個地區的另一個小國是芮，這是近年來的最新發現。二〇〇五年由於盜墓發現的梁

---

24 李峰，《西周的滅亡》，頁三〇六—三〇九。

25 甘肅省文物考古研究所等，《西漢水上游考古調查報告》（北京：文物出版社，二〇〇七），頁五。

26 早期秦文化聯合考古隊，〈二〇〇六年甘肅禮縣大堡子山二一號建築基址發掘簡報〉，《文物》二〇〇八年第一一期，頁四—一三；〈二〇〇六年甘肅禮縣大堡子山祭祀遺址發掘簡報〉，《文物》二〇〇八年第一一期，頁一四—一九。

27 李峰，〈禮縣出土秦國早期銅器及祭祀遺址論綱〉，《文物》二〇一一年第五期，頁五五—六七。

28 河南省文物考古研究所等，《三門峽虢國墓》（北京：文物出版社，一九九九）。

29 河南省文物考古研究所等，《三門峽虢國墓（卷一）》（北京：文物出版社，一九九九），頁一五—二三四。另見河南省文物考古研究所，《河南考古四十年一九五二—一九九二》（鄭州：河南人民出版社，一九九四），頁二四八。

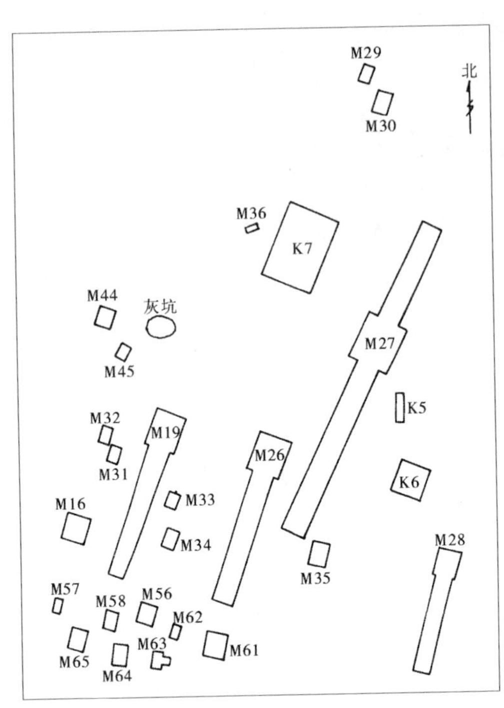

圖2　梁帶村墓地（《考古與文物》二〇〇七年第六期，頁三）

帶村芮國墓地，至二〇〇七年已勘探發現約一千多座墓葬，位於今韓城市東北七公里的黃河西岸上。現已發掘的墓葬中包括四座帶墓道大墓，其中M二七有兩條墓道，出土了七鼎六簋，規格很高，據銘文判斷應為一代芮公的墓葬。而其旁邊的M二六出土了多件「仲姜」所作銅器，被認為是芮公夫人之葬（圖2）。這些墓葬中出土了大批的青銅器和精美玉器，年代大多在東西周之際。而文獻上也有關於芮國在這一帶活動的記載，並提到芮國夫人姜氏，很可能即是M二六的仲姜。也有學者指出，芮國墓地可以看到青銅器鑄造的「復古現象」，如出自M二七的一套尊、卣；[30]而出自M五〇二的四件約一公尺高的木質人傭更是罕見。另外，M五〇二還出土了「畢伯」所作的銅鼎，是為數甚少的畢公後人之器。[31]和其他學者一樣，筆者曾認為《詩經．大雅．綿》中所講的虞、芮兩國應在周人之西北，而兩國後來在陝東和晉南的出現反映了西周晚年宗族東遷建國的曆史大背景。[32]從這個意義上講，梁帶村芮國墓地的發現為我們理解西周晚年的政治形勢提供了一批珍貴的資料。

經過整個八〇年代的擱置，周原的考古工作經相關單位的組織和協調於一九九九年重新展開，標誌著西周中心地區考古工作進入了一個新的時期。在以後的幾年中，周原的聯合考古工作取得一些新的進展，其中最重要的當然是雲塘—齊鎮兩組宗廟建築基址和李家村一帶鑄銅作坊及相關遺址的發掘。這兩組建築東西並列，相距僅五十公尺之遠，每組有三座基址構成一個

30 Jessica Rawson, "Carnelian Beads, Animal Figures and Exotic Vessels: Traces of Contact between the Chinese States and Inner Asia, ca. 1000-650 BC," *Archäologie in China*, Vol. 1, Bridging Eurasia (Berlin and Beijing, 2010), pp. 17-19.

31 梁帶村的發掘資料均見陝西省考古研究所等，〈陝西韓城梁帶村遺址M一九發掘簡報〉，《考古與文物》二〇〇七年第二期，頁三—一四；〈陝西韓城梁帶村遺址M二六發掘簡報〉，《文物》二〇〇八年第一期，頁四—二一；〈陝西韓城梁帶村遺址M二七發掘簡報〉，《考古與文物》二〇〇七年第六期，頁三—二二；〈陝西韓城梁帶村墓地北區二〇〇七年發掘簡報〉，《文物》二〇一〇年第六期，頁四—二〇。

32 李峰，《西周的滅亡》，頁六一—六二。

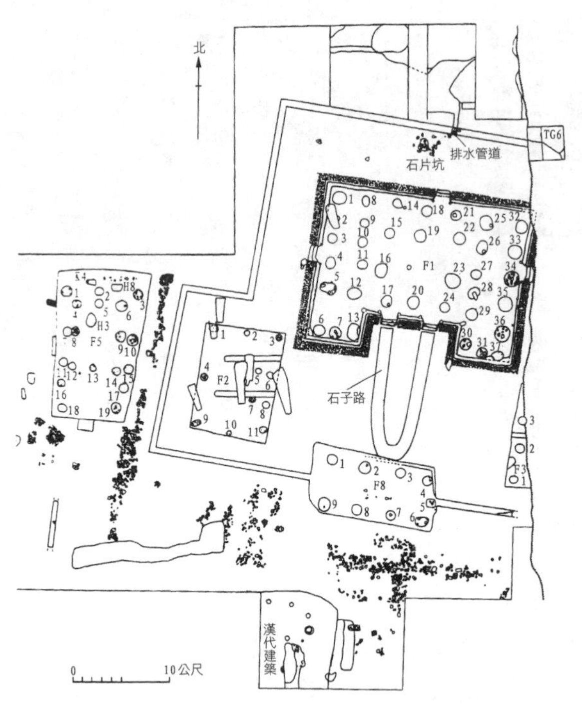

圖3　雲塘西周宗廟建築基址（《考古》二〇〇九年第九期，頁五）

「品」字，外圍有宮牆環繞，自成體系（圖3）。由於它們功能簡單，其結構與鳳翔馬家莊秦國宗廟完全一致，應屬宗廟類建築無疑。[33]它們發現的重要性就在於提供了西周時期宗廟的一個範本，從而也間接證明了過去在周原鳳雛村和召陳村發現建築基址並非宗廟，而是周王或其他貴族的居室。筆者曾指出一種可能性：即它們有可能是西周冊命金文中常常講到的位於周地的康宮、康邵宮、康穆宮、康宮夷宮等一類周王宗廟中的兩座；當然這只是一種猜想，需要進一步證明。[34]李家村鑄銅作坊的發掘提供了西周時期最大宗的陶範之一，約有一萬五千件之多，其中並包括大量的陶模標本，對研究青銅器的鑄造工藝很重要。[35]周原的重新發掘幾年後又引來了周公廟的發現。二〇〇三年北京大學學生在周原外圍調查時在岐山縣以北周公廟一帶發現兩片有字甲骨，隨即由北京大學和陝西省考古研究所另行成立周公廟考古隊，於次年開始對這處遺址的全面調查和鑽探。經過兩年的工作，考古隊共確認了六處墓地，特別是北部山上的陵坡墓地規格最高，包括有四條墓道的大墓十座，三條、兩條和一條墓道的四座，整個墓地由一條長達一千五百公尺的圍牆所環繞。在這群墓葬的西南坡下鑽探發現四十餘處夯土建築基址，總範圍南北長三百公尺，東西寬九十公尺，無疑是遺址的中心部位。在遺址的東北邊緣地帶又發現了鑄銅作坊遺址，出土陶範數百塊之多。更為重要的是，在遺址範圍內還採集和發掘出土了七百餘片甲骨，其中九十餘片有刻辭，內容數次講到「周公」、「周」、「新邑」等。[36]由於山上十座四條墓道的大墓是前所未見的最高規格墓葬，而且周公廟

33 見周原考古隊，〈陝西扶風縣雲塘、齊鎮西周建築基址一九九九—二〇〇〇年度發掘簡報〉，《考古》二〇〇二年第九期，頁三—二六。

34 見李峰，《西周的政體：中國早期的官僚制度和國家》（北京：三聯書店，二〇一〇），頁一—二〇。

35 周原考古隊，〈陝西周原遺址發現西周墓葬與鑄銅遺址〉，《考古》二〇〇四年第一期，頁三—六。另見陝西省考古研究所，《考古年報》二〇〇三年，頁一三—一四。

36 見徐天進，〈周公廟遺址的考古所獲及所思〉，《文物》二〇〇六年第八期，頁五五—六二。

遺址的時間又從先周晚期一直延續到西周晚期，這隨即引起它們是否西周王陵、周公廟遺址是否另一處王都的猜想。但遺憾的是，已發掘的兩座大墓幾乎早被盜掘一空，未能提供任何證據。儘管目前仍沒有確切證據，但大多數學者傾向於認為山上大墓應是歷代周公的墓葬，而山下則是周公一族的宗邑。如果這樣，這並不降低周公廟發現的重要性；相反地，從西周社會史研究的角度講，它可以為我們提供一個西周宗邑社會的範本，這是前所未有的，甚至是更為重要的。周公廟鑄銅遺址的發現則說明王室以外的宗族擁有著自己的青銅器製作體系；而甲骨文的出土更說明以宗族為中心的占卜活動的存在。這將為我們開啟一系列值得研究的課題。

西周青銅器銘文的新發現

考古學家中有一些人反對脫離青銅器的器形來談銘文，這當然有一定的道理。不過，銘文通過它們之間在內容上的聯繫確實構成了一個獨立的信息系統，因此有必要對它們作一專門介紹。《殷周金文集成》所收銘文以一九八四年為限（實際上，由於該書按器類編寫並分冊出版，比如鐘銘，以一九八四年第一冊出版年為限）。之後劉雨、盧岩的《近出殷周金文集錄》，收錄一二五八器，以二〇〇〇年為限；鍾伯生、陳昭容等的《新收殷周青銅器銘文暨器影彙編》收至二〇〇五年，共新出二〇〇五器。關於這些新出銅器的綜述尚未見之中文，但英文的卻已有了夏含夷教授撰寫的兩篇介紹，可以參考。[37] 以下筆者僅就過去二十年最重要的發現，特別是《西周史》未及納入考慮的銘文進行分類簡介，並討論它們對西周研究的意義。

談及大宗有銘青銅器的發現，最重要的當然是眉縣楊家村出土的單氏家族銅器。發現的地點離一九五五年出土盠方尊和盠方彝的李家村僅約一公里，同在陝西眉縣車站附近。這個窖藏二〇〇三年由農民取土而發現，包括二十七件青銅器。其中最重要的是逨盤，銘文三七二字，歷數十一位周王世襲和單氏家族八代先祖的功績，從文王直至宣王時期，其中第四代先祖盠父就是前述盠方尊和盠方彝的作器者。這是史墻盤出土以後的有關西周王世和家族世系的最重要的一次發現。更有趣的是這篇歷數單氏家族歷史的長文被冠在冊命金文之前；後文講述王命逨擔當榮兑的助手，協助其管理四方的林沼（圖4）。同出的還有兩件作於宣王四十二年的銅鼎和一套十件作于宣王四十三年的銅鼎。前者提供了有關玁狁之戰的新史料，而後者記錄了周王對逨的另一次冊命，改命他管理歷地的人眾。[38]筆者已指出，這是西周金文中官員由副職升為

37 Edward L. Shaughnessy（夏含夷），"New Sources of Western Zhou History: Recent Discoveries of Inscribed Bronze Vessels," in *Early China* 26-27（2001-2002），pp. 73-98; "New Sources of Western Zhou History: Inscribed Bronze Vessels, 2000-2010"（芝加哥大學古文字國際研討會論文，二〇一〇年十一月五－七日）。後文重點討論了新出土銘文對西周諸王年代研究的意義。

38 陝西省考古研究所等，〈陝西眉縣楊家村西周青銅器窖藏發掘簡報〉，《文物》二〇〇三年第六期，頁五－一七；〈陝西眉縣楊家村西周青銅器窖藏〉，《考古與文物》二〇〇三年第三期，頁三－一二。

圖4　盤銘文（《考古與文物》二〇〇三年第三期，頁十）

正職的又一例證。[39]總之，眉縣青銅器的發現對我們研究西周家族的歷史、分支原則、銘文的文體和西周的官僚制度有多方面的意義。西周銅器窖藏的另一個重要新發現是扶風五郡西村窖藏。該窖藏發現於二〇〇六年，出土青銅器二十六件，包括二簋、二尊、五件編鐘和兵器、馬器等。其中最重要的是兩件琱生尊，銘文各一百一十三字，與傳世耶魯大學所藏的五年琱生簋及中國國家博物館所藏的六年琱生簋所記的是同一件由琱生的宗君召氏家族所代理的土地訴訟。[40]耶魯大學的簋作於五年正月，中國國家博物館的簋作於六年四月，而新發現的琱生尊則作於五年九月，正好在前兩器之間，提供了有關這一土地訴訟事件的連續記錄，十分難得。除了對西周法律史研究的意義外，五郡窖藏的另一個意義在器形學方面：兩件琱生尊均仿西周早期陶尊的模式，同出的另兩件簋也仿陶器器形；而傳世兩件琱生簋雖鑄於西周晚期，卻保留了西周早期銅簋的形態（圖5）。凡此種種均說明了琱生家族可能保持了自己獨特的青銅器鑄造風格，並呈現了一種仿古的愛好，這對我們研究西周青銅器鑄造工業的組織的傳承有重要意義，值得進一步研究。

有關新發現的冊命金文，當然最重要的是井伯親簋和虎簋，無疑分別作於穆王二十四年和三十年，是我們目前所知最早的兩篇冊命金文，為研究冊命制度的興起提供了關鍵性資料。井伯又稱司馬井伯，是穆王、共王時期的重臣，也可能是井氏宗族的始祖。過去我們知道有九篇銘文中講到他為冊命儀式中的「右者」，一般即是被冊命人的上級，但是從未發現井伯自己接受冊命的銘文。井伯親簋記載周王任命井伯親擔任冢司馬，也就是大司馬，無疑是初命，早於

39 見李峰，《西周的政體》，頁二一七—二一八。

40 寶雞市考古研究所等，〈陝西扶風五郡西村西周青銅器窖藏發掘簡報〉，《文物》二〇〇七年第八期，頁四—二七。

提到他的其他銅器（圖6）。[41]虎簋與作於懿王元年的師虎簋為同人所作，但虎簋在二十餘年前，兩者的比較反映了虎本人官職升遷的一個過程。[42]一九九七年扶風出土的宰獸簋是另一件重要的冊命金文。宰在西周金文中一般多是作為「右者」出現，所右之人都是在王室工作的職員；宰受冊命的過去只有蔡簋一件。宰獸簋中宰受命管理康宮王家臣妾，是宰為王家主管的又一直接例證。[43]另外，新發現的重要冊命金文還有七年師兌簋、士山盤和引簋等器。前一器在香港某私人藏家，與傳世的元年師兌簋、三年師兌簋為同人所作，記述師兌在康

圖5　扶風五郡西村窖藏出土青銅器（《文物》二〇〇七年第八期，頁八一九）

邵宮受到周王的冊錫，但冊命內容不詳。士山盤二〇〇二年以前入藏中國國家博物館，銘文九十七字，記載王冊命山去接納鄀侯，並徵收鄀侯及一干人員的貢賦。銘文饒有趣味，但通讀尚有難點。[44]引簋二〇〇八年出自山東省高清縣陳莊齊國城址，銘文六十七字，內容講述引在龔太室接受周王冊命，命令他繼續前職，掌管駐紮在齊地的軍隊；引簋作器者應為周王朝派駐齊國的一位將軍。這篇銘文不僅對我們理解西周中晚期周王朝與齊國的軍事關係提供了新資料，而且它是西周金文中第一次提到「龔太室」（即共王宗廟）的銘文，對我們研究西周王室的宗廟系統也很重要。

其他和王室活動有關的重要銘文尚有幾件，如入藏保利博物館的師酉鼎，與傳世已知的師酉簋為同人所作，記載了周王親自對師酉的賞賜。[45]作冊吳盉現在香港私人藏家，與過去所知

41 王冠英，〈親簋考釋〉，《中國歷史文物》二〇〇六年第三期，頁四—六。
42 王翰章，〈虎簋蓋銘考釋〉，《考古與文物》一九九七年第三期，頁七八—八〇。又見李峰，《西周的政體》，頁一九六—一九八。
43 羅西章，〈宰獸簋銘略考〉，《文物》一九九八年第八期，頁八三—八七。
44 見朱鳳瀚，〈士山盤初釋〉，《中國歷史文物》二〇〇二年第一期，頁四—七。
45 朱鳳瀚，〈師酉鼎與師酉簋〉，《中國歷史文物》二〇〇四年第一期，頁四—一〇、三五。

的作冊吳方彝為同人所作。該器銘文記載王於三十年四月於某地行執駒之禮，禮畢，授駒於作冊吳的事。[46]按銘文所記載的高年位，該器應作於穆王時期，並可能與上述虎簋同年同月。另一件重要的銘文是吳虎鼎，一九九二年出土於陝西長安縣，一九九八年見於報導。銘文長一百六十四字，記載周宣王十八年於康宮夷宮中宣佈周厲王的舊命，將原屬吳無的舊疆付於吳虎，並詳細記錄了這片土地的四界所至（圖7）。[47]吳虎鼎除了是宣王時期的標準器，在銅器斷代上有意義外，在以下幾個方面則更為重要：首先，它講到田地的四界，特別是畢地和莽姜土地所在的相對位置，對我們瞭解周都（鎬京）附近的地理環境非常重要。其次，它詳細記錄了土地轉讓的程序、人員構成及其土地文書的使用，對我們理解西周晚期官僚體系的運作至關重要。更重要的是，這次土地讓渡事件雖發生於宣王時期，但它是厲王的舊令，這為我們深刻理解西周厲王時期的社會危機提供了直接的新資料。[48]

來自地方諸侯國的銘文資料在過去的二十多年中有顯著增加，其中最重要的幾件如克罍和

---

46 關於執駒禮的討論，參看許倬雲，《西周史》，頁一九一—一九二。

47 穆曉軍，〈陝西長安縣出土西周吳虎鼎〉，《考古與文物》一九九八年第三期，頁六九—七一。

48 關於最後這點，參考李峰，《西周的滅亡》，頁一五五。

圖 6　井伯親及其銘文（《中國歷史文物》二〇〇六年第三期，封面，封一）

晉侯蘇編鐘已見於《西周史》增訂本，不須贅述。[49]這些銘文除了對瞭解所出諸侯國的具體史實有所幫助，有些更是對我們瞭解西周國家的性質，特別是諸侯國在西周國家中的地位有重要意義。如叔夨方鼎出於北趙晉侯墓地M一一四，經李伯謙先生考訂，作器者即是唐叔虞，儘管出土此器的M一一四現在看可能並非叔虞之墓。重要的是，這件出自諸侯國的銘文記載的卻是發生在周東都成周的大典，大典之後叔夨受到周成王的召見，並得到賞賜。[50]近年出土於絳縣横水M一的倗伯偁簋則講到倗國國君偁大約在穆王二十三年訪問周朝都城，並在那裡受到益公的賞賜。[51]應

圖7　吳虎鼎銘文（《考古與文物》一九九八年第三期，頁七〇）

國位於河南平頂山；過去陝西藍田出土的應侯鐘記載應侯見工自平頂山一帶封地來到陝西王畿覲見周王的事。北京保利博物館新入藏的應侯鐘記載了應侯見工在某地侍奉周王燕饗和周王對見工的賞賜。[52]

筆者曾經指出，在西周早期，諸侯國國君及其臣屬對於宗周的回訪非常頻繁，特別是經常性地參加周王在東都成周舉行的各種典禮。西周中期以後周王室與東方封國的人員往來又呈明顯下降的趨勢。[53]另一方面，即使到了西周中晚期，東方的諸侯國仍然通過對王室組織的軍事行動提供援助的方式來參加西周國家的活動。上述應侯見工所作的銅器另有兩件近年被發表：應侯見工鼎二〇〇〇年入藏上海博物館，銘文記載應侯受周王之命征伐南夷毛，多有俘獲，並因之為其父武侯鑄器。[54]另有應侯見工簋藏於紐約首陽齋，器銘十四字，而蓋銘卻有八十二

---

49 見許倬雲，《西周史》，頁一三七、二九四。

50 李伯謙，〈叔夨方鼎銘文考釋〉，《文物》二〇〇一年第八期，頁三九—四二。

51 山西省考古研究所等，〈山西絳縣橫水西周墓發掘簡報〉，《文物》二〇〇六年第八期，頁一〇。

52 保利博物館，《保利藏金（續）》（廣州：嶺南美術出版社，二〇〇一），頁一二四—一二七。

53 李峰，《西周的滅亡》，頁一三七—一三九。

54 李朝遠，〈應侯見工鼎〉，載《青銅器學步集》（北京：文物出版社，二〇〇七），頁二八二—二九三。

字，可能並非原配。蓋銘所記與應侯見工鼎為同一事，但所伐的敵人被稱為淮南夷毛，明顯即是南淮夷的一位首領。見工多有斬獲，因此為王姑單姬作尊簋。[55]首陽齋所藏另有一件伯𢦚父簋，記載周王親自南征，伐𠭯子，至桐潏；伯𢦚父從王南征，親自執訊十人，斬首二十，得孚金五十勻。𠭯子即過去所知厲王𤔲鐘（又稱宗周鐘）所講的「南國𠭯子」，而桐潏見於過去所知的翏生盨，是南淮一個地名。[56]

當然，近年發現的有關南征的最重要的一件青銅器是柞伯鼎，二〇〇五年入藏北京中國國家博物館。柞伯鼎銘文一百一十二字，記錄了大約是周厲王時期對淮夷的另一次戰爭。這場戰爭由王室派出的重臣虢仲為主帥，並由很可能也來自於陝西王畿的柞伯進行協助。柞伯首先率領封土離淮夷不遠的蔡侯前往攻打昏邑。當合圍完成之時，柞伯派出蔡侯將有關情況報告給最高指揮官虢仲。虢仲隨後趕到現場並發起總攻（圖8）。[57]這篇銘文不僅對戰爭過程有較詳細的描述，也對我們瞭解王室與諸侯國之間的軍事合作提供了重要信息。

最後，我們還應該提到一件特殊的有銘青銅器，即豳公盨。豳公盨二〇〇二年由北京的保利藝術館購自香港，銘文共九十八字，體例特殊，完全由豳公口述大禹的功德，激勵時人常用此美德。銘文講道：「天命禹敷土，隓山，濬川。乃差方藝，征降民，監德□□」云云（圖9）。[58]其內容與傳統上所知大禹的事蹟有諸多相合之處，其文體也像《尚書》中的一些篇章，因此在它被發現後立即引起學者們的極大興趣。另外，這件盨器形古樸，作器時代應在西周中期偏晚，也是我們所知同類器中較早的一件。

新認識、新收穫

上文分別討論了《西周史》增訂本出版以來西周時期遺址考古和青銅器銘文的新發現，並且指出了各項發現的重要意義和貢獻。這些新發現綜合起來，究竟使我們在西周史的研究上對哪些大問題取得了新認識？換句話說，我們現在看西周時期究竟和二十年前有什麼不同？這個問題所涉及的方面很多，受篇幅所限，這裡無法一一討論。下面筆者主要談談對西周國家和西周社會的幾點新認識。

眾多地方封國的存在是西周國家作為一個政治體系的最重要特點。這些年來隨著諸侯國考古工作的展開和資料的不斷增加，使我們對它們的性質及其在西周國家中的地位有了更為明確

55 見首陽齋、上海博物館、香港中文大學文物館，《首陽吉金：胡盈瑩、范季融藏中國古代青銅器》（二〇〇八），頁一一四。

56 見首陽齋等，《首陽吉金》，頁一〇六—一〇七。

57 朱鳳瀚，〈柞伯鼎與周公南征〉，《文物》二〇〇六年第五期，頁六七—七三。

58 朱鳳瀚，〈豳公盨銘文試釋〉，《中國歷史文物》二〇〇二年第六期，頁二八—三四。

的認識。首先，西周的「封建制度」實際上就是按照周人自己的血緣親屬關係系統地將中國東部平原和其周邊地區成千上萬的聚落即「邑」進行重新分配和編排的制度，從而形成了一個個有周人處其上層的地方政治經濟實體，由諸侯作為周王的代理者來進行統治；這也就是許先生書中講的「統治族群與各地土著族群的重疊關係」。[59]這種制度作為一種統治的手段雖然通行于周初，大成於成康時期，但是現在看來它並非限於西周早期，而是根據西周國家政治環境的變化可以隨時施行的。這裡最典型的一個例子是眉縣楊家村新出土的四十二年逨鼎，銘文記述逨被任命擔當榮兑的助手，協助後者管理四方的林沼，並被派到山西汾水下游幫助長父建立他的楊國。此後，兩件楊姞壺出土於北趙晉侯墓地M六三，即是楊國在汾水流域活動的證據。[60]孝王時秦國在渭水上游秦地的建立是另一個例子，目的是鞏固王畿西部邊緣。另外一個例子是宣王時在南陽立國的申，其事在《詩經．大雅．崧高》中有詳細敘述。金文資料表明，南陽之申實際上在金文中稱為「南申」，與位於宗周西北的西申有別；後者可能是南申伯的原居地。同時在這時期封於南陽地區的還有呂國。現在看來，這些小國在長江中游的出現可能和厲王時期剷除鄂侯御方，從而在南方地區留下權力空間有關，因此我們必須從宣王時期重建西周國家

59 見許倬雲，《西周史》，頁一五〇—一五一。

60 見山西省考古研究所等，〈天馬—曲村遺址北趙晉侯墓地第四次發掘〉，《文物》一九九四年第八期，頁一—二一。

圖8　柞伯鼎及其銘文（《文物》二〇〇六年第五期，頁六八，封二）

圖9　豳公盨及其銘文（《中國歷史文物》二〇〇二年第六期，頁四，圖版一下）

政治秩序的歷史大背景來理解它們的出現。[61]

因此我們應該認為，西周的「封建制度」首先是周王室政策的一種延伸，是以西周國家特別是周王都的安全為著眼點所設立的一套制度。在西周早期的複雜政治形勢下更是這樣。過去很多學者認為在西周封建制度下國無常處，國都遷移是一種常態。譬如說，陳槃曾列舉了七十多國，認為它們至少遷徙過一次。[62]這裡有很多遷徙實際發生在東周時期，與當時的小國被大國兼併其倖存者被迫異地而居有關；另一些則可能是由於文獻中對同一地點的誤記或誤傳，而並非必有遷徙之實情。現在考古發現已經證明近十個諸侯國在西周時期之所在，並不能支持古史辨派以來的上述這個看法。如燕國，過去認為先在河南，後遷河北；而琉璃河的考古發現證明燕國始封即在北京附近。應國和邢國的新資料也說明兩國從西周早期到東周早期遺址一直位於原地，並無遷徙；衛國的情況也大致相同。魯國看來西周早期並不在曲阜；齊國於西元前八五九年遷往臨淄，但其年代已到了西周中晚期之交。新銘文資料也證明唐叔虞所封在唐，晉侯燮父封於晉，相距並不遠。但叔虞時並無晉國，封晉以後一直在北趙一帶，直到東周初年晉國曲沃一支興起之前。更重要的是，新的考古發現實際上促使我們對西周時期地方封國的地理位

61 有關情況，參考李峰，《西周的滅亡》，頁一五六—一六一、二五一—二六二。

62 陳槃，《春秋大事表列國爵姓及存滅表撰異》（台北：中央研究院歷史語言研究所，一九九七），頁一六—一七。

置進行一個總體的考慮。我們可以看到，西周封國的分布往往在主要的交通路線上，或是在山脈到沖積平原的過渡地帶上，其位置有明顯的規律性，並且與地形地貌緊密聯繫在一起。[63]很顯然，西周主要封國的分布是經過周王室精心規劃的一個網絡，它們反映了西周國家的一個整體的地緣政治建構。而一個諸侯國一旦正式受封便有守土之責；儘管它的國都也可能移動，但基本上是不能隨意離開其所在的小地域的。

西周地方封國的相對穩定性也表現在諸侯國內部的政治結構上。許倬雲先生曾指出，西周各封國在歷史上從未見有因不穩定而覆滅的個例，[64]這是非常重要的一點，它當然與東周時期諸侯國之間的頻繁兼併形成反差。究其原因，這是一種體制內的穩定，也就是說，這種穩定的因素來自西周國家所提供的政治秩序。在這種政治秩序之下，各諸侯國內部逐漸完成了不同族群文化的同化過程，從而形成了東周時期各地地域文化圈的基礎。西周的封國雖然擁有獨自的行政和軍事權力，但它們並不是獨立的主權國；相反，它們是西周國家的積極參與者。近年來特別是青銅器銘文的發現使我們看到地方諸侯國與中央王室的關係可能比我們過去所瞭解的更為密切，儘管這種關係也會隨時間的推移而變化。上述叔矢方鼎是唐叔虞封唐之後所作，但他來到周都，仍被周王稱為「厥士」，也就是說他仍是周王的下屬，或者說是西周國家的一個「官員」。這種關係也表現於傳世的麥尊銘文之中。[65]新發現的引簋講到引受周王冊命統帥「齊師」，也很可能是周王室駐紮在齊地的軍隊；從山東半島的考古發現看，這個時期正是西周國家向山東半島東部積極擴張之時。非常重要的一點是：周王朝的軍事行動並不是只以保護王畿為目的；相反地，終西周一代它是以西周國家的整體為預設保護範圍的。而對王室的軍事行動提供支援則是地方封國的責任和義務，這在西周金文中有很多例子，如西周中期的史密簋，西周晚期的師寰簋。後者記載宣王時期對南方淮夷的一場征伐，由來自陝西王畿的師寰做統帥；在他指揮之下有來自齊、萊、己等山東各國的軍隊。晉侯蘇編鐘的長銘則記載晉侯參加由周王親自指揮的一場戰爭，在其中晉侯奉命率先攻入敵城，受到周王的嘉獎。更好的一個例子是新發現的柞伯鼎，它記載蔡侯不僅參加了王室對南淮夷的征討，而且在這場戰爭中他明顯充當了王畿派出的虢仲和柞伯等將領的下屬。重要的一點是，諸侯往往遠離自己的領地參加周王室組織的戰爭，這說明西周國家作為一個龐大的政治軍事整體是確實存在的，而地方封國則是這個整體的組成部分。總之，西周的「封建制度」與歐洲中世紀的 Feudalism 是非常不同的；前者是一種下對上的無條件服從關係，而後者則是基於相對獨立原則的有條件的契約關係。當然，

63 見李峰，《西周的滅亡》，頁七八—九〇。

64 見許倬雲，《西周史》，頁一五〇。

65 關於麥尊的討論，見李峰，《西周的政體》，頁二五八—二六一。

它與馬克思主義史學中的「封建社會」也完全不是一回事。[66]

過去這二十年考古發現的另一個重要啟示在於王畿和東部地區在體制上的不同。譬如，不管東方的諸侯在傳世文獻中怎樣稱呼，在考古發掘所得的青銅器銘文中他們均自稱為「侯」，如燕侯、晉侯、應侯、邢侯、魯侯和滕侯等等（個別諸侯也稱「男」，如許男）。相反地，在陝西王畿地區的貴族宗族之長從未有稱「侯」，而常常是被稱為「伯」，有時為「仲、叔、季」，這些稱謂表明了他們在家族中的長幼順序。青銅器銘文語言中這種嚴格的區別說明，在周人的政治理念中，東部封國與西部宗族群體間存在著重要的差別，它們代表兩個完全不同的秩序：即地方封國是一個政治秩序，它是以西周國家作為參照體系，而王畿地區「伯、仲、叔、季」是一個社會秩序，它是基於周人的倫理價值來規範宗族內部的權力和財產傳承的一個制度。換句話說，西周國家的這兩個地域是建立在不同的組織原則之上、而且以不同的方式進行管理的兩大社會和行政區間。儘管我們或不妨將這種區別與後代儒家文獻中所講的「內服」和「外服」作比附，但是把王畿內的宗族長叫作所謂的「內諸侯」則是一種嚴重的錯誤。

對西周政府的瞭解主要靠冊命金文，它們是西周中央政府行政程序的直接產物，其數量在過去二十餘年中也有顯著增加。與個別官制的考訂相比，更重要的問題當然是西周政府的官僚化程度。關於這個問題，《西周史》中已有涉及，特別是指出了內史和尹氏（即內史尹）的出現象徵著周王「內廷」的出現和制度化，是西周政府逐漸官僚化的一個表現，這是很有先見之明的。[67]現在我們知道，在西周中期所謂的「王家」已經形成了一個相對獨立的行政和經濟體系，由王宮、宗廟和各主要都邑的王家財產構成，以宰為其總管。在冊命儀式中，由宰作為「右者」的被冊命人均被任命在王家內工作，說明王家無疑已形成一個較封閉的行政體系，與西周中央政府其他部門，如卿事寮的行政程序相分隔。「王家」概念與中央政府的相區別不僅是官僚制度出現的重要步驟和標誌，在世界歷史上有其他例子，它也標誌著「國家」概念的形成。當然，關於西周政府官僚化的問題還可以從動態、靜態的其他諸多方面進行考察，譬如說官員的生活和仕途發展。在這後一點上，青銅器銘文的不斷增加可以讓我們對西周的選官制度作一個比較深入的研究。研究表明，在西周中晚期雖然有不少官員以世襲的方式進入政府服務，但周王實際上在很大程度上是按照自己的意願任命官員。即使那些以世襲方式進入政府的官員，也不保證他們能夠擔任父祖的舊官，而是和其他年輕人一樣先擔任助手，在經過一段時間的服務後才可升為正職。同樣，在西周政府中官員的升遷也不是什麼例外，而可能更是一種

66 關於這個問題的詳細論述，見李峰，〈歐洲 Feudalism 的反思及其對中國古史分期的意義〉，《中國學術》第二四期（二〇〇六），頁八—二九。

67 見許倬雲，《西周史》，頁二二四—二二五。在耶魯的英文版中，許先生是直接使用了 Bureaucratization（官僚化）這個詞的。見 Cho-yun Hsu and Katheryn M. Linduff, *Western Chou Civilization*（New Haven: Yale University Press, 1988）, pp. 246-247。

常態。[68]這也是官僚制度的一個表現。

《西周史》中討論過「五邑」的問題，這很重要，因為它涉及到王畿內地方行政的關鍵。儘管我們現在仍不能確定這個「五邑」究竟指哪五處，但無疑它指的是西周時期渭水平原上五處最重要的城市。這些城市既是王室活動的中心，也是貴族宗族宅第毗鄰之所。從這一點上講，西周的王權並不是像商王朝那樣基於安陽一個超大的中心，而是基於一個城市的網絡上，沿著這個網絡周王日常性地進行移動。從地方行政角度講，這五個城市形成了一個特殊行政層位，因此我們在西周冊命金文中常常看到周王任命官員統一管理五個城市中的某項事務。另一方面，每一個城市也有自己的功能性官員，如司徒、司工和司馬之類。但是從未有某個城市的總管一類職務出現在金文之中。這說明每個城市並不是一個獨立行政體系，這與地中海世界的城市，特別是古代的所謂城邦有著很大不同。當然，西周並不是所謂「城邦制」的國家。另一方面，「五邑」也是地方社會的集結點，因為很多宗族雖在五邑有居宅，其宗族本身則是在遠離城市的鄉村地帶，其下控制著許多小的屬邑。這樣就形成了宗周社會的一種「都邑—宗邑—屬邑」的三層結構。

最後，筆者想談一談所謂的「五等爵」問題，這是周代社會的一個大問題。關於在周代，特別是西周是否真正存在過所謂的「公、侯、伯、子、男」的五等爵祿制度，過去古史辨派學者是一致否定的。到了八〇年代甚至九〇年代初，幾篇文章則又認為應該是存在過的，[69]於是

「五等爵」問題成為困惑西周史研究的一個難題。現在我們看來，這五個稱謂在西周金文中都出現過，但問題是它們並不能構成一個系列，即一種制度，而是各有其意義。「侯」和「男」是地方封國諸侯的自稱，反映的是西周國家的政治秩序；「伯」是宗族之長，反映的是一種宗族倫理秩序；「子」，如「楚子」、「南國𠬝子」，是外邦首領之稱，反映的是西周國家與異邦鄰國之間的外交秩序。至於「公」，它是少數幾位占有極其重要地位的王朝重臣的稱呼，反映的是一種官僚級別。當然地方諸侯如有機會服務於中央王室並據此等要位，也是可以稱「公」的，但這畢竟是極少數。只是到了東周初年，由於陝西王畿的貴族宗族紛紛東遷及東部地區的民族融和，原處於外圍的異族小國紛紛涉入中原地區的政治，這幾種秩序才在地理上變得混雜起來。於是，由於「霸」的體制的興起，這五種稱謂被重新編排成一個系列，並與對霸主國的

68 關於這個問題的新研究，參考李峰，《西周的政體》，頁一九二—二三〇。

69 見王世民，〈西周春秋金文中的諸侯爵稱〉，《歷史研究》一九八三年第三期，頁三—一七。陳恩林，〈先秦兩漢文獻中所見周代諸侯五等爵〉，《歷史研究》一九九四年第六期，頁五九—七二。另見竹內康浩，〈春秋から見た五等爵制——周初に於ける封建の問題〉，《史學雜誌》卷一〇〇，第二號（一九九一），頁四〇—七四。

貢賦制度結合了起來，這才形成了整齊的「五等爵」制度。[70]這也可以說是我們研究這二十餘年間新資料的又一個小收穫。另外，最近的考古發現對「公」和「侯」的這種區別也有一些啟示。譬如北趙晉侯墓葬隨葬銅器群最高的級別是五鼎四簋，但是離晉國不遠的兩個小國（三門峽的虢國和韓城的芮國）其國君墓葬中卻都有七鼎六簋之制。遠在甘肅的秦公墓中也隨葬了七鼎六簋。這三國的國君均稱為「公」，並且都可能在西周晚期中央王室擔任過重要職位。這樣看起來，在西周晚期，稱「公」和稱「侯」在禮器制度上可能確實是有差別的。只是這種差別並非來自「五等爵」制的差別，而是反映了他們在西周國家政體中的不同地位和作用。

二〇一〇年一月十日於紐約森林小丘新宅

70 Li Feng, "Transmitting Antiquity: The Origin and Paradigmization of the 'Five Ranks'," in *Perceptions of Antiquity in Chinese Civilization*, ed., Dieter Kuhn and Helga Stahl（Würzburger Sinologische Schriften）（Heidelberg: Edition Forum, 2008）, pp. 103-134.

圖版

門道及東西門房

中院西廂台階

夯窩痕跡T36（3A層）

前堂簷柱灰痕

前堂南邊三台階

圖版1之1　鳳雛村周初宮室遺址

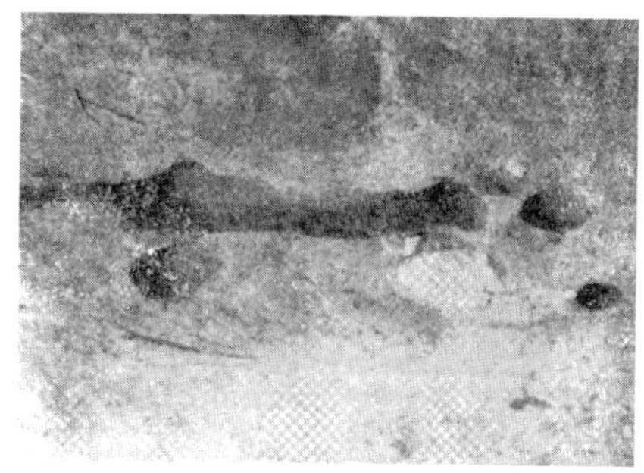
後室第一室後門門檻槽俯視

後室四室的紅燒土

東門房底部台基下陶管水道

東小院底部的水道

圖版1之2　鳳雛村周初宮室遺址

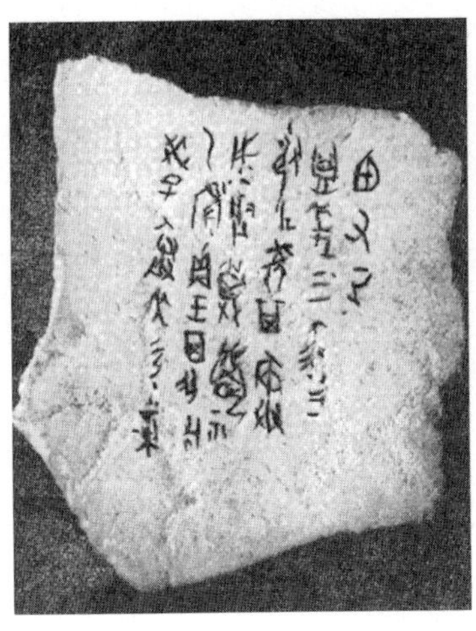

卜祭：第一片（H11:1）

卜祭：第二片（H11:4）

卜祭：第四片（H11:12）

卜祭：第五片（H11:30）

卜祭：第六片（H11:27）

圖版 2　周原卜骨刻辭

帶刃石子 T155:3A:5
石錛 H106:4
Ⅰ式石錘 T125:3:2
石鑿 T166:4C:1
石錛 T407:1
Ⅱ式石錘 T103:3A:42
Ⅱ式石錘 T147:4B:14
Ⅴ式石斧 T109:4:25
Ⅴ式石斧 T202:3:9
石棒 T121:4:55
Ⅱ式石斧 T202:3:32
Ⅳ式石斧 T456:4:4
Ⅲ式石斧 T140:4A:4
Ⅰ式石斧 T155:3C:15
Ⅱ式石斧 T142:4:2

圖版 3　西周石器工具

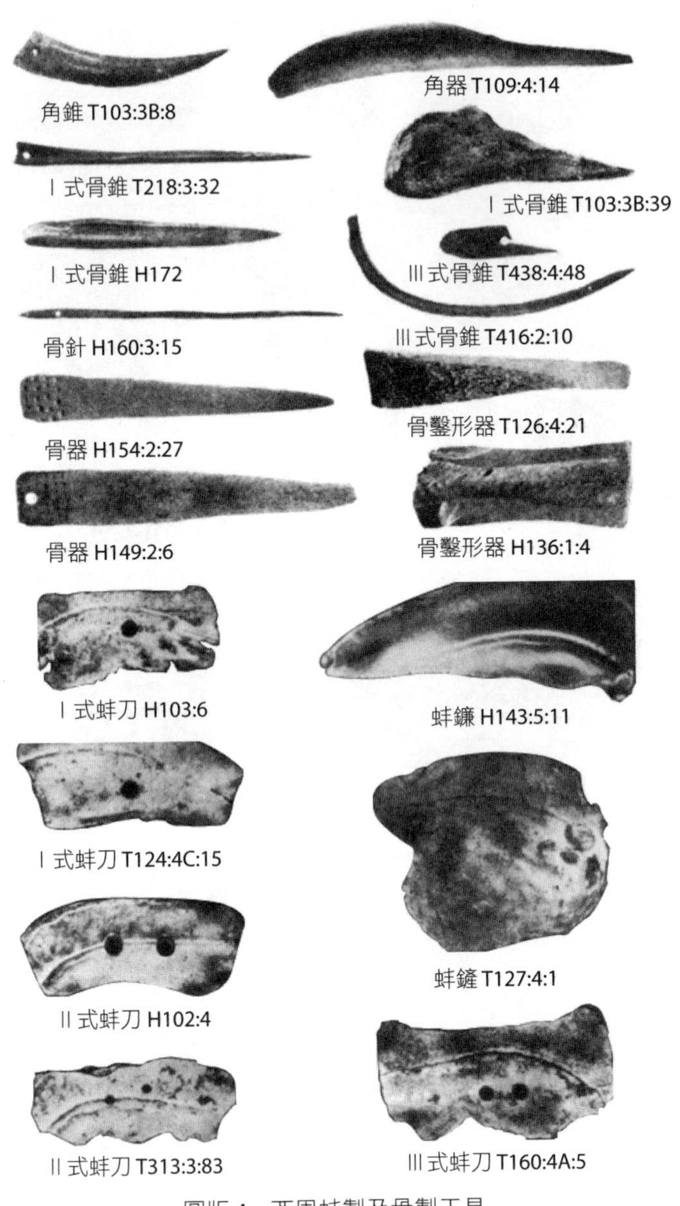

圖版 4　西周蚌製及骨製工具

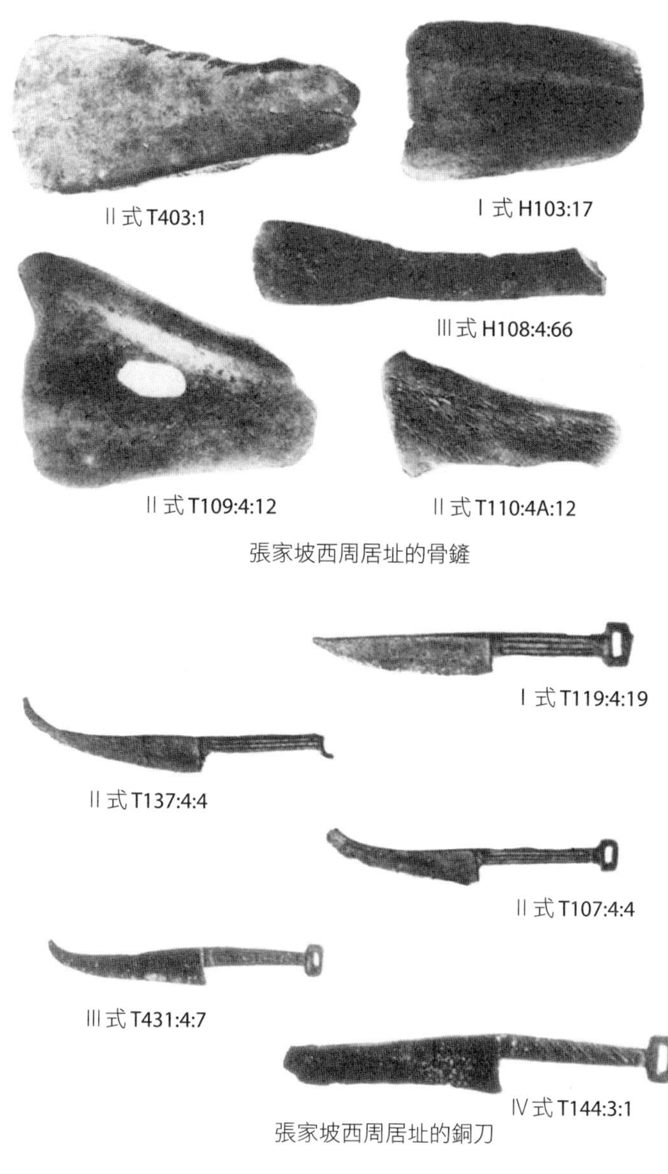

張家坡西周居址的骨鏃

張家坡西周居址的銅刀

圖版 5　西周骨鏃及銅刀

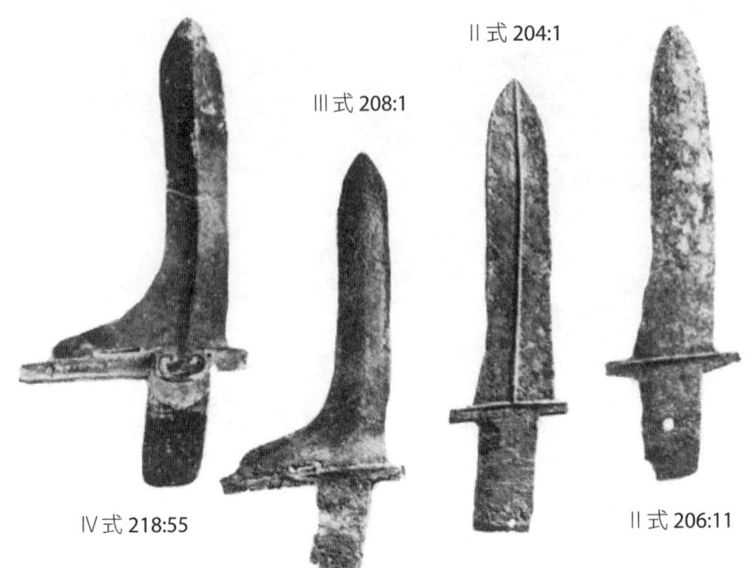

西周墓葬出土的銅戈

圖版6　西周銅兵器：戈、戟、矛

鉞（1:58）

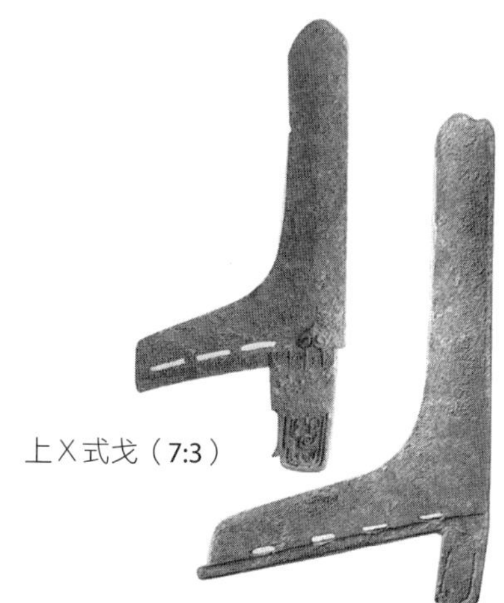

上Ｘ式戈（7:3）

上Ｘ式戈（7:1）

圖版7　西周銅兵器：戈、鉞、戟

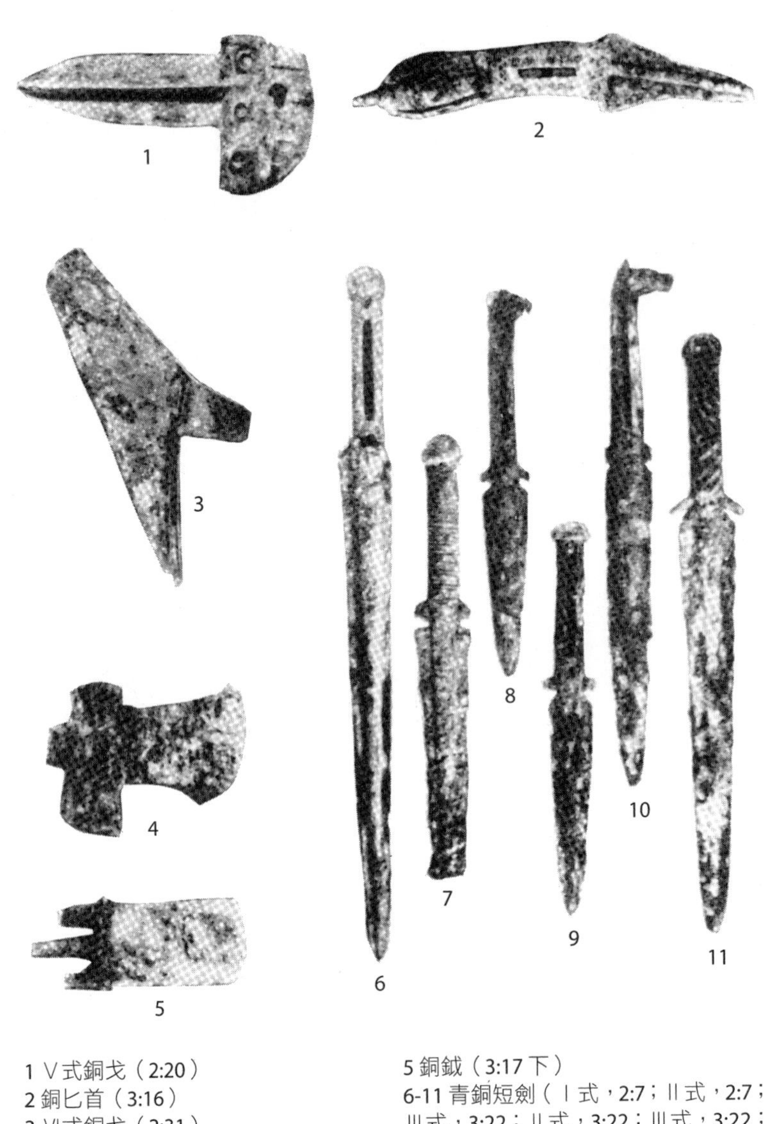

1 Ⅴ式銅戈（2:20）
2 銅匕首（3:16）
3 Ⅵ式銅戈（2:31）
4 銅斧（3:17 上）

5 銅鉞（3:17 下）
6-11 青銅短劍（Ⅰ式，2:7；Ⅱ式，2:7；Ⅲ式，3:22；Ⅱ式，3:22；Ⅲ式，3:22；Ⅱ式，3:22）

圖版 8　西周銅兵器：戈、斧、鉞、劍

張家坡西周居址的銅鏃和骨角鏃

1-6　銅鏃（T162:4C:14，T202:3:88，T156:4:19，T169:4A:14，T112:3:5，T159:4B:70）

7-15 骨角鏃（T110:4:32，T314:3:14，T159:4A:45，H416:1，H172:71，H172:14, T144:4:7，T159:4A:46，T108:4:21）

圖版 9　西周箭鏃：銅、骨、角制

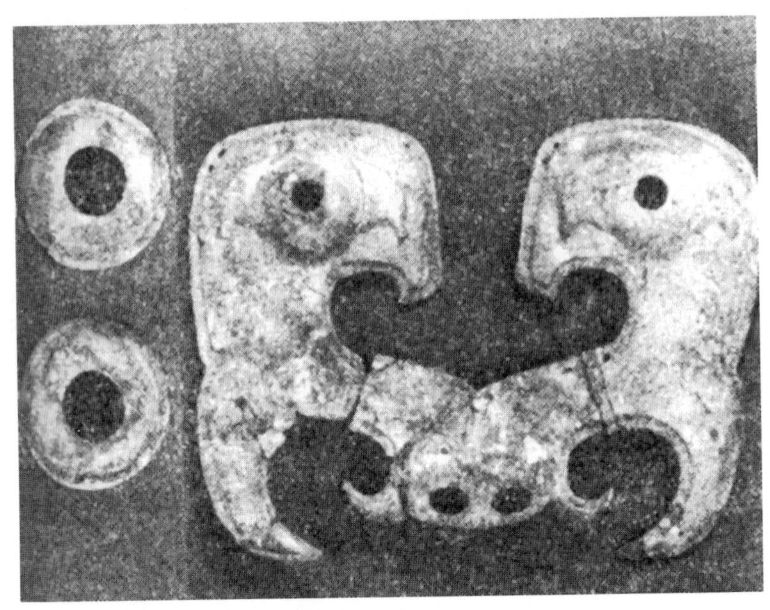

圖版 10　西周胸甲

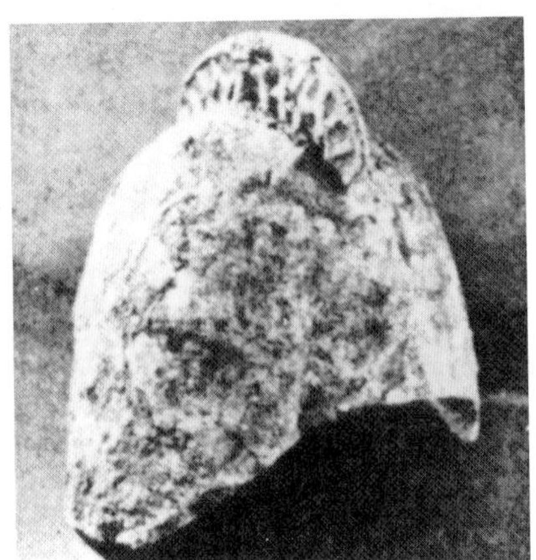

寧城南山根

昌平白浮材

圖版 11　西周銅冑

圖版 12　利毁

圖版 13　㓝尊

圖版 14　宜侯夨設

圖版 15　史墻盤

上：五鼎（M1 甲：1-5）
下：四鼎（M1 甲：6-9）
圖版 16　列鼎：陝西寶雞茹家莊周墓

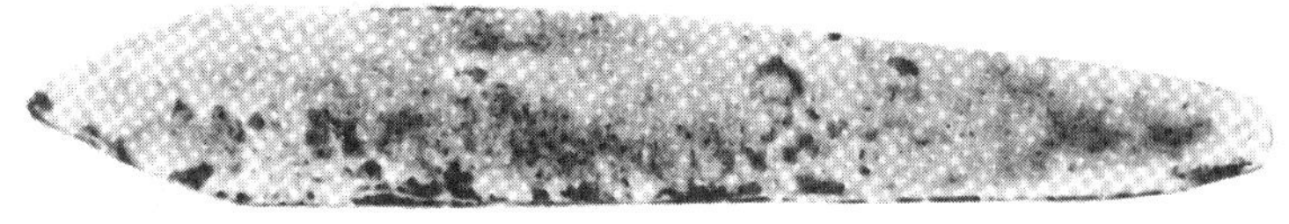
蛙圭

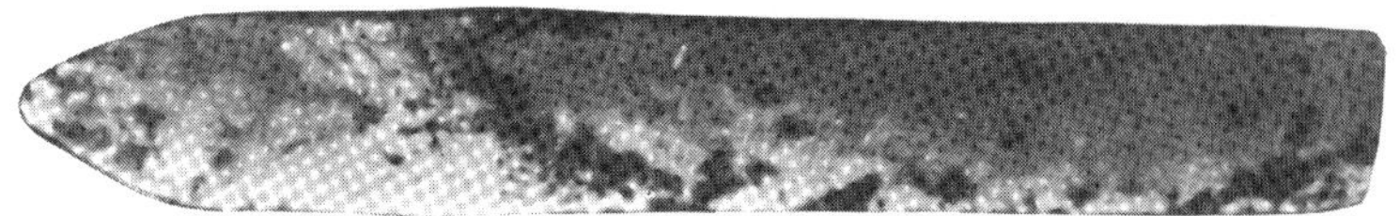
石圭

圖版 17　周人的圭

圖版 18　駒尊

圖版 19　渦紋罍：遼寧喀左

圖版 20　盠方尊

正面

反面

圖版 21　師旋𣪘

簠

匽侯盂

圖版 22　新出銅器選粹（1）

段

尊

圖版 23　新出銅器選粹（2）

白矩鬲

乙公毀

圖版 24　新出銅器選粹（3）

中義父𨯛

曾中斿父壺

圖版 25　新出銅器選粹（4）

𨻰伯壺

𨻰伯盉

圖版 26　新出銅器選粹（5）

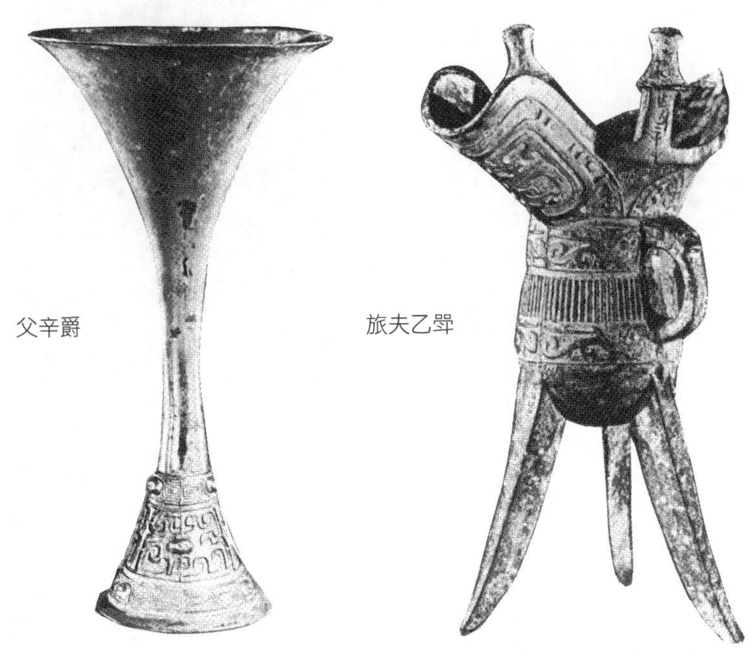

圖版 27　新出銅器選粹（6）

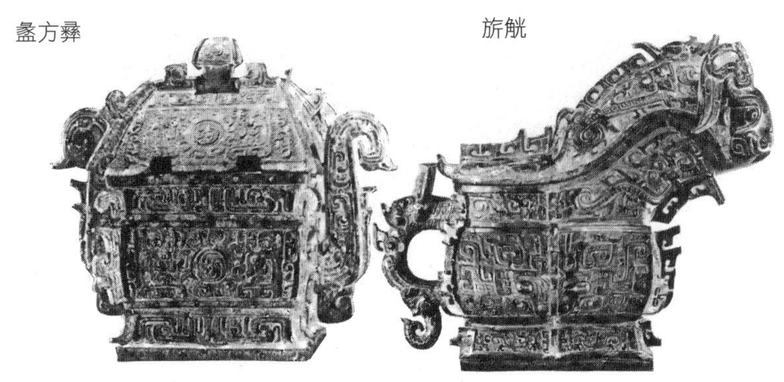

圖版 28　新出銅器選粹（7）

H108 圓形房屋內室第三層居住面

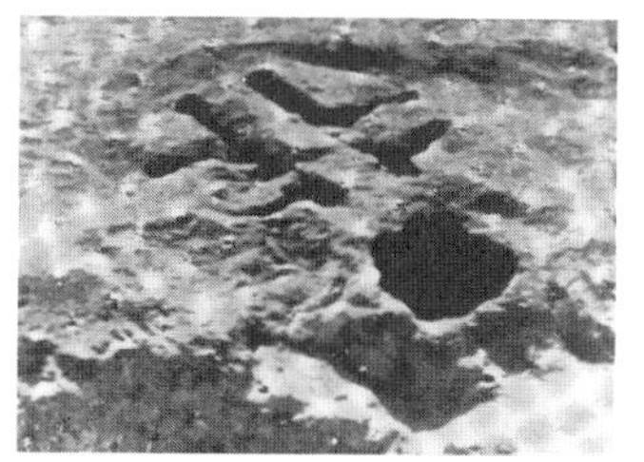

陶窯（H181）

圖版 29　客省莊二期居住遺跡

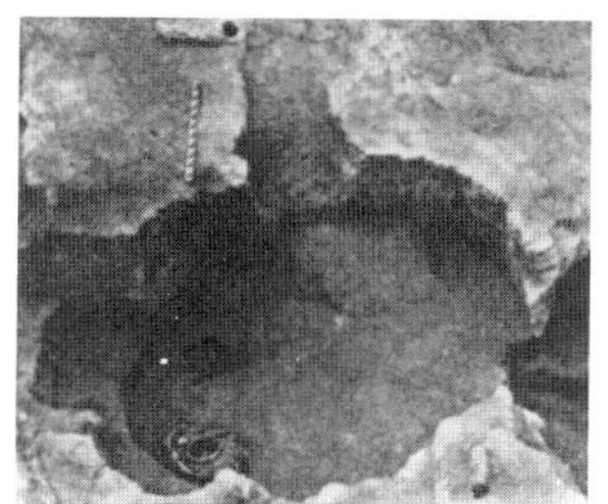

房屋（H104，由北往南）

房屋（H441，由南往北）

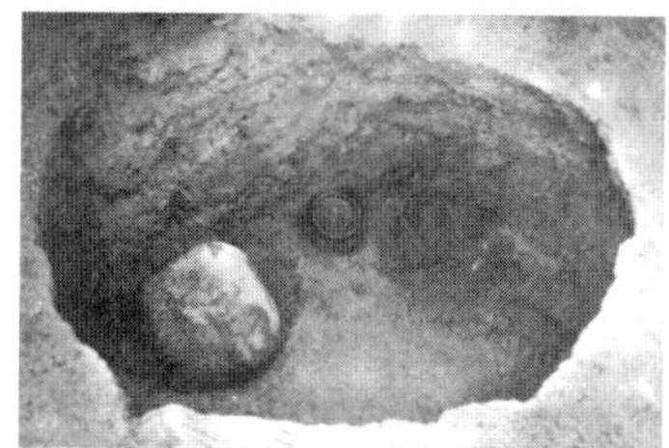

「袋狀窖穴」（H162）

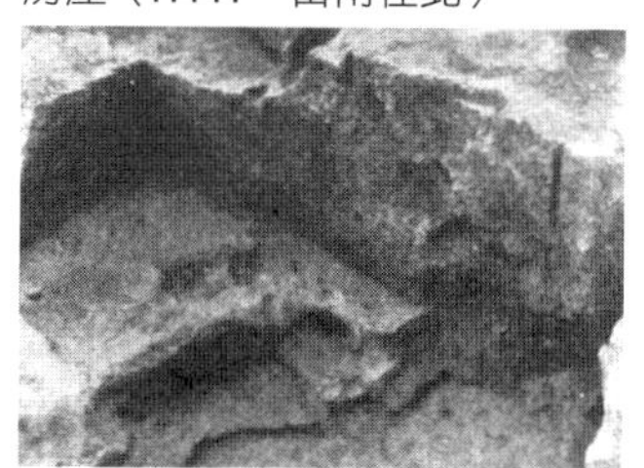

房屋（H425，由東北往西南）

圖版 30　張家坡居住遺跡

西周早期房屋（H105，由北往南）

西周晚期陶窯（H404）

圖版 31　張家坡居住遺址及陶窯

召陳建築群基址發掘工地
（自東南向西北攝，前為 F3）

F2 東邊散水（自南向北攝）

F7 南部暗水道（自南向北攝）

F5 西側台階

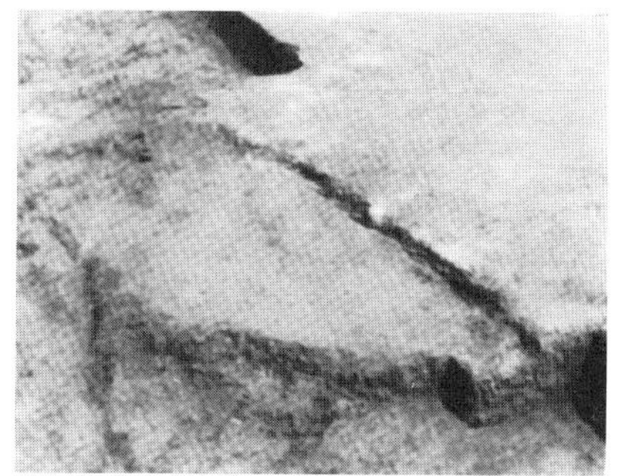

F3 房基（自西向東攝）

圖版 32　扶風召陳村大型建築遺址

1 T40:4　2 T47:4　3 T38:2B　4 T20:2　5 T23:2　6 T38:2B　7 T29:2A

圖版 33　客省莊西周的瓦

1 西周早期瓦　2 背面帶雙釘的板瓦　3 溝面帶單釘的板瓦　4 溝面帶雙釘的板瓦　5 背面帶瓦環並有陶文「巳」的板瓦　6 溝面帶瓦環的大型扣瓦　7 西周中期筒瓦　8 西周晚期板瓦　9、10 西周瓦當

圖版 34　西周各式瓦

圖版 35　圻春毛家嘴木構建築遺跡

圖版 36　西周絲織品織紋印痕

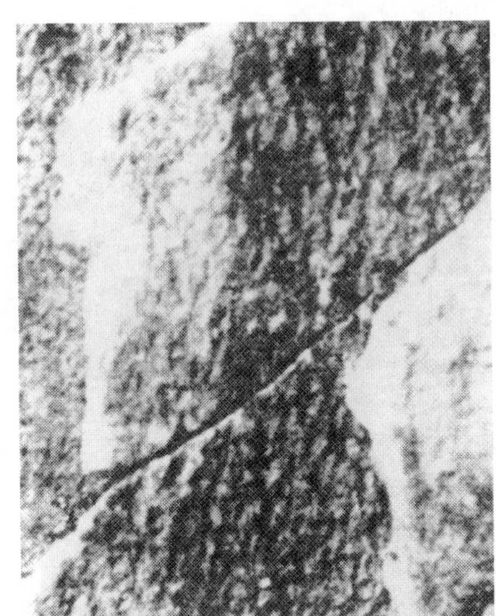
提花組織放大圖

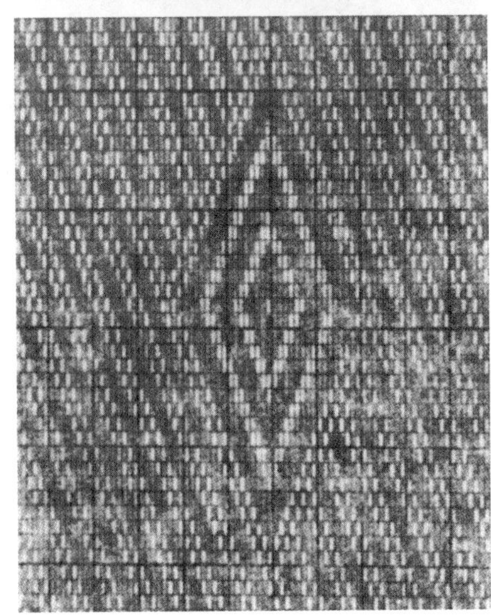
斜紋提花組織圖

圖版 37　西周織物提花組織

1 圓鼎外範（H84:1）

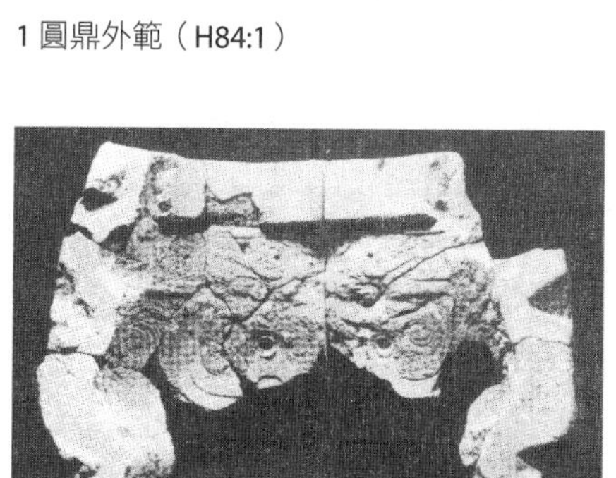

2 卣外範（H81:2）

3 簋外範（T4 ⑤ :18）

4 方鼎外範（H175:3）

5 簋範（H136:3）

6 方尊外範（T4 ⑤ :36）

圖版　38 西周鑄銅陶範

圖版 39　動物形銅器（1）

圖版 40　動物形銅器（2）

圖版 41　西周釉陶

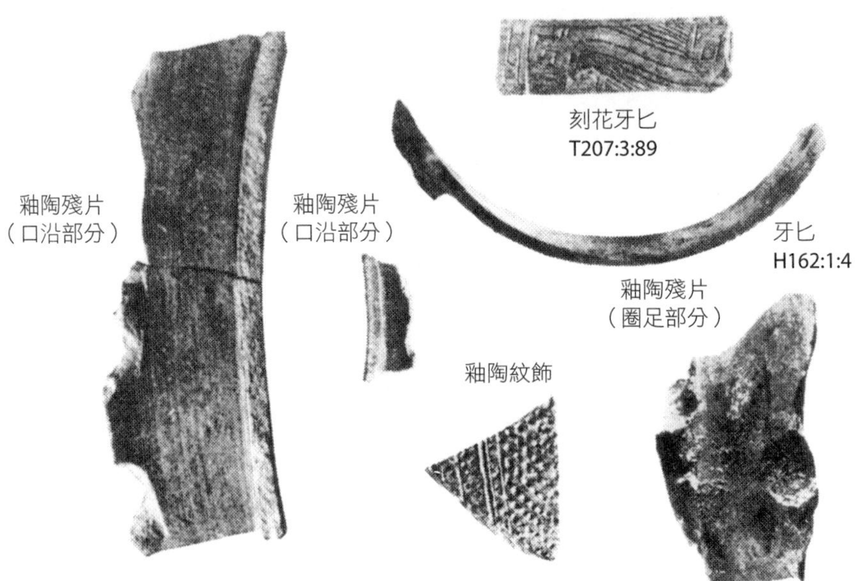

圖版 42　西周帶釉陶

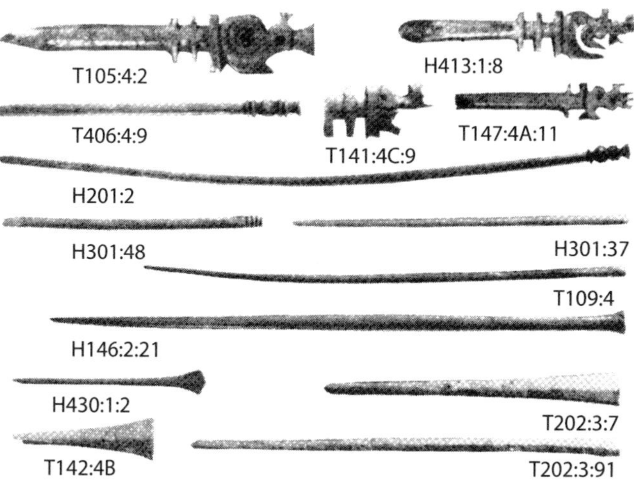

圖版 43　骨笄

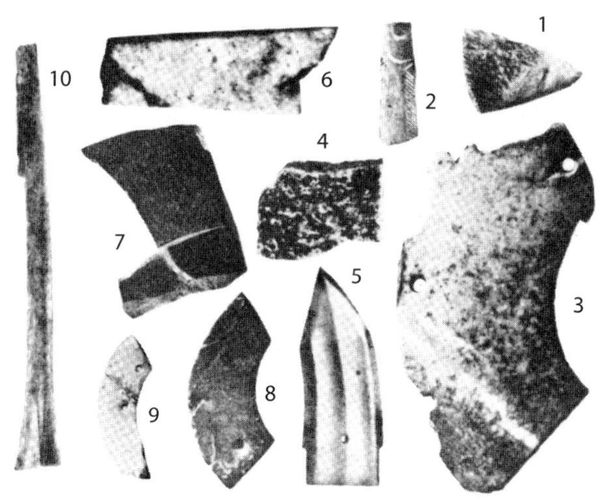

1 玉圭 T207:3:23　2 石魚 T151:4B:43　3 玉佩飾 T207:3:41
4 玉琮 T202:3:95　5 玉戈 T162:4B:1　6 玉圭 T207:3:97
7 骨雕馬頭 T467:4:16　8 石磺 T141:4:34　9 石飾 T108:4:13
10 骨刀 T316:1:2

圖版 44　玉器和骨器

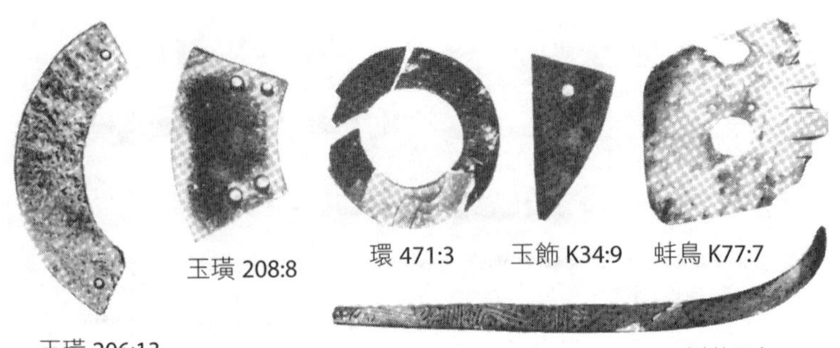

圖版 45　玉器

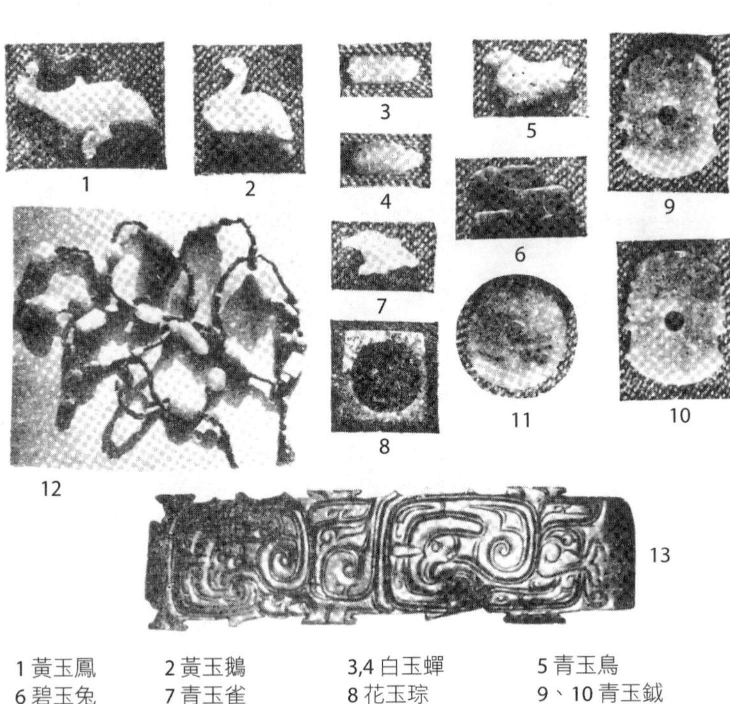

1 黃玉鳳	2 黃玉鵝	3,4 白玉蟬	5 青玉鳥
6 碧玉兔	7 青玉雀	8 花玉琮	9、10 青玉鉞
11 白玉璧	12 串珠	13 青玉刀	

圖版 46　玉飾件

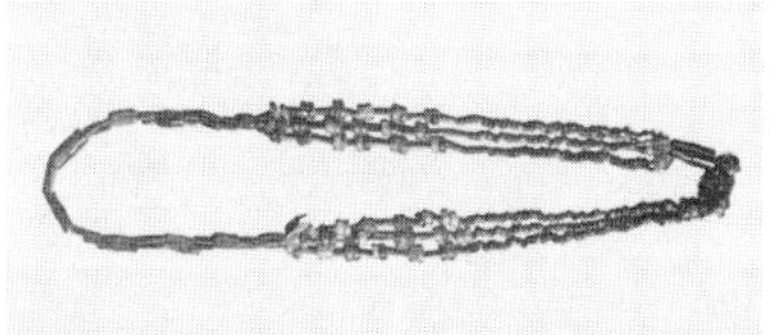

項鍊（M1 乙）

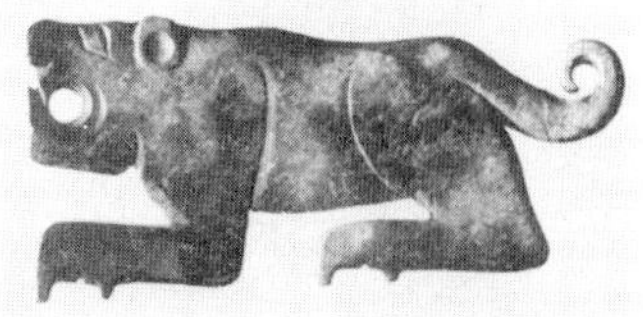

玉虎（M1 乙）

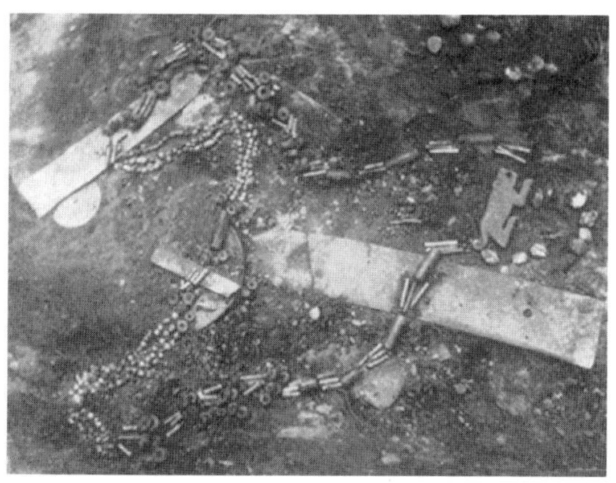

M1 玉器出土情況

玉鹿（M1 甲）

圖版 47　玉飾物

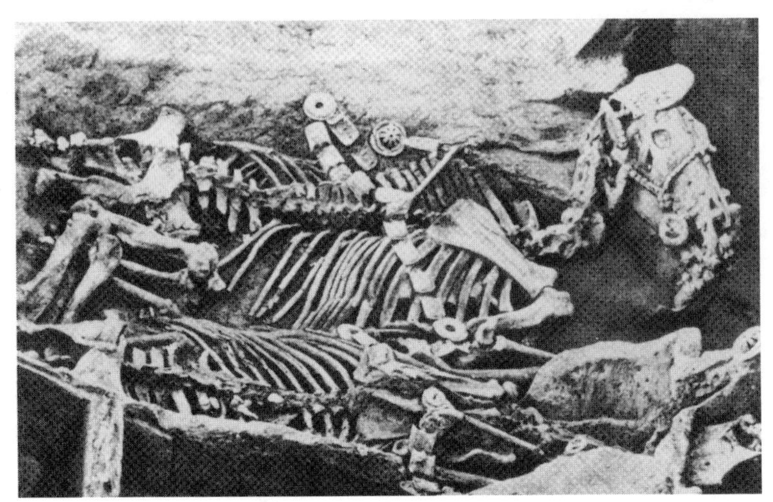

圖版 48　張家坡墓葬車馬坑

圖版 49　上村嶺虢國墓車馬坑

圖版 50　扶風莊白窖藏

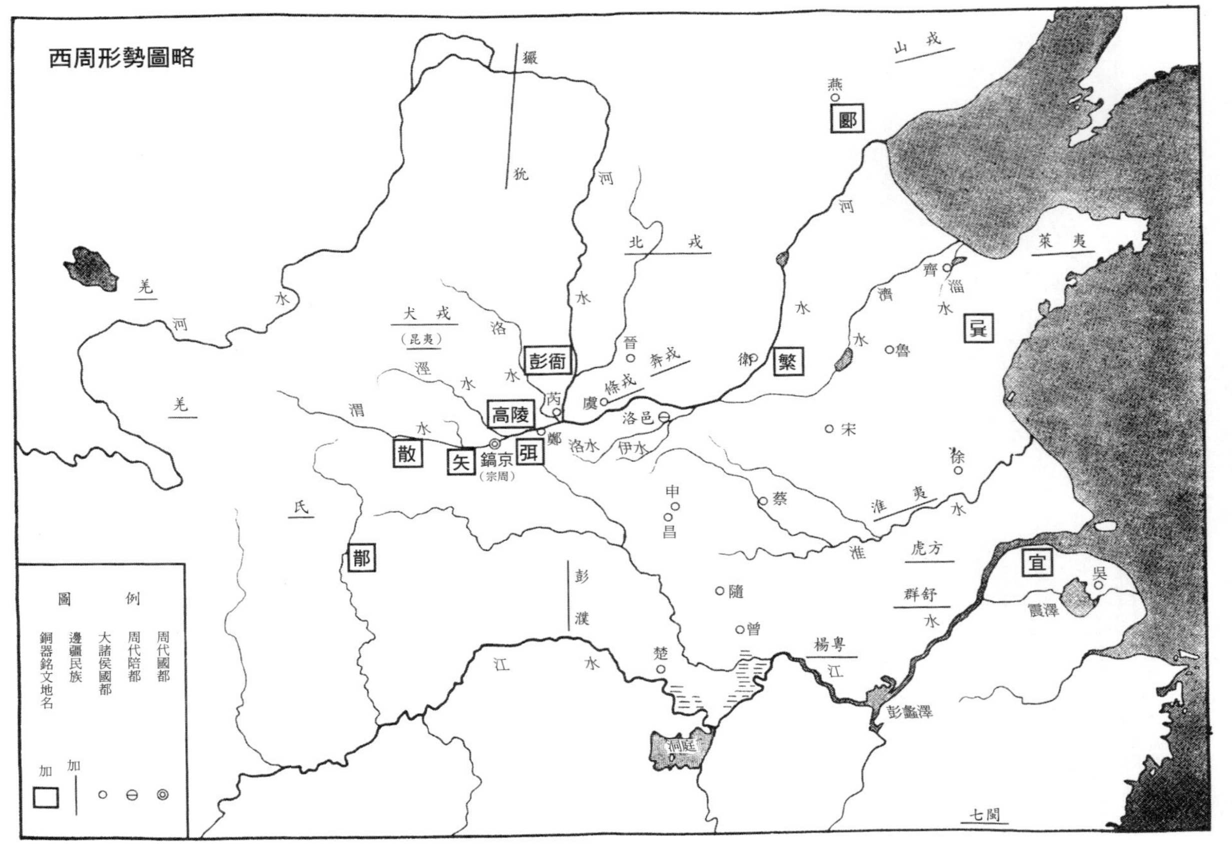
西周形勢圖略
圖例
周代國都
周代陪都
大諸侯國都
邊疆民族
銅器銘文地名
加
鎬京
（宗周）
洛邑
燕
郾
齊
魯
宋
衛
晉
虞
芮
鄭
吳
楚
蔡
申
呂
隨
曾
徐
彭衙
高陵
矢
散
繁
宜
琱
鄀
山戎
萊夷
淮夷
虎方
群舒
楊粵
北戎
條戎
犬戎
（昆夷）
玁狁
羌
氐
彭
濮
七閩
河水
濟水
淄水
淮水
江水
渭水
涇水
洛水
伊水
彭蠡澤
震澤
洞庭

西周史（增訂新版）

2020年5月四版　　定價：新臺幣750元
2023年6月四版三刷

著　　者　許倬雲
叢書主編　沙淑芬
校　　對　陳佩伶
內文排版　菩薩蠻
封面設計　李東記

出 版 者　聯經出版事業股份有限公司
地　　址　新北市汐止區大同路一段369號1樓
叢書主編電話　(02)86925588轉5310
台北聯經書房　台北市新生南路三段94號
電　　話　(02)23620308
郵政劃撥帳戶第0100559-3號
郵撥電話　(02)23620308
印 刷 者　世和印製企業有限公司
總 經 銷　聯合發行股份有限公司
發 行 所　新北市新店區寶橋路235巷6弄6號2樓
電　　話　(02)29178022

副總編輯　陳逸華
總 編 輯　涂豐恩
總 經 理　陳芝宇
社　　長　羅國俊
發 行 人　林載爵

行政院新聞局出版事業登記證局版臺業字第0130號

本書如有缺頁，破損，倒裝請寄回台北聯經書房更換。　ISBN 978-957-08-5523-4 (精裝)
聯經網址：www.linkingbooks.com.tw
電子信箱：linking@udngroup.com

國家圖書館出版品預行編目資料

西周史（增訂新版）/ 許倬雲著．四版．新北市．聯經．
2020年5月．584面．14.8×21公分（許倬雲作品集2）
ISBN　978-957-08-5523-4（精裝）
[2023年6月四版三刷]

1.周史

621.5　　109004766